上海市教委重点学科建设项目国际法学(J51103)

世界贸易组织国际贸易纠纷案例评析(2010~2012)

Case Analysis of the WTO International Trade Disputes

朱榄叶◎编著

法律出版社
www.lawpress.com.cn

法律门
Access To Law
www.falvm.com.cn

本书使用的简称与全称对照表

简　　称	全　　称
GATT 1994	1994 年关税与贸易总协定
《农业协定》	《农业协定》
SPS 协定、《植物卫生协定》	《实施卫生与植物卫生措施协定》
ATC 协定、《纺织品协定》	《纺织品与服装协定》
TBT 协定、《技术壁垒协定》	《技术性贸易壁垒协定》
TRIMs 协定	《与贸易有关的投资措施协定》
ADA、《反倾销协定》	《关于实施 1994 年关税与贸易总协定第 6 条的协定》
《海关估价协定》	《关于实施 1994 年关税与贸易总协定第 7 条的协定》
《装运前检验协定》	《装运前检验协定》
《原产地规则协定》	《原产地规则协定》
《许可证协定》	《进口许可程序协定》
SCM 协定、《反补贴协定》	《补贴与反补贴措施协定》
《保障措施协定》	《保障措施协定》
GATS	《服务贸易总协定》
TRIPS 协定	《与贸易有关的知识产权协定》
DSU	《关于争端解决规则和程序的谅解》
DSB	争端解决机构

目录

Contents

卫生与植物卫生措施

技术性贸易壁垒协定

反倾销措施协定

海关估价协定

补贴与反补贴措施协定

保障措施协定

………关税减让（GATT 1994 第2条）

欧共体及其成员国:对某些信息技术产品的关税待遇

(WT/DS375、WT/DS376、WT/DS377)*

申诉方:美国、日本、中国台北

被申诉方:欧共体及其成员国

第三方:中国、澳大利亚、巴西、哥斯达黎加、中国香港、印度、韩国、菲律宾、新加坡、泰国、土耳其、越南

2008 年 5 月 28 日,美国和日本提出就欧共体及其成员国对某些信息技术产品的关税待遇与欧共体磋商。2008 年 6 月 12 日,中国台北要求就同一问题与欧共体磋商。由于磋商未能取得满意的结果,2008 年 8 月 18 日,美国、日本和中国台北请求成立专家组。2008 年 9 月 23 日,专家组成立,合并审理三起案件(WT/DS375、WT/DS376、WT/DS377)。2010 年 8 月 16 日,专家组作出最终报告。2010 年 10 月 1 日,DSB 通过了专家组报告。

1996 年 12 月,29 个 WTO 成员达成了《信息技术协定》(ITA),承诺在 2000 年 1 月 1 日前取消包括计算机、计算机软件、通信设备等在内的约二百种信息技术产品的关税。根据 ITA 的规定,各成员同意,对 ITA 附表 A

* 本案初稿由华东政法大学国际法专业研究生徐雪芳撰写。

和附表B范围内的所有产品,约束和取消GATT 1994第2.1条(b)项下的关税和其他税费。ITA附表A[①]列出了属于减免承诺范围内的产品的关税协调编码((Harmonized System,HS)[②]标题,附表B则对产品进行描述,符合描述的产品不论归类为何,均属于承诺范围之内。

WTO成员的关税减让表作为GATT 1994的附件,构成WTO协定的一部分。各成员承诺对来自其他成员的产品的征税不超过减让表的规定。与大多数ITA成员一样,欧共体在关税减让表中添加了一个附录,纳入了附表A的标题,并列入附表A第二部分和附表B中的所有描述,还在附录第一段加了批注:"在ITA附表B中或为附表B而描述的任何产品,即使在本减让表中无具体规定,其关税及其他任何税费[在GATT 1994第2.1条(b)定义范围内]都应根据ITA附录第2条(a)的规定予以约束和取消,不论产品归类为何。"

本案中双方的争论围绕三类产品进行:平板显示器(FPDs)、具有通信功能的机顶盒(STBCs)以及多功能一体机(MFMs)。争议的实体问题为欧共体的某些关税措施是否违反GATT 1994第2.1条(a)和第2.1条(b)的规定,以及欧共体的某些关税措施的公布是否违反GATT 1994第10.1条和第10.2条的规定。

【专家组的分析和结论】

专家组按照产品类别,分三部分对相关实体问题进行了审理。

一、平板显示器(FPDs)

针对FPDs,专家组审理的实体问题是:欧共体对某些平板显示器的关税措施是否违反GATT 1994第2条项下的义务。

申诉方提出,本案争议的FPDs产品是:(1)能够连接自动数据

① 副表A分为两个部分,其中第二部分专门列出了半导体制造和测试设备及其部件的关税协调编码,第一部分则是列入承诺的其他产品的编码。

② 这是海关合作组织公布的对商品进行分类的编码体系。

处理器并且能够从除自动数据处理器之外的数据源复制影像的平板显示器;(2)能够连接自动数据处理器,且具有 DVI 连接器的平板显示器,不论是否能够从其他数据源获取信号。申诉方主张,这些产品属于欧共体关税减让表 FPDs 描述的承诺范围,部分产品则属于税则号 84716090 项下的承诺范围,应享受免税待遇,却被征收了最高达 14% 的关税。

为解释附表 B 中的 FPDs 描述,专家组对欧共体批注的含义进行分析。

申诉方认为,对于批注中"不论产品的分类如何"的表述,应被理解为不论成员在国内法中将产品归于何类,都应给予产品免税待遇。批注的作用在于确保附表 B 描述范围内的产品获得免税待遇,成员不能以税则分类为理由而不给予附表 B 范围内的产品免税待遇。申诉方还认为,"不论产品分类如何"的表述表明,产品的描述决定了附表 B 的承诺范围,如若由税则号决定承诺的范围,则无须纳入批注。对于"本减让表未详细规定的"的表述,申诉方认为,该表述表明,产品可基于附表 B 的描述而落入承诺范围。即使某一产品被归为应纳税的类别中,如果其符合附表 B 的描述,也应享受免税待遇。申诉方还认为,该表述意味着,某些产品虽未落入具体的减让范围,却涵盖在附表 B 的减让范围之内。欧共体承认附录批注也是关税减让表的一部分,但是不同意申诉方关于批注和描述的理解。

专家组对批注分成五个部分进行了逐字逐句的分析,认为在附表 B 中或为附表 B 之目的而描述产品,不论其归类如何,必须给予免税待遇。不论税则号有怎样的重要性,均不能以之来控制或决定产品描述的通常意义所涵盖的范围。换言之,欧共体认为税则号起到了限制产品减让范围的作用,专家组认为这与"不论产品归类为何"的通常意义不符。

接下来,专家组根据相关上下文对批注的定义进行佐证。根据《维也纳公约》第 31.2 条的规定,ITA 构成解释批注的上下文。根据 ITA 第 2 条的规定,GATT 1994 第 2.1 条(b)项下的减让义务同时适用于附表 A 和附表 B 的产品。专家组认为，ITA 第 2 条(a)和(b)的表述显示，ITA 的起草者认为有必要在编码协调制度（HS）之外采用产品描述的方法，这正说明编码协调制度对附表 B 的作用有限，也说明附表 B 中描述的产品也落入免税范围，不论其在编码协调制度中如何归类。若是欧共体主张“平板显示器的描述旁列明的 14 项税则号穷尽了承诺的范围”成立，则会导致 ITA 成员因减让表与附表 B 有关的部分采用的编码方式不同而导致免税范围不同。在专家组看来，这与 ITA 第 2 条(b)所规定的目标相悖。

基于以上分析，专家组认为按照欧共体批注的含义，欧共体应对其减让表附录中所描述的产品给予免税待遇，税则号虽然起到了描述产品的作用，但并不能定义产品的范围。

欧共体承诺表中对 FPDs 的描述是：“为属于本协议品及其部件〔配置〕的平板显示器（包括液晶、电光、等离子、真空荧光以及其他技术的）。”专家组分三部分对 FPDs 描述的承诺范围进行分析。

关于“平板显示器”，专家组认为，是指一种专为显示数据或信号而设计的平板显示仪器，通常比传统的阴极射线管（CRT）显示器或监视器薄。根据专家组的评估判断，“平板显示器”并无诸如屏幕大小、维度、刷新率、像素等技术特性的限制，也无其可以运行的连接器类型之分，并且，对于它是只能显示自动数据处理器的信号还是能够显示多种数据源的信号，“平板显示器”的表述本身并不能看出有任何限制。其后列举的“液晶显示器、电光显示器、等离子显示器、真空荧光显示器以及其他技术”正好也说明了这一点。

关于“为”（for），专家组认为，在描述中使用“为”这个词意在限制享受减免待遇的平板显示器的范围，即这些平板显示器必须是以与落入协议范围内的产品配套使用为目的。由于申诉方的诉请仅限于自动数据处理器，专家组就对自动数据处理器进行了分析。专家认为，若平板显示器可以与自动数据处理器相连接，并不表示该显示器就是为了与自动数据处理器配套使用。同时，专家组还认为，“为”这个词没有排他性的意义，即落入承诺范围的平板显示器并不一定是只能为特定产品所用。因为,如果 ITA 起草者有这个意图,则会在条文中明确表达出来,而不会只是用“为”这个词。

关于“落入本协议范围内的产品”,专家组认为本案中不需要也没有必要弄清楚 ITA 项下所有享受减免待遇的产品的范围,其任务只是确认本案争议的平板显示器是否落入减免承诺的范围之内。

欧共体其他成员的关税减让表作为解释的上下文,专家组通过分析,发现税则号 847160 是在平板显示器描述中出现最多的副标题,这表明很大一部分的成员都认为至少某些平板显示器是自动数据处理器的输入或输出设备,同时也表明许多成员认为平板显示器可以归类到其他标题之下。专家组再次确认,产品描述后面的税则号并不定义承诺的范围,成员对平板显示器的归类不同表明附表 B 项下的承诺范围是由产品的描述来确定的。此外,欧共体还引用了美国及其他成员 1997 年至 1999 年的税则号分类数据,认为这些数据说明虽然各国一开始归类各有不同但具有统一的趋势,但副标题 847160 例外。申诉方认为欧共体引用的数据非但与本案无关,且不足以证明其论点。专家组引用了《维也纳公约》第 31.3 条(b),认为根据该条规定,欧共体并未能够充分举证说明美国在归类的实践中存在某种趋势。同时,根据仅有的数据不仅不宜对标题项下可能包含的产品范围进行界定,而且这些有限数据也不足以推断出所有成员的共同一致行为。

基于以上分析,专家组认为 FPDs 描述所涵盖的产品范围是:具有平板显示功能,比传统 CRT 显示器薄的,为显示 ITA 项下产品(包括自动数据处理器)传送出来的数据或信号而设计的设备,并且对屏幕大小、刷新率、像素等技术特性无限制,也没有仅为协议项下产品所用的排他性限制。

欧共体承诺免税的产品包括在税则号 84716090 下的产品,专家又对税则号 84716090 的承诺范围进行了分析。专家组的分析同样始于该税则号表述的含义,在通过争议双方的论点以及查阅相关术语的字典解释分析字面含义之后,专家组在上下文中解读了税则号

84716090 的范围。标题 8471 作为该税则号主标题,采取了"先罗列自动数据处理器,然后是电脑的各种部件,最后规定'其他'"的架构;专家组认为"其他"的表述表明副标题中的表述并不决定主标题的范围,标题 8471 似乎意在包含所有类型的自动数据处理部件。副标题 847160 采取了与主标题一样的结构,首先描述了"输入输出组件",然后是细分的八位税则号,最后是"其他"。

欧共体主张,标题 8471 的注释表明,能够从自动数据处理器之外的数据源获取和复制数据的产品可以归类于 HS1996 第 85 章之下。专家组向世界海关组织(World Customs Organization,WCO)请求解释第 84 章第 5 条(B)(a)的表述,WCO 秘书处表示,协调编码命名委员会考虑过这个问题,但拒绝颁布解释规则,因此,对于该表述的解释似乎应该做个案分析。专家组通过对注释的整体解读,认为 HS 1996 第 84 章第 5 条注释表明仅为或主要为自动数据处理器所用的组件属于标题 8471 的范围之内,不论该组件是否与机器相连。按照相同的架构推理,可以得出副标题 847160 项下产品范围。

基于以上分析,专家组认定,税则号 84716090 下的产品包括所有的不在民用航空器(84716010)、打印机(84716040)和键盘(84716050)中使用的自动数据处理器的输入或输出设备。

在确认 FPDs 描述和税则号 84716090 的承诺范围的基础上,专家组进而讨论争议产品是否落入描述或税则号的承诺范围之内。根据上文中有关 FPDs 描述范围的结论,专家组认为本案争议的平板显示器只要是为与自动数据处理器配合使用而设计的,就可以落入减让的范围之内,不能因为其能够接受其他数据源的信号或者具有 DVI 等连接器而将其排除在减让范围之外。但是,这些产品如果不具有可被接受的功能或操作性或不满足减让承诺中的要求,如分辨率过低等,则不能享受免税待遇。概言之,至少有一部分争议平板显示器落入 FPDs 描述的减让范围之内。根据上文对税则号 84716090 承诺范围的分析,专家组认为没有依据将本案争议产品全部排除在税则号 84716090 的范围之外,也不能认为所有的产品都落入减让范围之内,应该根据具体产品的特征逐案分析。

最后,在以上认定的基础上,专家组继续审理争议措施是否违反了 GATT 1994 第 2.1 条(b)和第 2.1 条(a)的规定。

根据 GATT 1994 第 2.1 条(b)的规定,任何成员不得征收超过减让表规定的普通关税,申诉方认为欧共体的一系列措施[欧洲委员会 2658/87 号条例,合并名称注释[①](Combined Nomenclature Explanatory Notes, CNEN)2008/C 133/01 以及欧洲委员会 634/2005 号条例和 2171/2005 号条例]导致应该享受免税待遇的平板显示器产品被征收关税。专家组将争议措施项下申诉方指定的产品的关税待遇与减让表中规定的待遇进行比较,发现争议措施的确导致对这些产品的征税超过了减让表的规定。虽然,目前有效的欧洲委员会 179/2009 号条例停止了对某些产品的征税,但是该法案效力范围有限,不适用于所有产品,且条例可能被取消或废除,因此,专家组认为争议措施违反了 GATT 1994 第 2.1 条(b)的规定。

根据上诉机构在阿根廷:纺织品案中的解释,违反第 2.1 条(b)征收超过减让表规定的关税的行为,构成第 2.1 条(a)项下的较差待遇。根据前文的分析,在欧洲委员会 179/2009 号条例不适用的情况下,也就是没有停止征税的情况下,争议措施违反了 GATT 1994 第 2.1 条(b),因而也违反了第 2.1 条(a)的规定。即使是在适用停止征税的情况下,由于相关法令具有非自动延续、能够被撤销等特点,使特定产品的免税待遇并不稳定,专家组认为,这不能构成争议措施没有违反第 2.1 条(a)的理由。

二、具有通信功能的机顶盒(STBCs)

针对 STBCs,专家组审理了两方面实体问题。

---

① 欧共体实行的对欧共体外其他国家的进出口产品分类制度,在海关合作组织 HS 基础上加上更细的分类,称为合并名称(Combine Nomenclature, CN),加上注释的就是合并名称注释(Combined Nomenclature Explanatory Notes, CNEN)。

1. 欧共体对某些机顶盒产品的关税措施是否违反 GATT 1994 第 2 条项下的义务

首先,专家组对 STBCs 描述的承诺范围进行了分析。专家组在分析 FPDs 问题时已经对欧共体批注作出结论,即欧共体附录中的产品描述而非描述之后的税则号决定了减让承诺范围,税则号不能将本应享受免税待遇的产品排除在外。与本案争议相关的 STBCs 描述为:具有通信功能的机顶盒:基于微处理器的,包含为连接互联网的调制解调器的,并且具有互动信息交流功能的设备。专家组对该描述进行了分段解释。

就"机顶盒"的理解,双方引用了诸多定义,观点基本一致。就"具有通信功能的"这个表述的定义,专家组的结论是该表述既可能具有限制"机顶盒"范围的功能,也可能具有定义"机顶盒"的功能,要结合描述的其他表述进行解读。通过对机顶盒描述中其他表述的解读,专家组认为描述的含义并不是将减让承诺范围限于只有通信功能的机顶盒;然而安装了有通信功能机顶盒的仪器设备,就不再是减让范围内的"机顶盒"。就描述中的冒号,专家组引用牛津词典的释义,认为其具有连接和进一步解释的作用。对于描述的后半句,双方争议的焦点为"包含调制解调器"、"为连接互联网"和"互动信息交流"。对于"调制解调器"的范围,申诉方认为,能够连接互联网的 ISDN、WLAN 和 Ethernet 设备都属于调制解调器,包含该等设备的机顶盒均落入减让范围。而欧共体则认为调制解调器的范围应根据 ITA 制定之时的共识来理解,免税产品必须能够直接连接互联网服务提供商。对于欧共体的主张,专家组在分析了"为连接互联网"和"具有互动信息交流功能"这两个表述的含义之后,认为描述强调了调制解调器的互动式通信功能,在此之外,并没有关于连接性质、质量和速度等方面的要求。

欧共体认为其减让表中的其他描述对 STBCs 描述的解释具有借鉴意义,并引用了计算机产品描述和网络设备描述等来佐证自己的观点。专家组通过分析认为,附表 B 中的描述没有统一标准,有些描述限制了产品的类型解释,有些描述详述了产品的技术特征,有些描述注重产品的功能用途,有些则罗列了产品的类型,有些描述使用了 HS 中的术语,有些描述则使用了 HS 之外的术语。概言之,有些描述限制了产品范围,而其他描述则没有明示的限制。这种不一致性导致很难用其中的一个描述来解释另一个描述。通过对计算机描述的分析,专家组认为其与 STBCs 描述都侧重产品的功能方面,但计算机描述中列明了属于承诺范围和不属于承诺范围的产品。鉴于此,专家组认为在 STBCs 中没有明示地排除任何产品,不宜对其作限制性的解释。回到 STBCs 描述,专家组认为起草者意在强调产品的功能性(如能够连接互联网)而非形式(如连接互联网的技术方式)。

欧共体还引用了其他成员国的关税减让表中的数据,认为这些数据说明成员在 1997 年已经了解了 STBCs 描述的承诺范围。申诉方反驳说,那些数据恰恰只能说明在 ITA 制定之初,成员并未就 STBCs 的分类标题达成一致。专家组认同申诉方的观点。

基于以上分析,专家组的结论是 STBCs 描述的承诺范围包括通过 WLAN、ISDN 和 Ethernet 获取互动信息交流功能的电子设备,以及除互动信息交流功能之外,具有录音录像功能的设备。

在确定 STBCs 描述的承诺范围的基础之上,专家组继续讨论争议产品是否落入该范围之内。本案中相关的争议产品为:(1)能够使视频监视器或电视从通信电路接收和译解数码电视广播的,且为互动信息交流之目的能够通过内置的 WLAN、ISDN 和 Ethernet 仪器连接互联网的电子设备;(2)符合 CNEN2008/C112/03 描述的,或以其他方式包含具有录音录像或复制功能的仪器(如硬盘或 DVD 驱动)的电子设备。申诉方主张争议产品属于 STBCs 描述的范围之内,欧共体则辩称,这些产品并未表明使用了"调制解调器",因此不属于 STBCs 描述的范围之内;而且,其中一些产品包含了新的特征和功能,这使它们变成了全新的产品,不能包含在描述的范围之内。

针对双方的歧义,专家组首先考虑的是,使用 WLAN、ISDN 和

Ethernet 技术的设备是否包含连接互联网的调制解调器。申诉方进行了一系列专业技术方面的解释,认为答案为肯定;申诉方还指出欧共体将有线调制解调器包含在描述的承诺范围之内,而将具有同等调制和解调功能的 WLAN、ISDN 和 Ethernet 设备排除在外,是十分不合理的。欧共体则主张,该等设备并不是像有线调制解调器那样直接连接互联网,而是通过外在设备进行网络连接,因而不属于描述中所称的调制解调器。

随后的问题便是,包含新特征的产品是否还是 STBCs 描述承诺范围内的机顶盒。欧共体的主张是,具有新功能特征的产品因为这些特征已经变成了如数码录音录像机这样的新产品,并不是描述中的机顶盒产品,而且有些产品甚至只有 1% 的通信功能,剩下的 99% 都是其他功能。

专家组基于其之前对描述的含义分析,认为对调制解调器的解释应注重其功能性,其范围不只限于直接连接互联网的设备,也包括能够通过其他方式连接互联网的 WLAN、ISDN、Ethernet 等设备。针对双方关于新增功能的讨论,专家组之前的结论,即减让范围不限于"只有通信功能的机顶盒",具有其他功能的机顶盒也应享受免税待遇,也适用于具有新功能的调制解调器;但同时,专家组也认为,新增的功能可能导致产品不能符合描述的要求而落入承诺范围之外,应根据具体情况进行分析。

最后,基于争议产品属于免税范围之内的结论,专家组继而审理争议措施(欧洲委员会 2658/87 号条例,以及 CNEN 2008/C112/03)是否因导致对这些产品的征税超过欧共体减让表的规定以及使这些产品的待遇低于减让表的规定而违反了 GATT 1994 第 2 条项下的义务。

根据 CNEN 的规定,一些具有录音录像功能的产品被归入税则号 85219000 之下,税率为 13.9%,还有一些产品被归入税则号 85287119 和 85287190 之下,税率为 14%。根据 CNEN 2008/C 112/03,只有符合其规定的产品才能够落入 CN 税则号 85287113 之下而享受免税待遇。据此,没有内置调制解调器,或者包含ISDN、WLAN和Eethernet技术的机顶盒都被排除在免税范围之外,包含录音录像功能的机顶盒也被排除在外。对于部分符合税则号85287113描述的产品,因其未达到CNEN的规定,被归为其他税则号标题之下,被征收14%或13.9%的关税。因此,争议措施的确导致本应该落入STBCs描述范围而享受免税待遇的产品被征收了超过减让表规定的税率,违反了GATT 1994第2.1条(b)的规定。根据前文的分析,超过减让表规定征收关税的行为必然导致产品享受的待遇低于减让表的规定,因而争议措施也违反了GATT 1994第2.1条(a)的规定。

2. 欧共体有关2008/C 112/03注释修正案的意见的颁布是否违反了GATT 1994第10.1条和第10.2条的规定

针对争议措施是否违反GATT 1994第10.1条,专家组分五部分分析了该条规定的构成要件。

(1)争议措施是否构成GATT 1994第10.1条所规定的"普遍适用的法律、行政规章、司法判决及行政命令"。

申诉方认为争议措施具有普遍适用效力,且属于法律、行政规章或行政命令的范畴。欧共体则认为,争议措施只是具有告知性质,不具有法律约束力,且不能排除成员国海关的自由裁量,不构成GATT 1994第10.1条项下的"普遍适用的法律、行政规章、司法判决及行政命令"。专家组首先确认争议措施对不特定的进口商具有影响,且致力于统一欧盟关税税率,因此是符合普遍适用的要求。对于"法律、行政规章、司法判决及行政命令"的认定,专家组侧重于实质性的认定,认为对"法律、行政规章、司法判决及行政命令"不应作狭义解释,否则会损害GATT 1994第10.1条所追求的正当程序。基于上述分析,专家组以争议措施是否具有一定程度的权威作为衡量标准,认定争议措施虽然不具有明示的法律约束力,却具有与"法律、行政规章、司法判决及行政命令"同等程度的权威,因而争议措施可视为GATT 1994第10.1条项下的"法律、行政规章、司法判决及行政命令"。

(2)争议措施是否构成 GATT 1994 第 10.1 条所规定的"涉及各项产品关税分类或估价,或关税、内税或其他费用的税率,或对于产品进出口或其货款汇入或汇出进行规定或限制,或影响产品的销售、分配、运输、保险、仓储、检验、展览、加工、混合或其他用途的"。

争议措施为欧盟解释和统一税则分类的辅助工具,其目的自然与第 10.1 条规定的相关涉及事项相关,专家组通过对条文的逐字解读,认为争议措施显然符合第 10.1 条的规定。

(3)争议措施是否"实施"(made effective)。

申诉方认为争议的 CNEN 修正案经欧共体关税委员会表决之后即已经实施。在申诉方看来,判断争议措施是否实施需要对该修正案是否已经可以适用进行事实上的评估,与该措施在成员国的法律地位没有关系。欧共体认为实施的意思即为生效(enter into force),根据欧共体法律,修正案只有在欧共体委员会通过并在欧盟公报上公布之后才产生效力,关税委员会的表决只是通过程序中的一个步骤,只有当完成整个通过程序之后,该修正案才会产生效力。

专家组注意到,尽管以往案例中上诉机构或专家组都没有对 GATT 1994 第 10.1 条的"实施"进行过考量,但上诉机构在美国汽油案中对 GATT 1994 第 20 条(g)进行了解释,即"实施"意为该措施已经在实践中施行,而不一定是要"正式公布或生效"。据此,专家组认为,如果将"实施"限定为已经正式生效的措施,那就给了成员规避第 10.1 条项下的透明度义务的可能性。一旦相关措施已经实施,不论其是正式采纳或只是草案,所规定的惩罚措施即会立刻发生,因此,欧共体对实施采取狭义的解释是不合理的。

在分析了"实施"含义的基础之上,专家组引用并解读了争议措施表决通过和发布过程中的相关文案,并结合申诉方提供的证据,认为在欧共体委员会通过之前,一些成员国已按照争议措施的规定进行分类,且争议措施具有影响成员国实践的效果,即使还没有真正生效,该争议措施也被认为已经实施。综合以上分析,认定争议措施在 2007 年 10 月即已经开始实施。

(4)争议措施是否“即时”公布。

专家组根据“即时”的词典释义，认为具体怎样的时间区间为“即时”，没有绝对的界定，应该根据具体案件来分析。欧共体主张，争议措施两次分别公布于欧盟公报和委员会网站，专家组对两次公布分别进行了分析。

对于欧盟公报上的公布，专家组发现争议措施的公布日期为2008年5月7日，上文中，专家组已经认定争议措施的实施时间为2007年10月，两者相隔有8个月之久，按照本案的情况，8个月的期间内会有许多的进出口商以及贸易受到影响。因此，欧盟公报上的公布不符合即时的要求，对此不必作下一步的分析。

对于委员会网站上的公布，专家组发现争议措施作为会议的附件，曾两次公布在委员会网站上，时间分为为2006年12月19日和2007年5月31日。这两个日期都早于2007年10月，显然没有任何公布上的迟延，因此，专家组认定委员会网站上的公布符合第10.1条即时的要求。

(5)争议措施是否“以能够使各国政府和贸易商了解的方式”公布。

在认定委员会网站上的公布符合即时的要件之后，专家组继续审理争议措施的公布是否符合第10.1条“以能够使政府和贸易商了解的方式”的要求。专家组比较了GATT 1994第10.1条和第10.2条的规定。虽然两者均规定了成员的公布义务，但第10.1条的表述为公布，而第10.2条的表述为正式公布。因而可以得出，两者的公布含义并不相同，第10.1条的公布不以“正式”为要件。对于公布的含义，专家组引用了智利价格限制案中的结论，认为公布的含义是为大众所知(make generally known)、可被大众获取(make generally accessible)或通过媒体被大众获知(make generally available through a medium)。结合第10.1条的规定，专家组认为本条中的公布应是“使大众可以通过媒体获知”的含义，而不仅限于“可被大众获取”。最后，专家组结合第10.1条的宗旨，认为各成员应该“以各国政府或贸易商熟悉或知道的方式”公布,才符合本条的要求。本案中,争议措施是作为会议的附件公布在委员会的网站上,若不是十分了解欧盟法律法规,一般人很难知道或获取该等信息,因此,专家组认定争议措施的公布不符合第10.1条的规定。

综合前五项分析,专家组认定有关STBCs的争议措施的公布,违反了GATT 1994第10.1条的规定。

针对争议措施(关税委员会分别于2006年10月和2007年4月表决通过的CNEN修正案)是否违反GATT 1994第10.2条的规定,申诉方主张,欧盟成员国在争议措施于2008年5月7日正式公布前已经开始执行该等措施,因此违反了第10.2条的规定。欧共体则认为,第10.2条并不适用于本案,因为争议措施并不是“普遍适用”的措施,而且争议措施未导致以既定统一的行为提高税率。

专家组比较分析了第10.1条和第10.2条的表述,发现第10.1条的描述更为细致严格,而第10.2条的表述仅为“措施”,这表明第10.2条意在涵盖更广的范围,争议措施对贸易和贸易者有潜在影响,没有理由将它们排除在外。专家组在上文中已经对争议措施是否普遍适用作出肯定性结论。争议措施也显然是“为WTO成员采取”的。

然后,专家组分为两部分来解释——“导致税率的增加”和“以既定和统一的行为”。申诉方认为争议措施导致某些免税的STBCs产品被归类到需征14%税的类别之下,这就是一种税率的增加。欧共体辩称,争议措施只是统一产品重新归类,并没有导致产品税率的增加。专家组通过查阅字义,认为“effecting”有导致和引起的意思,“advance”在本案中有增加、提高的意思。通过审阅争议措施项下的分类变动,专家组发现欧共体意在将某些享受免税待遇的产品归入课税的税则号之下,这说明争议措施有导致税率增加的效果和意图,不论其是否真实执行。接下来,专家组对第二部分进行分析。申诉方认为,本案中无论如何都存在“既定和统一的行为”,因为各成员的海关以CNEN为基准对归类进行决策。欧共体认为申诉方没有提供足够证据证明存在既定和统一的行为。专家组引用以往案例中的上诉机构和专家组的观点,分别对“行为”、“统一”和“既定”进行解释,并结合本案争议措施的影响和效果,认定争议措施符合这四个要素的规定。

申诉方主张争议措施公布前已经被执行,并提出欧盟成员国的相关税收规定作为证据。欧共体主张,措施只有在被欧洲委员会正式通过并在欧盟公报上公布之后才能执行,并认为申诉方提供的成员国措施与本争议焦点无关,因为其不能阻止成员国制定自己的关税措施。专家组认为,申诉方提供的有关欧盟成员国执行争议措施的证据,哪怕只有一例,就足以证明争议措施在公布前已经执行。通过对两个修正案项下产品归类的分析,专家认为,没有证据证明2006年10月的修正案在公布前已经被执行,然而2007年4月的修正案在其公布之前,至少有部分成员国已经在产品归类中执行其规定。

基于以上分析,专家组认为,争议措施违反了GATT 1994第10.2条的规定。

三、多功能一体机(MFMs)

针对多功能一体机,专家组审理的实体问题是争议措施是否违反了GATT 1994第2条项下的义务。分析分为两部分进行:第一部分是欧共体对具有自动数据处理功能的多功能处理器(ADP MFMs)的关税待遇问题,第二部分是欧共体对不具有自动数据处理功能的多功能数据处理器(Non-ADP MFMs)的关税待遇问题。

1. 欧共体对ADP MFMs产品的待遇

申诉方认为欧共体没有给予应属于税则标题847160项下的某些ADP MFMs产品以免税待遇,违反了GATT 1994第2条的规定,专家组即从税则标题847160的含义开始分析。争议双方就该标题的表述咬文嚼字,提出不同的解释观点。专家组对表述中的词句进行了逐一分析。

首先，关于“输入输出组件”，专家组认为其在副标题 847160 项下的含义为具有发送/接受信号、信息或数据功能的自动数据处理器（如计算机）的组成设备或自动处理系统。其次，对相关背景信息（标题 8471 和其他副标题、HS 1996 第 84 章第 5 条和第 151 节第 3 条等）的解读也支持该释义。最后，与前两种争议产品的审理一样，专家组认为其解释也符合“保证为减少关税和其他贸易壁垒的双边互惠安排的安全性和可预测性”的目标和宗旨。在对副标题的含义作出解释的基础上，专家组审理的问题是 ADP MFMs 产品是否符合副标题 847160 的表述含义。欧共体主张，ADP MFMs 产品可以被归为其他副标题之下而享受免税待遇。专家组通过逐个分析欧共体提出的其他副标题以及争议产品的特征，认为不能得出其他副标题涵盖了争议产品的结论，至少某些 ADP MFMs 产品应落入副标题 847160 的范围之内。

专家进一步审理欧共体对争议产品的征税是否超过其减让表的规定。通过对减让表中相关税则号的分析，专家组发现欧洲委员会 517/1999 号条例、400/2006 号条例和 2005 声明，以及 CN2007 导致对某些应该享受免税待遇的 ADP MFMs 产品征收了关税，因而违反了 GATT 1994 第 2.1 条（b）的规定。由于第 2.1 条（b）的违反必然导致对第 2.1 条（a）的违反，因此该些措施也违反了 GATT 1994 第 2.1 条（a）的规定。

2. 欧共体对非 ADP MFMs 产品的待遇

申诉方主张某些争议的非 ADP MFMs 产品属于副标题 851721 的免税范围之内。欧共体则主张，这些产品表面上看起来既可以归入 851721 之下，也可以归入 900912 之下，但是这些产品的主要特征使其只能归为副标题 900912 之下，应予征税。专家组因而对争议的非 ADP MFMs 产品（或其部分）是否属于 900912 的范围进行了分析。通过解读 900912 的表述，专家组认为其所描述的程序只限于模拟复印机（analogue photocopiers），并不包含数码复印技术，而争议产品采用与 ADP MFMs 一样的数码复印程序，因此不属于 900912 的范围。

在明确争议产品可以落入免税范围之内后，专家组进而对争议措施（欧洲委员会517/1999号条例、2005声明、欧洲委员会400/2006号条例CN 2007）是否导致对争议产品的征税超过减让表规定分别进行了分析。由于欧洲委员会517/1999号条例导致对部分应享受免税待遇的争议产品征收6%关税，2005声明会导致成员国对某些应免税产品征收12%或6%的关税，欧洲委员会400/2006号条例导致对应免税的争议产品征收6%的关税，CN 2007中的规定导致对某些应免税的产品征收6%的关税，这些措施都违反了GATT 1994第2.1条(b)的规定，也违反了第2.1条(a)的规定。

【案例评析】

ITA旨在通过成员约束和减免对信息科技产品的关税和其他税费以达到"实现信息技术产品全球贸易的最大自由化"和"鼓励世界范围内信息技术产业的不断技术进步"的愿望。ITA第1段表明"每一成员的贸易体制都应该朝着扩大信息技术产品市场准入机会的方向发展"。根据ITA的第2段内容，各成员同意约束和取消GATT 1994第2.1条(b)项下的关税和其他税费，约定适用于ITA附表A和附表B范围内的所有产品。附表A以HS标题列明产品范围，附表B则以正面描述的方式指明产品范围。根据ITA附录的规定，为履行ITA项下的义务，各成员应以下列方式修改自己的关税减让表：对于附表A中的分类标题，在减让表适当之处中创建副标题；对于附表B中描述的产品，在减让表中加列附录，用以详列附表B所有产品的分类标题，不论是用各国税则号还是用协调编码税则号。

由此可见，成员对信息技术产品的减免义务限于ITA的附表A与附表B。根据本案专家组的观点，附表B中采用描述的方式本身就是为了突破附表A列举税则号方式的局限性，旨在使其描述范围内的产品享受减免待遇。然而在ITA实施的这十几年来，信息科技经历了快速和大规模的发展，新兴的信息科技产品不断涌现，附表中所描述的产品,许多已经更新换代,或者添加了新的功能、或者融合了不同的技术,本案中的三类产品都是属于这种情况。欧共体对某些平板显示器产品征收关税的理由是这些产品的技术特征和功用较ITA制定之时已经发生了变化,将某些机顶盒排除在免税范围之外的理由也是因为它们使用了不同于传统互联网连接技术的WLAN、ISDN以及Ethernet技术;同样,对于多功能一体机,欧共体的主张也是争议产品所具有的功能大大超过传统的数码机器。欧共体以此为理由,将本应属于ITA承诺范围之内的产品归类到了其他税则之下予以征税。

虽然双方对某些具体税则号的范围也有不同理解和观点,但双方的主要争议则在于各类产品描述的范围的理解。本案中,双方围绕FPDs描述、STBCs描述、MFMs描述的含义和范围争论不休,专家组为审理争议问题,查阅了大量字典和专业词汇,并向海关合作组织求援,工作量十分之大,即使对某些表述的定义作出了结论,也非常谨慎地表示这些结论只是针对本案具体情况,并不具有普遍适用性。由此可见,附表B中的描述具有一定的局限性,不仅给予欧共体将某些具有新兴功能的产品排除在其范围之外的机会,更使成员国对描述范围理解不一,导致产品归类差异,不利于信息技术产品贸易自由化的实现。虽然本案中争议的FPDs、STBCs以及MFMs产品因专家组裁决欧盟败诉将得到免税待遇,但考虑到不但欧盟调整措施将花费一定的时间,且本案裁决对现在已有的或将来产生的其他相关新产品不能产生直接或具体的影响,也就是说,成员基于对描述的不同解释或故意的狭义解释而对应该免税的产品征收关税的情况仍然可能发生。

根据ITA的规定,只要符合附表B描述的产品,不论其在HS项下的分类为何,均属于ITA的承诺范围之内,可见,附表B的描述适用于成员间未统一分类的产品,其旨在对统一多功能产品归类及消除归类分歧方面产生积极的影响。但是,产品采用的正面描述方式也可视为对承诺范围的一种局限,对于新兴产品,若是其没有落入附表A中具体的税则号之下，则须符合附表B中的14项描述之一才能够进入承诺范围而享受免税待遇。在现有的ITA体制之下，成员间如果就归类发生争议，应该以现有的产品描述为依据，通过有权机构的解释对争议产品是否属于ITA范围进行确认。由于对附表B的描述没有统一的解释，WTO专家组在个案中的判决也具有适用的局限性，成员若是对附表B中的描述采取狭义解释，则能够轻易将新兴产品归入课税范围之内，这在客观上降低了信息技术产品贸易的自由化程度，与ITA的目标和宗旨背道而驰。

关于附录的修改，专家组在背景分析中提及，根据ITA第3段，成员应该定期审核附录产品范围，并根据信息科技的发展情况、通过讨论达成共识以决定附表中是否应该纳入更多产品。但是该段没有规定成员达成共识的义务，也没有规定达成共识或完成附录修改工作的期限，其影响力十分有限。

综上所述，ITA所规定的承诺范围具有一定局限性，若是成员不对附表B的描述作扩张解释，则新兴信息技术产品都有可能被归入可征税的标题之下。而且鉴于ITA第3段的表述，除非所有成员都有意愿，附录的修改才可实现。这些在客观上都不利于信息技术贸易自由化的发展。可见对ITA进行修改是解决成员间产品归类分歧的有效途径。因而，有学者提出，在修改ITA之时，可将附表B中的正面描述改为反面描述（只有在符合描述的情况之下，产品才被排除在ITA的承诺之外），以扩大附表B涵盖的产品范围，由此可以适应信息技术的发展状态。①

① 董玉潔："浅论资讯科技协定在科技变迁环境下面临之困境——以欧盟资讯科技产品案为例"，载《经贸法讯》2011年第113期。

………国民待遇(GATT 1994 第3条)

菲律宾:蒸馏酒税
(WT/DS396、WT/DS403)*

申诉方(上诉方、被上诉方):欧盟、美国

被申诉方(上诉方、被上诉方):菲律宾

第三方(第三参与方):澳大利亚、中国、哥伦比亚、印度、墨西哥、中国台北、泰国

欧盟与美国分别于2009年7月29日和2010年1月14日要求就菲律宾蒸馏酒税与菲律宾进行磋商。因磋商未果,欧盟和美国分别于2009年12月10日和2010年3月26日向DSB请求成立专家组。DSB于2010年4月20日成立一个专家组对两个案件合并审理。2011年8月15日,专家组作出了最终报告。菲律宾与欧盟提出上诉。上诉机构于2011年12月21日作出报告。2012年1月20日,DSB通过了上诉机构和专家组报告。

本案涉及菲律宾对蒸馏酒的消费税,系争产品包括杜松子酒、白兰地、朗姆酒、伏特加、威士忌、龙舌兰酒等蒸馏酒。

1997年制定的菲律宾国家税收法(NIRC)第141条规定,如果蒸馏酒以指定原料酿制,且原料的商业化生产与最终制成蒸馏酒在同一个国家完成,则根据第141条(a),可以适用统一的低税率,在专家组审理案件时,税率

---

* 本案初稿由华东政法大学国际法专业研究生钱竽孟撰写。

为每升14.68比索。[1]“指定原料”包括椰子、木薯和某些棕榈的浆液,以及甘蔗糖浆或蔗糖。而其他所有以“非指定原料”生产的蒸馏酒则依据其每瓶750毫升净零售价的不同适用158.73比索(净售价低于250比索)、317.44比索(净售价250~675比索)和634.90比索(净售价高于675比索)三档高税率。由于各种酒的酒精含量和酒瓶大小不同,菲律宾还规定征税按照“含量升”(每升酒的酒精含量,proof litres)来计算。

美国和欧盟指出,绝大部分进口蒸馏酒的原材料均为NIRC规定的“非指定原料”,而所有的菲律宾国产蒸馏酒均由甘蔗糖蜜等“指定原料”生产,因此菲律宾对蒸馏酒的征税方法实际上导致进口蒸馏酒的税率远远高于其国内生产的蒸馏酒。

美国与欧盟认为菲律宾的以上措施不符合GATT 1994第3.2条。

【专家组的分析和结论】

一、GATT 1994第3.2条第1句项下的诉请

GATT 1994第3.2条第1句规定:“从任一成员方领土进口至另一成员方领土的产品不应被直接或间接地征以高于同类国内产品的税收或任何类型的国内收费。”

1. 涉案蒸馏酒是否同类产品

美国与欧盟认为,菲律宾税法规定的以指定原料生产的蒸馏酒与以其他原料生产的进口酒是“同类产品”。其依据有这几个方面:不论用何种原料生产,所有蒸馏酒的基本物理特征是“本质上相同的”;蒸馏酒一般具有相同的最终用途;消费者的口味和习惯并未受到原料的影响;在世界海关组织的协调商品名称和编码系统(关税协

① 菲律宾货币,1美元约合44比索。

调编码,HS)中,所有的蒸馏酒都被归类于同一个四位数标题之下,并且归类原因并非基于生产酒的原材料;此外,菲律宾本国的国内法规并不从原材料角度对蒸馏酒进行区分。由于两组产品是"同类的",并且进口产品税收更高,所以菲律宾违背了第3.2条第1句。

菲律宾首先对"类似"表示反对,并对申诉方的观点分别提出反驳意见:进口酒与国产酒之间存在显著的物理差别;由于菲律宾的酒类市场被分割,系争产品之间不存在市场竞争;HS关税分类对生产原料有所要求;所有蒸馏酒有共同的最终用途并不能说明它们是同类产品。最后,菲律宾辩称其施行该税制的目的并非为保护国内产业,而是为了达到符合其宪法对税收的要求。

专家组参考了先例中专家组和上诉机构的意见,认为对第3.2条第1句的分析应首先分析"同类产品",然后调查是否存在差别征税。专家组认为,在第3.2条第1句语境下应该对"同类产品"作狭义的解释,但是不必限于产品完全一致的情形。专家组考虑了产品的特性、本质和质量;它们在菲律宾市场中的最终用途;菲律宾消费者的口味和习惯;HS中对产品的归类;其他相关的菲律宾国内规范。

专家组认定,与本案有关的所有类型的酒(包括杜松子酒、白兰地、朗姆酒、伏特加、威士忌、龙舌兰酒以及龙舌兰风味的酒)都是通过蒸馏程序生产的饮用乙醇的浓缩形式。它们的绝大部分成分都是乙醇和水,平均乙醇含量为25%~40%,同一种类的酒往往具有近似的酒精含量。所有的蒸馏酒都是半透明的,颜色从透明到金色或红褐色都有。饮用酒类对人体的影响也是类似的。专家组认定进口与国产蒸馏酒之间在物理特性和质量方面不存在差异,指定原料与其他原料生产的蒸馏酒之间也没有差别。

本案中所有的蒸馏酒都拥有同样的最终用途,即用于"解渴、社交、放松以及对酒瘾的满足"。此外,所有的蒸馏酒饮用方式都相同,即直接饮用、加冰饮用、与软饮料或果汁混合饮用或用于鸡尾酒的调配。专家组认为,最终用途和饮用方式的相同与产品来源(进口或国产)或生产原料均无关系。因此专家组认定,最终用途在系争产品间不存在任何不同之处。

对于口味和习惯问题,专家组的结论是:消费者在购买蒸馏酒时并不区分进口或国产,也不区分生产原料,产品的功能是类似的。尽管双方提交的报告未包括竞争关系调查,专家组已经可以断定,在菲律宾市场上的蒸馏酒之间存在显著程度的竞争或可替代性。

从关税分类来看,涉案所有蒸馏酒都被 HS 归类于 2208 的四位数标题之下,即“酒精体积比例在 80% 以下的未变性乙醇;包括酒精、甜酒以及其他酒类饮品”。专家组认为该关税分类方法是系争产品间类似性的体现。而不同性则体现在具体的六位数子标题之下,例如杜松子酒即被归于 2208.50。而六位数子标题对原材料的态度不一。通过逐条考察,专家组发现在 HS 的六位数子标题中,杜松子酒、伏特加、龙舌兰酒对原料未加以规定,而白兰地、朗姆酒和威士忌对原料有所区分。专家组认定,在四位数标题层面上,HS 关税分类体现了类似性;而在六位数子标题层面上,HS 关税分类未提供结论性的指导。

专家组对菲律宾国内法律规章作了考察并发现:第一,对于酒后驾驶的当地规定并不区分蒸馏酒的来源地或原料;第二,当地关于“酒类分配和销售”的规章同样不区分;第三,菲律宾国内立法也对产品类似性加以肯定,如第 9334 号公共法案对于“酒或蒸馏酒”的定义不区分生产原料。

基于以上各个方面的证据和分析,专家组对于系争产品的“类似性”作出如下认定:首先,对于作为整体概念的蒸馏酒,本案中所有系争产品都属于 GATT 1994 第 3.2 条第 1 句中的“类似产品”,不论进口或者国产,亦不论以何种原料生产。其次,对于各个特定种类的蒸馏酒,即杜松子酒、白兰地、朗姆酒、伏特加、威士忌、龙舌兰酒以及龙舌兰风味的酒,其种类范畴内的产品都是“类似产品”。并且,每个种类产品间的类似性比蒸馏酒整体的类似性更高。

2. 高于国内产品征税

专家组认为,在法律上,由于菲律宾区别征税的依据是产品的原材料，所以其税收制度是符合“来源地中立”的原则的。但是事实上，由于所有菲律宾国产蒸馏酒都适用较低税率，而大部分进口蒸馏酒被征以高税率，因此认定进口产品征税高于国内产品。

专家组的最终结论是：菲律宾通过其税收制度对以其他原料生产的进口产品征以高于以指定原料生产的国内类似产品的税，菲律宾的行为违背了其在 GATT 1994 第 3.2 条第 1 句项下的义务。

二、GATT 1994 第 3.2 条第 2 句项下的申诉

GATT 1994 第 3.2 条第 2 句规定：“成员方也不应以违背第 3.1 条所列原则的方式对进口产品或国产品适用国内税收或其他国内收费。”

欧盟与美国申诉，菲律宾的税收制度不符合第 3.2 条第 2 句，因为其对“直接竞争或可替代”的进口和国内产品进行差别征税，并且其目的“为满足对国内产业的保护”。

菲律宾辩称：首先，进口产品和国内产品并非直接竞争或可替代的；其次，系争产品实际上被相同征税；最后，系争税收制度的目的并非保护国内产业。

专家组首先确认欧盟没有针对 GATT 1994 第 3.2 条第 2 句提出单独的申诉，仅美国提出了这一申诉。专家组认为对于该项申诉有三个问题需要进行分析：进口与国内产品之间是否“直接竞争或可替代的”；它们是否“被差别征税”；差别征税的目的是否“为满足对国内产业的保护”。

1. “直接竞争或可替代的”产品

专家组再次考察了在第一项申诉中所考虑的证据（如消费者口味和习惯、最终用途、关税分类等），还分析了以下方面的证据：产品的销售渠道、产品的特性、本质和质量、最终用途和市场策略、关税分类、国内规定。在考虑上述因素之后，专家组认定系争产品都属于第 3.2 条第 2 句意义下的“直接竞争或可替代的”产品。

2.“被差别征税”

申诉方主张,本案中进口产品与国内产品之间的税收差异“异常巨大”,差距在10～40倍之间。这样巨大的税收差距远超先例中的“微量”(de minimis)标准,因此应当认定系争产品在第3.2条第2句意义下是“被差别征税”的。

菲律宾主张分析的重点应当在于产品的相对税收负担,而非税收的绝对值。根据调查数据,以指定原料生产和以其他原料生产的蒸馏酒的相对税负分别为13%和22%。菲律宾认为在两者税前价格的巨大差距之下,9%的差别是“微量”的。此外,菲律宾还强调其低收入消费者占主体的市场特点以及宪法对其“先进的税收系统”的要求,即对“奢侈商品”的消费征收高税。

专家组首先赞同菲律宾关于相对税收负担的差异是分析重点的看法。先前已多次提及,系争产品间的税收绝对值对比在10～40倍之间,专家组认为这毫无疑问是巨大的差距。接着专家组分析相对税负的差异是否同样超过“微量”标准。专家组再次回顾菲律宾的税制结构:所有国产蒸馏酒都适用统一的最低税率,大部分进口蒸馏酒则依净零售价适用三档较高税率。由于税率不变,导致国产蒸馏酒的售价越高,其相对税收负担越低,与同档次进口产品竞争更有优势。

专家组对于各个种类蒸馏酒的进口与国内产品的相对税负分别进行了对比,认定在各个种类之下的税负差距均超过了“微量”标准。综合上述,专家组认定本案中进口与国产蒸馏酒属于在第3.2条第2句意义下的“被差别征税”。

3.“为保护国内产业”

专家组忆及日本酒类案Ⅱ的上诉机构报告,认为当前分析的重点并不在于菲律宾的主观倾向或目标如何,而在于系争措施是否被保护性地应用,即重点在于系争税制的设计、体系和结构。

专家组发现,菲律宾的税收制度采取固定税率与从价税率结合的系统,以某些指定原料生产的蒸馏酒适用较低的固定税率,以其他原料生产的蒸馏酒适用较高税率。考虑到所有国产蒸馏酒都是以指定原料生产的,而大部分的进口蒸馏酒以其他原料生产,或者原料商业化生产地与最终产品酿造地不在同一国家,这意味着实际上,系争措施导致所有国产蒸馏酒都享受优惠的低税,而大部分进口蒸馏酒则适用高税率。如前所述,两者之间的税收差距在 10~40 倍之间,这样的差距在表面上看是巨大的。

综上所述,专家组认定,菲律宾税制的设计、体系和结构以及进口与国内产品之间税收差异的大小都揭示了系争措施的保护性本质。

专家组认定,菲律宾通过其税收制度对以指定原料生产的国产蒸馏酒与以其他原料生产的直接竞争或可替代的进口蒸馏酒差别地征收国内税,以保护菲律宾国产蒸馏酒产业,违背了 GATT 1994 第 3.2 条第 2 句的规定。

【上诉机构的分析和结论】

菲律宾和欧盟分别提出上诉,上诉请求涵盖了专家组报告几乎所有内容,上诉机构按照专家组的逻辑结构分析了下列几个问题。

一、GATT 1994 第 3.2 条第 1 句

在"同类产品"问题上,上诉机构分析了产品的物理特征、原材料基础与"同类性"认定的关联性、消费者口味和习惯及关税分类等因素。对于 HS 四位标题,上诉机构回顾其在日本酒类案Ⅱ中的意见:关税分类只有在足够详细的情况下才能被用作认定类似性的依据。而本案中 HS2208 四位数标题的规定不够详细,不具备足够的证据效力。上诉机构发现在 HS 的六位数子标题中,白兰地对其原料有所规定,威士忌则无,然而 HSENs 对两者的生产原料均有所要求。上诉机构认为这些规定提供了白兰地与威士忌的进口与国内产品不是"同类"的依据。因此,专家组关于 HS 六位标题无法提供"决定性指导"的评价是错误的。虽然上诉机构认定专家组对于 HS 的四位数

标题与六位数子标题的论断均有错误,但是关税分类只是对于第3.2条第1句中“同类性”分析的标准之一,而专家组依据其他证据已确立“同类性”,所以专家组的该错误不影响“类似性”的整体认定。上诉机构维持了专家组除关税分类之外其他所有结论,而专家组关于关税分类的分析虽然有瑕疵,但上诉机构认为不影响“类似性”的认定。

据此,上诉机构支持了专家组关于进口蒸馏酒与同种类(如白兰地、伏特加等)国产蒸馏酒在菲律宾市场内为“类似产品”的认定。

专家组确认“所有蒸馏酒均为‘同类产品’,不论进口或国产,亦不论以何种原料生产”。菲律宾对专家组的该认定表示强烈的反对,认为这样的认定会导致离奇的结论,而申诉方甚至都没有提出这样的诉请。上诉机构回顾专家组的分析过程,认为其自身对事实的认定已说明“所有”系争产品之间的物理特征相似和竞争的程度不满足第3.2条第1句下“同类性”的狭义认定范围。第一,专家组在其报告中陈述,每个特定种类的蒸馏酒均有各自不同的感官特性,意味着“所有”蒸馏酒在感官特性方面并不一致。第二,专家组在消费者口味和习惯的分析中认定“所有”系争产品在菲律宾市场中存在“显著程度”的竞争和可替代性。但是仅仅“显著程度”尚不足以支持第3.2条第1句下对“同类性”的认定。第三,专家组关于HS关税分类的认定已被上诉机构推翻。据此,上诉机构撤销了专家组在其报告的第7.77段所作的认定,即“所有蒸馏酒不论为何种类均为第3.2条第1句意义下的类似产品”。

二、GATT 1994第3.2条第2句

欧盟提出,由于专家组错误地将其在第3.2条第2句项下的申诉视作第3.2条第1句项下的申诉的替代选项而未对前者加以审理,专家组违反了DSU义务。欧盟请求上诉机构推翻专家组认定并补充完成其在第3.2条第2句项下申诉的法律分析与认定。

上诉机构首先确认欧盟针对第3.2条第1句与第2句分别提出了独立的申诉。据此，上诉机构推翻了专家组关于欧盟第二项申诉为第一项申诉的"替代"的认定，裁定专家组违背了其在DSU第11条项下的义务，并决定补充完成相应法律分析。

结合菲律宾在此问题上提出的上诉，上诉机构从竞争的"程度"、市场分割、潜在竞争关系、可替代性等几个方面分析了直接竞争或可替代产品问题，最后的结论是：专家组关于"直接竞争或可替代"的分析和结论没有错误，专家组没有违反DSU第11条，上诉机构支持上诉机构的结论。关于"为保护国内产业的"问题，上诉机构认为完整地分析报告中的论证逻辑，就会发现专家组并非只是简单引用先例而未作出自己的分析，专家组有一个完善的论证过程。据此，上诉机构支持专家组关于"为保护国内产业的"的认定。

上诉机构最终作出如下认定：撤销专家组关于欧盟对第3.2条第2句的诉请为其对第3.2条第1句诉请的"替代选项"的认定，并基于已认定事实对该诉请作出与美国一致的认定，即菲律宾通过其税收制度对以指定原料生产的国产蒸馏酒与以其他原料生产的直接竞争或可替代的进口蒸馏酒差别地征收国内税，以满足对菲律宾国产蒸馏酒产业的保护，违背了GATT 1994第3.2条第2句的规定。

对于专家组的其他分析和结论，上诉机构均予以支持。

【案例评析】

本案中菲律宾对进口蒸馏酒采取的税收措施被认定为违反GATT 1994第3.2条，对进口产品歧视性征收国内税费属于非关税壁垒，并违背国民待遇原则。

本案事实认定部分并无太大争议，主要问题集中在认定涉案产品是不是GATT 1994第3.2条第1句中"同类产品"以及第2句中"直接竞争或可替代的产品"。专家组和上诉机构在报告中都提出，对于第3.2条第1句和第2句的认定并没有一个放之四海而皆准的评价标准，专家组应当基于当前个案证据选用合适的方法进行分析。

然而在屡次强调逐案(case-by-case)调查的必要性的同时,本案专家组与上诉机构也多处引用了类似先例的报告内容,例如韩国酒类案与日本酒类案Ⅱ等。

对于“同类产品”,专家组从产品的物理特性、最终用途、消费者口味和习惯、关税分类五个方面确立了系争产品的同类性。其中除了HS关税分类之外,专家组关于其他标准的结论都得到了上诉机构认同。上诉机构总体上支持了专家组对第3.2条第1句的认定,即系争产品不论进口或国产,亦不论是否以指定原料生产,其在各个种类下(威士忌、白兰地、朗姆酒等)为“类似产品”,但专家组关于跨种类的“所有”产品亦为“类似”的结论则被上诉机构撤销。

对于“直接竞争或可替代的产品”,专家组倾向于定性分析,对于定量分析则参考先例做法未给予过多关注。在权衡两份机构报告以及价格竞争实例后,专家组认定系争产品为“直接竞争或可替代的”,上诉机构亦表示支持。

在笔者看来,虽然菲律宾提出了诸多抗辩,例如物理特性不一致、税收来源地中立、市场分割、人口收入、税前价格差异、宪法对税制的要求等,但是本案实体争议的审理结果是在意料中的。

首先,从其税收制度的设立目的来看,菲律宾声称其宪法要求税收制度体现出对贫富人群的征税差异,然而以生产原料作为划分税收标准的依据并不能直接体现出其宪法的该项价值追求。对菲律宾最为不利的是,其法律规定的所有“指定原料”均为其国内作物,并且所有国产蒸馏酒均以指定原料生产,而进口蒸馏酒则原料不一,大部分以其他原料生产,或者即使以指定原料生产,其商业化生产地也与酿制地不在同一个国家。因此不论其如何抗辩,均无法否认系争措施的歧视性后果,即税收制度实际上导致了所有国产蒸馏酒均享受低税率,而绝大部分进口蒸馏酒被课征10~40倍的高税率。正如上文所引先例报告所言,分析的重点并不在于菲律宾的主观倾向或目标如何,而在于系争措施是否可能产生保护性结果。此外,菲律宾无法回避其国产蒸馏酒极力“山寨”进口产品的事实。菲律宾试图以表面上是“来源地中立”的原材料划分方法来掩盖其歧视性征收国内税费的做法在其实际适用结果面前显得并不那么令人信服。

其次，菲律宾所提出的一些抗辩并不全面，有的甚至与本案并无关联，即便成立也很难对最终结论产生实质影响。例如，其在消费者口味和习惯的分析部分中试图通过以进口与国内产品分销途径的差异来证明两者的不同，但是其在提出 sari-sari 小商店只出售国产蒸馏酒的时候未能顾及其他类型的销售途径，如酒吧等场内销售。而专家组正是以进口与国产蒸馏酒共享场内销售等途径为依据反驳了菲律宾的抗辩。又比如在针对第 3.2 条第 2 句的分析部分中，菲律宾试图主张作为国产蒸馏酒生产原料的进口乙醇同样适用低税率以证明系争措施的目的并非为满足对国内产业的保护，然而乙醇作为生产原料并不属于系争产品的范畴，因此与本案无关联。或许菲律宾提出类似这样不全面的抗辩是不得已而为之，例如没有更好的主张，但是菲律宾未能组织起逻辑完善的抗辩亦是其败诉的原因之一。

虽然败诉，并且其抗辩以及相应证据也存在一些问题，但是菲律宾在本案中作为被申诉方的应诉态度较为积极，针对申诉方的诉请均一一作出回应，在上诉中也组织起了比较广泛和全面的反对意见，其中有相当部分意见被上诉机构采纳。例如有关 HS 关税分类证据效力的上诉，虽然对最终结果未能产生影响，但是菲律宾的主张全部得到了上诉机构的支持。专家组关于“所有”蒸馏酒都为“类似产品”的结论更是应菲律宾的请求被上诉机构撤销。又如菲律宾所一直坚持的市场分割论虽然没有在专家组报告中被接受，但是上诉机构认同了其关于税前价格差异巨大导致进口与国内产品分属不同市场部分的观点。此外，菲律宾的上诉使上诉机构也承认，专家组报告不止一处的表述虽然没有错误，但是“可以做得更好”。

整体而言，菲律宾的败诉结果是无法避免的，因为其受争议的国内税收措施表现出明显的歧视性，其抗辩略显无力，无法动摇对其不利的事实认定。但是菲律宾提出了成体系的抗辩主张和上诉意见，并在一定程度上获得了专家组和上诉机构的认同。

本案中所认定菲律宾所实施的歧视性国内税费属于非关税壁垒，并违背了国民待遇原则。同样作为WTO发展中国家成员方的中国或许更容易理解菲律宾的做法，但是摒弃非关税壁垒和以国民待遇对待外国产品是WTO成员的义务。若系争措施具有太过明显的规避义务倾向，则不论以何种名义进行掩饰均是徒劳，绝非长久之计。

亚美尼亚：香烟和酒精饮料进口及国内销售措施（WT/DS411）

2010 年 7 月 29 日，乌克兰要求就亚美尼亚影响香烟和酒类进口和国内销售的措施与亚美尼亚磋商。乌克兰指出，亚美尼亚对进口烟草制品实行差别税率，征收高于约束税率的关税；对酒类征收国内税高于同类国产品。这些措施不符合亚美尼亚在 GATT 1994 第 3 条的义务。到 2012 年年底，双方仍在磋商。

加拿大:涉及 FIT 项目的措施
(WT/DS412)

2010 年 9 月 13 日,日本提出就加拿大 FIT 项目中的当地成分与加拿大磋商。日本认为,加拿大的法律违反了 GATT 1994 第 3 条,也不符合 TRIMS 协定第 2.1 条和 SCM 协定第 3.2 条。2011 年 6 月 1 日,日本请求成立专家组,7 月 20 日,DSB 决定成立专家组。澳大利亚、巴西、中国、萨尔瓦多、欧盟、洪都拉斯、印度、韩国、墨西哥、挪威、沙特阿拉伯、中国台北、美国要求保留作为第三方介入的权利。2011 年 10 月 6 日,专家组组成。2012 年 12 月 19 日,专家组报告公布。到 2012 年年底,还没有任何一方提出上诉。

摩尔多瓦：影响产品进口和内部销售的措施
（WT/DS421）

2011 年 2 月 17 日，乌克兰提出就摩尔多瓦对进口产品征收的环境污染费与摩尔多瓦磋商。乌克兰认为，摩尔多瓦的措施违反了 GATT 1994 第 3 条。2011 年 5 月 12 日，乌克兰请求成立专家组，6 月 17 日，DSB 决定成立专家组。阿根廷、中国和欧盟要求保留作为第三方介入的权利。到 2012 年年底，专家组仍未组成。

乌克兰:蒸馏酒税
(WT/DS423)

2011年3月3日,摩尔多瓦提出就乌克兰消费税对从摩尔多瓦进口的蒸馏酒的歧视待遇与乌克兰磋商。摩尔多瓦认为,乌克兰的措施违反了GATT 1994第3条。2011年6月1日,摩尔多瓦请求成立专家组,7月20日,DSB决定成立专家组。中国、哥伦比亚、欧盟、中国台北和美国要求保留作为第三方介入的权利。到2012年年底,专家组仍未组成。

加拿大：与 FIT 项目相关的措施
（WT/DS426）

2011 年 8 月 11 日，欧盟提出就加拿大 FIT 项目中的当地成分要求与加拿大磋商。欧盟认为，加拿大的法律违反了 GATT 1994 第 3 条，也不符合 TRIMS 协定第 2.1 条和 SCM 协定第 3.2 条。2012 年 1 月 9 日，欧盟请求成立专家组，1 月 20 日，DSB 决定成立专家组。澳大利亚、巴西、中国、萨尔瓦多、印度、日本、韩国、墨西哥、挪威、沙特阿拉伯、中国台北、土耳其、美国要求保留作为第三方介入的权利。2012 年 1 月 23 日，专家组组成。到 2012 年年底，专家组仍在工作。

阿根廷:影响产品进口的措施
(WT/DS438)

2012 年 5 月 25 日,欧共体要求就阿根廷限制进口的措施与阿根廷磋商。欧共体指出,阿根廷对进口的批准制度和许可证要求违反了 GATT 1994 第 3 条、第 10 条和第 11 条的义务,也不符合《进口许可程序协定》第 1～3 条。到 2012 年年底,双方仍在磋商。

欧盟:对生物柴油进口的限制措施
(WT/DS443)

2012 年 8 月 17 日,阿根廷要求就欧盟和西班牙影响生物柴油进口的措施与欧盟磋商。阿根廷指出,欧盟对进口的批准制度和许可证要求违反了 GATT 1994 第 3 条和第 11 条的义务,也不符合《TRIMs 协定》第 2 条。到 2012 年年底,双方仍在磋商。

阿根廷:进口限制措施
(WT/DS444)

2012年8月21日,美国要求就阿根廷限制进口的措施与阿根廷磋商。美国指出,阿根廷对进口的批准制度和许可证要求违反了GATT 1994第3条、第10条和第11条的义务,也不符合《进口许可程序协定》第1～3条。到2012年年底,双方仍在磋商。

阿根廷:进口限制措施
（WT/DS445）

2012 年 8 月 21 日,日本要求就阿根廷限制进口的措施与阿根廷磋商。日本指出,阿根廷对进口的批准制度和许可证要求违反了 GATT 1994 第 3 条、第 10 条和第 11 条的义务,也不符合《进口许可程序协定》第 1 ~ 3 条。到 2012 年年底,双方仍在磋商。

阿根廷:进口限制措施
(WT/DS446)

2012年8月24日,墨西哥要求就阿根廷限制进口的措施与阿根廷磋商。墨西哥指出,阿根廷对进口的批准制度和许可证要求违反了GATT 1994第3条、第10条和第11条的义务,也不符合《进口许可程序协定》第1～3条。到2012年年底,双方仍在磋商。

欧盟:影响新能源发电产业的某些措施

(WT/DS452)

2012年11月5日,中国要求就欧盟(具体是意大利和希腊)的关税中投入项目与欧盟磋商。中国认为,欧盟的措施违反了GATT 1994第3条的国民待遇原则和《SCM协定》的相关规定。到2012年年底,本案仍在磋商。

………数量限制(GATT 1994 第 11 条、第 13 条)

中国:涉及各种原料出口的措施
（WT/DS394、WT/DS395、WT/DS398）

申诉方（被上诉方、上诉方）:美国、欧盟、墨西哥

被申诉方（上诉方、被上诉方）:中国

第三方（第三参与方）：阿根廷、巴西、加拿大、智利、哥伦比亚、厄瓜多尔、印度、日本、韩国、挪威、中国台北、土耳其、沙特阿拉伯

2009 年 6 月 23 日，美国和欧盟分别提出申诉，要求就中国限制各种原料出口的措施进行磋商。同年 8 月 21 日，墨西哥就同一问题要求与中国磋商。由于磋商未果，经申诉方请求，DSB 于 2009 年 12 月 21 日决定成立一个专家组审理 3 个案件。专家组报告于 2011 年 7 月 5 日公布，双方都提出上诉。上诉机构报告于 2012 年 1 月 30 日公布。2012 年 2 月 22 日，DSB 通过了上诉机构和专家组报告。

本案涉及中国对铝矾土、焦炭、萤石、镁、锰、碳化硅、金属硅、黄磷、锌 9 种原料实行的出口限制措施，包括出口关税、出口配额、出口配额的分配及管理手段、出口许可证以及出口限价。申诉中涉及了中国的法律、法规、对

外贸易部门的规章以及其他众多文件。[①] 申诉方认为,中国政府的这些规定和措施违反了 GATT 1994 第8.1条、第8.4条、第10.1条、第10.3条(a)项、第11.1条和《中国入世议定书》(“议定书”)第1条第2款、第2条(A)项第2款,第5条第1款、第2款,第8条第2款,违背了《中国入世工作组报告》(“工作组报告”)第83段、第84段、第162段、第165段和第342段的承诺。

【专家组的分析和结论】

从专家组成立到各方提交对专家组问题答复的评论期间,中国一共颁布了109个立法性文件,这些文件宣布某些被指控的措施到期,此外,2009年配额等文件被2010年的文件代替。中国认为专家组不应该审查2009年的措施,因为这些措施已经不存在。但是专家组认为,其职权范围要求审查的是2009年措施,因此决定继续审查。在每一个具体问题上,中国提出了同样的抗辩,专家组都以同样的理

① 这些法规和文件包括:《中华人民共和国对外贸易法》、《中华人民共和国海关法》、《中华人民共和国货物进出口管理条例》、《中华人民共和国进出口关税条例》、《货物出口许可证管理办法》、《出口商品配额管理办法》、《出口商品配额招标办法》、《进出口商品许可证发证机构管理办法》、《工业品出口配额招标实施细则》、《出口许可证签发工作规范》、《进出口许可证证书管理规定》、国务院关税税则委员会《关于2009年关税实施方案的通知》、商务部《关于2009年农产品和工业品出口配额总量的公告》、《关于下达2009年度第一批一般贸易焦炭出口配额的通知》、《2009年焦炭出口配额申报条件和申报程序》、《2009年出口许可证管理货物目录》、商务部公布《2009年出口许可证管理货物分级发证目录》、商务部《关于印发〈出口许可证签发工作规范〉的通知》、商务部关于2009年度第一次、第二次工业品出口配额招标事项的公告、2009年度氟石块(粉)出口配额、2009年度矾土出口配额、2009年度碳化硅出口配额、2009年部分工业品出口配额第二次公开招标公告、2009年度碳化硅出口配额第二次公开招标公告、商务部《下达外商投资企业2009年度第二批焦炭、稀土出口配额数量的通知》、商务部《关于2010年度农产品和工业品出口配额总量的公告》、《中国五矿化工进出口商会章程》、《中国炼焦行业协会章程》、《对外经济贸易社会团体管理办法》、对外贸易经济合作部《关于印发〈关于进出口商会人事管理的若干规定〉的通知》、对外贸易经济合作部《关于处罚低价出口行为的暂行规定》、《关于化学品检验和邮寄产品合同申报办法的通知》、《联网核查和认证操作步骤》、《出口货物海关价格审查协调规则》、《出口货物海关价格审查的通知》、《关于加强出口商品协调管理的若干规定》、国务院《关于进一步改革和完善对外贸易体制若干问题的决定》。

由决定应该审查 2009 年措施。

一、出口关税

中国不否认其对涉案产品征收出口关税。议定书第 11.3 条规定:"中国应取消适用于出口产品的全部税费,除非本议定书附件 6 中有明确规定或按照 GATT 1994 第 8 条的规定适用。"议定书附件 6 列出了 84 种产品,并对这些产品规定了出口税率。涉案产品中除了黄磷,其余产品均未列入附件 6。专家组首先确认黄磷的出口税率没有超过议定书附件 6 的规定,因此不违反 WTO。对于其他产品,中国提出其 2010 年已经取消了出口关税,专家组指出,在专家组成立时,这些措施仍然存在,因此他们要审查的就是 2009 年措施。其他产品都没有列入议定书附件 6,中国对其征收出口关税,不符合其根据议定书第 11.3 条承担的义务。

中国提出 GATT 1994 第 20 条(b)项和(g)项作为抗辩。专家组注意到,此前中国音像制品案中,上诉机构曾经讨论过 GATT 1994 第 20 条例外对议定书适用的问题,并得出结论:在那个案件中 GATT 1994 第 20 条例外可以适用。但那个案件涉及的议定书条款是第 5.1 条,而本案涉及的是议定书第 11.3 条。专家组根据解释国际条约的习惯规则得出结论:议定书第 11.3 条的措辞非常明确,结合其上下文和宗旨,排除了中国援引 GATT 1994 第 20 条例外为其违反 WTO 义务抗辩的可能性。

二、出口配额

中国对涉案产品中的铝矾土、焦炭、萤石、碳化硅和锌实行出口配额,申诉方认为这违反了 GATT 1994 第 11 条。专家组逐项审查,明确了配额是通过申请、分配、招标等不同的程序实施的。GATT 1994 第 11 条禁止对产品的进出口实行数量限制,无论这些限制是通过配额、许可证或其他措施实施。中国认为,至少在耐火铝土矿(铝矾土中的一种)出口问题上自己没有违反 GATT 1994 第 11 条,因为根据 GATT 1994 第 11.2 条(a)项,中国有权实行限制。GATT 1994 第 11.2 条(a)项允许"为防止或缓解出口缔约方的食品或其他必需品的严重短缺而临时实施出口禁令或限制"。专家组认为,这一规定是对 GATT 1994 第 11 条义务的例外,因此中国负有举证义务。

中国提出,由于国外的需求很大,耐火铝土矿的供应短缺或有短缺的可能。专家组再次从条约用语的普通含义、上下文和条约宗旨出发,对 GATT 1994 第 11.2 条(a)项中的"临时"、"必需品"和"为防止或缓解严重短缺"作了分析。专家组认为,耐火铝土矿在中国是必需品,但所谓严重短缺是指可以通过采取措施改善的短缺,而不是无法得到改善的永久状态,中国的措施不是为防止或缓解严重短缺而采取的临时措施。中国提出的第 11.2 条(a)项的抗辩不能成立,中国出口配额违反第 11.1 条。

三、对出口的其他限制

专家组指出,它可以对一些问题实行司法节制,但出口配额与出口配额管理是两个法律问题,即使出口配额符合 GATT 1994 第 20 条例外,因而可以实施,其实施手段也可能违反 GATT 1994 第 10 条或违反中国入世承诺,因此专家组决定分析这一问题。

根据中国的规定,要申请配额必须提供申请者以前有过出口的记录,还要符合最低注册资本要求。申诉方认为这违反了议定书第 5.1 条和工作组报告第 83 段和第 84 段。议定书第 5 条规定:"1. 在不损害中国以与符合 WTO 协定的方式管理贸易的权利的情况下,中国应逐步放宽贸易权的获得及其范围,以便在加入后 3 年内,使所有在中国的企业均有权在中国的全部关税领土内从事所有货物的贸易……此种贸易权应为进口或出口货物的权利。……2. 除本议定书另有规定外,对于所有外国个人和企业,包括未在中国投资或注册的外国个人和企业，在贸易权方面应给予其不低于给予在中国的企业的待遇。”工作组报告第83段和第84段的相关内容是：“83.（a）自加入时起，中国将取消中国企业和外商投资企业作为获得或维持进出口权的标准的任何……以往经验要求，如在进出口方面的经验。（b）对于全资中资企业，中国代表表示，虽然外商投资企业根据其经批准的经营范围获得有限的贸易权……全资中资企业现需申请此类权利，且有关主管机关在批准此类申请时适用最低标准。为加速这一批准程序和增加贸易权的可获性，中国将降低获得贸易权的最低注册资本要求（只适用于全资中资企业），第一年降至500万元人民币，第二年降至300万元人民币，第三年降至100万元人民币，并将在贸易权的过渡期结束时取消审批制。……（d）在加入后3年内，所有在中国的企业将被给予贸易权。”“84.（a）中国将在加入后3年内取消贸易权的审批制。届时，中国将允许所有在中国的企业及外国（包括其他WTO成员）的企业和个人……出口所有货物［议定书（草案）附件2A所列保留由国有贸易企业进口和出口的产品份额除外］。（b）关于对外国企业和个人给予贸易权的问题，此类权利将以非歧视和非任意性的方式给予。……获得贸易权的任何要求仅为海关和财政目的，将不构成贸易壁垒。”

专家组提出，在中国音像制品案中，上诉机构曾经分析过议定书第5.1条的义务与中国对货物贸易的义务、经营者的要求以及中国管理贸易的权力之间的关系。中国提出配额管理属于中国管理贸易的权力范围，因此是符合WTO的，专家组不同意这一说法。专家组注意到，在工作组报告第83、84段，中国明确承诺取消贸易权审批制和出口实绩、外贸经验要求。中国的措施明显不符合其入世承诺。

中国根据配额申请者的经营能力决定配额的分配，申诉方认为这不符合GATT 1994第10.3条（a）项。GATT 1994第10.3条（a）项要求成员方统一、公正、合理地实施法律。专家组认为，具体到本案，“统一”意味着出口商在一段时间内和不同的地点都可以得到相同种类和方式的待遇；“公正”意味着不偏向任何一方；“合理”指不滥用,在合适的限度内。阿根廷牛皮案的专家组曾经分析过“公正”执法的问题,认为阿根廷让没有法律上利益但有商业利益的团体参与清关过程,又没有采取防止信息泄露的措施,是不公正的。中国的出口配额通过直接分配和招投标实施,《出口配额管理办法》第19条要求审查配额申请者的经营能力。中国提出,涉案产品都不涉及配额问题。但专家组注意到,自2006年以来,中国确实没有分配过锌的出口配额,但无论是2009年措施还是2010年措施都提到了锌出口,适用的是直接分配方式。申诉方指出,直接分配方式在经营能力的定义、标准的设定以及实际操作方面不透明,因此是执法不统一;可能会对某些申请者不利,因此不公正;这一制度使相关机构可以任意、歧视性地分配配额,因此不合理。中国承认,对“经营能力”既没有定义也没有成文标准。专家组首先分析中国的做法是否合理。专家组注意到,直接分配配额由32个地方政府的相关机构负责,这就是说,每个负责的机构根据自己的理解来操作,这样显然达不到合理执法的要求,不符合GATT 1994第10.3条(a)项。出于同样的理由,专家组确认中国的做法不符合“统一”的要求。但专家组认为,对“经营能力”的要求没有定义也没有成文标准,不一定会导致不公正的执法结果。

申诉方认为,中国让五矿化工进出口商会(China Chamber of Commerce of Metals, Minerals and Chemicals Importers and Exporters, CCCMC)参与焦炭配额的直接分配和其他产品的竞标,而CCCMC是私人机构,因此中国的做法既不公正也不合理。中国指出,商务部是授权CCCMC的秘书处实施配额的分配和招投标,而不是让CCCMC的会员做这一工作,CCCMC不存在与进口商的利益冲突,而且CCCMC秘书处只负责审查申请者的资格。专家组决定分三步进行分析,先看CCCMC秘书处的人员是否参加了配额的分配,如果答案是肯定的,再看秘书处工作人员有没有商业利益冲突,如果答案还是肯定的,再看有没有防止信息泄露的措施。专家组审查了相关证据,确认CCCMC秘书处并未参与配额的分配,因此认为没有必要再分析另外两个问题。专家组确认，申诉方没有证明中国让五矿化工进出口商会协助核实申请者身份的做法违反了 GATT 1994 第10.3条(a)项。

申诉方提出，中国在某些年份没有公布锌出口的数量，违反了 GATT 1994 第 10.1 条。中国提出，其在 2009 年没有出口锌，因此不存在要公布配额的问题。专家组指出，根据 GATT 1994 第 10.1 条，中国有义务公布不出口的决定，中国没有这样做，违反了 GATT 1994 第 10.1 条。

申诉方提出，中国收取的中标费违反了 GATT 1994 第 8.1 条。专家组分析了中标费，认为它不是第 8 条所说的进出口规费，因为它与出口没有直接关系，也与海关提供的服务无关。因此，中国收取中标费的做法没有违反 GATT 1994 第 8.1 条或议定书第 11.3 条。

四、出口许可证

申诉方还提出，中国的出口许可证制度违反了 GATT 1994 第 11.1 条和议定书第 5.1 条和工作组报告第 162 段和第 165 段。

专家组首先梳理了在中国出口许可证申请和颁发的程序。商务部和海关总署公布受出口许可证管理的产品目录，每年 12 月初公布第二年受出口限制的产品，目录下的产品出口许可证由各级地方相关机构负责具体申领工作，在申领许可证时需提交相关文件。

专家组指出，GATT 1994 第 11 条针对的是配额或许可证对进出口的限制或禁止，但如果符合 GATT 1994 的其他条款，配额或许可证也是允许的。专家组要审查中国许可证的颁发实践，看其是否存在限制进出口的效果。申诉方提出，部分产品受到其他出口限制，因此这些产品出口许可证也不符合 GATT 1994 第 11 条。专家组不同意这一说法，专家组认为，受出口限制的产品需要领取出口许可证，这一事实本身并不违反 GATT 1994 第 11 条。专家组认为，自动许可证没有限制进出口的效果，因为所有申请者都可以得到；要求申请者提交文件并符合某些条件，这一做法本身不一定有限制进出口的效果。中国对不同种类和受到不同限制的产品规定了申请出口许可证需要提交的材料，但在一些规定中都提到了"批准所需其他材料"，然而哪些材料属于"其他材料"并不明确。专家组认为，这使审批机构有权不颁发许可证，从而限制甚至禁止某些产品出口，这种不确定性构成了 GATT 1994 第 11.1 条所说的限制。

专家组对出口许可证问题的结论是：出口许可证本身并不违反 GATT 1994 第 11.1 条，但申请者要提交其他文件，这构成了对进出口的限制，从而违反了 GATT 1994 第 11.1 条。专家组没有再分析许可证是否违反议定书第 5.1 条和工作组报告第 83 段、第 84 段、第 162 段和第 165 段的问题。

在最低出口价格问题上，专家组确认中国要求原料出口必须按固定价格或协调价格，否则出口商将面临直至取消出口权的处罚，这对进出口有限制作用，违反了 GATT 1994 第 11.1 条；但对于最低限价是否违反 GATT 1994 第 10.3 条(a)项的透明度原则，专家组不作结论。

专家组已经确认 GATT 1994 第 20 条不适用于本案，但鉴于申诉方和被诉方都用了大量篇幅对第 20 条例外进行分析，专家组就在假设适用的前提下，对中国的措施是否符合第 20 条例外进行了分析，最后的结论是：中国未能证明出口关税是为了保护可用竭的自然资源且同样限制了国内生产和消费，因此不符合 GATT 1994 第 20 条(g)项；未能证明其采取的措施是"必需的"，不符合 GATT 1994 第 20 条(b)项。

【上诉机构的分析和结论】

被申诉方和申诉方都提出了上诉。上诉机构对这些问题综合后作了分析结论。

一、专家组职权范围

中国提出,申诉方申诉的第三部分“对出口的其他措施”过于简单,没有指明争议的措施,不符合 DSU 第 6.2 条,请求上诉机构推翻专家组在这一方面的结论。在专家组阶段,中国曾经要求专家组作先期裁决,专家组分两个阶段作出裁定,专家组认为申诉方没有直接回答关于申诉的第三部分是不是符合 DSU 第 6.2 条的问题,但专家组依据申诉方在回答专家组问题时所提交的图表,确认专家组对第三部分的诉请有管辖权。上诉机构指出,此前上诉机构和专家组在许多案件中分析过 DSU 第 6.2 条的问题。申诉方提交的书面陈述可以用来澄清其成立专家组请求中用词的含义,但不能用以弥补其缺陷。上诉机构注意到,申诉方的请求分为三个部分:出口配额、出口关税和对进出口的其他限制。中国的上诉只针对第三部分,上诉机构对此作了仔细审查。申诉方提出了中国的许多法律法规,也提及了 WTO 的许多规定,但上诉机构认为,申诉方的请求没有明确哪一个被指控的措施违反了哪条规定,也不清楚其所列明的措施属于申诉方所指控的一个违法行为,还是属于所有的违法行为,更不清楚列明的每一条措施违反了申诉方所指出的一个条款还是违反几个条款。上诉机构认为申诉方的请求没有提出“足以明确法律问题的法律依据概要”,因此不符合 DSU 第 6.2 条。双方对于这一缺陷是不是影响了中国抗辩的权利有不同意见。上诉机构指出,正当程序问题并不是确定专家组职权范围的核心,而是在确立了专家组职权范围之后要遵守的原则。专家组先是认为申诉方的请求存在缺陷,后来又推翻了自己先前的决定,认为对诉请的第三部分有管辖权,上诉机构认为不可理解。上诉机构指出,中国有能力为自己辩护,并不表明申诉方的请求符合 DSU 第 6.2 条。据此上诉机构认为专家组在确认自己的职权范围时有错误,专家组在这一方面的结论(上述专家组报告的第三个问题)被推翻,但上诉机构缺乏事实依据或法律认定,因而无法完成其分析。

二、专家组的建议

中国提出,专家组在结论中涉及了取代2009年措施的后来的措施,而专家组的职权范围仅限于2009年措施。在专家组程序阶段,中国提出专家组不需要再审查2009年措施,因为它们已经到期,专家组应该审查2010年措施,而申诉方提出专家组不应当审查2010年措施,要求专家组不对2010年措施作出决定。起初专家组认为根据申诉方的请求,它的职权范围包括2009年措施及其修订,在审查了双方的材料之后,专家组又决定它只审查2009年措施,并对2009年措施作出结论;在必要的情况下它会审查2010年措施,但不作结论;为了让年度措施不因其每年公布的特性而逃避审查,专家组对系列措施作出结论。上诉机构审查了专家组的分析和结论,认为专家组针对系列措施提出建议并没有错误。

那么专家组的建议对2009年以后的措施有没有作用呢?中国提出,专家组的结论只针对2009年措施,对中国的2010年措施没有作用;申诉方提出,中国这样说等于设了一个移动靶,迫使申诉方不停地提出申诉。上诉机构指出,一般来说,对于已经到期的措施,专家组不需要提出建议,但如果这是系列措施,既有基础法律又有配套的措施,还有每年更新的税率和配额,情况就不一样了。如果这种情况下专家组不提出建议,它的结论就没有实际意义了。

中国还对专家组认为GATT 1994第20条不适用的结论提出上诉。上诉机构完全维持了专家组的结论。专家组认为,中国采取的措施不是为了"防止和缓解严重短缺的……临时措施"。中国对此提出上诉。上诉机构对GATT 1994第11.2条(a)项中"临时实施"、"防止或缓解严重短缺"以及"食品或其他必需品"逐一作了解释,确认专家组的解释没有错误,决定维持专家组的结论。

申诉方的上诉是有条件的,既然上诉机构没有推翻专家组的建议,上诉机构没有再分析申诉方的上诉。

【案例评析】

2009 年 WTO 的争端解决机制受理了 14 个案件,其中 7 起涉及中国(中国 3 次作为申诉方,4 次作为被诉方),有学者把 2009 年称作"WTO 争端解决的中国年"。[①] 本案就是中国作为被诉方中的一个。针对中国的争端有一个特点,即基本上针对的是中国的经济政策。

一个时期以来,各国特别是发达国家,对中国实施的对稀土出口的限制措施颇有微词。本以为发达国家会针对稀土出口措施提出申诉,令人没有想到的是,他们选择了"重要程度"低于稀土的其他 9 种原料提出申诉。可以说,这个案件是申诉方为"稀土案"探路的。果然,在本案专家组和上诉机构报告通过后一个多月,美国、欧盟和日本分别在同一天针对中国对稀土的出口限制措施提出申诉。[②]

本案中,专家组对 GATT 1994 第 20 条是否适用的问题一开始就有了结论,即议定书第 11.3 条的措辞排除了中国援引 GATT 1994 第 20 条例外为其违反 WTO 义务抗辩的可能性。但专家组在其报告中却用了专家组分析和结论部分近一半的篇幅讨论了中国的出口限制措施是不是符合 GATT 1994 第 20 条例外的问题。

专家组分析的问题是:中国对焦炭、镁、锰的出口税是否符合 GATT 1994 第 20 条(b)项,对萤石的出口关税是否符合 GATT 1994 第 20 条(g)。GATT 1994 第 20 条(b)项允许成员在遵守第 20 条前言的条件下,实施"为保护人类、动物或植物的生命或健康所必需的措施"。中国要想证明出口关税符合 GATT 1994 第 20 条(b)项,除了证明征收关税的目的是为保护人类、动物或植物的生命或健康,还要证明征收关税是为保护人类、动物或植物的生命或健康所必需的。在以前很多案件中,专家组分析过 GATT 1994 第 20 条(b)项中"必

① 张乃根主编:《WTO 争端解决的"中国年(2009)"》,上海人民出版社 2010 年版。

② 美、欧、日在 2012 年 3 月 15 日提出稀土案的申诉。

需”的问题,除了其他一些标准外,有一条被普遍接受的标准:如果存在其他合理可行的措施,可以达到同样的目的,但符合 WTO 原则或者对贸易的影响更小,则成员所采取的措施就不是必需的。对于这个问题,申诉方提出了 6 种不同的替代措施,认为这些替代措施符合 WTO 的原则,而且可以更有效地达到保护环境的目的。这些措施是:在环境友好型技术方面加大投资;鼓励和推动消费品循环利用;增加环境标准的数量;在废品回收的基础设施方面投资;刺激国内对废旧材料的需求而不抑制本地供应;在初级生产阶段限制生产和控制污染。中国争辩说这些措施都是中国已经采取的措施,这些措施与出口限制相结合,可以更好地保护中国的环境。专家组在审查之后发现,这些所谓已经采取的措施只不过是一些“指南”、“纲要”或“计划”,并没有实际的措施,也不具有强制性。

事实上,要实现保护环境的目标,可以有很多不同的方法,除了申诉方提出的这些,还可以实施资源税或环境保护税。出口限制并不是解决环境污染问题的好方法,甚至不是解决环境污染问题的方法,但其对国际贸易的限制作用却是有目共睹的。据路透社报道说,统计数据显示 2011 年 2 月中国稀土金属出口价格平均水平已经突破每吨 10 万美元,与一年前相比飚升了 9 倍之多。报道中说,与价格飙升形成鲜明对比的是中国稀土出口总量却持续维持在历史最低水平,显示中国限制稀土出口的政策已经对国际市场产生影响。

美欧在稀土出口限制案的申诉与其在原料出口限制案的诉请中所针对的限制措施基本相同,所存在问题的法规和文件也大同小异,指控中国违反的 WTO 条款也是一样的。中国政府必须认真考虑如何在遵守 WTO 义务的前提下,采取合理措施达到自己的目的。

中国:涉及稀土、钨、钼出口的措施
(WT/DS431、WT/DS432、WT/DS433)

2012 年 3 月 13 日,美国、欧盟和日本要求就中国稀土材料出口限制与中国磋商。申诉方认为,中国对稀土材料出口的限制措施违反了 GATT 1994 第 7 条、第 8 条、第 10 条、第 11 条,违反了中国入世议定书相关条款和中国入世工作组报告相关段落。2012 年 6 月 27 日,申诉方请求成立专家组,7 月 23 日,DSB 决定成立专家组。越南、挪威、阿曼、中国台北、韩国、沙特阿拉伯、巴西、印度、加拿大和哥伦比亚要求保留作为第三方介入的权利。9 月 24 日,WTO 总干事应申诉方的请求指定了专家组成员。到 2012 年年底,专家组仍在工作。

………卫生与植物卫生措施(《SPS 协定》)

澳大利亚:影响来自新西兰进口苹果的措施 (WT/DS367)*

2007年8月31日,新西兰提出要求,与澳大利亚磋商澳大利亚政府对新西兰进口苹果采取的措施。由于双方磋商未果,根据新西兰的请求,2008年1月21日,DSB决定成立专家组。专家组的职权范围是:"根据新西兰在编号为WT/DS367/5的文件中涉及协议的相关规定,审查由新西兰在该文件中向DSB提出的事项,作出裁定以协助DSB提出建议或作出这些协议所规定的裁决。"智利、欧盟、日本、巴基斯坦、中国台北和美国作为第三方参与了本案。

2008年9月19日,专家组通知DSB,由于本案的性质和范围,包括咨询科学和技术专家意见的需要,它无法在6个月内作出报告。2010年8月9日,专家组向WTO成员方分发了专家组报告。澳大利亚和新西兰分别提出上诉。2010年11月29日,上诉机构作出报告。12月17日,DSB通过了上诉机构和专家组报告。

本案涉及的是澳大利亚针对新西兰进口苹果采取的措施。自1921年起,澳大利亚就禁止新西兰苹果进口。

---

* 本案初稿由华东政法大学国际法专业研究生陈晨撰写。

1999 年 1 月,新西兰提出了要求进入澳大利亚市场的申请,澳大利亚检验检疫局发起了对新西兰苹果的进口风险评估,其中特别针对火疫病、欧洲溃疡和苹果瘿蚊这三种植物疾病。2006 年 11 月,澳大利亚生物安全署发布了针对新西兰进口苹果的最终风险分析报告(Import Risk Analysis Report ,“IRA 报告”)。该报告的风险评估采用的是“半定量”评估方法,即针对每种害虫采用对于入侵、定居和传播概率的定量评估与对于生态环境和经济环境潜在影响的定性评估相结合的方法。报告根据上述评估对于“不受限制的风险”作了总体认定,所谓不受限制的风险指在不采取风险管理措施的情况下,新西兰苹果进口所伴随的风险。当某种特定害虫“不受限制的风险”超过了澳大利亚的适当保护水平时,当局就可能采取某些管理措施以降低风险。新西兰质疑的正是 IRA 报告向动植物检疫主管部门建议采取的一系列风险管理措施。

新西兰在其专家组请求中列明了 IRA 规定的 17 项措施,其中 8 项关于火疫病,5 项关于欧洲溃疡,1 项关于苹果瘿蚊,还有 3 项针对这 3 种害虫的“一般”措施。2008 年 12 月 19 日,双方就 17 项具体措施中的 1 项达成协议,因此专家组最终只就剩余的 16 项涉案措施进行了审查。IRA 报告规定,新西兰必须在苹果出口之前针对每种待检疫害虫与澳大利亚达成标准操作程序的协议,但是双方从未达成此类协议。

新西兰指出,涉案的措施无论单独抑或作为整体均与《SPS 协定》第 2.2 条、第 2.3 条、第 5.1 条、第 5.2 条、第 5.5 条、第 5.6 条、第 8 条和附件 C(1)(a)不相符。

专家组审理了下列实体问题。

一、涉案措施是否与《SPS 协定》第 2.2 条、第 5.1 条及第 5.2 条相符

新西兰指控 IRA 报告关于火疫病的 8 项要求和关于欧洲溃疡的

5项要求与《SPS协定》第5.1条、第5.2条和第2.2条是不相符的。新西兰声称IRA报告高估了新西兰进口苹果入侵、定居和传播的可能性，包括对各种“进口步骤”的评估，同时也高估了澳大利亚境内（火疫病和欧洲溃疡）入侵、定居和传播所伴随的生态环境和经济环境潜在后果，因而IRA报告的推理并不是恰当地以科学证据为基础的。

首先，专家组探讨了报告中设定的8项具体“进口步骤”，对每项步骤的合理性都作出具体认定之后，专家组考察了风险进口总体可能性。新西兰主张，基于科学证据，针对火疫病风险进口总体可能性的价值评估应当明显更低；而对于欧洲溃疡，新西兰认为在科学证据和每一步骤的可能性之间并没有客观而理性的联系。专家组最终认定IRA报告针对火疫病总体进口可能性的评估并未依据充分的科学证据，而IRA报告所依据之科学证据并不支持针对欧洲溃疡总体进口可能性的评估，因而，IRA报告对于这两种害虫进口步骤的评估论证总体上不是客观和前后一致的。

其次，专家组开始分析IRA报告对于这两种害虫入侵、定居和传播可能性的评估。专家组考查了IRA报告对以下相关因素的处理：进口的可能性（根据之前讨论的不同的进口步骤）；接近程度；暴露程度；入侵的可能性；传播的可能性。专家组指出，IRA报告关于火疫病和欧洲溃疡的暴露程度、定居和传播可能性的结论在很大程度上是基于一系列的假定和限制，其中一些假定和限制没有说服力，无法排除人们对评估的合理怀疑。专家组认为，IRA报告没有恰当地考虑本来可能会对该特定风险的评估产生重要影响的一系列因素。因此，专家组认定澳大利亚IRA报告中对于火疫病和欧洲溃疡入侵、定居和传播可能性的推理论证，包括对各个可能性的价值评估，并没有依据充分的科学证据，因而不是客观和前后一致的。

最后，专家组分析了两种害虫对生态环境和经济环境的潜在影响。专家组注意到，IRA报告对于这两种害虫潜在影响的评估是在考虑了一系列直接和间接标准的基础上得出的，直接标准包括植物生命或健康、人类生命或健康及其他环境影响等;间接标准包括控制或消灭、国内贸易或产业、国际贸易、环境和社区团体等。专家组在考查这些证据后认定,IRA 报告对于火疫病和欧洲溃疡所伴随之生态环境及经济环境潜在影响的评估并没有基于充分的科学证据,因而不是客观和前后一致的。

基于以上认定,专家组认为澳大利亚的 IRA 报告并不构成《SPS 协定》附件 A 第 4 段以及第 5.1 条意义内的合适风险评估。而前述的缺陷也使得 IRA 报告无法充分地考虑《SPS 协定》第 5.2 条所要求的诸如可获得科学证据、澳大利亚和新西兰的相关生产和处理方法,以及火疫病、欧洲溃疡的事实上流行等诸多因素。

新西兰还认为 IRA 报告采取的评估方法有缺陷,对于一个几乎不可能发生的事件取了最大的可能值,夸大了新西兰苹果计划贸易量。新西兰认为,这些缺陷导致了 IRA 报告对涉案害虫入侵、定居和传播概率的高估。专家组在审查这些论证后得出结论:可能性间隔的选择在 IRA 报告中并没有得到适当的证明,而且这个选择与 IRA 报告采用统一传播的建模方式会导致对于这类"可以忽略不计的"事件可能性的额外高估。因此,专家组认定这两个缺陷导致夸大了风险评估,将某些最不可能发生的事情评估为有一定的发生概率。由此专家组裁定,由于上述的方法论错误夸大了风险评估,澳大利亚的 IRA 报告不构成《SPS 协定》附件 A 第 4 段和第 5.1 条意义上的合适风险评估。这些缺陷也使得 IRA 报告无法充分地考虑《SPS 协定》第 5.2 条所要求的科学证据。

综上所述,专家组认定澳大利亚关于新西兰进口苹果的火疫病和欧洲溃疡的要求是与第 5.1 条和第 5.2 条不相符的。此外,既然这些要求并不是基于第 5.1 条规定的风险评估,那么,也可以被推定为并没有基于第 2.2 条意义上的科学原则,因此,这些措施与第 2.2 条也是不相符的。

针对新西兰关于苹果瘿蚊措施的指控,专家组的分析思路也是类似的,从 IRA 报告的缺陷入手,先分析报告对苹果瘿蚊入侵、定居和传播可能性的评估，再分析报告对潜在影响的评估。针对苹果瘿蚊入侵、定居和传播的可能性，专家组考查了以下事项：苹果瘿蚊虫卵生存能力的可得数据；在已捕获的虫卵中苹果瘿蚊的生存能力作为寄生虫的作用；苹果瘿蚊的迁徙范围；出现时间；澳大利亚境内苹果瘿蚊传播的气候条件；贸易模式。在综合分析各种证据之后，专家组的结论是：IRA 报告关于苹果瘿蚊生存能力的论证，关于苹果瘿蚊延长出现的转移可能性的评估，关于苹果瘿蚊在澳大利亚定居和传播的可能性，包括必需气候条件和地理范围这些条件的存在的论证，对于新西兰苹果进口至澳境内过程中苹果瘿蚊的不受限制风险和苹果贸易模式的论证不是客观公正的。综上所述，专家组得出以下结论：澳大利亚 IRA 报告中关于苹果瘿蚊入侵、定居和传播可能性的论证是有缺陷的，足以引起对风险评估的合理怀疑。由于没有考虑相关因素，而这些因素可能会对特定风险的评估产生重大影响，因此，这些缺陷导致了 IRA 报告的论证不是基于充分科学证据，也就不是客观公正的了。针对苹果瘿蚊进口所伴随的生态环境和经济环境的潜在影响，专家组同样认为 IRA 报告的评估并没有依据充分的科学证据，因此不是客观和前后一致的。

根据以上论证，专家组认为 IRA 报告关于苹果瘿蚊入侵、定居和传播可能性的分析，以及关于进入澳大利亚境内的苹果瘿蚊所伴随的生态环境和经济环境潜在影响的分析，在《SPS 协定》附件 A 第 4 段和第 5.1 条意义内不是一个合适风险评估。IRA 报告的缺陷导致它没有充分考虑相关因素，基于此，专家组裁定澳大利亚对新西兰苹果采取的关于苹果瘿蚊的检查和处理要求是与《SPS 协定》第 5.1 条和第 5.2 条不相符的。既然这些要求并不是基于第 5.1 条规定的风险评估，那么也可以被推定为并没有基于第 2.2 条意义上的科学原则。因此，这些措施与第 2.2 条也是不相符的。

新西兰还指控针对 3 种涉案害虫采取的 3 项“一般”措施与《SPS 协定》第 5.1 条、第 5.2 条和第 2.2 条不相符。专家组注意到，这些措施的目的、形式和性质都与关于本案涉案害虫有关的具体措施相联系,既然已经裁定关于火疫病、欧洲溃疡和苹果瘿蚊3种虫害的措施与《SPS协定》第5.1条、第5.2条和第2.2条不相符,而IRA报告也没有单独论证一般措施,因此,专家组裁定这些一般措施与《SPS协定》第5.1条、第5.2条不相符,其与第2.2条也不相符。

二、涉案措施是否与《SPS协定》第5.5条和第2.3条相符

新西兰指控澳大利亚对新西兰苹果进口采取的16项措施与《SPS协定》第5.5条不符。《SPS协定》第5.5条要求实施措施的成员"避免其认为在不同情况下适当的保护水平存在任意或不合理的区别,如果这样的区别造成歧视或对国际贸易的变相限制"。要证明某个成员的措施违反了第5.5条,必须满足三个条件:在不同的情况下,某个成员采取了其认为水平适当的保护措施;这样的保护水平存在任意或不合理的区别;这样的区别造成歧视或对国际贸易的变相限制。专家组认为,要考察第一项因素,就必须评估新西兰指明的情形是否不同但又可比,还要评估这些情形是否涉及适当保护水平的差异。新西兰指明了两种可比情形,即澳大利亚针对新西兰苹果火疫病和针对日本鸭梨欧文氏菌,以及针对新西兰苹果的欧洲溃疡和针对日本鸭梨的褐腐病所采取的措施。专家组认为要构成可比情形就必须涉及同种或类似害虫入侵、定居和传播的风险,或者同种或类似害虫伴随的生态环境和经济环境潜在影响的风险。针对新西兰提出的这两种情形,专家组认定均符合可比性的两项条件,因而构成可比情形。

专家组接着考察了第二项条件:适当保护水平是否存在任意和不公正的差异。关于针对前述两种不同病菌的两种不同比较,专家组考查了一系列不同的风险因素,认为新西兰没有提出足够证据来证明新西兰苹果的欧洲溃疡的总体风险如何与日本鸭梨上褐腐病的总体风险相比较,也未能证明新西兰苹果的火疫病和日本鸭梨欧文氏菌的总体风险如何比较,因而专家组最终认定,无法在第5.5条项

下继续其关于新西兰苹果的欧洲溃疡和日本鸭梨的褐腐病的比较分析。专家组指出新西兰未能就这两种可比情形证明第5.5条测试标准的第二项因素,因此专家组还认定新西兰未能证明这种情形下实施的措施所实际获得的保护水平存在差异。

综上所述,专家组裁定新西兰针对两组可比情形均未能证明第5.5条"三步走"测试标准的第一项和第二项条件,因此驳回新西兰的指控。新西兰还就《SPS协定》第2.3条的两句话提出诉请,专家组指出,新西兰在第2.3条项下的指控完全以其在第5.5条项下的诉请为基础。既然专家组已经驳回了新西兰在第5.5条项下的诉请,据此也驳回其在第2.3条项下的诉请。

三、涉案措施是否与《SPS协定》第5.6条相符

关于新西兰在《SPS协定》第5.6条项下的指控,双方都认为,证明违反质疑条款,就要证明存在可以满足三个累计条件的替代措施:合理考虑了技术和经济可行性;达到了成员国卫生或植物检疫适当保护水平;与原SPS措施相比对贸易的限制作用明显较小。协定第5.6条要求各成员保证其采取的卫生与植物卫生措施的贸易限制水平不超过为达到适当保护水平所要求的程度。新西兰提出了关于火疫病、欧洲溃疡和苹果瘿蚊的具体替代措施,并主张其提出的涉案16项措施的替代措施都满足上述三个条件。专家组分成三组来分析:关于火疫病和欧洲溃疡的措施;关于苹果瘿蚊的措施以及一般措施。其分析思路是,评估新西兰指出的这些替代措施是否满足第5.6条的"三步走"测试标准。专家组针对特定害虫的措施,将首先分析第二项条件,只有在满足第二项条件的前提下才会继续分析第一项和第三项条件。而针对一般措施,专家组会从第三项条件入手,因为这涉及新西兰主张的替代措施是否能与这些措施相比较的门槛问题。

关于火疫病和欧洲溃疡的替代措施,专家组首先明确了新西兰提出的替代措施:将进口苹果限制在成熟、无症状的范围之内,然后

分析将新西兰进口苹果限制在成熟、无症状的范围内是否达到澳大利亚关于火疫病和欧洲溃疡的适当保护水平。专家组首先分析新西兰是否证明了澳大利亚夸大计算了新西兰苹果的进口风险。专家组认为其在前述第5.1条和第5.2条项下已经讨论过该问题并确认新西兰已经证明了澳大利亚的IRA报告高估了火疫病风险,因此专家组"没有理由认为新西兰建议的替代措施不符合澳大利亚的适当保护水平"。专家组接着评估新西兰的替代措施是否足以将风险降至低于澳大利亚的适当保护水平。根据科学专家的意见,专家组认定新西兰提出了澳方未能成功反驳的令人信服的假设,即将新西兰进口苹果限制在成熟无症状的范围之内的火疫病替代措施符合澳大利亚的适当保护水平,也就满足第5.6条测试标准的第二项条件。专家组就欧洲溃疡得出了类似结论。接下来专家组分析第5.6条标准的第一项条件,即替代措施是否考虑了技术和经济灵活性。专家组经过考查认定,新西兰关于火疫病和欧洲溃疡的替代措施是其当前苹果生产和出口惯例,且是适当的质量控制措施,新西兰在论证关于火疫病和欧洲溃疡的替代措施满足了第5.6条测试标准的第一项条件时提出了表面证据,且澳方未能反驳。最后专家组考查第5.6条测试标准的第三项条件,即将新西兰苹果进口限制在成熟无症状的范围内与澳大利亚现行的火疫病和欧洲溃疡措施相比对贸易的限制作用是否明显更小。专家组认定,新西兰已经证明了其替代措施与澳大利亚现行措施相比对贸易的限制作用明显更小。综上所述,专家组认定新西兰证明了关于火疫病和欧洲溃疡替代措施第5.6条测试标准的所有三项条件。因此,澳大利亚采取的对火疫病和欧洲溃疡措施与第5.6条不相符。

根据相同的分析思路,专家组认定澳大利亚关于苹果瘿蚊的措施14与《SPS协定》第5.6条不相符。

最后,专家组考查了新西兰提出的关于一般措施(措施15～17)的替代措施。专家组首先分析第三项条件,即替代措施的贸易限制作用是否明显更小。针对措施15,专家组认定无法有效地比较措施

15与新西兰提出的替代措施；针对措施16和17，专家组认定新西兰并未证明替代措施的贸易限制作用更小。综上所述，专家组裁定新西兰未提出表面证据证明替代措施满足了第5.6条测试标准的三项条件。由于三项条件是累计的，缺一不可，因此专家组裁定新西兰并没有证明措施15～17与第5.6条是不相符的。

专家组建议DSB要求澳大利亚修改其措施，使之符合《SPS协定》的规定。

【上诉机构的分析和结论】

澳大利亚和新西兰均提出了上诉。上诉机构首先审查了专家组对其职权范围的裁定。专家组裁定，新西兰在《SPS协定》附件C(1)(a)和第8条项下的指控不在本案专家组职权范围之内。上诉机构注意到，专家组已经在其初步裁决中裁定新西兰的请求指明了17项措施，而附件C(1)(a)和第8条作为新西兰诉请的基础，在专家组的职权范围之内。认定措施是否可能违反或者引起违反相关义务是一项需要以事实判断为基础来解决的实体性事项。专家组就其自身职权范围的结论是错误的，上诉机构推翻专家组的裁定。

澳大利亚还指控专家组没有履行其在DSU第11条项下关于对事项作出客观评估的职责。上诉机构仔细审查了澳大利亚提出上诉涉及的各个细节，认定专家组没有忽视也没有放弃职责而不处理对澳大利亚有利的证据。基于此，上诉机构拒绝了澳大利亚关于专家组未适当履行其在DSU第11条项下职责的指控。上诉机构还认定，澳大利亚并没有证明专家组在评价澳大利亚的风险评估方法时违背了DSU第11条。

除了上述结论，上诉机构还分析了下面两个问题。

一、关于某些具体措施和一般措施不符合《SPS协定》第5.1条和第5.2条的裁定

专家组认定澳大利亚关于火疫病、欧洲溃疡和苹果瘿蚊的涉案

SPS 措施,以及与这些害虫有关的一般措施,均与《SPS 协定》第 5.1 条和第 5.2 条不相符,并暗示其与第 2.2 条也不相符。澳大利亚对此裁定提出上诉。

上诉机构首先解释了相关条文。第 5.1 条要求卫生与植物检疫措施须以"风险评估"为基础,而针对虫害的"风险评估"定义规定在《SPS 协定》附件 A(4)中。第 5.2 条规定了风险评估必须考量的一系列因素。上诉机构注意到"风险评估者是否根据《SPS 协定》第 5.2 条考虑了可获得科学证据,以及其风险评估是否构成第 5.1 条和附件 A(4)意义内的合适风险评估,解决这个问题要分析风险评估者的结论和相关可获得科学证据之间的关系"。关于专家组在上述条文项下考查风险评估应适用的审查标准,上诉机构忆及之前案件中的认定标准,即"专家组对支撑风险评估结论的科学基础的审查,以及对风险评估者在此基础上的论证推理的审查"。关于科学基础,专家组应当分析根据相关学界的标准,它是不是构成合理的科学;关于对风险评估者的论证推理,专家组应当评估基于科学证据的论证推理是否是客观连贯的,即成员方评估风险所得出的具体结论是否有充分的科学证据作为支持。基于以上背景,上诉机构考查了澳大利亚上诉的三点:第一专家组错误地解释和适用了其在《SPS 协定》第 5.1 条项下审查 IRA 报告所用的审查标准;第二专家组在评估中对 IRA 报告专家判断意见的使用犯了错误;第三专家组没有评估其确认的 IRA 报告论证过程中所犯错误的严重程度。上诉机构依次考查上述几点。

关于专家组使用的审查标准,澳大利亚声称,专家组错误地适用了上诉机构在"美国/加拿大持续中止义务案"规定的审查标准,由此得出结论是错误的。上诉机构提及之前关于风险评估的审查标准提到过的两个方面,此上诉事项并未涉及专家组对于科学基础的审查即第一方面,而对于第二方面,上诉机构注意到,专家组裁定某些 IRA 报告结论不是客观连贯的,是因为它们夸大了或者高估了某些风险及后果,且并没有科学证据的支持。因此上诉机构认定,专家组在裁定 IRA 报告的中期论证和结论是否有充分科学证据支持的过程中并没有犯错误。此外,澳大利亚认为专家组的分析应当仅限于对于中期结论是否落入科学界认可的合理范围之内作简单审查,上诉机构不接受这一观点。上诉机构认为,在专家意见形成了风险评估者分析不可分割的一部分时,它应当和所有其他风险分析中的论证推理及结论受制于同一种审查标准。上诉机构据此得出结论:专家组在审查 IRA 报告时对于应当适用的审查标准并无不当,即专家组正确地审查了 IRA 报告关于进口可能性,关于火疫病、欧洲溃疡和苹果瘿蚊的入侵、定居和传播可能性以及带来的生态环境和经济环境潜在影响是否有充分科学证据支持。

关于专家组对于 IRA 使用专家意见的审查,澳大利亚声称,协定第 5.1 条中说的是"适合有关情况"的风险评估,这提供了"当可获得科学证据较少时如何进行风险评估的灵活性",而专家组却错误地要求 IRA 报告详细解释中期阶段如何得出 IRA 专家意见。上诉机构指出,如果成员方基于风险评估而选择采取一项 SPS 措施,其肯定认为相关科学证据已经足以进行一项风险评估;相反,如果成员方考虑到相关科学证据不足以进行一项风险评估,那么它可以基于协定第 5.7 条选择采取临时性 SPS 措施。本案中,澳大利亚进行了风险评估且以此为据采取了 SPS 措施,这个事实表明澳大利亚已经确认相关科学证据足以进行风险评估。上诉机构指出,在科学方面不太确定的情况下,依赖 IRA 专家意见本身无可厚非,但在有科学证据的情况下,澳大利亚不依据科学证据却反复引用专家意见,而又没有解释这样做的原因,专家组正是对这一做法提出了质疑。上诉机构指出,"适合有关情况"这一短语并没有阻止专家组在存在某些科学不确定性而风险评估者又依赖专家意见得出结论的情况下去评估该风险评估的客观连贯性。上诉机构得出以下结论:专家组在认定 IRA 报告并没有充分证明其对专家意见的使用且 IRA 报告应当解释中期阶段是如何得出专家意见的过程中并无不当;专家组要求 IRA 报告的结论(包括根据专家意见而得出的结论)应当基于可获得科学证据并无不当,因此,专家组对 IRA 报告的结论和科学证据两者之间是否存在客观合理性的分析是正确的。

澳大利亚指出,专家组错误地没有评估其在IRA报告得出的中期结论中所犯错误的严重程度。澳大利亚声称,专家组应当审视为什么IRA报告的论证中的错误严重到损害了整体风险评估的"合理可信度"。上诉机构审查了专家组裁定的分析思路后指出,专家组的分析表明它已经考虑了IRA报告有关入侵、定居和传播的进口步骤和因素的推理中所犯的错误在数量和质量上已足以使IRA报告与第5.1条不相符。更不用说专家组所用方法的正确性,专家组对所有它审查过的步骤和因素作了综合分析才得出其结论,而该结论也揭示了IRA报告并没有适当地考虑那些可能对火疫病和苹果瘿蚊的风险评估产生重要影响的步骤和因素。因此,上诉机构得出结论:专家组基于对IRA报告分析的单个步骤和因素的综合分析,恰当地评估了IRA是否构成《SPS协定》第5.1条意义上的风险评估。

综上所述,上诉机构得出以下结论:专家组正确认定了IRA报告并不构成《SPS协定》第5.1条和附件A(4)意义上的合适风险评估,且专家组确认:根据《SPS协定》第5.2条,IRA报告所犯的错误是没有充分考虑诸如可获得科学证据、澳大利亚和新西兰加工和生产的相关方法、火疫病和苹果瘿蚊的流行等因素。因此,上诉机构维持专家组的裁定,即澳大利亚关于火疫病和苹果瘿蚊,以及有关那些害虫的一般措施,与协定第5.1条和第5.2条不相符,同时也与第2.2条不相符。

二、关于专家组对涉案措施贸易限制作用的裁定

专家组认为,澳大利亚的火疫病和苹果瘿蚊措施对贸易的限制作用超过了必要的程度,因而与《SPS协定》第5.6条不相符,澳大利亚对此提出上诉。上诉机构首先解读了第5.6条的条文以及脚注3。上诉机构注意到,要证明某项措施不符合协定第5.6条,需证明存在被质疑措施之外的其他措施,该其他措施可以满足三个条件:(1)合理考虑了可能的技术和经济灵活性;(2)达到了成员方卫生与植物检

疫适当保护水平;(3)与已采取的SPS措施相比对贸易的限制作用明显更小。上诉机构解释说,专家组在决定是否满足前两个条件时必须将评价的焦点放在提议的替代措施上。只有审查第三个条件时才需要比较提议的替代措施和受质疑的SPS措施。上诉机构注意到,第5.1条和第5.6条的义务是相互独立的,一项SPS措施与第5.1条相符性的法律分析是独立于第5.6条的相符性法律分析的。

基于以上背景,上诉机构接下来分析了澳大利亚的具体上诉。本案专家组曾经认定,澳大利亚关于火疫病、欧洲溃疡和苹果瘿蚊的措施对贸易的限制作用超过了必要限度,因此与第5.6条不相符。澳大利亚的上诉重点关注"新西兰提出的替代措施符合澳大利亚的适当保护水平",即第二项条件。澳大利亚声称,专家组在法律上犯了错误,特别是错误地认定了新西兰已经提出了一个足以令人信服的假设:将新西兰苹果进口限制在成熟无症状的范围之内是针对火疫病措施的替代措施,对每个进口批次的600个水果样本进行检疫是针对苹果瘿蚊措施的替代措施,将符合澳大利亚的适当保护水平。上诉机构的分析集中于前述第二项条件。《SPS协定》附件A(5)中对"适当的卫生与植物检疫保护水平"的定义是制定措施的成员"认为适当的保护水平",而这一条的注释还特别标明,许多成员把这一概念称为"可接受的风险水平"。在第5.6条项下,专家组要评估一项贸易限制用明显较小且符合适当保护水平的替代措施是否合适,必须同时认定两项保护水平,即进口成员方设置的保护水平以及申诉方提出的替代措施将会达到的保护水平。在这点上,专家组需要对上述两项保护水平作必要的比较。若提议的替代措施达到的保护水平达到或超过了适当保护水平,那么(假设已经满足其他两项条件)进口成员方的SPS措施的贸易限制作用就超过必要限度。澳大利亚声称,专家组关于第5.6条的裁定在很大程度上是其关于IRA报告违反第5.1条的延伸,因此如果上诉机构推翻了专家组关于第5.1条、第5.2条和第2.2条的裁定,那么专家组关于第5.6条的裁定将会因为缺乏基础而落空。由于上诉机构维持了专家组关于协定

第5.1条、第5.2条和第2.2条的裁定,因此不会据此推翻专家组关于第5.6条的裁定。再说第5.1条和第5.6条项下的义务是互相独立的,因此违反一个条款并不意味着违反另一条款。即使上诉机构推翻了专家组在第5.1条和第5.2条项下的裁定,也不会必然推翻专家组在第5.6条项下的裁定。

上诉机构接着分析了澳大利亚上诉的主要部分,即关于"专家组在评价新西兰在第5.6条项下指控时采取的总体分析方法"。专家组采取了"两步走"的方法:第一步,评估"新西兰是否证明了澳大利亚夸大计算了新西兰进口苹果导致的风险",如果新西兰能成功证明这一点,那么对于这一风险是否会超过IRA计算出来的澳大利亚适当保护水平,并且据此采取IRA报告规定的严格风险管理措施就会有疑问了。因为风险管理措施只有在风险超过适当保护水平的时候才是必要的,或者对其是否超过适当保护水平还有疑问,那么专家组就应当考查新西兰指出的对贸易限制作用较小的替代措施是否能满足澳大利亚的适当保护水平。第二步,专家组会更加直接地评估,假设风险管理措施是必要的,新西兰指出的替代措施是否足以将风险降至低于澳大利亚的适当保护水平。上诉机构在审查时发现了专家组在分析第5.6条时的一系列问题。对于"两步走"的分析方法,专家组认为申诉方在第5.6条项下提出诉请时要证明进口成员方高估了进口产品带来的风险或者在论证SPS措施是必要时犯了错误,上诉机构认为这种要求是没有依据的。专家组说只有对进口成员的风险评估有疑问,才需要分析申诉方提出的替代措施是否符合第5.6条的第二项条件,上诉机构也不同意这样的说法。上诉机构反复强调第5.1条和第5.6条项下规定的义务"不同且在法律上是相互独立的",专家组的职责是评价新西兰提出的替代措施(而非涉案的SPS措施)是否能达到澳大利亚的适当保护水平,而不是审查成员方当局对这个问题的决定。上诉机构接着指出,在第5.6条项下,法律问题是进口成员方是否可以采取一项贸易限制作用较小的措施,而这要求专家组自己就申诉方提出的替代措施是否能达到进口成员方的适当保护水平作出客观的评价。基于以上论证，上诉机构认定专家组分析新西兰在第5.6条项下的指控时采取的方法是错误的。因为专家组不适当地将其裁定依赖于第5.1条项下审查IRA报告时已经作出的裁定，因而没有就新西兰的替代措施是否达到澳大利亚的适当保护水平作出肯定性裁定，专家组关于第5.6条的裁定是缺乏法律基础的。因此，上诉机构驳回了专家组认定澳大利亚关于火疫病和苹果瘿蚊的涉案措施与第5.6条不相符的裁定。

上诉机构接下来考虑是否能够就新西兰在第5.6条项下的指控完成法律分析。关于这点，上诉机构解释说专家组已经认定第一项和第三项条件已经满足，且澳大利亚没有就这些认定提出上诉，那么接下来的问题只有“新西兰的替代措施是否能达到澳大利亚的适当保护水平”。通过审查专家组的分析，上诉机构发现，关于火疫病的替代措施，专家组的记录足以认定澳大利亚的适当保护水平就是“为了将风险降至非常低却非零水平的目标”；而关于新西兰提出的替代措施的风险，专家组讨论了相当数量的涉案证据，但最后却并没有就大部分证据作出认定，也没有考虑新西兰的替代措施带来的总体风险，即入侵、定居和传播的风险以及潜在的生态环境和经济环境影响。因此，上诉机构指出，由于不存在足够的无争议事实或者专家组的事实性裁定，它无法对新西兰替代措施的保护水平和澳大利亚的适当保护水平作出必要的比较，因此无法完成关于第5.6条第二项条件的法律分析。基于同样的原因，上诉机构也无法完成新西兰关于苹果瘿蚊的替代措施是否满足第5.6条第二项条件的法律分析。

基于以上论证，上诉机构推翻了专家组关于澳大利亚关于火疫病和苹果瘿蚊的措施与第5.6条不相符的裁定，但是其无法完成新西兰在这条项下指控的法律分析。

【案例评析】

《SPS协定》规制动植物检疫措施（以下简称SPS措施）的正确实施主要依赖于两大主要原则，即风险评估原则和科学证据原则，主要体现在《SPS 协定》的第 2 条和第 5 条,而这也正是本案双方以及专家组和上诉机构的讨论焦点。

《SPS 协定》第 2.2 条规定"各成员应保证任何卫生与动植物检疫措施仅在为保护人类、动物或植物的生命或健康所必需的限度内实施,并根据科学原理,如无充分的科学证据则不再维持,但第 5 条第 7 款规定的情况除外";《SPS 协定》第 5 条前三款要求 SPS 措施必须基于风险评估,而进行风险评估必须具有充分的科学依据,并规定了进行风险评估时应当考虑的因素,包括科学证据及经济因素。可以说,第 2 条是科学证据的指导性原则,而第 5 条则细化了风险评估中的科学证据要求,两者相得益彰,共同规制措施实施方的义务。

然而上述几条毕竟是原则性的粗略规定,专家组在审查案件的实践中往往要细化风险评估和科学证据的一些标准,同时又要保持一定的弹性空间以适应个案具体情况。如专家组曾经在日本苹果案中认定,要想证明存在第 2.2 条规定的充分科学证据,则必须证明实施的措施与提出的科学依据之间有"客观和前后一致的联系",是否存在这样的关联应当根据每个案件的具体情况来确定。此后的专家组在审查关于 SPS 措施的案件中均遵循上述标准来论证风险评估和科学证据原则。专家组不仅考查一项 SPS 措施是否有可靠合适的来源且有必要的科学方法,成员方评估风险所得出的具体结论是否有充分的科学证据作为支持,还要考查成员方基于科学证据所作的论证推理是不是客观且前后一致的。

风险评估要依靠科学证据,但是如果相关科学证据较少时,成员方是可以采取比较严苛的措施还是采取较为宽松的措施?本案上诉机构认为,成员方在选择采取某项 SPS 措施之前必须已经根据相关科学证据作出初步决定。换言之,一经作出,便视为成员方已经认定相关证据足以实施一项 SPS 措施,而若成员方考虑到相关证据不足以实施一项风险评估,则其可基于第 5.7 条选择临时性 SPS 措施。当出现某些科学不确定性的情况时,澳大利亚根据某些专家意见得出了评估结论,而当专家组要求其详细解释如何得出这些结论时,澳大利亚却认为第5.1条允许其根据适当情况在可获得科学证据较少时灵活地采取风险评估。上诉机构指出,依赖于专家意见本身无可厚非,但在有科学证据的情况下,澳大利亚却不依据科学证据而反复引用专家意见,此举可疑。而且专家意见的论证和解释也必须符合第5.1条和第5.2条,只有这样风险评估才能被认定为是基于可获得科学证据而得出的科学结论。澳大利亚既然并没有选择第5.7条项下的临时性SPS措施而直接采取了SPS措施,那么就表明澳大利亚在实施风险评估时已经认定相关科学证据足以支持其措施,而后来却又以相关科学证据较少为由提出抗辩,明显违反了“禁止反言”原则。从本案的实践来看,上诉机构的倾向是从严控制成员方采取措施的自由裁量权,在相关科学证据较少时,如果成员方没有采取临时性SPS措施而直接采取了一项较为严苛的措施,则其必须初步认定相关证据足以采取该项措施,否则就不能认定为一项适当的SPS措施。

澳大利亚是世界上唯一独占一个大陆的国家。封闭的环境和特有的物种使澳大利亚的生态系统变得极为特殊且脆弱,人类稍有不慎就会破坏当地的生态平衡,历史上就曾经发生过三次较为严重的“生态灾难”:兔子之灾、牛粪之灾和刺梨之灾。[①]“你把什么带进了澳大利亚?”——这是澳大利亚路边频繁出现的警示广告。澳大利亚政府在面对动植物食品进口时往往采取异常谨慎的态度,采取各种风险管理措施抵御“外来生物入侵”,而这些措施也频繁引发进口方成员的抗议甚至激起贸易大战。本案中涉及的就是澳大利亚针对新西兰苹果进口所采取的措施,新西兰和澳大利亚的这场“苹果战”打了整整90年。无论是GATT时代还是WTO时代,在涉及农产品以及动植物食品的案件中,澳大利亚是被诉的常客。

《SPS协定》并没有禁止成员方采取SPS措施,但要求成员方在采取这些措施时必须符合协定的相关规定,要有相应的科学证据支持,不能以检验检疫之名,行贸易壁垒之实。

---

① 贾二凤:“澳大利亚的三次‘生态灾难’”,载《中国减灾》2008年第10期。

欧共体:影响美国禽肉及其制品的措施(WT/DS389)

2009 年 1 月 16 日,美国提出就欧共体影响美国禽肉及其制品进口的措施与欧共体进行磋商。美国认为欧共体的法律及其实施不符合《SPS 协定》第 2.2 条、第 5 条、第 8 条,《农业协定》第 4.2 条和《TBT 协定》第 2 条。由于磋商不成,应申诉方的请求,DSB 于 2009 年 11 月 19 日成立专家组。到 2012 年年底,专家组仍未组成。

韩国:影响加拿大牛肉进口的措施

（WT/DS391）

2009 年 4 月 9 日，加拿大提出就韩国影响牛肉及牛肉制品的措施与韩国磋商。加拿大认为韩国的措施不符合 GATT 1994 和《SPS 协定》的相关条款。由于磋商不成，应申诉方的请求，DSB 于 2009 年 8 月 31 日成立专家组，11 月 12 日专家组组成。2011 年 6 月 28 日，加拿大请求专家组中止工作。2012 年 6 月 19 日，双方通知 DSB，它们已经就争议解决达成协议。

美国:影响中国禽肉进口的措施(WT/DS392)*

申诉方:中国

被申诉方:美国

第三方:巴西、欧盟、危地马拉、中国台北、土耳其

2009年4月17日,中国要求就美国采取的阻止中国禽肉出口的措施与美国磋商。由于双方磋商未果,经中国请求成立了专家组。2010年9月29日,专家组作出最终报告。2010年10月25日,DSB通过了专家组报告。

中美禽肉贸易争端最早可追溯至2004年。2004年,中美同时爆发禽流感,中方停止进口美国禽肉产品,而中国的禽肉产品此前也从未打入美国市场。为解决中美禽肉贸易问题,当年4月,双方经商谈同意同时解除对对方的"禁令",约定在履行相关程序后,美方向中国出口冷冻禽肉产品,中方则对美出口熟制禽肉产品。但美方提出希望先行出口,并保证履行承诺。在这种情况下,中方提前对美国禽肉产品开放了市场。

然而,在把本国禽肉产品输入中国后,美方开始千方百计地阻止中国禽肉产品出口到美国。美国农业部以"履行有关法律程序"为由,将此事一拖再拖。直至美国农业部再无任何合适的理由限制中国禽肉产品时,2007

---

* 本案例初稿由上海外贸学院教师高田甜博士撰写。

年8月2日,美国国会众议院通过了《2008年农业拨款法》,其731条款明确规定,"根据本法所提供的任何拨款,不得用于制定或实施任何允许美国进口中国禽肉产品的规则"。同时,美国《2008年综合拨款法》第733条也作出了相同的规定。由于财政预算不能提供相应资金,也就无法制定关于中国禽肉的更进一步的市场准入规则,结果导致中国禽肉对美出口受阻的状态始终无法改变。

继731条款和733条款后,2009年3月10日,美国参议院通过的《2009年综合拨款法》(以下简称《2009拨款法》)第727条款又完全照搬了先前的规定,重申"根据本法所提供的任何拨款,不得用于制定或实施允许美国进口中国禽肉产品的任何规则"。3月11日,美国总统奥巴马签署了该法案。

法案签署当天,中国商务部即作出回应,明确表示727条款是典型的歧视性贸易保护主义做法,严重违反了WTO规则,干扰了中美禽肉贸易的正常开展,损害了中国禽肉业界的正当权益。中国正式就美国《2009拨款法》的"727条款"诉诸世界贸易组织(WTO)。

2009年10月21日,美国总统奥巴马正式签署《2010年综合拨款法》。该法案的"743条款"对《2009拨款法》的"727条款"作了修正,规定在满足加强检验核查、增强措施透明度等要求后,允许将拨款用于进口中国禽类或禽类制品。

【专家组的分析和结论】

在长达200页的专家组报告中,专家组裁定美国《2009拨款法》关于限制中国禽肉进口的规定——727条款——违反了包括《实施卫生与植物卫生措施协定》(以下简称《SPS协定》)及最惠国待遇原则在内的多项WTO规则。

一、先决问题——专家组的审理权限

在程序伊始,美国便请求专家组对中国有关《SPS协定》的诉请作出初步裁决。美国认为中国并没有就所提出的关于《SPS协定》的诉请提出磋商请求,因此,关于《SPS协定》的诉请并不在专家组的审理权限范围内。

中国磋商请求相关部分的原文如下:“此外,尽管中国认为引发争议的美国限制中国禽肉产品进口的措施不构成《SPS协定》含义下的SPS措施,但是,如果这类措施被证明属于SPS措施,中国同样依《SPS协定》第11条请求与美国进行磋商。尤其是在任何这类措施被证明是SPS措施的限度内,中国认为措施违反了美国在《SPS协定》下的义务,包括但不限于该协定第2.1～2.3条、3.1条、3.3条、5.1～5.7条以及第8条下的义务。”

因此,专家组需首先决定,中国在磋商请求中使用虚拟语态是否意味着中国没有根据《SPS协定》请求磋商,以及这是否将使专家组对中国在《SPS协定》下的诉请没有管辖权。

在专家组看来,中国是根据GATT 1994和《农业协定》质疑727条款,作为替代诉请,在美国争辩727条款是《SPS协定》范围内的SPS措施时,则根据《SPS协定》质疑727条款。因此,在后一种情况下,中国似乎想确保《SPS协定》也在专家组的职权范围内。专家组认为,中国的这种考虑与韩国商用船舶案中专家组的论证相符,即“如果一申诉方希望根据多项规定对一特定措施提出诉请,无论是互补性的还是选择性的,DSU第6.2条不但允许申诉方在其设立专家组的请求中提及全部这些规定,并且要求申诉方这样做”。专家组认为这一逻辑同样适用于本案的情形。

因此,考虑到磋商请求的上下文,专家组认为中国的磋商请求的确“指明”了一项《SPS协定》项下的措施。此外,如果超出磋商请求本身来考察“随后发生的情况”,并将中美两国随后的信件往来纳入考察范围,结论将更加明显。

基于上述分析,专家组认为,通过对磋商请求的整体考虑,中国在其磋商请求中指明了涉及《SPS协定》的措施,尽管是用一种附条件的方式。另外,对随后发生的情况,特别是在磋商进行之前双方信件交换的考察，同样支持这一结论。因此，专家组否定了美国的主张，裁定中国的确根据《SPS 协定》第 11 条提出了磋商请求，并指明了作为其诉请基础的《SPS 协定》的各项规定，因此，中国的 SPS 诉请在专家组的审理权限范围内。

美国主张，727 条款已于 2009 年 9 月 30 日过期，也就是中国提交第一次书面材料截止日期的两天前过期，对此，中国并无异议。由此引发了如下问题，即专家组能否对一项不再有效的措施作出裁定。

专家组注意到，在过去，专家组曾决定在如下情况下对过期的措施作出裁定：被申诉方不承认其过期措施与 WTO 的不相符性，并且被废除的措施很容易就能被重新确立。结合本案，专家组认为 727 条款的情形正是如此：美国不承认被指控的 727 条款与 WTO 不符，且在美国此类拨款法律具有年度性。727 条款用相同的用词重申了上一年度的拨款规定的语言。727 条款取代了 733 条款，743 条款又取代了 727 条款。尽管 743 条款与 727 条款及 733 条款并没有使用相同的语言，但是专家组认为，如果其拒绝对已经过期的 727 条款作出裁定，则专家组将有可能剥夺中国请求对美国的行动与 WTO 义务的相符性进行实质性审查的权利，并有可能允许潜在的 WTO 不法行为的重复。

因此，专家组决定继续审查 727 条款与 WTO 的相符性。但是专家组承认，对于一项已经终止法律效力的、被废除的措施来说，并不适宜根据 DSU 第 19 条给出建议。

二、727 条款与《SPS 协定》的相符性

在确认了专家组对本案所涉及的《SPS 协定》诉请有审理权限以及对 727 条款这一过期措施的审理必要性后，专家组首先分析了 727 条款是否属于《SPS 协定》范围内的措施，随后，专家组对 727 条款与《SPS 协定》相关规定的相符性逐一进行了审查。

1. 727 条款是否是一项 SPS 措施

《SPS 协定》附件 A 以如下方式对 SPS 措施进行了规定:

"1. 卫生与植物卫生措施——用于下列目的的任何措施:

……

(b)保护成员领土内的人类或动物的生命或健康免受食品、饮料或饲料中的添加剂、污染物、毒素或致病有机体所产生的风险;

……

卫生与植物卫生措施包括所有相关法律、法令、法规、要求和程序,特别包括:最终产品标准;工序和生产方法;检验、检查、认证和批准程序;检疫处理,包括与动物或植物运输有关的或与在运输过程中为维持植物生存所需物质有关的要求;有关统计方法、抽样程序和风险评估方法的规定,以及与食品安全直接相关的包装和标签要求。"

要构成《SPS 协定》下的 SPS 措施,一项措施除了必须符合附件 A(1)关于 SPS 措施的定义,根据《SPS 协定》第 1.1 条,这一措施还必须是受《SPS 协定》纪律约束的直接或间接影响国际贸易的措施。根据上述标准,本案专家组对争议措施 727 条款进行了考察。

专家组注意到,727 条款于 2009 年 3 月 11 日制订,9 月 30 日过期,规定于《2009 拨款法》中。《2009 拨款法》是一部常规的拨款法案,它为美国食品安全检验局(以下简称"FSIS")的运作提供必要的资金。

专家组注意到,《SPS 协定》附件 A(1)(a)到(d)的第一部分以如下方式提及一项 SPS 措施,即"用于保护……用于防止……的任何措施"。争端双方及专家组均同意这一表述指的是一项措施的"目的"。

附件 A(1)的第二部分则为 SPS 措施的类型提供了一份清单。规定"(SPS)措施包括所有相关法律、法令、法规、要求和程序,特别包括……"随后列举了一些 SPS 措施所可能采取的形式。

专家组随后从"目的"和"形式"两方面对 727 条款进行了考察。

专家组认为 727 条款的原文并没有提到附件 A(1)(a)到(d)所

列举的任何目的。但是《联合解释性声明》以及美国国会记录中的有关陈述却清楚地表明,727 条款的制定旨在保护人类和动物的生命和健康免受来自中国的受污染的禽肉产品进口的风险。因此,专家组裁定,727 条款是为附件 A(1)(b)之目的而实施的措施。

关于形式问题,专家组注意到,727 条款是《2009 拨款法》中的一项规定,处理的是与美国政府的一个行政部门的活动有关的拨款问题。尽管 727 条款是一项拨款法案,但美国国会却通过该法案对负责实施有关 SPS 事项的实体法律和规章的行政部门的活动施加控制。因此,727 条款是一项拨款法案的事实并不能阻碍其构成附件 A(1)第二部分所列明的 SPS 措施的类型。

考虑到 727 条款是一项旨在达成附件 A(1)(b)所规定目的的措施,且其属于附件 A(1)第二部分所描述的类型,专家组得出结论,727 条款符合《SPS 协定》附件 A(1)关于 SPS 措施的定义。

那么,727 条款是否直接或间接影响国际贸易?在专家组看来,727 条款的确影响了国际贸易,因为它禁止 FSIS 使用拨款资金来制订和实施允许中国禽肉产品进口的规则。无论将 727 条款的影响视为直接的还是间接的,这一措施的效果都是显而易见的。因为在这一措施生效期间,中国对美国的禽肉出口根本无从开展。因此,727 条款直接或间接影响了禽肉产品的国际贸易,同样满足《SPS 协定》第 1 条的第二个条件。

基于以上结论,专家组裁定 727 条款是《SPS 协定》范围内的一项 SPS 措施。

2. 727 条款与《SPS 协定》第 5.1 条和 5.2 条的相符性

《SPS 协定》第 5.1 条和 5.2 条规定:

“1. 各成员应保证其卫生与植物卫生措施的制定以对人类、动物或植物的生命或健康所进行的、适合有关情况的风险评估为基础,同时考虑有关国际组织制定的风险评估技术。

2. 在进行风险评估时,各成员应考虑可获得的科学证据;有关工序和生产方法;有关检查、抽样和检验方法;特定病害或虫害的流行;

病虫害非疫区的存在；有关生态和环境条件，以及检疫或其他处理方法。”

第5.1条阐明了SPS措施必须建立在风险评估基础上的基本原则。而第5.2条则为WTO成员如何进行风险评估提供了指导。

根据日本苹果案的专家组报告，依据第5.1条进行的分析需要回答两个至关重要的问题：第一，是否进行了适合有关情况的、考虑了有关国际组织制定的风险评估技术以及第5.2条所列的各项因素的风险评估？第二，SPS措施是否以该风险评估为基础？

结合本案的实际情况，由于美国没有提出任何的论点或证据来证明存在一项风险评估，专家组只能得出结论，美国的727条款没有以任何风险评估为基础，无论这种风险评估是由其官方或任何其他实体作出的。在考察了争端双方所提交的证据后，专家组认为，中国已经就如下诉请确立了表面证据案件：就727条款而言，美国未进行任何《SPS协定》第5.1条、第5.2条以及附件A(4)意义上的风险评估。因此，专家组裁定，727条款并未建立在风险评估的基础上，违反《SPS协定》第5.1条及第5.2条中的义务。

3. 727条款与《SPS协定》第2.2条的相符性

《SPS协定》第2.2条规定：“各成员应保证任何卫生与植物卫生措施仅在为保护人类、动物或植物的生命或健康所必需的限度内实施，并根据科学原理，如无充分的科学证据则不再维持，但第5.7条规定的情况除外。”

如果一项SPS措施没有建立在《SPS协定》第5.1条和5.2条所要求的风险评估基础上，则这一措施通常被推定为没有以科学原理为基础，并且是在没有充分科学证据的情况下得以维持的。

除了FSIS报告外，美国没有向专家组提交有关来自中国的禽肉产品所造成的风险的任何具体科学理由，美国所提交的证据并没有证明消费来自中国的不安全禽肉的风险的存在。因此，专家组裁定，美国所展示的食品安全实施问题的证据并不构成第2.2条含义下的“充分”证据。727条款的维持缺乏充分的科学证据，违反《SPS协定》第2.2条下的义务。

4.727条款与《SPS协定》第5.5条的相符性

《SPS协定》第5.5条体现了在适用适当水平的卫生或植物卫生保护(appropriate level of sanitary or phytosanitary protection,简称“适当水平保护”)方面的非歧视性原则。该条规定:“为实现在防止对人类生命或健康、动物和植物的生命或健康的风险方面运用适当的卫生与植物卫生保护水平的概念上的一致性,每一成员应避免其认为适当的保护水平在不同的情况下存在任意或不合理的差异,如此类差异造成对国际贸易的歧视或变相限制。”

欧共体荷尔蒙案的上诉机构指出,为了证明一项措施违反《SPS协定》第5.5条,如下三个条件必须全部满足:(1)成员在“不同的情况下”确立了不同的保护水平;(2)保护水平体现了它们对待不同情况的“任意或不合理的”差异;(3)这些任意或不合理的差异导致对贸易的“歧视或变相限制”。同时,根据澳大利亚鲑鱼案专家组的裁定,申诉方“承担责任证明第5.5条的全部三项要素都已满足”。

因此,在本案中,专家组必须决定中国就其提出的涉及《SPS协定》第5.5条的诉请是否满足了举证责任。专家组注意到,中国共提出了两种可能的比较以表明第5.5条的三项要素均获得满足:(1)中国的禽肉与其他WTO成员的禽肉的比较;(2)中国的禽肉与中国的食品产品的比较。

专家组注意到727条款明确规定,“根据本法所提供的任何拨款,不得用于制定或实施允许美国进口中国禽肉产品的任何规则”。因此,很显然,通过727条款所施加的资金限制只适用于中国的禽肉产品,而不针对其他WTO成员方的禽肉产品。因此,727条款的资金限制导致适用于中国禽肉产品的措施(727条款)与适用于其他WTO成员禽肉产品的措施(FSIS程序)之间的差异。因此专家组同意中国的观点,即中国禽肉产品的进口与其他WTO成员的禽肉产品构成不同的情形。同时,专家组认为,就中国的禽肉产品和其他WTO成员的禽肉产品所显示的沙门氏菌、弯曲杆菌及李斯特菌的风险,使得上述不同的情形构成《SPS 协定》第 5.5 条下具有可比性的情形。因此,专家组得出结论,中国禽肉产品的进口与其他 WTO 成员的禽肉产品是不同但具有可比性的情形。并且专家组认为,本案的 727 条款与标准 FSIS 程序这样的适用措施之间的实质性区别,的确反映了在两种不同但可比情形下所适用的适当水平保护的差异。因此,专家组裁定,标准 FSIS 程序与 727 条款如此的不同,因此它们反映了适当水平保护方面的区别,第 5.5 条的第一项要素满足了。接着,专家组指出,由于 727 条款并没有以风险评估为基础,并且其维持缺乏充分的科学证据,因此,专家组只能得出结论认为,在适当水平保护上的差异缺乏基于科学原理并建立在科学证据基础上的正当理由,因此,适用于中国禽肉产品和其他 WTO 成员禽肉产品的适当水平保护上的差异是第 5.5 条含义内"任意或不合理的",第 5.5 条的第二项要素也得到了满足。在适当水平保护差异的背景下来考虑措施本身,则 727 条款只适用于中国产品本身就存在歧视。因此,专家组得出结论,在适当水平保护上的"任意或不合理的"差异造成了对中国产品的歧视。第 5.5 条的第三项要素被满足。因此,在第一种比较的情况下,727 条款违反了《SPS 协定》第 5.5 条。

得出上述结论后,专家组认为其已有效解决了中国在第 5.5 条下的诉请,因此,对中国建议的第二种比较,专家组决定适用司法经济,不予分析。

5.727 条款与《SPS 协定》第 8 条的相符性

《SPS 协定》第 8 条和附件 C(1)(a)规定如下:

第 8 条"控制、检查和批准程序":"各成员在实施控制、检查和批准程序时,包括关于批准食品、饮料或饲料中使用添加剂或确定污染物允许量的国家制度,应遵守附件 C 的规定,并在其他方面保证其程序与本协定规定不相抵触"。

附件 C"控制、检查和批准程序":"1. 对于检查和保证实施卫生与植物卫生措施的任何程序,各成员应保证:(a)此类程序的实施和完成不受到不适当的拖延,且对进口产品实施的方式不严于国内同类产品”。

根据上述规定，第8条和附件C(1)适用于特定类型的“程序”，即那些处理旨在检查和确保SPS措施的履行的“控制、检查和批准”的程序。专家组认为，根据FSIS的等效性决定过程，除非FSIS承认一国关于禽肉产品检查和安全的SPS措施足以实现美国对禽肉产品的适当水平保护，否则该国将不得对美国出口禽肉产品。只有当这些SPS措施足以满足美国的保护水平时，一国才能将禽肉产品出口到美国。如果没有一项肯定的FSIS等效性决定，一国将被禁止在任何情形下向美国出口禽肉和禽肉产品。因此，专家组认为有理由认定FSIS的等效性决定过程是附件C(1)范围内为进口的禽肉产品进入美国的一项“批准程序”。因为FSIS的等效性决定程序意味着FSIS给予正式或官方的授权，并因此批准一国向美国出口禽肉和禽肉产品。因此，专家组得出结论，FSIS对于其他WTO成员方禽肉和禽肉产品进口的等效性决定程序属于《SPS协定》附件C(1)含义内的一项“批准程序”。

同时，由于727条款规定，“根据本法所提供的任何拨款，不得用于制订或实施允许美国进口中国禽肉产品的任何规则”。通过禁止“规则的制订或实施”，727条款毫无疑问地排除了FSIS等效性决定过程“完成”的任何可能性。由于专家组已经裁定727条款违反《SPS协定》第5.1条、第5.2条和第2.2条，因此，上述FSIS批准程序完成上的迟延是没有正当理由的。专家组得出结论，727条款完全排除了中国禽肉产品的FSIS等效性程序的完成，并导致了《SPS协定》附件C(1)(a)含义内的无故拖延。因此，美国未能遵守《SPS协定》附件C(1)(a)的要求。由于《SPS协定》第8条要求WTO“成员在实施控制、检查和批准程序时应遵守附件C的规定”。因此，对附件C(1)(a)的违反即意味着违反第8条。

因此，专家组裁定，727条款违反《SPS协定》第8条的规定。

三、727 条款与 GATT 1994 的相符性

1. 727 条款与 GATT 1994 第 1.1 条的相符性

GATT 1994 第 1.1 条规定:"在对出口或进口、有关出口或进口及进出口货物的国际支付转账所征收的关税和费用方面,在征收上述关税和费用的方法方面,在出口和进口的规章手续方面,以及在本协定第 3 条第 2 款及第 4 款所述事项方面,一缔约方对来自或运往其他国家的产品所给予的利益、优惠、特权或豁免,应当立即无条件地给予来自或运往所有其他缔约方的相同产品。"

上诉机构在加拿大汽车案中指出,GATT 1994 第 1.1 条的目的和宗旨是,禁止对来自或运往不同国家的相同产品之间的歧视待遇。本案专家组决定按如下三个步骤进行分析:(1)727 条款是否是受 GATT 1994 第 1.1 条纪律约束的措施;(2)727 条款是否授予第 1 条所涵盖类型的利益;如果是,(3)这些利益是否被立即和无条件地延伸至所有相同产品。

727 条款禁止 FSIS 使用拨款资金制定或实施允许美国进口中国禽肉产品的规则,而 FSIS 对规则的制定或实施是禽肉产品进口到美国的先决条件。同时,727 条款作为一项法律规定的效果便是禁止中国禽肉产品被进口到美国。第 1.1 条中使用的"与进口有关"并不仅指与进口过程直接相关的措施,同样也可以包括那些如 727 条款这样的,与一项产品进口的其他方面相关,或者对实际进口具有影响的措施。因此,专家组裁定,727 条款是 GATT 1994 第 1.1 条含义下与进口有关的规则。

专家组注意到,根据美国的《禽肉法》及 FSIS 程序,任何国家都可以申请将禽肉产品出口到美国的资格认定。一旦获得成功,并在《联邦纪事》上公布了最终规则,则相关国家就可以向美国出口禽肉产品。可见,成功完成上述程序是进口商进入美国禽肉产品市场的唯一途径。在美国市场上,销售禽肉产品的机会是非常有利的市场

机会,而失去这种机会将意味着严重的竞争劣势,或者相当于从美国市场竞争中被排除了。这样一种机会也将同样影响两种不同来源产品之间的商业关系,其中一种来源国家被拒绝进入《禽肉法》及 FSIS 的程序。因此,专家组认为,在成功完成《禽肉法》及 FSIS 程序后出口禽肉产品到美国的机会是 GATT 1994 第 1.1 条含义内的一种利益,因为它创造了市场准入机会并影响了不同来源产品间的商业关系。

727 条款禁止 FSIS 使用拨款资金制定或实施允许来自中国的禽肉产品被进口到美国的规则,可见 727 条款所施加的拨款限制是以其所影响的产品的来源为基础的。由于仅针对中国,727 条款施加了以来源地为基础的歧视。为了决定一种利益是否授予其他 WTO 成员方的产品而没有授予中国产品,专家组假定中国的禽肉产品与其他 WTO 成员的禽肉产品是相同产品。

727 条款禁止 FSIS 使用资金制定或实施允许进口中国禽肉产品的规则。如果不存在允许禽肉产品进口的规则,即使 FSIS 已决定一国提供了同等的食品安全标准,其仍无法向美国出口禽肉产品。这意味着,即使中国的禽肉生产制度被证明能够提供与美国适用的标准同等的食品安全标准,由于 727 条款禁令的存在,其仍将无法向美国出口禽肉产品。此外,美国承认,727 条款的目的和效果即在于阻止中国的禽肉产品进口到美国。727 条款对中国所施加的拨款禁止不适用于任何其他国家。这意味着中国是唯一一个被拒绝给予专家组先前所确认的利益的 WTO 成员。因此,727 条款通过拒绝给予中国上述利益而构成对中国的歧视,而这一歧视待遇意味着美国没有“立即和无条件地”扩展一种利益。

据此,专家组得出结论,美国未将授予其他 WTO 成员的利益立即或无条件地授予来自中国的相同产品,因此,727 条款违反 GATT 1994 第 1.1 条。

2. 727 条款与 GATT 1994 第 11.1 条的相符性

GATT 1994 第 11 条规定了 GATT /WTO 法律体制的一项基本

原则——普遍性取消数量限制。其规定如下:"任何缔约国除征收关税、国内税或其他费用以外,不得设立或维持配额、进出口许可证或其他措施以限制或禁止其他缔约国领土的产品的输入,或向其他缔约国领土输出或销售出口产品。"

专家组同意中国的主张,认为727条款既不是关税、国内税或其他费用,也不是配额或进出口许可证。考虑到727条款是美国国会所制定的一项法律,因此,专家组认定它属于可依第11.1条提出质疑的"其他措施"。

FSIS在《联邦纪事》中制定或实施一项规则以允许来自特定国家的禽肉产品进口是进口这种产品的先决条件。如果没有这一规则的设立或实施,一国将被禁止出口禽肉产品至美国。727条款禁止FSIS使用拨款资金来"制定"或"实施"允许进口中国禽肉产品的规则。这种对资金使用的限制具有禁止进口中国禽肉产品的效果。因此,727条款作为对中国禽肉产品进口到美国的限制而运作。

据此,专家组裁定,在727条款运作期间,其对中国的禽肉产品进口加以禁止,违反了GATT 1994第11.1条的规定。

3. 727条款与GATT 1994与第20条(b)的相符性

美国根据GATT 1994第20条(b)提出了抗辩。美国主张,727条款的制定旨在"保护人类和动物的生命和健康免受中国禽肉产品进口的风险"。

第20条的序言和(b)项规定如下:"本协定的规定不得解释为,禁止缔约方采取或实施以下措施,但对情况相同的各国,实施的措施不得构成武断的或不合理的差别待遇或构成对国际贸易的变相限制:……(b)为保护人类、动植物的生命或健康所必需的措施。"

专家组认为,尽管上述规定中并没有明确提及《SPS协定》,因为该规定是对GATT 1947相应规定的重申,因此,其先于《SPS协定》而存在。但是,《SPS协定》的序言、其中的多处规定[如第3.2条、附件A(1)、第2.3条、第5.5条等]以及其谈判历史均表明:在涉及SPS措施时,《SPS协定》阐述并更详尽地解释了GATT 1994第20

条(b)的规定。

专家组认为,用 GATT 1994 第 20 条(b)证明一项已经被裁定违反《SPS 协定》规定(如第 2 条和第 5 条)的 SPS 措施合理,是难以接受的。因为《SPS 协定》的规定恰恰是用来进一步解释 GATT 1994 第 20 条(b)的规定。并且,《SPS 协定》第 2.1 条规定,成员有权采取保护人类、动物或植物生命或健康所必需的 SPS 措施,前提是这些措施并不违反《SPS 协定》的规定。因此,专家组认为,一项已经被裁定违反《SPS 协定》第 2 条和第 5 条的 SPS 措施不能依 GATT 1994 第 20 条(b)被证明合理。

专家组裁定,由于已经裁定 727 条款违反《SPS 协定》第 2.2 条、第 2.3 条、第 5.1 条、第 5.2 条和第 5.5 条,美国没能证明 727 条款在 GATT 1994 第 20 条(b)下的合理性。

【案例评析】

在 WTO 中,美国国会立法受到挑战的情况很常见,但挑战成功的案例却屈指可数,并且获得胜诉的也通常是由几个国家联合提出申诉的案件。中国首次在 WTO 中独立挑战美国国会立法便取得这样的胜利,实属难得。而本案的最大意义在于,通过 WTO 争端解决机制,在立法层面给美国施加了巨大压力,并成功迫使美国最终修改了国内立法。

近年来,随着美国对华贸易逆差的不断扩大,美国对中国实施了各种形式的贸易限制措施,并且试图创造新的工具以满足其需求。本案中,美国《2009 拨款法》关于限制中国禽肉进口的条款,就是美国贸易保护的又一创新。最近几年,随着我国对 WTO 争端解决实践参与的增多,政府对 WTO 规则和操作程序的理解和把握不断加深,能够更科学、合理地利用相关规则来实现自身的诉求,最大限度地维护自身权益。因此,虽然入世时隔近十年我们才赢来了这第一场"酣畅淋漓"的大胜,但相信有了这样一个良好的开端,未来中国在 WTO 必将源源不断地收获更多的胜诉。

胜利总是令人欢欣鼓舞,但同时也必须清醒地看到,仍有很多问题尚未解决。仔细考察本案的专家组报告和整个争端解决过程可以发现,美国在审理过程中似乎并没有全力以赴应诉,在专家组报告中可以很容易地发现这方面的证明,如对于中国在《SPS 协定》第 5.1 和 5.2 条下的诉请,美国没有提出任何的论点或证据来证明一项风险评估的存在,对于专家组的违反推定也没有进行任何反驳,而这直接导致美国对这两项诉请的败诉。同时在这两项基础性诉请上的失利也随后导致美国在《SPS 协定》诉请方面满盘皆输的局面。而同样,对于中国关于 727 条款违反 GATT 1994 第 11.1 条的诉请,美国也未提出任何抗辩来加以反驳。因此,中国之所以能“大获全胜”在很大程度上来说应当“得益于”或“归功于”美国的不力应诉。或许可以用如下的逻辑来解释美国“消极”应诉的原因:中国所申诉的 727 条款本来就是一项已经过期的措施,即使被裁决败诉似乎对美国也不会有什么重大损害或影响。可以基于同样的原因来理解为什么美国对于 WTO 专家组作出的这样一纸“全面败诉”的裁决也并未提起上诉,因为上诉根本没有任何意义,只能徒然浪费时间、精力和金钱,因为早在 WTO 专家组报告发布前出台的美国《2010 年综合拨款法》的第 743 条款就已经采取了与 727 条款不同的语言和表述。因此,打一个极端的比方来说,或许在美国人看来他们只是“输掉了一场无关紧要的 WTO 官司”。因此,从某种意义上来说,这次胜诉对美国贸易保护反击的象征性意义要远超出其对美国向中国开放禽肉市场所产生的实际效果,并且由于实践中仍存在诸多障碍阻止和影响中国禽肉产品进入美国市场,因此本案的胜诉在短期内也很难为中国禽肉产业带来实际的贸易效益。

本案是 2009 年反响较大的 WTO 涉农申诉案件。因此,中国应以本案为契机,学会充分利用世贸组织规则维护自身权益,掌握好诉讼策略,突破贸易保护措施封锁,实现从贸易摩擦主要受害者到有效运用世贸组织争端解决机制维护自身利益的强者角色的转变。要实现这一转变,需要政府部门和企业的共同努力和配合。一方面,从企业的层面来说，应尽可能地熟悉和掌握对外贸易纠纷的相关程序，并在国际贸易中遭遇不公平待遇时，勇于利用包括 WTO 规则在内的各种贸易规则和法律武器维护自身的合法权益，积极起诉和应诉，无论胜诉或败诉，都能从中吸取宝贵的经验和教训。近年来，中国企业频繁遭受国外反倾销、反补贴措施，利用世贸组织的规则起诉，能够对这些国家的政府和企业施加压力，引起对方的重视。此外，企业还应注意相关涉案证据的留存和提供，并在诉讼过程中与商务部、海关总署等相关主管部门积极配合。另一方面，商务部、海关总署等政府机构在 WTO 争端解决过程中所发挥的重要作用也在不断提升。一场贸易纠纷的获胜不是简单的一两个企业可以做到的，在这方面商务部、海关总署等国家职能部门起到了决定性作用。

在贸易保护“暗流涌动”的今天，只有善用世贸组织规则，有效运用争端解决机制，才能从贸易摩擦主要受害者转变为“维权强者”。本案的胜诉无疑极大地提升了中国未来参与 WTO 争端解决的信心，在本案解决过程中的成功经验也无疑为今后更多、更好地参与 WTO 争端解决程序，起诉与应诉，并更积极有效地利用争端解决机制来维护中国在 WTO 中的正当权益，提供了宝贵的经验和参考。

印度:农产品进口措施
(WT/DS430)

2012年3月6日,美国就印度对农产品进口的限制措施要求与印度磋商。美国认为,这些措施不符合《SPS协定》第2条、第3条、第5条、第6条、第7条,也违反了GATT 1994第11条。由于磋商不成,2012年5月11日,美国请求成立专家组。DSB于2012年6月25日成立专家组。中国、哥伦比亚、厄瓜多尔、欧盟、危地马拉、日本和越南要求保留作为第三方介入的权利。到2012年年底,专家组仍未组成。

美国:对牛肉和肉制品的进口限制（WT/DS447）

2012 年 8 月 30 日,阿根廷要求就美国对牛肉及肉制品的进口限制措施与美国磋商。阿根廷指出,美国的限制措施不符合其在 GATT 1994 第 1.1 条和第 3.4 条的义务,也违反了《SPS 协定》的相关规定。到 2012 年年底,双方仍在磋商。

美国:对新鲜柠檬进口的限制措施
(WT/DS448)

2012年8月30日,阿根廷要求就美国对新鲜柠檬的进口限制措施与美国磋商。阿根廷指出,美国的限制措施不符合其在GATT 1994第1.1条和第3.4条的义务,也违反了《SPS协定》的相关规定。到2012年年底,双方仍在磋商。

………技术性贸易壁垒协定(《TBT 协定》)

美国：涉及金枪鱼及其制品进口和销售的措施（WT/DS381）*

申诉方（上诉方、被上诉方）：墨西哥

被申诉方（上诉方、被上诉方）：美国

第三方（第三参与方）：阿根廷、澳大利亚、巴西、加拿大、中国、厄瓜多尔、欧共体、危地马拉、日本、韩国、新西兰、中国台北、泰国、土耳其、委内瑞拉

2008 年 10 月 24 日，就美国针对金枪鱼及金枪鱼产品的进口、上市和销售所采取的某些措施，墨西哥要求与美国进行磋商。由于双方磋商未果，经墨西哥请求成立了专家组。2011 年 9 月 15 日，专家组发布最终报告。墨西哥和美国分别提出上诉。2012 年 5 月 16 日，上诉机构作出了报告。2012 年 6 月 13 日，DSB 通过了上诉机构和专家组报告。

墨西哥的诉请所针对的美国的相关措施为：（1）《海豚保护消费者信息法》(Dolphin Protection Consumer Information Act, DPCIA)；（2）《海豚安全标签标准》（Dolphin-safe labeling standards）及《东部热带太平洋海域通过大型围网渔船捕获的金枪鱼的海豚安全要求》［Dolphin-safe

* 本案初稿由华东政法大学国际法专业研究生陆钰撰写。

requirements for tuna harvested in the ETP(Eastern Tropical Pacific Ocean) by large purse seine vessels];(3)美第九巡回上诉法院关于地球岛屿研究所诉霍格斯案的判决。这些措施规定了金枪鱼生产和销售过程中向美国商务部申请“海豚安全”标签的条件和程序。

DPCIA 中规定,除非符合法定条件,在美国销售或自美国出口的金枪鱼上使用“海豚安全”等标签,错误地表明其产品中包含的金枪鱼是以对海豚无害的方式捕获的,属于违法行为。DPCIA 还规定,除非符合特定条件,在金枪鱼上使用涉及海豚、鲸类及其他海洋哺乳动物的其他标签或符号也是违法行为。

DPCIA 将捕获的金枪鱼设立了四个标准:位置(ETP 内外)、捕鱼装置(是否使用袋状围网)、金枪鱼和海豚群的相互作用(两者间是否有常规和显著的联系)和海豚死亡率和受伤情况(是否有严重伤亡率);划分为五个类型:公海上使用流网捕获的、ETP 之外用袋状围网捕获的(细分为两类:商务部长确认存在金枪鱼和海豚常规联系的渔场和除第 5 类外的其他渔场)、ETP 内用袋状围网捕获的以及上述各类之外对海豚造成普遍和严重伤害的渔场捕获的。

本案涉及墨西哥渔船最传统最常用的捕鱼方式,即在 ETP 内使用袋状围网捕获金枪鱼。根据 DPCIA,美国商务部曾经认定以袋状围网捕鱼造成围困海豚的情形不会对 ETP 濒临灭绝的海豚造成显著不利影响,因此在符合一定条件下也可使用“海豚安全”标签。但美国法院在霍格斯案中撤销了美商务部的认定,使得在 DPCIA 条款规定下,以袋状围网捕获的金枪鱼不能再使用“海豚安全”标签。与美国标签要求相比,一些海豚保护国际条约也有自己的要求。例如,美国、墨西哥均属其成员国的《国际海豚养护项目协定》(Agreement on the International Dolphin Conservation Program, AIDCP)中“海豚安全”标签要求集中于对海豚造成的死亡率和严重伤害,而不考虑是否使用了袋状围网。

墨西哥认为,美国的上述措施,与 GATT 1994 第 1.1 条、第 3.4 条,《TBT 协定》第 2.1 条、第 2.2 条和第 2.4 条不符。

【专家组的分析和结论】

2011 年 7 月 8 日，专家组发布最终报告，裁定争议措施违反了《TBT 协定》第 2.2 条，但没有违反《TBT 协定》第 2.1 条及第 2.4 条。对于墨西哥针对 GATT 1994 第 1.1 条和第 3.4 条的诉请，专家组行使了司法节制，不予裁定。

遵循上诉机构在欧共体：石棉案及欧共体：沙丁鱼案中确立的认定“技术法规”的三个标准，即涉案措施适用于一个或一组可辨别的产品，规定了一个或一些产品特性，对产品特性的要求是强制的，专家组首先确认，争议措施构成《TBT 协定》附件一第 1.1 条定义下的“技术法规”。

1. 争议措施是否违反了《TBT 协定》第 2.1 条

《TBT 协定》第 2.1 条规定：“各成员应保证在技术法规方面，给予源自任何成员领土进口的产品不低于其给予本国同类产品或来自任何其他国家同类产品的待遇。”

双方对争议产品是同类产品并没有不同意见。那么，就争议措施而言，墨西哥的金枪鱼产品是否被给予了低于美国和其他国家金枪鱼产品的待遇？

墨西哥认为，墨西哥金枪鱼几乎都是在 ETP 以袋状围网捕获，根据美国法律不能使用“海豚安全”标签，而在 ETP 以外地区以其他甚至导致海豚死亡的方法捕获的金枪鱼，却可使用“海豚安全”标签；鉴于美国市场对“海豚安全”标签的敏感度，且消费者基于此选择金枪鱼产品，它改变了墨西哥金枪鱼产品与美国同类产品的竞争机会。此外，墨西哥渔业长期以来使用袋状围网，而在 ETP 以外地区捕鱼的其他国家使用不同的方法；相对于可使用“海豚安全”标签的含有其他国家金枪鱼的金枪鱼产品，争议措施也在事实上对墨西哥造成了歧视。

专家组认为，在本案中需要确定的是：相比美国或其他国家的金枪鱼产品，就争议措施而言，墨西哥金枪鱼产品是否处于不利地位。

对“海豚安全”标签在美国市场上是否构成有利条件，专家组承认是否购买“海豚安全”金枪鱼是消费者的偏好，但认为争议措施控制了“海豚安全”标签的可获得性，允许消费者表达其偏好。而且，美国消费者对“海豚安全”标签比较敏感，“海豚安全”标签具有巨大的商业价值，因而提供了在美国市场上的有利条件。

在分析墨西哥金枪鱼产品是否被拒绝给予“海豚安全”标签而处于不利地位时，专家组首先阐明其分析起点应是同类产品的整体比较，进行评估的时间点是专家组设立时的情形，但也不意味着过去的事情与评估无关。随后，专家组分析了三个因素：

（1）监管区别。专家组认为争议措施的监管区别是基于捕获方法，而非国家产地，其本身并未将墨西哥金枪鱼产品置于不利地位。

（2）美国和墨西哥金枪鱼捕鱼实践及其对获得标签的影响。

专家组注意到，墨西哥 2/3 的袋状围网捕鱼在 ETP，而美国在 ETP 则不使用此方法，这使得美国捕获的大部分金枪鱼可获得标签。考虑到 1990 年美国和墨西哥在 ETP 有数量相当的袋状围网捕鱼船，双方目前不同的状态是私人选择而非政府措施导致的结果。参照上诉机构在韩国：牛肉案中的观点，专家组认为在《TBT 协定》第 2.1 条下，应考虑这种待遇是否是由于一个成员采取的技术法规导致的，而非归因于市场上私人行为的措施影响的区别。对与适应美国法规所要做的调整的成本，专家组认为其本身并不代表着“较不利待遇”。

（3）墨西哥金枪鱼产品相对其他同类产品在美国市场上的状态。

专家组认识到美国金枪鱼产品市场存在相当比例的进口，而墨西哥金枪鱼产品只占很小份额。专家组强调，其分析的不是措施是否具有某些影响，而是措施是否将涉案的同类进口产品置于不利地位。专家组认为，其无法判断墨西哥的市场份额反映了竞争条件的改变，还是墨西哥实际应有的参与水平；绝大多数进口金枪鱼是通过对海豚安全的方式捕获，也不必然意味着争议措施将墨西哥金枪鱼产品置于不利地位。关于争议措施对墨西哥渔业带来的调整压力，专家组考虑了上诉机构在美国:虾案中的观点,认为体现政策或标准选择的措施本身并不构成推定其与 WTO 规则不符的原因。

综上所述,专家组认为争议措施是产地中立的监管,没有区分不同产地的产品,未导致墨西哥产品不可能符合该要求,也未禁止其获得该标签的可能性。对某些产品进口的不利影响取决于多种因素,并不必然意味着其导致了《TBT 协定》第 2.1 条下的"较不利待遇"。就本案而言,争议措施对墨西哥的不利影响并非针对产地,而是由多种因素决定,其中也包括墨西哥自身的捕鱼船队和罐头产品制造商自己的选择。因此,专家组裁定争议措施并不与《TBT 协定》第 2.1 条不一致。

2. 争议措施是否违反了《TBT 协定》第 2.2 条

《TBT 协定》第 2.2 条规定:"各成员应保证技术法规的制定、采用或实施在目的或效果上均不对国际贸易造成不必要的障碍。为此目的,技术法规对贸易的限制不得超过为实现合法目标所必需的限度,同时考虑合法目标未能实现可能造成的风险。此类合法目标特别包括:……防止欺诈行为……保护动物或植物的生命或健康及保护环境……"

墨西哥认为争议措施不是为了实现合法目标;即使是,也超出了所必需的限度,因而违反了《TBT 协定》第 2.2 条。

专家组首先分析了《TBT 协定》第 2.2 条头两句话的关系,第 1 句话将《TBT 协定》"技术法规不得对国际贸易造成不必要的障碍"这一总体目标转化为了成员在技术法规的制定、采用或实施方面的积极义务,第 2 句则阐述了两个具体的要求,包括:(1)必须追求合法目标;(2)对贸易的限制不得超过为实现合法目标所必需的限度,同时考虑合法目标未能实现可能造成的风险。

(1)争议措施是否追求合法目标?

墨西哥认为美国的真实目标,是在 ETP 区域内金枪鱼捕鱼作业中保护海豚群。美国则主张其目标包括确保消费者就有关金枪鱼产品所使用的金枪鱼是否以对海豚不利的方式捕获不被误导或欺骗,通过确保美国市场不被用于鼓励以对海豚不利的方式捕获金枪鱼而促进对海豚的保护。因此,专家组认为澄清争议措施的目标是首要任务。经过对争议措施的设计基础、结构和特性的分析,专家组认为争议措施的目标包括美国主张的两个方面,但促进海豚保护的目标部分依赖于第一个目标的实现。

关于《TBT 协定》第2.2条列举的合法目标,专家组认为是非穷尽的,美国"海豚安全"标签的两个目标分别属于"防止欺诈行为"和"保护动物的生命或健康及保护环境"。专家组进一步声称,不能阻止成员通过利用消费者偏好产生的激励来鼓励或阻止对动物生命和健康有影响的行为,而规定标签所表达的信息就是实现这一目的的机制。此外,成员有权决定所要追求的目标,有利于保护海豚的目标也不能因为其没有涵盖保护其他海洋物种而被认为非法。因此,专家组认定争议措施是追求合法目标的。

(2)争议措施对贸易的限制是否超过了为实现合法目标所必需的限度,同时是否考虑了合法目标未能实现可能造成的风险?

关于贸易限制,如果存在以更少对贸易限制的方式实现同样目标的措施,当前措施就是违反《TBT 协定》第2.2条的。必要性评估是针对措施的贸易限制影响,而非措施本身。专家组认为需要在考虑成员选择的保护水平基础上,评估争议措施实现其目标的方式和程度,进而与可能的具有更少贸易限制效果的替代措施进行比较。在比较时,应考虑合法目标未能实现可能造成的风险。如果一个具有更少贸易限制效果的替代措施会导致合法目标未能实现的更大风险,则该措施不是合适的替代措施。

目标一:为消费者提供信息。专家组认为,该目标的实现直接与能否明确区分金枪鱼是否以对海豚有害的方式捕获有关。美国新的"海豚安全"标签要求可使消费者避免购买以对海豚不利的方式捕获的金枪鱼制造的产品;但鉴于争议措施对于在海豚群上方设置捕鱼装置(setting on dolphins, SOD 方法)没有区分一般设置和受控情形下的设置,美国消费者将不能获悉根据 AIDCP 所采取的措施。对其他捕鱼方法,争议措施对在ETP以外地区捕获的金枪鱼使用“海豚安全”标签不需要证明其没有导致海豚被杀害或严重受伤,而对在ETP捕获的金枪鱼需要证明。专家组认为,ETP以外的某些捕鱼方法对海豚有潜在不利影响,在美国“海豚安全”标签生效期间已经导致了高水平的误捕海豚,而美国却允许其使用“海豚安全”标签,从而使消费者无法确切知晓此类金枪鱼在捕获过程中是否对海豚造成不利影响。因此,专家组认为美国“海豚安全”标签追求的第一个目标只能部分实现。

墨西哥提出,美国应允许同时存在AIDCP的“海豚安全”标签作为替代措施,美国认为不能实现其合法目标。专家组注意到美国消费者的偏好,认为墨西哥建议的替代措施可以使更多的金枪鱼产品获得标签优势,比美国现行措施对贸易的限制更少。随后,专家组考虑了该替代措施是否能够实现与现行措施同样的保护水平。由于墨西哥建议美国“海豚安全”标签和AIDCP的“海豚安全”标签在美国市场共同存在,而AIDCP的“海豚安全”标签要求提交独立见证人声明没有海豚在捕获金枪鱼的网中被杀害或严重受伤,尽管两种标签体制都存在一定的不确定性,但允许两种“海豚安全”标签共存不会使消费者被误导的范围扩大,反而能为其提供更准确的信息。因此,专家组认为就第一个合法目标而言,墨西哥提供了一个对贸易限制更小,却可实现与当前措施同等保护水平的替代措施。

目标二:保护海豚。专家组使用了与第一个目标相同的分析方法。专家组忆及争议措施只能部分实现消费者不被误导的目标,第二个目标也只能部分实现。ETP外使用其他方法捕获金枪鱼对海豚造成的死亡或严重伤害并非微不足道。而且,美国对在ETP外以对海豚不利方式捕获的金枪鱼允许使用“海豚安全”标签,却对在ETP受AIDCP控制条件下捕获的金枪鱼不允许使用“海豚安全”标签,可能实际上会产生相反效果。因此,专家组认为,争议措施在最好情形下,也仅能部分实现其第二个目标。

对墨西哥提出的替代措施,专家组认为允许在美国市场遵循

AIDCP 标签要求不会降低保护水平。专家组注意到，大量的海豚死亡是缘于在 ETP 外使用美国允许的以外的方法，美国现行措施并未解决此不利影响，因此允许额外遵循 AIDCP 标签要求并不会导致更低的保护水平。专家组据此认为墨西哥建议的替代措施不会对 ETP 的海豚产生比美国现行措施更大的风险。

综上所述，专家组认为争议措施对贸易的限制超过了为实现合法目标所必需的限度。因此，争议措施与《TBT 协定》第 2.2 条不一致。

3. 争议措施是否违反了《TBT 协定》第 2.4 条

《TBT 协定》第 2.4 条规定："如需制定技术法规，而有关国际标准已经存在或即将拟就，则各成员应使用这些国际标准或其中的相关部分作为其技术法规的基础，除非这些国际标准或其中的相关部分对达到其追求的合法目标无效或不适当。"

墨西哥认为争议措施没有基于现行有关国际标准，而有关国际标准已经存在（AIDCP 标准），且对实现美国追求的合法目标并非无效或不适当。

专家组的分析思路是首先确定 AIDCP 标准是否构成有关国际标准，然后看争议措施是否将其作为基础，最后分析其对实现美国追求的合法目标是否无效或不适当。

专家组经过分析首先认定 AIDCP 的"海豚安全"条款构成有关的国际标准。

鉴于美国法院明确声明美国偏离了 AIDCP 标准，并明确拒绝采用该标准，专家组认定争议措施没有将 AIDCP 标准作为基础。

专家组认识到美国的目标不限于在 ETP 地区保护海豚，而 AIDCP 标准则只解决 ETP 地区的捕鱼问题，其不可能实现美国对 ETP 之外的目标。尽管如此，专家组还是对 AIDCP 标准对实现美国在 ETP 追求的合法目标的有效性和适当性进行了分析。

专家组认为，AIDCP 标准仅仅解决了在捕获金枪鱼时是否见到对海豚造成的死亡或严重伤害的问题，不涉及对海豚产生的其他不利影响，其标签不能向消费者传递海豚是否被追逐或存在未被观察到的潜在后果等信息，因而，对实现美国确保消费者就有关金枪鱼产品所使用的金枪鱼是否以对海豚不利的方式捕获等信息不被误导或欺骗的目标不是有效或适当的。对于美国保护海豚这一目标，专家组认为 AIDCP 标准有助于减少 ETP 地区海豚在 SOD 方法中的死亡，但未能解决未观察到的不利影响，包括反复追逐、围困海豚等。

据此，专家组认为墨西哥没有证明 AIDCP 的"海豚安全"标准是实现美国保护海豚目标的有效和适当方式，争议措施并不与《TBT 协定》第 2.4 条不一致。

对墨西哥关于 GATT 1994 的诉请，专家组决定实行司法节制，不予分析和裁定。

【上诉机构的分析和结论】

2012 年 5 月 16 日，上诉机构发布了上诉机构报告，裁定争议措施构成《TBT 协定》下的技术法规；推翻了专家组关于争议措施未违反《TBT 协定》第 2.1 条的结论；推翻了专家组关于争议措施违反《TBT 协定》第 2.2 条的结论，并在此问题上未支持墨西哥的附条件上诉；推翻了专家组关于 AIDCP 的海豚安全规定构成相关国际标准的结论，并据此维持了专家组关于争议措施未违反《TBT 协定》第 2.4条的结论；裁定专家组对墨西哥关于 GATT 1994 第 1.1 条和第 3.4 条的诉请实行司法节制不符合 DSU 第 11 条。

一、争议措施的法律定性

美国特别指出，专家组在理解"强制性"一词时，将其与"要求"混淆在了一起。在美国看来，只有当使用特定标签成为产品上市销售的必备要求时，该标签要求才满足"强制性"的定义。上诉机构首先注意到，争议措施由美国联邦当局的法律、条例和判例组成，就对在美国市场上销售的金枪鱼产品作出任何有关"海豚安全"声明的事宜，规定了唯一的、由法律授权的要求；其次，争议措施规定了强制执行的机制。上诉机构认定,没有将使用特定标签作为产品上市销售的必备条件并不能排除某一措施构成“技术法规”的可能性。上诉机构维持了专家组将争议措施认定为“技术法规”的裁决。

二、涉案措施是否违反《TBT 协定》第 2.1 条

要证明某项措施违反了《TBT 协定》第 2.1 条,必须要证明的三个要素为:(1)争议措施构成《TBT 协定》附件第 1.1 条的技术法规;(2)进口产品必须与来源于国内及其他国家的产品属于同类产品;(3)进口产品被给予了低于国内及其他国家产品的待遇。墨西哥的上诉请求仅针对第三个要素,在前述分析中上诉机构也认定了第一个要素,所以上诉机构关于该条款的分析就仅针对第三个要素。

上诉机构引述了美国:丁香烟案中上诉机构的解读,认为要证明有“较不利待遇”,仅证明争议措施改变了相关市场的竞争条件,造成了进口产品的损害是不够的,专家组还必须进一步分析,这种对进口产品的损害是仅仅来源于合法的监管区别,还是反映了对进口产品的歧视。

专家组认为,墨西哥的金枪鱼产品并未被剥夺贴上“海豚安全”标签的权利,若其改变捕鱼方法,仍有可能贴上标签。墨西哥指出,专家组将争议措施违反《TBT 协定》第 2.1 条的判定建立在对进口产品的“绝对禁止”上的做法是错误的。墨西哥强调,问题的关键不在于是否存在这样一个禁止,相反,必须将进口产品与国内及其他国家产品相比,看进口产品是否被提供了平等的竞争机会。对此,上诉机构认同墨西哥的意见,认为判定对进口产品是否给予了“较不利待遇”的关键,并不在于进口产品能否通过遵守争议措施的规定获得利益,而在于争议措施是否改变了相关市场的竞争条件,对进口产品造成了损害。专家组认为,争议措施的规定,主要是基于一些和产地无关的因素,如捕鱼实践、地理位置、经济和市场选择等,因此判定争议措施是对所有的金枪鱼产品适用了产地中立的要求,其本身并没有

基于产品的产地造成歧视。但上诉机构认为，专家组错误地假定了非基于产地的监管区别与评估争议措施是否违反《TBT 协定》第 2.1 条无关，因为这种假定无法解决某些措施可能表面上看来是产地中立，但却在事实上违反了《TBT 协定》第 2.1 条的情形。综上所述，上诉机构判定专家组适用了错误的方法解读和分析争议措施是否违反了《TBT 协定》第 2.1 条。

上诉机构从两方面着手，分析争议措施是否违反了《TBT 协定》第 2.1 条。

第一，争议措施是否改变了美国相关市场的竞争关系，对墨西哥金枪鱼产品造成了损害。

首先，上诉机构认为专家组的事实部分裁定清楚地表明，包含以 SOD 方法捕获的金枪鱼的产品无法获得“海豚安全”标签，对墨西哥的金枪鱼产品在美国市场上的竞争机会确实造成了损害。其次，对于墨美双方争议的——墨西哥产品所受的损害是争议措施还是私人行为导致，上诉机构认为，专家组已经裁定正是采用和实施争议措施过程中的政府行为，改变了市场的竞争条件，对墨西哥金枪鱼产品造成了损害，而且该损害来源于争议措施。上诉机构认定，争议措施否决了大部分墨西哥金枪鱼产品获得“海豚安全”标签的可能，即使墨西哥金枪鱼产品所受的损害可能涉及私人选择等因素，但也不能排除美国在《TBT 协定》下的义务。综上所述，上诉机构认定争议措施改变了美国相关市场的竞争关系，对墨西哥金枪鱼产品造成了损害。

第二，这种损害影响是否体现了歧视。

首先，上诉机构罗列了专家组裁决中没有争议的事实部分。(1)使用 SOD 方法捕鱼会造成大量的海豚死亡或严重受伤，特别是在没有控制装置的情况下；(2)一些 SOD 方法之外的方法也可能会造成对海豚的伤害；(3)在 ETP 之外，没有像 ETP 海域内如此频繁的海豚和金枪鱼之间的关联；(4)争议措施并不处理 ETP 之外除了用 SOD 方法之外的方法捕获的金枪鱼，在这个情形下的捕鱼过程即使造成了海豚的死亡或重伤，相关金枪鱼产品仍能获得“海豚安全”标签。

其次,上诉机构分析了争议措施规定的获得“海豚安全”标签的不同条件(如美国所称)是否“针对”不同海域中不同捕捞方式给海豚带来的风险。上诉机构主要引述了专家组的数项认定,确认 ETP 海域外通过围网捕捞法之外的方法捕获金枪鱼所带给海豚的不利影响是争议措施所未能解决的。对于美国主张的围网捕捞法之外的方法对海豚的不利影响微不足道的说法,上诉机构也根据专家组的意见,认定并没有证据证明这种不利影响不可能上升到一个显著的程度。

基于专家组作出的无争议的事实认定和裁决,上诉机构认为美国未能证明取得“海豚安全”标签的要求差异,是针对不同捕捞方法所可能导致的不同的海豚伤亡风险,而且美国也没法证明其取得标签要求的程度不同,是基于各海域的不同特性。综上所述,上诉机构认为,美国未能证明争议措施给墨西哥金枪鱼产品造成的损害是仅仅来源于合法的监管区别,而非对墨西哥金枪鱼产品的歧视。据此,上诉机构推翻了专家组的裁定,判定争议措施给予了墨西哥的金枪鱼产品“较不利待遇”,违反了《TBT 协定》第 2.1 条。

三、涉案措施是否违反《TBT 协定》第 2.2 条

专家组在衡量了墨西哥提出的替代措施后认为,其对贸易的限制较少,也能达到美国采取争议措施所要追求的目的,故裁决争议措施对贸易的限制超过了必要限度,违反了《TBT 协定》第 2.2 条。

美国上诉要求推翻这一结论,声称专家组在适用《TBT 协定》第 2.2 条时出现了错误。

上诉机构指出,判定某一技术法规“对贸易的限制是否超过了必要的限度”,应当考虑以下三个要素:(1)争议措施对实现合法目的的贡献程度;(2)争议措施的贸易限制性程度;(3)合法目的未实现可能造成的风险和严重后果。

上诉机构首先指出,专家组在分析墨西哥是否证明了争议措施

对贸易的限制超过了必要的限度时,进行了错误的比较,没有考虑到墨西哥提出的替代措施不是 AIDCP,而是 AIDCP 体制与争议措施并存。其次,上诉机构对墨西哥提出的替代措施与争议措施作了比较:(1)由于 AIDCP 只针对 ETP,所以针对 ETP 之外的金枪鱼捕捞活动,可适用的只有争议措施,所以有关 ETP 之外"海豚安全"标签的获得条件,替代措施的规定是和争议措施完全相同的。(2)根据前述理由,分析的重点应为 ETP 海域内的规定。根据 AIDCP 的规定,在 ETP 海域内使用围网捕捞捕获的金枪鱼也可能被贴上"海豚安全"标签,从而在总体上允许了更多以对海豚不利的方式捕获的金枪鱼满足"海豚安全"标签使用条件。故上诉机构认为无论是在消费者信息目标还是海豚保护目标方面,替代措施的效果都小于争议措施。因此,上诉机构推翻了专家组作出的争议措施违反《TBT 协定》第2.2条的认定。

另外,上诉机构还驳回了墨西哥在附条件上诉中提出的两项主张。上诉机构认为,专家组关于保护海豚的目标是合法目标的裁定并无不当,专家组在裁定争议措施只能部分实现保护海豚目标后也有权继续审查是否存在对贸易限制更少的替代措施。

四、《TBT 协定》第 2.4 条

针对专家组有关《TBT 协定》第 2.4 条的裁决,墨西哥和美国分别提出了上诉。美国上诉的理由是专家组认定 AIDCP 的海豚安全条款构成"相关国际标准",特别是专家组认定 AIDCP 构成《TBT 协定》第 2.4 条的"国际标准化组织"是错误的;而墨西哥则针对专家组认定,墨西哥未能证明 AIDCP 标准是实现美国所追求目标的有效和适当方式而提出了上诉。

上诉机构意识到,要对美国的上诉请求进行分析,前提是先要完成一个重要的认定——什么构成《TBT 协定》下的"国际标准"。《TBT 协定》没有对"国际标准"作出定义,根据《TBT 协定》附件一

的规定,同时出现在《TBT 协定》及 ISO/IEC 指南 2 中的术语应具有相同的含义。上诉机构回顾了 ISO/IEC 指南 2 对"国际标准"的定义,应包含三个要件:(1)一项标准;(2)国际标准化/标准组织通过;(3)对公众公开。上诉机构指出,此定义表明赋予一个标准"国际性"特色的主要因素是通过该标准的组织的性质,由于美国的上诉请求也仅限于这一点,上诉机构认为它首先要解决批准 AIDCP 标准的实体的定性问题。

首先,上诉机构注意到在《TBT 协定》下,采用"国际"标准的实体应该是"国际标准化机构",而不必是"国际标准化组织"。根据《TBT 协定》及 ISO/IEC 指南 2 的规定,"国际标准化机构"指的是"有在标准化领域公认的活动,成员资格对至少所有成员方的有关机构开放的机构"。

其次,上诉机构注意到美国及墨西哥都提及了 WTO 的 TBT 委员会有一个决议,指出了有关标准化机构在制定国际标准时所应执行的原则和程序。这一决议对"开放"是这样陈述的:一个国际标准化机构的成员资格至少应当以非歧视的方式对所有 WTO 成员方的相关机构开放。美国在上诉中强调,AIDCP 的成员方资格并不是对所有 WTO 成员开放,而仅仅是对受邀请的成员方开放;而墨西哥辩称,这里的"邀请"只是一个加入程序。上诉机构指出,要证实"邀请"只是加入 AIDCP 的程序,墨西哥必须证明一旦有 WTO 成员表示了加入的兴趣,"邀请"就会自动发出。但墨西哥没能证明这一点。相反,无可争议的是,AIDCP 的成员方必须以协商一致的方式决定向谁发出邀请。综上所述,上诉机构认定 AIDCP 没有满足"开放"的要求,不符合《TBT 协定》下的"国际机构"的定义,专家组作出的 AIDCP 规定构成"相关国际标准"的结论自然也是错误的。上诉机构同时认定,没有必要再考虑墨西哥针对这一问题的上诉请求。

根据上述分析,上诉机构推翻了专家组认定 AIDCP"对所有国家的相关机构开放由此构成国际标准化组织"的结论,也推翻了专家组认定 AIDCP 规定构成"相关国际标准"的结论。上诉机构修改了理由,但维持了专家组认定争议措施没有违反《TBT 协定》第 2.4 条的裁决。

五、墨西哥针对 GATT 1994 第 1.1 条和第 3.4 条的诉请

墨西哥在上诉中指出专家组就其针对 GATT 1994 第 1.1 条和第 3.4 条的诉请采取司法节制的做法是错误的,违背了 DSU 第 11 条。

上诉机构重申了司法节制的原则在于,只要某一个或某一些裁决足以解决争端,那么允许专家组就相同的措施违反不同规定作出裁决时实行节制。在本案中,专家组作出司法节制的理由是基于其认为《TBT 协定》第 2.1 条、GATT 1994 第 1.1 条及第 3.4 条所规定的义务是相同的。但上诉机构推翻了这个结论,认定两者不完全一致,专家组进行司法节制的做法是错误的,违背了其在 DSU 第 11 条下的义务。

墨西哥在上诉请求中提出,如果上诉机构认定争议措施违反了《TBT 协定》第 2.1 条,则墨西哥不再请求上诉机构对其针对 GATT 1994 第 1.1 条和第 3.4 条提出的诉请进行裁决。故上诉机构也并未对上述诉请作出裁决。

【案例评析】

本案中,上诉机构几乎推翻了专家组的所有结论,上诉机构和专家组的分歧,也正是本案中的争议焦点所在。

在技术法规"强制性"的问题上,专家组和上诉机构的认定基本是一致的。标签既有可能构成强制的技术法规,也可能属于自愿的标准。如果标签与产品上市关联,不加贴相应标签的产品不得上市,那么该标签属于技术法规是无可置疑的。但当标签不与产品上市相关联时,表面上是否加贴标签是自愿的,在法律上不加贴标签也不影响产品的销售机会(本案中的情形),那么标签是否就一定不会构成技

术法规了呢?专家组的多数结论是还是可能会构成技术法规。针对本案,多数专家组意见认定争议措施构成技术法规的理由是:(1)该措施可在美国法律上执行并具有法律约束力;(2)该措施规定了任何对以与海豚相关的方式捕获的金枪鱼作出声明所必须履行的要求;(3)该措施将遵守特定标准作为声称金枪鱼产品属海豚安全状态的唯一方式。上诉机构虽然认同了美国所说的"无论是技术法规还是标准中的标签要求,都可能具有强制执行力的"的说法,但认定在本案中争议措施是以具有强制力的方式将"海豚安全"的定义限定为了唯一,尽管生产者或销售者可能并不想使用该标签。上诉机构还认定《TBT 协定》附件第 1.1 条并未表明只有当加贴特定标签为上市必备条件时,标签要求才能被定义为"强制性",没有将加贴特定标签规定为上市必备条件并不能排除某一措施被定义为"技术法规"的可能性。

在对产品特性和技术法规定义第 2 句的解释上,专家组援引上诉机构在欧共体:沙丁鱼案的解释,即技术法规定义第二句中的"exclusively"和"or"表明技术法规可被限定为只规定一个或几个"产品特性",认为技术法规可被限定为第 2 句列举的、适用于产品、工艺或其生产方法的一个因素,包括标签要求。但对于标签要求,是否构成技术法规定义第 1 句中的"产品特性或其相关工艺和生产方法",专家组认为其没有必要进行审查。因此,专家组认定标签要求属于技术法规客体,但并没有明确说明标签要求也属于产品特性。这一方面体现对上诉机构报告的尊重,但另一方面也留下了按照美国方法解读技术法规定义第 2 句的空间。

对于美国的涉案措施是否给进口产品"不利待遇",专家组和上诉机构产生了很大的分歧。专家组认可了"海豚安全"标签的巨大商业价值,以及墨西哥金枪鱼产品在美国市场上不能获得该标签的事实。但专家组更多地选择从历史角度分析,认为造成在市场上的这种不利状况是墨西哥渔业的私人选择(他们未调整设备),而非美国的措施。从整体同类产品的比较角度,美国措施并未对墨西哥金枪鱼产品造成歧视。另外，专家组认为美国措施是产地中立的监管，并未区分产品的来源，而这也正是美国的重点论据。但上诉机构推翻了这个结论，认为专家组的错误解读可能会导致某些表面上看来是产地中立但却在事实上违反了非歧视待遇的情形得不到解决。上诉机构认同墨西哥的意见，认为判定进口产品是否被给予“较不利待遇”的关键，在于争议措施是否改变了相关市场的竞争条件，对进口产品造成了损害，并据此认定争议措施违反了《TBT 协定》第 2.1 条的规定。

在涉案措施“对贸易的限制不得超过实现合法目的所必需的限度”问题上，正如专家组所言，《TBT 协定》第 2.2 条与 GATT 1994 第 20 条以及 GATS 第 16 条具有一定的相似性，尽管其义务性质不同，过去对 GATT 1994 第 20 条以及 GATS 第 16 条的解释也能为《TBT 协定》第 2.2 条提供某些指引。在对 GATT 1994 第 20 条的分析中，过去的案例一般包括两部分：（1）审查对实现措施目标的贡献、贸易限制、所涉利益或价值的重要性等因素；（2）比较现行措施和可实现相同目标却具有更少贸易限制的替代措施。在具体分析方法上，不同的案例采取了并不完全一致的做法。在本案中，专家组也大致按照两个步骤进行分析，只是在第一个步骤中更集中于现行措施对实现目标的贡献和程度。然而在分析结果方面，上诉机构得出了与专家组不同的结论：专家组认为墨西哥建议的替代措施不会降低合法目标实现的水平，上诉机构则认为专家组在分析时进行了错误的比较，没有考虑到墨西哥提出的替代措施不是 AIDCP，而是 AIDCP 体制与争议措施并存。上诉机构确认替代措施对合法目标实现的效果低于争议措施，并据此推翻了专家组认定争议措施违反《TBT 协定》第 2.2 条的结论。

关于涉案措施是否违反《TBT 协定》第 2.4 条的问题，最终的分歧点落到了 AIDCP 是否构成《TBT 协定》下的“国际机构”。专家组认定其成员资格以非歧视的方式对相关机构开放，但上诉机构推翻了这一结论。上诉机构并不认同墨西哥所主张的“邀请”只是加入

AIDCP 的程序要求，而是注意到该“邀请”必须由 AIDCP 成员方协商一致发出，所以判定 AIDCP 不满足《TBT 协定》下“国际机构”的要求，自然 AIDCP 的规定也就无法构成“相关国际标准”。随着《TBT 协定》适用问题的重要性与日俱增，本案关于此部分的判决将具有极高的参考价值。

美国:原产国标签要求
(WT/DS384、WT/DS386)

申诉方(被上诉方、上诉方):加拿大、墨西哥

被申诉方(上诉方、被上诉方):美国

第三方(第三参与方):阿根廷、澳大利亚、巴西、加拿大、中国、哥伦比亚、欧盟、危地马拉、印度、日本、韩国、墨西哥、新西兰、秘鲁、中国台北

2008 年 12 月 1 日和 17 日,加拿大和墨西哥分别要求与美国磋商,解决美国对肉产品强制性原产国标签(Country of Origin Labeling, COOL)要求的问题。由于双方磋商未果,经加拿大和墨西哥请求成立了专家组。2011 年 11 月 18 日,专家组作出最终报告。双方都提出上诉。2012 年 6 月 29 日上诉机构作出了报告。2012 年 7 月 23 日,DSB 通过了上诉机构和经过上诉机构报告修改的专家组报告。

根据 2002 年和 2008 年修订的美国 1946 年《农产品销售法》,美国农业部下属的农产品销售局(Agriculture Marketing Service, AMS)和食品安全检验局(Food Safety and Inspection Service, FSIS)在 2008 年和 2009 年先后颁布了暂行和最终的农产品原产国标记规则。根据规则的要求,凡是规则涉及的产品,其零售商必须在包装上标明产品的原产国,规定适用于牛肉、猪肉、羊肉、鸡肉、山羊肉

等。[①] 就肉类而言,规则将用于生产切割肉的"动物"[②]分为四类:A类:原产美国(在美国出生、饲养和屠宰;如果从阿拉斯加或夏威夷经加拿大运至美国本土,则运输期不得超过60天),标签写"美国产品";B类:原产自多国(出生、饲养和屠宰有一步在美国,且不是为屠宰目的而进口到美国的),标签写"美国和××国产品";C类:进口屠宰用(为立即屠宰而进口到美国的),标签写"××国和美国产品";D类:原产自外国(不是在美国出生、饲养或屠宰的),标签写"××国产品"。肉糜单独作为E类。除了A类,其余类别产品的包装上要标明所有的原产国(对肉糜则要求标明合理数量的原产国),如果美国产品和其他国家的产品混合,也要求全部标明出来。规则规定了标签可以使用的形式、应当包含的信息,各类标签均有不同要求。规则同时规定,如果上述产品是为了加工作为其他食品的原料,或者经过再加工,如腌制、熏制或烹饪,则无须标明原产国;餐饮类企业使用的上述产品也无须标明原产国。美国还建立了审计、核查制度。

为了履行上述规则,美国农业部部长维尔萨克给产业代表写了一封公开信("维尔萨克信函"),希望业界自愿采取三个措施:如果产品是原产自多国,加工者尽可能向消费者提供食品在各个国家经历的加工过程;规则本不要求提供加工用的食品的原产国信息,维尔萨克信函建议加工者自愿提供;按规定,如果肉糜储藏超过60天,就必须表明所有原产国的名称,维尔萨克信函建议将日期缩短为10天。

在北美地区,家畜从出生到最后作为切割肉出售要经历四个阶段:哺乳期、断奶期、育肥期和屠宰。北美家畜饲养业已经高度联合,这些阶段通常是在不同的国家进行,加拿大和墨西哥的家畜出口主要目的地是美国,但也仅占美国屠宰的一小部分。申诉方认为,遵守COOL措施的规定给进口产品造成更高的隔离费用,影响了市场竞

① COOL规则还适用于易变质农产品、花生、山核桃、人参、夏威夷果、养殖或捕捞的鱼类和贝类等。本案纠纷不涉及这些产品。

② 法规的原文就用了"animal"一词。

争的条件，造成了对进口产品的较差待遇，违反了《TBT 协定》第 2.1 条和 GATT 1994 第 3 条，这些措施的实施也不符合 GATT 1994 第 10.3 条。

【专家组的分析和结论】

一、COOL 措施和维尔萨克信函是不是《TBT 协定》项下的技术法规

根据《TBT 协定》，规定强制执行的产品特性或其相关工艺和生产方法的文件是技术法规，该文件可以包括适用于产品、工艺或方法的专门术语、符号、包装、标志或标签要求。

专家组经过分析确认，COOL 措施是强制性的。从字面上看维尔萨克信函没有强制性，但专家组认为，如果只看表面，成员很容易就可以规避《TBT 协定》的义务，这显然与协定的宗旨不符，也与上诉机构早先对“技术法规”的解释不符。从信函的作用、发布者的职务和权力，可以看出它与 COOL 措施有一定的联系，但综合分析申诉方提交的证据，专家组认为申诉方未能证明维尔萨克信函的强制性。因此，专家组决定只分析 COOL 措施。专家组进一步确认，COOL 措施适用的产品是明确的，而且 COOL 措施规定了产品的一种或多种特性。据此，专家组确认 COOL 措施是《TBT 协定》项下的技术法规。

二、COOL 措施是否符合《TBT 协定》第 2.1 条

《TBT 协定》第 2.1 条要求各成员保证在技术法规方面，给予进口自其他成员的产品的待遇不低于给予本国同类产品的待遇。在这个问题上，此前的专家组考察了三个因素：涉案措施是不是技术法规；涉案国产品和进口产品是不是同类产品；给予进口产品的待遇是

不是低于国产品的待遇。在开始分析之前,专家组先讨论了GATT 1994第3.4条是不是可以作为理解《TBT协定》第2.1条的上下文。从两个条款的相似点及联系,再结合此前案件中上诉机构的分析,专家组认为,GATT 1994第3.4条可以作为理解《TBT协定》第2.1条,特别是其中"不低于本国产品的待遇"的上下文。鉴于第一个问题已经解决,申诉方提出涉案产品是同类产品,美国没有不同意见,第二个问题也解决了,专家组只分析第三个问题。

1. 对切割肉的原产国标签要求

专家组依次分析下列问题:原产国标签要求对进口家畜是否构成不同待遇,COOL措施是不是涉及不同来源产品的隔离,原产国标签要求是不是通过合规成本刺激了国内家畜加工,从而减少了进口家畜的竞争机会。

从COOL措施的规定可以看出,家畜出生、饲养和屠宰加工这几个阶段中任何一阶段不在美国的,就不可以使用A类标签。2008年暂行规则允许A类产品使用B类标签,但B类产品不允许使用A类标签。因此,当时美国零售商绝大多数使用最保险的B类标签。2009年,最终规则不再允许A类产品使用B类标签,除非是美国产品和源自外国的产品在同一个生产日混合,此时使用的A类标签上还是要注明其他国家的名称。

申诉方提出,进口产品的合规成本高于国产品,因此COOL规则事实上给进口产品较低待遇。专家组首先分析了事实。在COOL规则中并没有提到"隔离"(segregation),但是,要提供正确的分类标签,零售商必须掌握其产品上游各阶段的信息,而动物从出生到最后以切割肉或肉糜的形态提供零售,将家畜或肉按来源地隔离是必须要做的。专家组设定了五种加工(指屠宰、切割和/或打碎)模式:完全不考虑产地,根据产品的价格和质量加工;只加工国产家畜;只加工进口家畜;在不同时间段,只加工国产家畜或只加工进口家畜;将国产和进口的家畜在同一天混合加工。经过比较,第二类和第三类加工商的隔离成本相对较低,第一类的隔离成本最高,其余两类的成本也高于第二类和第三类，而且涉及的原产国越多，隔离成本就越高。只要原产国超过一个，其合规成本就高于原产国是一个的产品。即使是第二类与第三类比，完全经营国产品的合规成本也低于完全经营进口产品的成本。正如前文已经提到的，美国的肉类产品市场进口很少，而在 NAFTA 三国，生产和销售已经国际化，进口产品往往涉及不止一个国家，因此也存在隔离的需要，这就造成额外成本。所以，合规成本最低的就是完全经营美国产品。上述五种经营模式的加工商、零售商是互相竞争的。高额的合规成本或者转嫁到消费者，或者使经营者的利润减少。这样的结果显然使经营者更愿意经营原产美国的产品。此前的专家组和上诉机构曾经裁定，政府行为促使人们更多选择国产品而不是进口产品，就是违反了 GATT 1994 第 3.4 条。据此，专家组认定，COOL 措施对进口产品的竞争环境造成不利影响。

美国提出，有许多因素阻止专家组所说的激励作用的发生，比如，法律并没有要求经营者经营 A 类产品，存在影响成本的其他因素，在 COOL 措施之前就存在隔离制度，等等。专家组经过分析，一一予以驳回。专家组的最终结论是：COOL 措施的切割肉标签要求对进口产品造成歧视，给予进口产品低于国产品的待遇。

2. 对肉糜的原产国标签要求

所有的肉糜都是一类，但要求标出所有的原产国，或合理数量的原产国。COOL 措施规定，如果原料在加工商处储存不超过 60 天，该来源国不得标注在标签上，但实际上允许储存不超过 60 天的原产国也标注出来。这样，隔离的要求就不那么重要了。专家组据此认定，申诉方未能证明美国对肉糜的原产国标签要求给予国产品较低待遇。

有了这一结论，专家组本可以不考虑 COOL 措施对贸易的实际影响，但本案专家组决定考察 COOL 措施对加拿大和墨西哥的家畜出口的实际影响以及 COOL 措施的合规成本。在审查了各方提交的证据后，专家组确认，COOL 措施实际造成了负面影响。

三、COOL措施是否违反《TBT协定》第2.2条

《TBT协定》第2.2条要求制定技术法规的国家保证法规对贸易的限制不超过必要的程度。专家组首先指出,对贸易的限制可以表现在多方面,影响竞争也是其中一种。根据对上一个问题的分析,专家组确认,COOL措施对贸易有限制作用。美国提出COOL措施的目的是为消费者提供准确的产地信息,申诉方则认为美国是为了保护国内产业。专家组要分析美国提出的目的是不是《TBT协定》第2.2条所说的“合法目的”。专家组认为,申诉方混淆了法规的目的和法规本身。此外,申诉方隐含的意思是美国宣称的目的是不真实的,这与国际法上对政府善意的推定相悖,申诉方没有提供证据证明这一推定的错误。申诉方的解释过于宽泛。专家组接受了美国的说法,确认COOL措施的目的是向消费者提供更准确的原产地信息,这样的目的是合法的。

那么,COOL措施的标签要求是不是可以达到这样的目的呢?从标签的要求看,专家组认为无法达到。对消费者来说,从国外进口仔猪在美国饲养后屠宰的,应该用B类标签,写法是“美国和××国产品(product of US, Country ×)”;而进口供屠宰的家畜用C类标签,写法是“××国和美国产品(product of Country ×, US)”。一般消费者根本不可能搞清楚这里面的区别。根据COOL措施的规定,如果A类和B类,或A类和C类,或A类、B类和C类的产品在同一个工作日混合,允许使用B类或C类标签。墨西哥列出了多种混合情况,最后都可以用B类或C类标签:A和B = B或C;A和C = B或C;B和C = B或C;A和B和C = B或C,也就是说,消费者看到的B类或C类标签可能是上面所说的四种混合中的任何一种。假设A类和B类家畜在屠宰场混合了,原则上,屠宰后就应该用B类标签。如果到了零售商那里,又和C类产品混合,而零售商决定用C类标签,虽然涉及的国家名称都会出现在标签上,但消费者从标签

上看到的信息可能有不同的含义:(1)在×国出生和饲养,在美国屠宰;(2)在×国出生,在美国饲养和屠宰,在一天里与在×国出生和饲养,在美国屠宰的混合;或者(3)在×国出生,在美国饲养和屠宰。可见标签要求达不到向消费者提供准确的产地信息的目的。专家组据此认定美国的COOL措施不符合《TBT协定》第2.2条。

四、COOL措施是否违反了GATT 1994第3.4条和第10.3条

鉴于专家组已经确认COOL措施违反了《TBT协定》第2.1条,考虑到《TBT协定》第2.1条与GATT 1994第3.4条的密切关系,专家组认为没有必要就COOL措施是否违反了GATT 1994第3.4条的问题再作结论。

GATT 1994第10.3条要求统一、公正、合理的事实法律。专家组把维尔萨克信函认定为广义的实施法律的措施。专家组指出,在COOL措施正式实施前一个月,农业部长发表了维尔萨克信函,信中提出了比即将实施的法律更加严格的要求,这使得经营者对即将生效的法律的地位及稳定性产生怀疑,这样的做法显然不合理,违反了GATT 1994第10.3条。

【上诉机构的分析和结论】

双方都提出了上诉。上诉机构分析了下列几个问题。

一、COOL措施是否违反了《TBT协定》第2.1条

美国提出,专家组对协定第2.1条的解释是错误的,所以才得出了COOL措施对进口产品和国产品的待遇不同,且对进口产品的待遇低于国产品的结论。上诉机构指出协定第2.1条既包含了最惠国待遇的要求,也包含了国民待遇的要求。就国民待遇而言,要具体考

察进口产品在某个市场的竞争环境是否受到影响。有时技术法规不一定对进口产品提出要求,但却刺激了市场参与者以某种方式行事,从而构成了对进口产品的不利环境。还要看法规的设计是不是公平的。在这一点上申诉方负有举证义务。美国上诉中提出的第一点实际上是专家组在分析过程中的陈述,并非法律结论或事实认定,而专家组的结论也并非以此为基础,因此,专家组的陈述并无错误。

在分析 COOL 措施是不是在事实上给予进口产品较差待遇的时候,专家组应该考虑所有的事实,以及法规对竞争可能的影响。在审查了双方提交的申诉和答辩之后,上诉机构认为,COOL 措施本身刺激了生产者根据来源国隔离家畜,特别是完全来源于美国的家畜。市场的私人参与者为了履行某一措施可以自由决策,这并不表明这个措施就一定符合 WTO 的义务。相反,如果私人参与者的决定是由于政策的刺激,那么这样的决定就不是"独立"的。上诉机构认为专家组关于 COOL 措施改变了竞争条件的结论没有错。但上诉机构指出,专家组应该进一步分析立法所做的区别是不是公平的。

美国提出,在审查实际影响时专家组忽略了美国提交的价格证据,违反了 DSU 第 11 条。上诉机构注意到,专家组确实没有分析美国的一份证据,这样做是有缺陷的。但上诉机构认为,美国必须证明专家组忽略的证据给问题的认定造成了什么样的影响。美国未能举证,因此上诉机构没有支持美国的这一上诉。

上诉机构着重分析了按生产步骤贴不同标签的要求是不是公平。上诉机构发现,对生产者来说,产地信息与生产阶段信息是结合在一起的,必须准确掌握两方面的信息;但对消费者来说,提供的只是产地信息。这样才会出现专家组假设的同样的标签实际可以是在不同国家完成不同生产阶段的现象。此外,供继续加工或餐饮业用的切割肉没有标签要求,而生产者不可能知道其产品的最终用途,所以自始至终都要保持产地信息准确,这样就有必要隔离不同产地的产品。上诉机构指出,经营进口产品的经营者比只经营美国产品的生产者花费要高,而且还容易出现信息错误。COOL 措施要求生产者掌握的大量信息实际上只有一小部分传达给了消费者,因此 COOL 措施以这样的方式要求向消费者提供信息,给上游生产者造成了不合理的负担。据此,上诉机构虽然修改了理由,但支持专家组的结论。

二、COOL 措施是否违反了《TBT 协定》第 2.1 条

美国要求上诉机构推翻专家组关于 COOL 措施违反《TBT 协定》第 2.2 条的结论。加拿大和墨西哥则提出,专家组错误地确认了 COOL 措施的目的,要求上诉机构推翻这一结论;如果上诉机构推翻专家组关于“COOL 措施达不到其设计的目的,因此违反了《TBT 协定》第 2.2 条”的结论,请求上诉机构完成分析,确认 COOL 措施对贸易的限制超过了必要程度,因此违反了《TBT 协定》第 2.2 条。

上诉机构首先指出,《TBT 协定》第 2.2 条第 2 句明确了第 1 句所规定义务的范围和含义。上诉机构分析了几个因素:合法目的、达到目的和必要性。在“必要性”问题上,此前案件的上诉机构已经提出了应当分析的三个因素:措施对合法目的的贡献度;措施对贸易的限制;如果不能达到目的将可能出现的风险和后果的严重性。而申诉方有义务证明措施超过了必要的限度。

上诉机构注意到,专家组分两步分析了“合法目的”的问题,在第一步时直接接受了美国的说法,到第二步时作了一些分析。专家组用不同的措辞描述了 COOL 措施的目的,起初说是“为消费者提供产地信息”,后来又说是“为消费者提供尽可能明确和准确的产地信息”,上诉机构认为专家组的做法没有必要,但仅此一点还不能认为是错误。上诉机构指出,专家组在分析美国 COOL 措施的目的是不是合法时,存在一些问题:将举证负担放到了美国;主观地认为消费者会对产地信息感兴趣;将 GATS 的会计工作原则作为分析的基础;考虑了多数 WTO 成员的实践和社会规范。尽管如此,上诉机构认为,没有理由推翻专家组关于 COOL 措施的目的是合法的结论。专

家组在分析COOL措施是否可以达到美国宣称的目的时,虽然注意到COOL措施对“让消费者了解产地信息”的目的有作用,但随后却认为,标签要求无法达到向消费者提供准确的产地信息的目的。专家组没有分析此前上诉机构提出的三个因素,上诉机构指出,专家组似乎是用了100%的标准,也就是说,COOL措施必须能完全满足目的,而忽视了专家组自己也承认的COOL措施的作用。因此专家组的结论是错误的,上诉机构推翻专家组的结论,也推翻专家组以此为基础确认美国的COOL措施违反《TBT协定》第2.2条的结论。

既然推翻了专家组的结论,上诉机构准备完成自己对这个问题的分析。上诉机构注意到,专家组认定了下列事实:COOL措施对其声称的目的有一定的作用;这一措施对贸易有一些限制;达不到上述目的的影响并不是很大。然而,申诉方提出的四种替代措施,专家组都没有讨论,上诉机构虽然作了一些分析,但在没有事实依据的情况下,上诉机构无法完成分析及作出结论。

由于上诉机构维持了专家组关于《TBT协定》第2.1条的结论,上诉机构也维持专家组关于美国违反了GATT 1994第3.4条的结论。

【案例评析】

制定技术法规是一个国家的主权,但是,在成为WTO成员后,这方面的主权就受到了一定的限制。这些限制包括:在技术法规方面,给予进口产品的待遇不低于给予同类国产品的待遇(国民待遇);技术法规的制定、采用和实施在目的和效果上都不对国际贸易造成不必要的障碍;技术法规对贸易的限制不得超过为实现合法目的所必需的程度;尽量按产品的性能制定技术法规;要迅速公布已采用的所有技术法规。

本案涉及的COOL措施涉及对肉类产品的原产国标签要求。从表面看,COOL措施对国产品和进口产品并没有区别对待,只是将家畜从出生到最终销售的切割肉和肉糜,分成出生、饲养和屠宰几个阶段,根据不同情况规定了可以使用的四种不同标签。但为了严格执行标签要求，从家畜出生开始，在生产链条上每一个环节的参与者必须跟踪记录它在每一个生产阶段所在的国家，以便正确体现在最终销售的产品标签上。为此，对不同来源的家畜就要实行隔离，如果将加拿大和墨西哥进口的仔猪放在一起饲养，到屠宰加工之后，就无法正确标明切割肉的原产国。正如专家组分析的，对完全经营美国产品的经营者，要正确使用标签并不困难，而对其他的生产者，要完成上述的跟踪、记录是需要成本的，加上隔离不同来源家畜的成本，这就构成了对进口产品的待遇低于国产品待遇的现象。专家组报告显示，自从 COOL 措施 2009 年从暂行规定修改成正式规定执行之后，从墨西哥和加拿大出口到美国的家畜不管是绝对数量还是市场相对份额都有明显下降。可见 COOL 措施对贸易的负面影响还是很大的，也可以说其对美国国内市场的保护作用是很大的。

笔者认为，此案对我们有另一种启示。从 WTO 的争端案件看各国规范国际贸易的法规，常常有一种感觉，发达国家的法律常常搞得非常复杂，一般人很难一下子搞懂这些法规如何适用，更不用说评判这些法规与 WTO 义务的相符性了。这往往要靠专家组像"抽丝剥茧"那样，一层层去除其表面的东西，找到其核心，然后看它与 WTO 义务是不是一致。就拿本案来说，COOL 措施虽然最后被认定为违反了《TBT 协定》第 2.1 条，但专家组和上诉机构都承认 COOL 措施的目的是让消费者了解正确和准确的产地信息，这一目的虽然没有明确列在《TBT 协定》第 2.2 条里，但广义上属于 2.2 条所说的"合法目的"，而且专家组甚至承认 COOL 措施对达到其目的有一定的作用。中国虽然改革开放已经三十多年，但政府还是不太习惯在管理经济时考虑我们承担的国际义务，即使在加入了 WTO 之后，政府部门出台新的法规，也缺乏各部门之间的协调，而使得新的政策往往一公布就被别人揪住不放。按照笔者的说法，这是"用红头文件明明白白告诉别人我错了"。在制定影响国际贸易的法律法规方面，我们可以学习发达国家的做法，既能达到我们制定法规的目的，又不违反我们的国际义务。

美国:影响丁香味香烟生产销售的措施(WT/DS406)*

申诉方(被上诉方):印尼

被诉方(上诉方):美国

第三方(第三参与方):欧盟、巴西、危地马拉、土耳其、挪威、哥伦比亚、多米尼加、墨西哥

2010年4月7日,印度尼西亚要求与美国就"美国政府用于禁止丁香味香烟的措施"进行磋商。由于磋商未果,印尼于2010年9月2日提交了成立专家组的请求。经过审理,专家组于2011年6月22日发表了本案最终报告,裁定美国违反了《TBT协定》第2.1条、第2.9.2条和第2.12条。美国提起了上诉,上诉机构于2012年4月4日作出报告,维持了专家组裁定。2012年4月24日,DSB通过了上诉机构和专家组报告。

历经十余年针对烟草控制的立法进程,美国于2009年6月22日颁布了《防止家庭吸烟与烟草控制法》(FSPTCA),其中部分内容被添加进《联邦食品、药品和化妆品法》的第907条(a)(1)(A)(以下简称907条)。该条款于2009年9月22日生效,它规定任何香烟或其组成部分均不得含有除烟草味与薄荷味外的特征性风味,否则将受到食品药品管理局(FDA)的一系列强制措施制裁。907

---

* 本案初稿由华东政法大学国际法专业研究生钱竽孟撰写。

条导致包括印尼生产的丁香风味香烟的出口停摆,而同样含有特征性风味的美国生产的薄荷味香烟仍大量存在于市场中。印尼认为美国对印尼丁香味香烟所施加的较差待遇违背了《TBT 协定》的国民待遇原则。

【专家组的分析和结论】

一、907 条是不是《TBT 协定》所说的“技术法规”

进行审理前,专家组首先需要确认争议措施是否为《TBT 协定》所管辖的“技术法规”。《TBT 协定》的附件 1.1 如此定义:“技术法规是设定了产品特征或相关生产步骤和方法的文件,包括具有强制性的行政规定。技术法规也可对术语、标志、包装、标记或标签作出要求。”

专家组提出,根据先前专家组的分析,认定一项争议措施是技术法规有三点要素:争议措施所适用的产品是“可辨认产品或产品组”,争议措施须设定一个或多个“产品特征”,争议措施应有强制性。专家组认为,907 条明确了其所涵盖的产品——香烟及其成分,这是比“可辨认”更高层次的“明确识别”程度;907 条使用否定清单的方法规定了“产品特征”,即香烟中“不得含有”特定添加剂;根据《食品药品管理局关于禁止含有特征性风味香烟的指导意见》,违反 907 条的产品会被视作残次品,应当由政府没收,并且 FDA 有权提起刑事诉讼。由于上述三点要素均符合,专家组认定 907 条是《TBT 协定》附件 1.1 意义上的技术法规。

二、907 条是否违反《TBT 协定》第 2.1 条

《TBT 协定》第 2.1 条规定:“成员应确保其技术法规对于从任何成员领土进口的产品不施以比来源于其国内或任何其他国家的类

似产品更不优惠的待遇。"

《TBT协定》第2.1条与GATT 1994第3.4条在语言上非常近似,唯一的区别在于《TBT协定》第2.1条仅规范技术法规,而GATT 1994第3.4条的对象范围更广。此前专家组对于GATT 1994第3.4条多次进行了解释,并形成了较为成熟的分析方法,而对于《TBT协定》第2.1条,仅有一个案件有所涉及。[①] 该案中的专家组尽管没有直接采用上述众多案件专家组所确立的关于GATT 1994第3.4条的分析方法,却也确立了与之类似的三点认定因素,即"技术法规"、"类似产品"与"较差待遇"。由于907条已被认定为技术法规,只需要考虑"类似产品"与"较差待遇"两点要素。

1. 争议产品是不是"类似产品"

争议的产品在《TBT协定》第2.1条下是否具有类似性,这个问题以前的专家组没有分析过,本案专家组不得不对《TBT协定》第2.1条下的类似性进行首次解释,并提出了可供选择的三种解释方法:第一,参考此前案件中对GATT 1994第3.4条的分析来解释《TBT协定》第2.1条;第二,从《TBT协定》自身的条款出发进行分析;第三,如双方所言,将《TBT协定》第2.1条和GATT 1994第3.4条结合分析,同时考虑美国所提出的"公共健康目标"。

专家组认为,GATT 1994第3.4条先例的基础是GATT 1994第3.1条的基本原则,但是该基本原则在《TBT协定》中并没有体现。由于《TBT协定》只规范技术法规,而作为技术法规的907条的管辖对象为特定的烟草添加剂,因而对香烟含有这些添加剂的事实比产品间竞争关系或其他分析标准对认定类似性更具有重要性。专家组提出,它将首先分析作为最直接上下文的《TBT协定》第2.1条与其他《TBT协定》内容,GATT 1994则在此后可以加以考虑。此外,由于争议措施是一个具有公共健康目的的技术法规,专家组不会把竞争问题作为首要考虑的内容。总之,要从《TBT协定》条款本身出发

---

① 欧共体商标与地理标志案(WT/DS174、WT/DS290)。

进行分析,并且公共健康目标要贯穿整个分析过程。

印尼在其成立专家组的请求中将国内产品定义为“薄荷味香烟”,但在后续文件中引入了一个新概念——“常规香烟”。专家组指出,首先,印尼并非仅将薄荷味香烟当做常规烟的一个例子,其在成立专家组的请求中多次明确指出其针对的国内产品为薄荷味香烟,而未提到其他任何产品。若薄荷味香烟只是作为国内产品的例子,则按此逻辑丁香味香烟即为进口产品的一个例子,那么印尼就可以随意地改变进口产品的范畴,这样做显然不妥当。其次,虽然印尼认为其添加国内产品的做法并非对美国不公,但是成立专家组的请求具有重要的正当程序意义,因为被诉方仅会根据申请中所涉的内容准备自己的答辩,修改产品范围会影响被诉方的权利。最后,任何成员都有权作为第三方参与其有利益的案件审理,而它们的利益很大程度上取决于申诉方的请求内容。如本案中,印尼在请求中仅将国内产品定义为薄荷味香烟,而对某一特定种类香烟有利益的成员肯定少于对常规烟有利益的成员,因而修改涉案产品的范围还影响到第三方的利益。因此专家组认定,将常规烟加入分析过程超出了其职权范围,其将把国内产品限制于薄荷味香烟。

对于美国产薄荷味香烟与印尼产丁香味香烟,专家组按照传统的类似性标准分析以下四点因素:物理特征、最终用途、消费者口味和习惯、关税分类。在综合各方面的证据和 907 条的技术法规地位及其追求的公共健康目标后,专家组认定两组产品的物理特征类似;两者具有相同的最终用途,即“用于吸烟”;丁香味香烟与薄荷味香烟都因为含有添加剂能提供特征性风味并掩盖烟草粗糙感而对未成年人有吸引力,是诱使未成年人开始吸烟的工具,在青少年和潜在青少年吸烟者心目中,特征性风味香烟(包括丁香味香烟与薄荷味香烟)都是类似的;争议产品在世界海关组织统一编码的六位标准中处于同一分类之下。依据上述分析,专家组认定丁香味香烟和薄荷味香烟是《TBT 协定》第 2.1 条下的类似产品。

2. 进口丁香味香烟是否由于来源地原因受到比类似国产品差的待遇

907 条规定本身对产品的区别对待尚不足以认定其违背了《TBT 协定》第 2.1 条的国民待遇义务,应继续检验争议措施是否导致丁香味香烟受到了比国内产品差的待遇。

起初印尼的申诉仅针对 907 条在法律上的歧视性,而后印尼澄清其诉求为主张 907 条在法律和事实上均存在歧视。由于争议条款在表面上并未以产品来源地为基础来规制所涉产品,而是以香烟中所含有的添加剂为区分标准,因此存在法律上歧视的可能性被排除,应检验是否存在事实上较差待遇。

与类似性的分析标准一样,《TBT 协定》第 2.1 条中的"较差待遇"同样没有先例可供参考,但该概念在 GATT 1994 第 3.4 条的先例中得到了解释:首先,较差待遇与争议产品间的竞争关系有关;其次,若争议措施导致进口产品的竞争机会受到损害,且该损害性后果与产品的国外来源地有关,则应认定存在较差待遇。最后,无须证明争议措施具有"保护国内产业"的目的。

对于进口产品,双方都认同来自印尼的进口香烟绝大部分是丁香味香烟,国内类似产品则是先前认定的国产薄荷味香烟。对于第一点要素,即争议产品是否被区别对待,进口产品是否受到了损害,专家组认为结论显而易见,两者受到了 907 条完全不同的对待,薄荷味香烟仍被允许存在于市场中,而丁香味香烟受到市场禁入。对于第二点要素,即较差待遇是否与进口产品的来源国有关,虽然美国提出其未将薄荷味香烟纳入 907 条的规制范围的原因是禁止薄荷味香烟可能导致一些不利问题,如对医疗系统造成压力、出现黑市和薄荷味香烟走私等,但专家组未予认可,指出该理由并不构成所谓的正当目的。考虑到国产香烟中没有除薄荷味香烟之外的其他特征性风味香烟,薄荷味香烟占据了大约 25% 的市场份额,并且被美国青少年吸烟者广泛使用等事实,专家组认为美国不禁止薄荷味香烟的实际目的是保证本国任何企业不承担"支出"的同时,令其他成员的生产者承担额外的"支出"。

专家组强调,依据《TBT 协定》第 2.2 条,美国有权出于公共健康目的采取类似于 907 条的措施,但是美国在采取该类措施时不得出于减少本国企业的损失或支出的目的对进口产品施以低于本国类似产品的待遇。回顾本案,美国确实出于减少青少年吸烟的正当目的采取了技术法规,但是同时也限制了受禁产品的范围以满足上述避免本国企业开支的不当目的,该做法违反了《TBT 协定》第 2.1 条禁止歧视进口产品的目标。专家组据此认定较差待遇与丁香味香烟的外国来源地有关,进而认定 907 条禁止丁香味香烟而允许薄荷味香烟销售的做法,的确使进口丁香味香烟受到了比国产薄荷味香烟更不优惠的待遇。

由于三点要素均已符合,专家组裁定 907 条违反了《TBT 协定》第 2.1 条,不再分析印尼在 GATT 1994 第 3.4 条下的替代申诉,也没有必要分析争议措施在 GATT 1994 第 10 条(b)项之下是否正当。

三、907 条是否违反了《TBT 协定》第 2.2 条

《TBT 协定》第 2.2 条规定:"成员应保证技术法规的制定、采纳或实施均不对国际贸易造成不必要的障碍。为此目的,技术法规对贸易的限制不得超过为实现合法目标所必要的限度,同时考虑合法目标无法实现的风险。合法目标包括:国家安全需求、防止欺诈行为、保护人类健康或安全、动植物生命或健康以及环境……"

印尼称,禁止丁香味香烟并不具备合法目的,是对国际贸易的变相限制,其公共健康目标是"披着羊皮的狼"。将薄荷味香烟排除出禁止之列是政治妥协的结果,其真正目的是避免国内烟草业遭受潜在的就业岗位损失。

专家组分两步对印尼的申诉进行分析。首先,争议措施必须追求一个合法目标;其次,不应超出实现该合法目标所必需的贸易限制的限度。

1. 禁止丁香味香烟所追求目的是否“合法”

双方都认同907条的目标是减少青少年吸烟,该目标足以自证其属于《TBT协定》明确列举的“保护人类健康”的范畴内,印尼关于“政治妥协”的主张等于说美国的做法是出于恶意,专家组对此持谨慎态度。此外,印尼所提出的政治妥协、真实目的这两点理由只涉及美国将薄荷味香烟排除出受禁之列的理由是否可信,与措施目的的合法性并无关联。

专家组据此认定印尼未能证明禁止丁香味香烟的目的“不合法”。

2. 美国采取的措施是否超出必要限度

由于“青少年所消费的绝大多数香烟并未被法律所禁止”,印尼认为美国所追求的保护水平并非“青少年吸烟人数的大大降低”,而是“限制但不禁止青少年吸烟”,因而将丁香味香烟彻底禁止的做法超出了保护水平。美国则辩称,若907条确实“超出了美国所追求的保护水平”,则应存在既可满足同等保护水平,又对贸易限制更小的措施。但美国声称根据其“限制青少年吸烟的长期经验”来看,不存在比彻底禁止更恰当的做法。

负有举证责任的印尼未提出任何足以准确界定“保护水平”的直接证据,反而试图从争议措施本身出发来确定“保护水平”。但是如专家组所言,一项措施必然不可能超出其自身所设置的标准,因此从措施本身无法确定“保护水平”。

对于印尼关于保护水平因大部分产品未受到禁止而降低的看法,专家组也未予采纳,因为成员通过禁止某种产品(而非全部)以减少某种风险(而非排除)的做法并无不妥之处。因此专家组认为印尼未能证明禁止丁香味香烟超过了美国所追求的保护水平。

那么,禁止丁香味香烟是否对减少青少年吸烟的目的有“实质贡献”呢?印尼针对此问题提出了四点主张,专家组对此一一进行了分析。第一,没有任何科学依据证明丁香味香烟的健康威胁比其他烟更高。但专家组指出,907条禁止丁香味香烟的理由并不是因为丁香味香烟对健康的威胁比其他烟更大或者毒性更大，而是为了减少青少年吸烟，因此该主张缺乏关联性。第二，吸丁香味香烟的青少年人数很少，是“无关紧要”的。虽然争议双方提供的调查证据指向两个相反的结论，但是专家组发现即便参考印尼提供的统计数据，吸丁香味香烟的青少年人数也有 6800 个，这绝非无关紧要的人数。第三，比丁香味香烟更受青少年欢迎的香烟并未被禁止，所以禁止丁香味香烟无法对减少青少年吸烟的目标作出“实质贡献”。但是该主张同样未说服专家组，因为该主张等同于认为争议措施“低于”贸易限制的必要限度，这与其“超出贸易限制的必要限度”的主张矛盾。巴西翻新轮胎案的专家组也指出，是否作出“实质贡献”的分析不应基于与假想措施进行的比较。此外如前所述，美国已提出其不禁止薄荷味香烟的理由是避免因禁止千万人所上瘾的产品所产生的负面影响。第四，美国禁止丁香味香烟的科学依据仅仅是某个孤立研究中的某一句陈述。但专家组认为恰恰相反，支持美国立场的大量科学依据都来源于权威机构，包括疾病控制中心等美国国内机构以及 WHO 研究小组等国际机构。这些权威证据为禁止丁香味香烟的目的提供了坚实的科学基础，足以驳斥印尼主张。相对于美国所提供的大量科学依据，印尼所提交的反面证据却令人感到震惊——支持其立场的只有一位专家，其形式竟然是一篇博客。基于以上论证，专家组认定争议措施与其追求的目标之间有“真实的因果关系”。

那么是否存在对贸易限制更少并对美国所追求的保护程度作出同等贡献的措施呢？

印尼对此提出了二十余项、五种类型的措施，认为这些措施可以替代美国的措施并且达到同样的保护水平。但专家组认为，首先，印尼仅简略列举了许多不同措施，未明确指出美国可用何种措施替代禁止丁香味香烟，也未证明这些措施能否提供美国所追求的保护水平，未完成其举证责任，并且美国已采取其中许多项措施；其次，《TBT 协定》第 2.2 条要求考虑“无法实现目标的风险”，而这些措施相比于彻底禁止而言均存在该风险；再次，印尼只选择性引用了未禁止丁香味香烟的国家,也未证明其所参考国家与美国所追求的目标以及保护水平是否相同,并且各成员作为主权国家没有必要适用他国的标准;最后,虽然禁止风味烟的措施未见于 WHO《烟草控制框架协定》中,但是 WHO 将禁售风味烟列举为推荐采取的措施。

综上所述,印尼既未证明 907 条所追求的目的不合法,也未证明其超出了必要限度。专家组据此裁定,印尼未能证明 907 条违反了《TBT 协定》第 2.2 条。

四、美国是否违反了《TBT 协定》第 2.9.2 条、《TBT 协定》第 2.9.3 条或《TBT 协定》第 2.10 条

《TBT 协定》第 2.9 条与《TBT 协定》第 2.10 条都规定了成员的告知义务,但两条款是一般与特殊的关系。由于本案中并不存在《TBT 协定》第 2.10 条所规定的"安全、健康、环境保护或国家安全的经济问题"方面的紧急情况,《TBT 协定》第 2.10 条并不适用。

《TBT 协定》第 2.9 条规定了在不存在相关国际标准,或技术法规与相关国际标准在技术内容方面不一致,并且技术法规可能显著影响其他成员的贸易时,成员应当如何做。由于不存在相关国际标准,且 907 条显著影响了印尼的国际贸易,《TBT 协定》第 2.9 条适用于本案。

《TBT 协定》第 2.9.2 条规定各成员应告知其提议的技术法规的目的和理由以及涵盖的产品。专家组称这一条是《TBT 协定》透明度原则的核心。虽然美国辩称,907 条的所有相关信息都向公众公开,但其确实并未严格依照《TBT 协定》第 2.9.2 条通过秘书处履行其告知义务。《TBT 协定》第 2.9.3 条要求各成员在其他成员要求时提供被提议技术法规的细节或副本。本案中印尼在 2009 年 8 月 17 日的《TBT 协定》委员会会议上提出了请求,是在 907 条颁布近两个月之后,因此其请求针对的并不是"被提议"技术法规,而是已颁布的技术法规,本条款不适用。依据以上分析,专家组裁定美国违反了

《TBT 协定》第 2.9.2 条，但印尼未能证明美国违反了《TBT 协定》第 2.9.3 条。

五、美国是否违反了《TBT 协定》第 2.12 条

《TBT 协定》第 2.12 条规定："除《TBT 协定》第 2.10 条中规定的紧急情况外，成员应确保技术法规的公布和生效之间存在一个合理的间隔期，以使出口国，尤其是发展中国家的生产者对产品或方法作出调整以满足进口成员的要求。"

双方均认同争议措施的"公布"时间，即 FSPTCA 成为法律的日期为 2009 年 6 月 22 日，而"生效"时间，即 907 条生效的日期为 2009 年 9 月 22 日，因而美国提供的间隔期为 3 个月。关键问题在于该 3 个月的间隔期是否"合理"。

印尼提出，根据 TBT 委员会的决议和《多哈部长会议决议》，"合理间隔期"在一般情况下应不少于 6 个月。而美国对该解释是否具有《马拉喀什建立世界贸易组织协定》(《WTO 协定》)第 9.2 条的权威性解释地位提出质疑。对于双方关于该解释效力的争议，专家组倾向于印尼：一方面，由于参加多哈部长会议的所有成员都赞同该解释，此情况下第 9.2 条的程序要求不应妨碍权威性解释的认定；另一方面，该决议得到了 WTO 最高权力机构，即部长会议中所有成员的同意，该决议应视作各成员对《TBT 协定》第 2.12 条进行解释的补充协定。

美国进而提出了两个抗辩理由：第一，3 个月或 6 个月对于印尼生产者调整生产线的能力并无影响，因为自 FSPTCA 颁布 16 个月以来，印尼生产者仍未对其产品作出任何改动；第二，"一般情况下"的定语说明 6 个月的要求并非绝对。但专家组并未采纳美国的观点。专家组指出，印尼未能及时调整的原因在于其寄希望于美国修改争议措施而非其能力不足；美国并未提出证据与论证以说明本案不属于"一般情况"。考虑到争议措施的漫长立法进程以及丁香味香烟的

销售历史和市场份额的事实,认为本案应属于一般情形。

专家组据此认为,印尼已初步证明"合理间隔期"应当不少于6个月,美国应当证明本案何以豁免该6个月的限制,但其未能驳倒印尼已建立的初步证据。专家组裁定,美国未提供不少于6个月的间隔期的做法违反了《TBT协定》第2.12条。

印尼还提出了涉及《TBT协定》第2.5条、第2.8条和第12.3条的诉请,专家组经过分析认为,印尼未能证明美国违反了《TBT协定》的上述条款。

【上诉机构的分析和结论】

美国在上诉中主要对专家组关于《TBT协定》第2.1条以及《TBT协定》第2.12条的分析和认定提出了异议,并提出了多项《关于争端解决规则和程序的谅解》(DSU)第11条项下申诉。

一、专家组关于《TBT协定》第2.1条的认定

上诉机构首先回顾了《TBT协定》的序文内容,以明确GATT 1994对本案的借鉴意义。首先,序言提到了"期望促进GATT 1994目标的实现"。"可见两个协定的目标必然存在重叠,两者的内容应当是连贯和一致的;序言的其他条款体现了贸易自由义务,但又确认成员有权出于特定的合法目的实施贸易限制措施。两者之间的制约关系体现了《TBT协定》对贸易自由与成员管理权两种利益的平衡。再考虑到《TBT协定》第2.1条与GATT 1994第3.4条核心词汇与条款结构的雷同以及适用范围的重叠,上诉机构指出《TBT协定》第2.1条的解释所需参考的上下文不仅包括本条款以及《TBT协定》的其他内容,还应当包括GATT 1994第3.4条。

1.专家组关于"类似产品"的认定

专家组对于解释"类似产品"是否应参考GATT 1994第3.4条的先例曾存在疑虑,并最终决定排除该竞争分析方法的适用。但上

诉机构则认为,尽管专家组确实指出了《TBT 协定》与 GATT 1994 一些表面上的差异,但是这些差异无法作为排除从竞争角度分析的理由。如前所述,对《TBT 协定》第 2.1 条的解释同样应该参考 GATT 1994 第 3.4 条。对于专家组所采用的检验争议措施目标的分析方法,上诉机构同样不予认同。一般而言技术法规具有各式各样的多重目标,难以穷尽全部,也难以分辨出其中哪些与类似性的认定有关。更重要的是,《TBT 协定》第 2.1 条并未将争议措施的管理性目的作为区分"类似产品"的标准。若某产品处于激烈的市场竞争关系中,但从争议措施的管理性目的角度而言其并不在"类似产品"之列,则导致"类似产品"待遇比较的客体不完整,进而影响到最终分析结论的客观性。总之,上诉机构认定《TBT 协定》第 2.1 条中"类似性"的解释应以争议产品间竞争关系的本质与程度为基础进行。

美国上诉称,专家组只采纳了所有香烟共同具有的用途——"吸烟",却忽略了争议产品的其他用途。依据上诉机构在欧共体石棉案中的观点,某产品不常使用的用途并不代表其不具备该用途。美国提出的"满足上瘾"和"创造愉快体验"描述了香烟可能具有的功能,因而体现了争议产品的不同最终用途,而非专家组所认定的消费者口味习惯。尽管丁香味香烟与薄荷味香烟无疑都具有"吸烟"的用途,但这仅仅是部分用途,若按照专家组的逻辑,同样具有"吸烟"用途的雪茄、手卷烟甚至某些药草也应被认定为类似产品,但这样的结论显然让人难以接受。因此上诉机构同意美国的主张,即争议产品具有更具体的最终用途,如"满足上瘾"、"创造愉快体验"等。由于专家组已认定"两者都因含有提供特征性风味并降低烟草粗糙感的添加剂而对青少年有吸引力",因此两种产品都具有"创造愉快体验"的用途。又由于丁香味香烟与薄荷味香烟都含有尼古丁,"满足上瘾"的用途也为两者共有。

上诉机构据此认定,尽管专家组的分析有失偏颇,争议产品确实具有多种用途,但其关于丁香味香烟与薄荷味香烟是类似产品的结论并不因此改变。

美国上诉称专家组所分析的消费者范围过窄,应当同时包括成年吸烟者。美国声称,尽管争议措施的直接目标是减少青少年吸烟,但其背后是美国政府对公共健康福利以及措施对所有人口所产生影响的整体考虑,其中包括数百万成年吸烟者因禁止薄荷味香烟而可能受到的负面影响。

专家组基于措施的管理目的进行分析的方法已被上诉机构推翻,通过该方法所得出的消费者范围也是错误的,正确的做法是由市场来决定相关消费者的范围,即全面分析所有相关消费者,包括成年吸烟者。

对于分析范围过窄是否影响类似性认定,上诉机构遵循了菲律宾蒸馏酒案的分析思路:并非只有在产品对所有消费者而言均为可替代或在整个市场均存在竞争时才能得出其为《TBT 协定》第 2.1 条下"类似产品"的结论,产品对部分消费者而言高度可替代的事实同样能够支持类似性认定。基于针对青少年消费者的可替代性分析结论,上诉机构认为专家组限制分析范围的做法并不改变其对于消费者口味习惯的认定。

2. 关于较差待遇的认定

与类似性分析一致,上诉机构认为 GATT 1994 第 3.4 条对《TBT 协定》第 2.1 条非歧视性待遇义务的分析有指导意义,即《TBT 协定》第 2.1 条分析也应当考虑争议产品的市场竞争关系。秉承以上观点,上诉机构对美国所提出的四点异议进行了分析:

美国提出,专家组将比较的产品范围限制于单一进口产品(来自印尼的丁香味香烟)与单一国内产品(国产薄荷味香烟)的做法超出了职权范围,正确的分析范围应涵盖所有进口产品和所有国内类似产品。在美国看来,《TBT 协定》第 2.1 条的条款中"任何其他成员"的用词说明进口产品还应包括来自其他国家的薄荷味香烟;而国内类似产品应当是 907 条所规定的所有国产风味香烟。上诉机构对于美国所主张的两类产品范围分别进行了分析。

首先对于进口产品,《TBT 协定》第 2.1 条中所称"任何其他成员”应特指申诉方，与第三国无关，即受比较的产品为申诉方出口的产品，因此专家组认定来自印尼的丁香味香烟为进口产品并无不当。其次对于国内类似产品，上诉机构同样未予认可。美国对类似性认定并无异议，但只针对“较差待遇”阶段的分析提出上诉，“较差待遇”的分析对象理应是先前认定的“类似产品”。专家组并未对国产风味香烟作出类似性认定，因此并非“类似产品”的风味香烟并不属于本阶段分析的对象。此外，实际上美国国内除薄荷味香烟之外的其他种类风味香烟在数量和市场份额方面确实可忽略不计。

上诉机构还强调，《TBT 协定》第 2.1 条并不要求对每个产品进行单独比较，正确的做法是将进口产品与国内类似产品各自视作整体并进行整体间的待遇比较。若进口产品整体上并未受到歧视待遇，《TBT 协定》第 2.1 条并不禁止对某个特定产品所施加的较差待遇。根据以上分析，上诉机构认定专家组所确定的产品范围无误。

只有同时符合进口产品受到损害性影响以及争议措施不具有完全合法的目的这两个条件，才能认定进口国违反了《TBT 协定》第 2.1 条的国民待遇义务。907 条的区别对待对进口产品造成损害的事实已无争议，但美国对专家组关于该损害并非“与产品的国外来源地无关”的认定提起了上诉。美国指出，专家组的结论——美国“不禁止薄荷味香烟的实际目的是保证本国任何企业不承担‘支出’的同时，令其他成员的生产者承担额外‘支出’”——并非基于对争议措施“构造、结构和设计”的全面分析，因而是错误的。上诉机构同样认为专家组未能清楚地陈述其关于“支出”结论的理由，未解释“在禁令实施之时，除薄荷味香烟之外没有国产的其他风味香烟”与“907 条未使任何美国企业承担支出”的因果关系。

但上诉机构认为这不影响对《TBT 协定》第 2.1 条的最终认定，原因在于：首先，907 条的条款内容与效果都强烈地体现出对进口产品整体的歧视性。统计数据显示 907 条所禁止产品主要是来自于印尼的丁香味香烟，而其允许存在的类似产品则主要是国产薄荷味香烟。其次，907 条并非如美国所称那样具有完全合法的目的。如专家组所认定的,薄荷味香烟完全符合907条所禁止产品的标准,而美国所提出的将薄荷味香烟排除出禁止之列的两点理由(禁止薄荷味香烟会导致数百万对薄荷味香烟上瘾者不适,且可能导致黑市和走私的出现)并不构成正当理由。因为同样具有满足尼古丁上瘾功能的常规香烟仍然存在于市场中,即使薄荷味香烟被禁,美国所担忧的问题也不会出现。

虽然907条款未在表面上依据来源地区分产品,其适用效果却体现了对进口产品整体的歧视性。上诉机构裁定维持专家组对于《TBT协定》第2.1条的最终裁定。

二、专家组关于《TBT协定》第2.12条的结论

1.《多哈部长会议决定》第5.2条的解释性价值

专家组认为《多哈部长会议决定》第5.2条不仅构成《WTO协定》第9.2条的权威解释,还是《维也纳条约法》意义下的后续协定。

《WTO协定》第9.2条规定了部长会议和总理事会解释《WTO协定》和多边贸易协定的专有权力,但该权力的行使有严格的决策程序,必须以相关的理事会建议为基础,必须得到成员3/4以上同意,且只能"解释现有义务,而不能对其进行修改"。因此第5.2条是否构成多边解释的关键在于其是否基于理事会建议作出。虽然专家组提出"尽管第5.2条并未以理事会建议为基础作出解释,但是缺少该'正式要求'便认定其不构成《WTO协定》第9.2条权威解释的观点是'可商榷的'",上诉机构指出,《WTO协定》第9.2条并未规定任何例外,即以理事会建议为基础是必须得到遵守的原则。而印尼主张的"总理事会与WTO分支机构的讨论"均非货物贸易理事会的明确建议,从而不构成适格基础。

上诉机构据此认为专家组未对《WTO协定》第9.2条所确立的决策程序表现出足够的尊重,本应严格依据条款本身来理解该程序。上诉机构认定,《多哈部长会议决定》第5.2条不构成《WTO协定》

第9.2条下的多边解释。

2.《维也纳条约法》第31条(3)(a)项下的后续协定

美国主张,不符合《WTO协定》第9.2条的部长会议决议也不可能构成《维也纳条约法》第31条(3)(a)项中"各方达成的后续协定"。上诉机构指出,两者虽然非常接近,但并不完全相同。前者是成员通过WTO最高机关对WTO法律作出的解释,而后者是条约解释的一般规则。因此成员们所作的决议即便不符合《WTO协定》第9.2条的条件,也有可能构成后续协定。

《维也纳条约法》第31条(3)(a)项规定:"各方对条约或其条款适用进行解释的任何后续协定"应当与上下文一同加以考虑。由于该条款并未规定后续"协定"应以何种形式作出,上诉机构认为应注重其实质而非形式,即该解释并不必须冠以协定或条约之名。

根据该条款规定以及国际法委员会的解释,《多哈部长会议决定》第5.2条构成后续协定应符合三点要求:第一,该决议后于相关协定产生;第二,该决议应"明确针对条约解释";第三,该决议的条款和内容体现出各方合意。第一条件毫无疑问已满足;由于第5.2条明确指出其解释的对象是《TBT协定》第2.12条中的"合理间隔期",因此第二条件也已满足;对于第三点,因为第5.2条所用"应当被理解为"的措辞带有约束力而非仅仅是劝告,应认为与会成员之间树立了该解释的共识,体现了各方的"合意"。三点要求均已满足,《多哈部长会议决定》第5.2条的确构成《维也纳条约法》第31条(3)(a)项下的后续协定。

美国在上诉中还主张,第5.2条中"一般情况下"的用词说明了该条款并非有效力的规则。但上诉机构认为恰恰相反,"一般情况"与"例外情况"对条款解释具有重要意义,它们再一次体现了《TBT协定》第2.12条的利益平衡:可能受技术法规影响的出口国利益与追求正当目标的进口国利益。

3.专家组关于美国违反《TBT协定》第2.12条的认定

美国提出两个理由以说明专家组认定错误:第一,3个月的间隔期对印尼生产者的调整能力没有影响;第二,即便假设《多哈部长会议决定》第5.2条可提供初步证据的所有要素,依据举证规则,印尼也未能"完成其初步证明"。为完成初步证明,美国主张印尼应当对以下方面提出证据与论证:不存在"紧急情况";间隔期少于6个月;本案属于"一般情况";6个月间隔期不影响907条所追求目标的实现。

上诉机构并不认同专家组或美国所说的举证规则。根据《TBT协定》第2.12条、《多哈部长会议决定》第5.2条以及此前案件中上诉机构的观点,上诉机构认为双方应按照如下两步骤进行论证:第一步,印尼负有举证责任,应"初步证明"美国所提供的间隔期少于所要求的6个月;第二步,举证责任转移至美国,应反驳印尼已完成的第一步证明,美国可选择以下三种途径之一提供"初步证据":第一,本案存在《TBT协定》第2.10条规定的"紧急情况";第二,3个月的间隔期足够印尼生产者调整产品或生产方法;第三,如果在法规公布和实施之间给予"不少于"6个月的间隔期,将不足以满足907条所追求的合法目标。值得一提的是,第三种证明途径曾被专家组认定为印尼的举证责任,但考虑到《TBT协定》第2.12条与《多哈部长会议决定》第5.2条对出口国,尤其是发展中出口国的生产者的保护,上诉机构将该举证责任转移给了美国。

上诉机构按照上述举证规则检验了双方证据:

首先,印尼应初步证明美国所提供的间隔期不足6个月。由于双方对于本案间隔期为3个月的事实无异议,印尼完成了初步证明责任。

其次,为反驳印尼的初步证明,美国有三种方法完成其举证责任。对于第一种,正如专家组所认定的,《TBT协定》第2.10条所列"特殊情况"不存在。对于第二种,虽然美国提出由于在907条颁布16个月后印尼仍未调整,因而3个月的间隔期并不影响其调整能力。但上诉机构结论与此相反,印尼生产者用16个月的时间都无法完成调整只能说明所需间隔期远超3个月,因而该证据无法支持美国的主张。对于第三种,尽管美国主张 FSPTCA"直接指向一个严重问题——青少年吸烟",并且"国会意图尽可能限制该类行为",但该理由在上诉机构看来并不具备说服力。美国未能通过三种证明途径的任何一种来反驳印尼已完成的初步证明。

根据以上分析,虽然上诉机构不认同专家组关于印尼负有第二步举证责任的观点,但仍裁定维持了专家组对《TBT 协定》第 2.12 条项下申诉的裁定。

三、专家组是否违反了 DSU 第 11 条

美国在提起实体问题上诉的同时,还主张专家组在各阶段的分析中因忽略部分证据而违背了 DSU 第 11 条所规定的"全面分析证据并对事实作出客观认定"义务。上诉机构指出,首先,专家组的确未对所有证据进行全面分析,对于部分未采纳的证据也未解释其理由。但是并非所有错误行为都构成对 DSU 第 11 条义务的违反,只有当最终认定受到了实质性影响时才达到 DSU 第 11 条的严重程度。正如前文所述,专家组在分析过程中所犯的错误均未改变其最终认定。其次,多数情况下专家组只是在证据证明力方面采取了与美国不完全一致的态度,这是 DSU 所完全允许的。最后,依据上诉机构在欧共体紧固件案中的观点,"当事方以 DSU 第 11 条申诉为名义掩盖其重复提起实体主张的行为是不可接受的",而美国申诉的实际意图往往是再次质疑专家组的实体分析,不应得到支持。上诉机构裁定专家组未违反 DSU 第 11 条。

【案例评析】

最值得关注的问题是本案所体现的利益平衡。

正如专家组所总结的,本案争议措施"907 条"的出台经历了漫长的立法进程。美国政府对烟草行业的管制措施已有数十年历史。自 20 世纪中期以来,烟草制品对人体健康的损害不断地被公众知

悉,如著名影片《惊爆内幕》所讲述的就是当时烟草公司内部人员向公众披露香烟危害性的真实故事。此后美国陆续通过了一系列法案以规范烟草企业的生产、销售和广告行为。20世纪90年代之后,出于对青少年吸烟的忧虑,美国各州都提起了针对烟草企业的诉讼,烟草企业为此承担了巨额赔款并限制了对青少年的香烟销售。在立法方面,整体性规范烟草行业的法案FSPTCA经历了十余年的反复修订之后于2009年生效,该法案对青少年吸烟进行了种种限制,例如规定18岁以下未成年人不得购买香烟,不得向未成年人发放免费促销品等。本案争议措施亦来自于该法案。

虽然印尼关于争议措施是"政治妥协产物"的主张因太过激烈和证据不足而未被专家组采纳,但事实上该观点并不完全是空穴来风。正如立法资料所显示的,907条原本被设计为禁止所有吸引青少年的特征性风味香烟,但出于来自国内烟草行业的巨大压力,最终保留了烟草味与薄荷味的香烟。这一立法层面的让步为美国在本案中《TBT协定》第2.1条部分的败诉埋下了伏笔。

上诉机构报告对于《TBT协定》序言作出了深入的分析和解释,它体现了成员保障国际贸易自由的义务和实施管理权的自由,在本案中分别对应于美国所承担的国民待遇义务以及出于公共健康目的进行行政管理的权利。不论美国提出何种理由以论证其将薄荷味香烟排除出907条适用范围的合理性,均无法否认薄荷味香烟同样符合这一技术法规所设置标准的事实,从而无法解释仅对进口产品进行管制的正当性。本案中美国违反《TBT协定》第2.1条的国民待遇原则的根本原因是其行使行政管理权利时未对进口与国内产品适用同等标准。当利益权衡杠杆的一头存在漏洞时,另一头便占了上风。

除了与国民待遇原则"斗争"之外,美国追求正当目的的管理权还与另一项权利发生了冲突,即印尼的发展中国家权利。虽然作用非常有限,但发展中国家的身份还是给申诉方带来了些许优势。例如上诉机构就以《TBT协定》第2.12条以及《多哈部长会议决定》第

5.2条对发展中国家的倾斜为由将部分印尼承担的举证责任转移给美国。

另一值得关注的现象是上诉机构与专家组对于分析方法具有迥然不同的态度。专家组在确定分析方法时以较长篇幅的论证试图将本案区别于涉及GATT 1994的以往案件报告，而上诉机构同样进行了详尽分析以说明两个协定之间的密切联系。应当认为，专家组作为首次分析本案的裁判者享有确定分析方法的自由裁量权，DSU也并未要求专家组必须参考先例做法，其寻求个案分析方法的尝试值得钦佩。但仅就本案而言，上诉机构的观点更有说服力。

仅依据两协定适用范围的差异便否认GATT 1994的借鉴意义并不妥当，毕竟两者在利益平衡和条款结构、内容方面高度一致，并且进口丁香味香烟与国产薄荷味香烟之间的市场竞争关系理应得到分析。从实用角度而言同样如此，GATT 1994第3.4条在先前的案件中得到了较多的解释和分析，并形成了相对成熟的分析方法和标准。而涉及《TBT协定》第2.1条的报告较少，对其解读也都是表面和原则性的，专家组也不止一次地强调"在缺乏直接可借鉴的先例的情况下，专家组只得首次对本条款进行解释"。因而参考具有密切联系，同时分析方法较为成熟的GATT 1994既合理也可行。

此外，若搁置专家组与上诉机构在分析方法上的分歧，两个裁判者通过各自的分析作出了相同的最终认定，这在一定程度上也说明了GATT 1994方法的可借鉴性。

最后一点值得关注的是严格遵守协定条款的重要性。

本案两次体现该重要性：其一，在于《多哈部长会议决定》的地位认定。当美国提出该决定的作出并未严格遵循《WTO协定》第9.2条所设置的决策程序时，印尼以"总理事会与WTO分支机构的讨论"可代替相关理事会行使建议权为由进行抗辩。虽然专家组接受了印尼观点，但是在上诉机构的审理中遭到了驳回。上诉机构甚至使用了"专家组未对协定的决策程序表示出足够的尊重"的严厉措辞来批评专家组的武断认定。由此可见条约必须遵守这一原则的严肃性。其二,分析《TBT 协定》第 2.9.2 条申诉时,美国抗辩其虽未通过秘书处向印尼告知相关情况,但是实际上其做得比协定要求更好,因为 907 条的全部立法信息都被公开,而印尼对此完全知晓。尽管美国自称为“WTO 成员中支持透明度原则的领导者”,但专家组仍然裁定其违反《TBT 协定》义务,原因在于该义务的履行必须严格遵照条款进行,不容许成员擅自更改履行方式,即便实际效果并无区别。

欧共体:禁止海豹产品进口和销售的措施
(WT/DS400、WT/DS401)

2009 年 11 月 2 日,加拿大提出就欧共体对海豹产品的进口、运输、制造和销售的规定与欧共体进行磋商。加拿大提出,这些措施不符合《TBT 协定》第 2 条、GATT 1994 第 1.1 条、第 3.4 条和第 11.1 条,《农业协定》第 4.2 条。2011 年 3 月 25 日,DSB 成立专家组。

2009 年 11 月 5 日,挪威提出了相同的磋商请求。2011 年 4 月 21 日,DSB 决定 WT/DS400 号案件专家组也处理 WT/DS401 号案件。

2012 年 10 月 4 日,专家组组成。到 2012 年年底,专家组仍在工作。

………反倾销措施协定

欧共体:对巴西铸铁管和套件反倾销税（WT/DS219）*

申诉方(上诉方):巴西

被申诉方(被上诉方):欧共体

第三方(第三参与方):智利、日本、墨西哥、美国

2000年12月21日,巴西提出申诉。经过专家组和上诉程序。2003年8月18日,DSB通过了上诉机构和专家组报告。2003年10月1日,双方通知DSB,已经就执行DSB建议的时间达成协议,执行期为7个月,至2004年3月19日止。

本案涉及欧共体对巴西可锻铸铁管套件征收的最终反倾销税。1999年5月29日,欧共体相关机构根据产业申请决定对巴西、中国、克罗地亚、捷克、南斯拉夫、日本、韩国和泰国的可锻铸铁管套件发起反倾销调查。其中受调查的巴西企业只有一家Industria de Fundicao Tupy Ltda.(以下简称Tupy)。倾销调查期间为1998年4月1日至1999年3月31日,而分析损害趋势依据的是1995年1月1日至1999年3月31日的数据。1999年1月,巴西瑞亚尔发生42%的贬值。2000年2月28日,欧共体实施临时措施。2000年8月11日,欧共体对巴西进口的可

---

* 这个案件是《世界贸易组织国际贸易纠纷案例评析2003－2006》一书遗漏的。

锻铸铁管套件实施34.8%的最终反倾销税。

【专家组的分析和结论】

专家组分析了下列实体问题。

一、关于向巴西提供建设性补救

《反倾销协定》第15条规定:“各方认识到,在考虑实施本协定项下的反倾销措施时,发达国家成员应对发展中国家成员的特殊情况给予特别注意。在实施会影响发展中国家成员根本利益的反倾销税之前,应探讨本协定规定的建设性补救的可能性。”巴西认为欧共体没有给发展中国家以特别注意,没有探讨建设性补救的可能性,违反了《反倾销协定》第15条的规定。欧共体指出,它曾经在三个不同场合向巴西提出价格承诺,因此它已经履行了协定第15条规定的义务。

专家组认为,协定第15条第1句规定了成员的一般义务,但没有规定发达国家成员应当用什么方式来履行这一义务。第2句提供了履行义务应当进行的具体行为,履行了第2句规定的义务就是履行了第1句的义务。但第2句并没有包容第一句话,它只是提出了履行第1句的一种方式。双方都同意协定第15条第2句规定的是强制性义务,但对于履行义务的时间,以及补救措施的性质,双方有不同看法。专家组对协定第15条第2句的术语逐一作了分析,并指出,降低关税和接受价格承诺都属于协定第15条所说的“建设性补救措施”,“探讨”不等于“提议”,也不要求有任何特定的结果。那么,欧共体在实施反倾销税之前是否探讨过建设性补救的可能性呢?巴西承认其政府和企业都没有主动向欧共体提出价格承诺,它认为发达国家应当主动采取措施。欧共体则指出自己曾经向巴西政府提出价格承诺,而巴西对此不感兴趣。双方都承认它们讨论过价格承诺问题。专家组据此认为欧共体探讨了建设性补救的可能性。巴西提出,协定第15条所指的"建设性补救"除了降低关税和价格承诺,还有其他方式,欧共体没有探讨所有方式的可能性,违反了第15条的规定。专家组指出,除价格之外的承诺不是《反倾销协定》所预见的补救措施,因此第15条不要求采取价格之外的其他补救。巴西的观点被驳回。

巴西认为,欧共体没有在采取临时措施之前提出价格承诺的可能性,违反了协定第15条的规定。专家组指出,《反倾销协定》中一直用"临时措施"来指最终反倾销税之前的各种临时措施。因此,协定第15条规定的义务是在实施最终反倾销税之前,探讨建设性补救的可能性。欧共体已经做到了这一点。因此,欧共体在这一问题上的做法符合协定第15条。

二、货币贬值的影响

在调查过程中,巴西货币出现贬值。巴西提出,由于货币贬值,其出口已经不存在倾销。欧共体实施反倾销措施,违反了《反倾销协定》第1条和GATT 1994第6条。如果认为实施措施符合协定规定,则继续维持措施不符合《反倾销协定》第11.1条和第11.2条。欧共体则指出,它计算了开始调查前12个月的资料,成员没有义务考虑调查阶段之后发生的情况;至于货币贬值是否造成倾销幅度的消失,完全取决于出口商采取的定价策略。欧共体已经进行了一次复审,复审的调查期间是2001年1月1日至9月30日,但Tupy在复审中并没有合作。

专家组指出,巴西货币贬值发生在调查期间的最后一个季度。这里涉及的问题是:根据《反倾销协定》第1条和GATT 1994第6条,主管机关依据调查期间的数据确认了倾销和损害的存在之后,是否有义务在开始实施反倾销税之后立即重新评估其裁定。专家组指出了两个因素:第一,调查期间与开始实施反倾销措施之前和之后的期间在时间上是有区别的;第二,确认倾销时所使用的方法。《反倾销协定》多处提出“调查期间”。反倾销措施委员会的建议指出了关于倾销数据的调查期间一般为1年,至少不短于6个月,而且应尽量靠近开始调查的日期;关于损害的调查期间一般为3年,而且应当包括整个倾销调查期间。确定固定的调查期间是有实际意义的,调查期间应当截止于调查开始之前,这样就保证调查对出口商和进口商行为的影响不会对调查产生影响。专家组认为,运用合理方法确认在调查期间存在倾销,就是确认了存在现有的倾销。专家组引用了《反倾销协定》第2.4.2条的规定,指出第2.4.2条提出的两种方法都要求比较整个调查期间的数据,巴西要求只关注调查末尾阶段的数据,显然与条款的规定不符。专家组认为,《反倾销协定》第1条没有要求成员在知晓了巴西国内的情况后立即重新审查它自己的决定。巴西未能证明欧共体违反了协定的义务。

巴西提出,如果最初实施措施是正确的,在巴西货币贬值的情况下继续维持措施就违反了协定第11.1条和第11.2条。

《反倾销协定》第11.1条规定:“反倾销税应仅在抵消倾销造成损害所必需的时间和限度内实施。”第11.2条规定:“主管机关在有正当理由的情况下自行复审,或在最终反倾销税的征收已经过一段时间后,应提交证实复审必要性的肯定信息的任何利害关系方请求,复审继续征税的必要性。”巴西认为,货币贬值的影响是主管机关进行复审的“正当理由”,欧共体知道巴西货币贬值的事实,因此巴西出口商不用再提供任何新的证据。专家组指出,情况的变化确实可能是主动复审的理由,但《反倾销协定》没有规定成员有这样的义务。情况的变化是否构成复审的充分理由,这要根据各案不同的事实来确定。在本案中,即使假定货币贬值造成了正常价值和出口价格比较的变化,但在开始征收反倾销税时出现的情况不清楚是否会持续,而且货币贬值不一定就造成正常价值和出口价格的差距缩小。在美国DRAMS案中,专家组驳回了“一旦出口商被确认停止倾销,协定第11.2条要求主管机关就应当立即撤销措施”的观点。巴西仅指控欧共体没有主动发起复审,而巴西政府和出口商都没有提出复审请求，专家组据此认为巴西没有证明欧共体违反了《反倾销协定》第11.1条和第11.2条。因此专家组不审查协定第11.2条规定的这一部分。

三、在计算正常价值时计算利润及销售、管理和一般费用

巴西指出，欧共体在计算正常价值时使用了销售量极小的数据，而协定第2.2.2条结合第2.2条一起理解，要求销售、管理和一般费用及利润应当使用有代表性的、赢利的销售数据。根据第2.2条计算时排除的数据，在根据第2.2.2条计算时也应当排除。此外，在根据协定第2.4条计算利润幅度时，没有对那些不可比的数据作出调整。欧共体承认使用了少量销售的数据，但认为协定第2.2.2条只允许排除"非正常贸易过程"中的数据，而巴西在调查过程中并没有提出对这一数据作调整。欧共体要求专家组驳回这一诉请。

专家组注意到，欧共体在调查中将产品确认为"通过螺纹连接的可锻铸铁管套件"，巴西生产的类似产品有4种，其中只有两种出口到欧共体。欧共体确认巴西出口的产品型号有1375个，其中809个的正常价值是通过结构价格方式确定的。在分析少量销售是否应当计算在结构价格中的问题上，欧共体适用了《反倾销协定》第2.2条注释2的5%标准。对于国内销售量太小不足以比较的，或者不属于"正常贸易过程"的销售，欧共体计算了结构价格。在计算结构价格时，欧共体使用了正常贸易过程中的利润和销售、管理及一般费用数据。问题在于：被认为销售量太小不足以比较的交易中的利润和销售、管理及一般费用数据，在计算结构价格时是否可以使用。

《反倾销协定》第2.2条规定："如在出口国国内市场的正常贸易过程中不存在同类产品的销售，或由于出口国国内市场的特殊市场情况或销售量较低，无法对此类销售进行比较，则倾销幅度应通过比较同类产品出口至一适当第三国的可比价格确定，只要该价格具有代表性，或通过比较原产国的生产成本加合理金额的管理、销售和一

般费用及利润确定。”根据协定第2.2.2条,非正常贸易过程中的数据应当排除。专家组认为,根据协定第2.2.2条的措辞,在没有明确规定可以因其他情况排除数据的情况下,成员在计算时不得排除“非正常贸易过程”之外的其他数据。因此,欧共体在计算时包括了小量销售的数据,没有违反协定第2.2.2条。

四、结构正常价值

巴西提出,根据协定第2.2.2条(结合第2.6条),如果调查中有相同产品,在计算结构价格时就只允许使用那个产品的数据,只有不存在相同产品销售时,才允许使用类似产品的数据。巴西认为,欧共体在计算正常价值时使用了类似产品的数据,违反了协定第2.2.2条。欧共体则指出,它使用的是同类产品的销售数据,因此符合协定规定。专家组指出,协定第2.2.2条要求使用的是“同类产品”实际交易的数据,计算时要排除的只有“非正常贸易过程”的数据。主管机关一旦确定了同类产品的范围,在整个调查中就应当始终坚持这个范围。第2.2.2条要求使用同类产品交易的实际数据,这一款并没有要求只使用同类产品中一部分产品的数据。据此,专家组认为巴西未能证明欧共体的做法不符合协定的规定。

五、涉及税收的“公平比较”

巴西提出,出口产品可以得到20%的退税,欧共体在计算正常价值时没有考虑退税的影响,因此没有对正常价值和出口价格进行公平比较,违反了GATT 1994第6.1条和6.4条,以及《反倾销协定》第2.4条。欧共体指出,它确实没有考虑退税,因为Tupy未能证明退回的是GATT 1994第6.4条所指的“在原产国供消费的同类产品所负担的税费”。

GATT 1994第6.1条规定:在确定倾销时“应适当考虑在每种情

况下销售条款和条件的差异、征税的差异以及影响价格可比性的其他差异”。GATT 1994 第6.4条规定:“在任何缔约方领土的产品进口至任何其他缔约方领土时,不得由于此类产品被免除在原产国或出口国供消费的同类产品所负担的税费或由于退还此类税费而征收反倾销税或反补贴税。”《反倾销协定》第2.4条则规定了主管机关“公平比较”的义务,其中明确指出要考虑税收的影响,并且要求主管机关向各方指明所需要的信息。这表明主管机关至少应当考虑这些因素,以决定是否需要作出调整。双方都同意,符合条件的税收应当调整,但双方对巴西的退税是否符合条件有不同看法。专家组仔细审查了案卷,发现欧共体在收到巴西的请求之后曾经要求巴西提供证明材料,Tupy 在回信中指出政府退还出口产品离岸价的20%作为退还间接税,欧共体表示将进一步调查。欧共体从 Tupy 提交的材料中发现国内销售的产品并没有交纳据称退回的四种间接税,欧共体要求 Tupy 进一步提供证据,但 Tupy 没有提供。一方面,欧共体明知巴西出口商得到20%的“退税补贴”,另一方面又不掌握任何税法规定,不了解具体退还的税种,在这种情况下,专家组认为协定第2.4条的义务并不要求欧共体对此作出调整。专家组确认,欧共体决定不对20%退税作出调整的做法不违反《反倾销协定》第2.4条或GATT 1994 第6条的规定。

六、归零法

巴西指出,欧共体对计算出倾销幅度为负数的产品作为零倾销对待(倾销幅度归零),不符合《反倾销协定》第2.4条和第2.4.2条。欧共体承认它使用了归零法,但认为本案中使用归零法得出的倾销幅度是34.82%,而不使用归零法应该得出32.09%的倾销幅度,因此本案中归零法的影响不大。

《反倾销协定》第2.4.2条规定:“在遵守第4款中公平比较规定的前提下,调查阶段倾销幅度的存在应在对加权平均正常价值与全部可比出口交易的加权平均价格进行比较的基础上确定。如果主管机关认为存在一种模式:出口价格在不同购买者、地区或时间之间差异很大,且如果就为何不能通过使用加权平均对加权平均或交易对交易进行比较而适当考虑此类差异作出说明,则在加权平均的基础上确定的正常价值可以与单笔出口交易的价格进行比较。”欧共体承认其实行了归零法。专家组引用了欧共体床单案上诉机构的意见指出,归零法不符合《反倾销协定》第2.4.2条。至于欧共体提出的归零法在本案中影响很小的抗辩,专家组认为归零法违反协定的性质与其影响无关。

七、进口量趋势和累积计算

巴西指出,欧共体没有考虑关于损害的证据就进行累积计算,不符合《反倾销协定》第3.1条和第3.2条,而其累积计算也不符合协定第3.3条。

巴西指出,欧共体将巴西、捷克、日本、中国和泰国进口产品的影响累积计算,而这些产品从价格到进口量的区别都很大。巴西认为,对每个成员进口的考察都必须达到第3.2条的要求,才可以累积计算。如果分析巴西的进口,可以看到其进口在调查期间呈下降趋势,没有达到协定第3.2条所说的“进口大量增加”,因此也就不能实行第3.3条所说的“累积计算”。而欧共体认为只要满足了协定第3.3条的条件,就可以按照协定第3.2条对进口的影响进行累积计算,而不需要先根据第3.2条逐一确定各国进口的影响。可见,双方对第3.2条规定的义务以及第3.2条与第3.3条的关系有不同看法。

专家组决定先分析协定第3.2条与第3.3条的关系。在这一点上,协定第3.3条规定的义务是解决两个条款关系的关键:如果关于计算的条件全部规定在第3.3条,那欧共体就没有义务先单独分析各国的进口,则根据累积计算结果确定进口量和价格的影响也就是正确的。根据协定第3.3条,实行累积评估有三个条件:被累积评估的各国倾销幅度都大于微量倾销;出口量不是可以忽略不计的;根据进口产品之间及进口产品与国内同类产品之间的竞争关系,采取累积计算是适当的。巴西认为,协定第3.2条所要求的对进口数量和价格的分析对主管机关分析第三个条件是至关重要的,因此在累积评估前必须先分析各国进口的影响。专家组不同意巴西的观点。第3.3条提到进口量时,唯一的要求是进口量不能是可忽略不计的,不存在其他要求。巴西提出要累积计算的先决条件是对各国的进口价格的数量影响作出单独评估,这一观点是没有依据的。专家组认为,欧共体没有确定单个成员是否达到第3.2条的规定就进行了累积评估,并没有违反协定的相关规定。

接着,专家组分析了进行累积评估的第三个条件。巴西集中分析了竞争条件的四个方面:产品、进口量、价格和分销渠道。巴西认为,欧共体没有考虑竞争条件的不相似,把竞争条件的分析变成了对“同类产品”的分析,违反了协定第3.1条和第3.3条的规定。

专家组指出,协定第2.6条对同类产品的定义适用于整个调查,欧共体主管机关在调查过程中必须坚持同一个“同类产品”的标准,巴西认为欧共体对竞争条件的分析是重复分析“同类产品”,是没有意义的同义反复,专家组认为这个理由不能成立。专家组同时确认欧共体在审查时分析了产品在市场中的情况。

关于进口量,巴西强调了各个成员进口绝对量和相对量变化趋势的不同,它认为进口量和市场份额的不同表明进口产品之间没有竞争关系。专家组指出,协定第3.3条对如何分析“竞争条件”并没有具体要求,因此巴西的观点没有依据。进口量变化趋势不同的产品很可能存在竞争关系。巴西在调查期间的进口量占总进口量的6.9%,欧共体认为巴西的进口是实质性的,“远非可忽略不计”。专家组注意到,欧共体审查了巴西的进口量与其他国家进口的关系,并确认累积计算是适当的。专家组认为欧共体的做法没有违反协定第3.3条或第3.1条的规定。

关于进口价格,巴西提出,其出口价格比中国同类产品高44%,比捷克产品高22%,把巴西产品和这些国家的产品累积计算其对价格的影响是不合理的;欧共体没有分析"价格敏感性",没有客观评价各国定价机制的区别。专家组又一次强调协定第3.3条没有规定具体条件,在调查中,欧共体很准确地分析了各国产品在调查期间的价格变化,并指出虽然巴西进口的产品对价格的影响与其他国家不同,但其差异还不足以导致单独评估。专家组认为,欧共体的做法没有违反协定第3.1条和第3.3条的规定。

关于销售渠道,巴西提出,欧共体在报告中称所有受调查国家的销售渠道基本相同。巴西认为,这样的结论根本不符合事实。专家组指出,协定第3.3条没有提出具体要求,因此,欧共体在确认倾销时的一些做法不一定在确定损害的累积评估中使用。这样做没有违反协定第3.1条或第3.2条的规定。

综合上述分析,专家组得出结论,协定第3.3条没有对如何分析"竞争条件"提出具体要求,一个客观的、无偏见的主管机关可以认为累积评估是适当的。因此,欧共体没有违反协定第3.3条的规定。

八、没有恰当考虑价格削减

巴西提出,欧共体没有恰当考虑巴西产品是否大大削减了欧共体市场上同类产品的价格,因为欧共体只选择了部分交易作比较,而没有考虑未造成削价后果的交易,因此违反了协定第3.2条的规定。欧共体则提出,巴西的理解是不正确的,此外,就算欧共体用了归零法,在价格削减方面的影响也是微不足道的0.01%。此外,协定第3条对主管机关如何评估削价影响并没有具体要求。

专家组指出,协定第3.2条中没有要求计算出单一的削价幅度,也没有要求把倾销涉及的每一笔交易都考虑在内。分析进口产品对价格削减的影响,目的之一是确定倾销进口产品是否造成了国内同类产品产业的损害。以压低的价格销售可能对国内产业造成影响,某些交易没有用压低的价格,不能改变压低价格已经造成的影响。如果要求把压低价格与没有压低的价格抵消,有可能会造成这样的结果:实际上存在压低价格的销售,而结论上没有压低价格。巴西提出欧共体使用的方法会增加认定削价销售的可能性,专家组认为,如果没有削价的证据,欧共体的方法不会制造出削价,它只会确认已经存在的削价现象。欧共体使用的方法没有违反协定第3.2条。

九、损害

巴西指出,欧共体没有审查协定第3.4条列举的所有因素,也没有审查某些相关的但没有在协定条款中列出的因素。欧共体提出,它审查了其他所有因素,这些从调查记录中可以找到。

专家组指出,此前的专家组和上诉机构报告都强调,主管机关必须审查协定第3.4条列举的所有因素,本案专家组同意这一观点,本案双方对此并无异议。专家组首先要确定欧共体主管机关是否审查了第3.4条列举的所有因素,此时专家组依据的不仅仅是公开的文件,也依据欧共体主管机关在作出决定时考虑过的、保密或没有披露的文件。但专家组特别指出一个事实:在调查过程中,上述保密资料的非保密摘要没有提供给利害关系方。从临时裁定和最终裁定中无法看出主管机关在作出决定时考虑过这些资料,这一点令专家组困惑不解。

在协定第3.4条列举的所有因素中,巴西认为欧共体没有审查的只有"增长"一个因素。专家组指出,第3.4条列举的因素必须审查,但条款没有要求必须以什么方式进行审查。根据材料的显示,专家组认为欧共体已经审查了"增长"这一因素,因此它审查了第3.4条列举的所有因素。在这一点上,欧共体没有违反协定第3.4条。专家组同时指出,仅仅清单式列举这些因素是不够的。每一因素在具体调查中都是变化的,因此主管机关在每一调查中必须评价各个因素的作用、相关性和权重。如果认为某个因素不相关或无足轻重,主管机关不能简单地忽略这些因素,而应当解释其如何不相关的理由。评估不应当仅仅是理论上的,还应当分析具体数据以及它们与各项因素的关系。

关于欧共体对各项因素的评估是否充分的问题,专家组指出,协定第3.4条并没有要求每个因素都要表明损害的存在,它只要求对各项因素的评估总体显示损害的存在。专家组确认欧共体审查了国内产业损害各项因素,认定调查期间存在国内产业的严重损害。专家组认为,欧共体的裁定没有违反协定第3.4条或第3.1条。

十、因果关系

巴西提出,欧共体没有充分审查造成损害的其他已知原因,也没有确认由倾销之外的其他因素造成的损害是否没有被归因于进口,违反了《反倾销协定》第3.1条和第3.5条。欧共体则提出,巴西提出的一些因素并非当事方提出的已知因素,由另外一些因素得到了充分的审查。

专家组指出,协定第3.5条要求主管机关在作因果关系分析时首先分析除倾销之外,同时造成损害的所有已知其他因素,其次,主管机关要保证由其他因素造成的损害不归因于倾销进口。专家组注意到,双方对哪些因素是已知的倾销之外的因素并无争议。专家组从协定第3.5条使用的措辞看,认为第3.5条列举的因素是建议性的,"已知因素"当然包括利害关系方在调查过程中提出的因素。专家组注意到,Tupy在调查过程中提出了两种芯管的市场和生产成本差异问题,欧共体也审查了这一问题,但结论是两种管子的生产成本差异很小,对市场没有什么影响,不是造成损害的其他"已知因素"。专家组认为,欧共体的认定没有错误。

专家组指出,根据协定第3.5条,主管机关必须恰当区分造成损害的其他因素,但协定并没有规定具体方法,因此WTO成员可以采取任何适当方法来区分由倾销造成的损害和由其他因素造成的损害。专家组注意到,欧共体列出了倾销之外造成损害的其他因素,并逐一作了分析,得出结论说其他因素都不足以打断倾销与损害之间的因果链。专家组认为,欧共体的方法已经达到了协定第3.5条的要求。

专家组最终确认,欧共体对倾销幅度为负数的比较结果实行"归零法"不符合协定第2.4.2条;从报告中无法清楚看出欧共体分析或解释了它认为不重要的因素,不符合第12.2条和第12.2.2条。对于巴西提出的其他诉请,专家组确认欧共体没有违反其在反倾销协定下的义务。根据DSU第3.8条,如果发生违反协定义务的情况,则视为初步构成利益丧失或减损案件。在专家组确认欧共体违反反倾销协定义务的范围内,欧共体使巴西的利益丧失或减损。专家组建议DSB要求欧共体使其措施符合《反倾销协定》的义务。巴西请求专家组提出执行建议的具体方式,专家组决定不提出具体建议。

【上诉机构的分析和结论】

巴西提出上诉后,上诉机构主要分析了如下几个问题。

一、巴西货币在调查期间贬值的相关问题:GATT 1994第6.2条和协定第1条

巴西提出,欧共体根据整个调查阶段的数据(包括巴西货币贬值前的数据)作出了存在倾销的结论,违反了GATT 1994第6.2条和协定第1条。

上诉机构指出,巴西实际上提出了两个观点:GATT 1994第6.2条和协定第1条要求在进行协定第2.4.2条所说的比较时必须使用特定的方法;协定第2.4.2条允许根据调查期间中的一段时间的数据比较正常价值和出口价格。上诉机构决定分析这两个观点。

欧共体确定的调查期间是1998年4月1日至1999年3月31日,而1999年1月巴西货币贬值了42%。欧共体依据整个调查期间

的数据,确定从巴西进口的产品存在倾销。巴西认为,尽管欧共体的做法从技术上说符合协定的要求,但产生的结果没有反映现实情况。专家组指出,协定第2.4.2条提出了两种方法:用加权平均值相比或用逐笔交易相比。专家组认为,不管使用何种方法,都要考虑整个调查期间的数据,主管机关不能只考虑其中一段时间的数据。巴西在上诉时提出了不同的理由:GATT 1994第6.2条要求反倾销措施的目的是"为抵消或防止倾销",欧共体选择的方法不符合这一目的。巴西认为欧共体只应当使用货币贬值之后的价格数据,否则就违反了GATT 1994第6.2条的义务。

上诉机构认为巴西的观点是站不住脚的。GATT 1994第6.2条的义务非常明确,就是征收的反倾销税不得超过确定的倾销幅度。从这一规定根本不可能得出巴西主张的观点。上诉机构指出,确定是否存在倾销以及倾销幅度的规定不是GATT 1994第6.2条,而是《反倾销协定》第2条。但无论是GATT 1994第6.2条还是《反倾销协定》第2条,都没有规定成员方的主管机关以特定的方法比较正常价值和出口价格。按照巴西的逻辑,主管机关只能以很短时间内的数据为基础进行比较,如果贬值发生在调查期间之后,主管机关就必须不顾整个调查期间的数据而重新审查,这显然不是GATT 1994所规定的义务。如果巴西的货币不是贬值而是升值,而调查期间前三季度的数据表明不存在倾销,主管机关应当根据升值后的数据确定存在倾销吗?上诉机构指出,虽然协定没有规定调查期间的具体长短,但收集整个调查期间的数据,并据此作出是否存在倾销的结论,可以保证主管机关以合理方式作出关于倾销的裁定。专家组的观点是正确的。

二、与销售、一般和管理费用及利润相关的问题:协定第2.2.2条

在确定正常价值时,欧共体认为某些产品在巴西国内销售量太

小,因此决定采用结构价格。但在计算结构价格时,欧共体也使用了少量销售的实际数据。专家组认为,协定第2.2条只允许主管机关排除不属于正常贸易的数据,因为少量销售也是正常贸易,所以必须包括在计算之内。巴西对专家组的这一解释提出上诉。巴西提出,欧共体在计算结构价格时使用了“少量销售”的实际数据,这样得出的数据肯定不具有代表性,不符合协定第2.2.2条的前言。欧共体则提出,在确定正常价值时不予考虑的少量销售,在计算结构价格时给予考虑,这并不会扭曲计算结果,因为在计算时它们的权重不同。

上诉机构首先列举了协定中与确定正常价值相关的条款,并注意到,第2.2.2条规定成员有义务在计算时使用“正常贸易过程中生产和销售同类产品的实际数据”,只有在不可能使用实际数据时,才允许使用第2.2.2条规定的其他三种方法之一。专家组注意到,协定第2.2条提到了正常贸易和销售量较低的贸易,而第2.2.2条只提到正常贸易。同样在一个条文中,第2.2.2条不提少量销售,而只明确排除“正常贸易过程”之外的数据,可见少量销售不在排除之列。上诉机构认为专家组的理解是正确的,第2.2.2条没有排除少量销售,这显然是协定签订者的真实意图。上诉机构维持专家组关于这一点的结论。

三、累积计算:协定第3.2条和第3.3条

巴西认为,欧共体在分析国内产业损害时将数个国家的进口累积考虑,而没有单独分析巴西产品的进口量和进口价格,违反了协定第3.2条和第3.3条。专家组在分析这一问题时确定,协定第3.3条规定的条件是主管机关在累积评估时唯一需要遵守的条件,第3.3条并没有“额外要求主管机关在进行累积评估前考虑各国的进口是否有大量增加”。

上诉机构指出,它要解决的问题是:作为累积评估的先决条件,一国的主管机关是否必须逐国分析进口量和价格。上诉机构引用了

协定第3.3条,确认这一条提出了累积评估的三个条件,从条款中显然找不到巴西观点的依据。实际上,协定的起草者允许累积评估,就是为了解决这样一种情况:国内产业的损害是由多个国家的进口综合造成的,任何单一国家的进口可能都不足以独立造成损害。巴西实际上忽略了这样一个前提:必须保证被累积计算的多个国家中每一个都被征收反倾销税。据此,上诉机构维持专家组的这一结论。

四、因果关系:协定第3.5条

巴西提出,巴西和欧共体出售产品的生产成本差异是倾销之外造成损害的其他"已知因素",欧共体应当审查。上诉机构提出,它要解决的问题是生产成本差异是否构成"同时造成损害的倾销之外的其他因素"。上诉机构指出,协定第3.5条要求主管机关"……审查除倾销进口产品外的,同时正在损害国内产业的任何已知因素……"这一点是确立倾销与损害因果关系的关键所在。符合第3.5条所列的因素应当是主管机关已知的因素,是倾销之外的因素,而且正在同时造成国内产业的损害。协定既没有提出哪些因素应当是主管机关"知道的",也没有规定利害关系方应当如何提出。上诉机构注意到,巴西的上诉依据是产品生产成本存在很大差异,而欧共体驳斥了巴西的这一说法。专家组经过调查后接受了欧共体的说法,上诉机构对专家组确认的事实不予复审。既然欧共体认为巴西的说法没有证据,欧共体就没有义务审查所谓的价格差异。上诉机构维持专家组的这一结论。

欧共体单独分析了每一项其他因素对损害的影响,认为这些因素都不足以造成损害,或不足以打断倾销与损害的因果联系。专家组认为,协定第3.5条并没有要求主管机关考虑其他因素综合造成的影响,因此欧共体的做法没有违反协定第3.5条。巴西对此提出上诉。欧共体指出,在专家组审理时巴西从未正式提出这一问题,专家组不应对这一问题作出结论,专家组的结论剥夺了欧共体为自己辩护的权利,因此欧共体反对上诉机构分析这一问题,要求上诉机构宣告专家组的这一结论没有法律效果。上诉机构不同意欧共体的说法。上诉机构认为,巴西在专家组审理时提出了上述问题,专家组有权作出结论。上诉机构指出,根据巴西的逻辑,主管机关必须审查其他因素对损害的综合影响,否则就不符合协定第3.5条。在美国热轧钢案中上诉机构提出,为了保证由其他因素造成的损害不被归因于倾销,必须恰当评估由其他因素造成的损害后果,首先要区分由倾销和由其他因素造成的损害,否则主管机关就没有依据认为是倾销造成了国内产业的损害。但上诉机构同时强调,《反倾销协定》并没有规定区分不同因素造成损害的具体方法。只要主管机关能保证不将其他因素造成的损害归因于倾销,它可以选择审查的具体方法。上诉机构指出,协定第3.5条没有要求在所有案件中都必须评估其他因素的综合影响,巴西的观点没有法律依据,是否要考虑其他因素的综合影响,要根据各案的情况决定。根据本案的具体情况,欧共体有理由认为它不必分析其他因素的综合影响。为此,上诉机构维持专家组的这一结论。

上诉机构维持了本案例概要中专家组报告涉及的所有问题的结论。

【案例评析】

又是一个涉及《反倾销协定》的案件。从这个案件专家组和上诉机构报告中,我们可以了解到《反倾销协定》许多程序性规定的细节。比如,在所有涉及《反倾销协定》的案件中,专家组或上诉机构都强调,协定第3.4条列举的因素是主管机关在确定损害时必须审查的因素,也就是说,这是进行反倾销调查的成员方的义务。在墨西哥玉米糖浆案中,就曾经因墨西哥主管机关没有审查全部15个因素而被专家组和上诉机构确认违反协定。但对15个因素的审查要达到什么程度,《反倾销协定》并没有提供现成的答案。从本案专家组和上诉机构的报告中,我们至少可以得出结论,协定第3.4条并没有要求对每一因素的分析都单独列出,只要从主管机关的报告中可以看到对每一因素的分析,就满足了第3.4条的要求。再比如,不止一个案件的专家组和上诉机构指出,要确立倾销和损害之间的因果关系,就必须首先区分由倾销造成的损害和由倾销之外其他因素造成的损害,并保证由其他因素造成的损害不被归因于倾销。这是协定第3.5条的规定,同样是各成员的主管机关在进行反倾销调查时必须遵守的义务。但具体用什么方法来区分,如何做到保证不把其他因素造成的损害归因于倾销,《反倾销协定》并没有规定具体方法。各成员的主管机关有权选择其认为合理,且不违反协定的方法。

从这两个例子我们可以看出,在《反倾销协定》没有规定具体方法的时候,只要遵守了协定规定的义务,在履行义务时的具体方法可以根据具体情况由成员自己决定。

巴西是发展中国家中最积极利用WTO争端解决机制的WTO成员。自1995年1月1日至2006年年底,它作为申诉方已经提出了22次申诉。巴西每次申诉都提出许多诉请,抓住每一个细节。以本案为例,它提出了近二十个涉及程序和实体的问题。虽然巴西并不是每次都可以赢得所有的诉请,但只有提出了诉请,专家组才可能分析并作出结论;如果因疏忽漏了哪一个问题,即使在开庭审理时提出,专家组也会认为不属于其职权范围而不予分析,这反而可能误了正事。

美国:对巴西进口橙汁的反倾销行政复审和其他措施（WT/DS382）*

申诉方:巴西

被申诉方:美国

第三方:阿根廷、欧共体、日本、韩国、墨西哥、中国台北、泰国

2008 年 11 月 27 日,巴西要求就美国对从巴西进口的橙汁反倾销行政复审中计算时使用的法律、条例、行政程序、实践和方法与其进行磋商。由于磋商未果, 2009 年 9 月 25 日 DSB 应巴西的要求决定成立专家组。专家组于 2011 年 3 月 25 日作出报告,6 月 17 日 DSB 通过专家组报告。

巴西的诉请针对美国商务部在计算从巴西进口的某些橙汁的倾销额时采取的“归零法”,包括“型号归零”和“简单归零”。除此之外,巴西还质疑美国商务部宣称在之后的反倾销程序中将持续采取的“归零法”。巴西认为,美国针对巴西橙汁的两次行政复审,以及在之后的反倾销程序中持续使用“归零法”,与《反倾销协定》第 2.4 条、第 2.4.2 条、第 9.3 条和 GATT 1994 第 6.2 条不符。

---

* 本案专家组报告初稿由华东政法大学国际法专业研究生潘頔撰写。

【专家组的分析和结论】

一、关于专家组职权范围的初步裁定

1. 第二次行政复审

美国声称,巴西成立专家组的请求将对巴西橙汁的第二次反倾销行政复审指明为争议的措施。然而,第二次行政复审的最终结果于2009年8月11日发布,远在巴西于2009年5月27日提出磋商请求之后。因此,美国提出,所谓的措施在提出磋商请求的时候并不存在,因此也不在磋商的范围中。巴西争辩道,尽管DSU第6.2条要求争议双方必须磋商,但该条并未要求在成立专家组请求中的措施与磋商请求中的措施一模一样。只要争议的“本质”没有改变,成立专家组请求中的措施仍在专家组权限范围之内。在本案中,尽管巴西在初始的磋商请求及其附件中没有提及第二次行政复审的最终结果,但第二次行政复审的最终结果是美国机构就有关同一产品采取的同样的行政程序的一部分。同时需要注意的是,巴西有关第二次行政复审的最终结果的诉请与其在初始磋商请求及附件中有关第二次行政复审及其初步结果是相同的。因此,专家组拒绝了美国请求初步裁定的诉请,并认为第二次行政复审的最终结果在权限范围之内。

2.“持续使用归零法”

美国请求专家组裁定巴西提出的“持续使用归零法”不在其职权范围内。美国的理由是:首先,巴西的专家组请求缺乏明确性;其次,巴西将未来的措施包括在内;最后,巴西所声称的措施并没有包括《反倾销协定》第17.4条要求的采取征收最终反倾销税或接受价格承诺的最终行动。专家组指出,在美国持续实施归零法案件中,欧共体指控的是作为“持续的行为”的“归零法”分别在18个独立的反倾销案子中使用。专家组认为,这是欧共体在寻求预期的救济。上诉机构否定了专家组的“为了成功针对措施提出诉请，申诉方必须首先证明该措施的存在和明确的内容，符合 DSU 第 6.2 条的要求”的观点。专家组认为，将专家组请求看作一个整体，巴西质疑的措施是美国“持续使用归零程序”作为一项“持续的行为”。综上，专家组认为巴西的专家组请求足够满足 DSU 第 6.2 条的标准，因为其合理地确定了“措施的本质和争议的主旨”。此外，专家组认为巴西针对“持续使用归零法”的措施的诉请并没有与《反倾销协定》第 17.4 条的要求不一致。因此，专家组驳回了美国初步裁定的诉请。

二、在行政审查中使用的“简易归零法”是否违反《反倾销协定》

巴西主张，通过使用“简易归零法”计算出倾销幅度，美国国际贸易委员会（USITC）的行为违反了《反倾销协定》第 2.4 条和第 9.3 条以及 GATT 1994 第 6.2 条。

专家组注意到，美国实行可追溯的关税评估机制，在入境时，美国以保证金的形式征收“抵押”，其代表着对进口商最终反倾销税责任数额的预估。利益相关方每年会要求一次行政复审，以决定在复审期间每次入境时实际上应征收的最终关税数额。因此，行政复审有两个目的：首先，为每个出口商建立总体的税率，这成为复审决定发布后入境时新的现金担保的比率，并继续适用直到下一次行政复审结束。其次，其建立每个进口商就相关复审期间发生的进口所必须支付反倾销税的最终数额，即进口商具体评估率。在每个涉案的行政复审中，美国商务部使用电脑程序处理每个出口商的出口价格和正常价格数据以计算单独的加权平均倾销幅度（Weighted-Average Margins，WAM）。

本案专家组指出，解决纠纷的关键在于如何理解《反倾销协定》中的“倾销”，它是指某个出口商的总体定价行为，从而必须衡量“所有产品”，还是也可以在每一笔交易的基础上来衡量？巴西认为应该是前者,美国则提出后者也是可以的。本案专家组用了较大篇幅对倾销的定义作了解读,得出的结论是:双方的观点都有一定道理,因此这个问题没有单一的答案。专家组希望多哈回合谈判能够解决这个所有成员都关心的"老大难"问题。

本案专家组不接受对《反倾销协定》中的倾销只能作一种解释的说法,但就涉及"归零法"的问题而言,上诉机构在"归零法"的一系列案件中对"倾销"的定义是非常明确的,那就是,倾销只能通过"产品作为一个整体",而不能通过单笔的交易来确定。

专家组接着分析了巴西对于《反倾销协定》第2.4条的主张。

巴西认为USITC在第一次和第二次行政审查中运用的简易归零法与《反倾销协定》第2.4条不符,并且这种不符合与美国实际收取的反倾销税无关。美国反对巴西的主张,认为第2.4条没有规定必须累加出口价格和普通价格的多项比较结果。巴西认为第2.4条第一句包含了调查机构在反倾销程序中确认倾销幅度时的义务。而美国认为公平比较仅限于保证价格比较时的调整。

在此前涉及"归零法"的案件中,上诉机构对于归零法的观点很清楚:无论怎样认定,它的结构都是会影响倾销幅度的计算,这是一种不公平的方法。在作了一番分析之后,专家组认定简易归零法违反了《反倾销协定》第2.4条对于公平比较的要求。专家组认为有了这一结论,没有必要再分析美国的措施是否违反《反倾销协定》第9.3条和GATT 1994第6.2条的问题。

三、持续使用归零法是否违反《反倾销协定》

巴西认为,USITC持续使用归零法是一种持续性行为,实质上违反了《反倾销协定》第9.3条,也与上诉机构在此前案件中对于GATT 1994第6.2条的看法相悖。

专家组首先讨论了持续使用归零法作为一种将来的行为是否受到WTO争端解决机构的管辖。专家组理解,在美国看来巴西所主张的这个“未来的”因素因缺乏确定性而本质上只能是一种推测。但是专家组认为,上诉机构并未要求对于未来的行为的绝对确定性。将要进行的行为可以简单地理解为是正在发生并且极有可能将来要发生的行为,是成员的作为或不作为,能够被争端解决机构所管辖,专家组没有发现任何不可以管辖的理由。

巴西主张所有的证明都表明 USITC 在已经在第一、第二、第三次行政审查中使用了归零法,证明表明 USITC 还将继续使用归零法对从巴西进口的橙汁进行反倾销税的征收计算工作。专家组审查了证据,认为巴西证明了在原始调查和后来的复审中 USITC 通过使用归零法来确定加权平均倾销幅度、现金担保率和进口商的评估率。

美国使用持续归零法的行为是否违反了《反倾销协定》第 2.4 条、第 2.4.2 条和第 9.3 条以及 GATT 1994 第 6.2 条？专家组在之前已经认定,USITC 使用简易归零法违反了《反倾销协定》第 2.4 条。因此,持续使用归零法程序也与简易归零法一样违反了《反倾销协定》第 2.4 条。出于司法节制,专家组不再对巴西认为 USITC 违反《反倾销协定》第 9.3 条以及 GATT 1994 第 6.2 条的问题作出结论。

【案例评析】

从专家组报告发布的时间看,本案是 WTO 处理的第 13 个涉及“归零法”的案件。起初,美国还全力抗辩,到后来,美国对案件的事实、法律都不再提出任何异议,专家组报告公布后,美国也不再上诉。

正如本案专家组指出的,“归零法”是否违反《反倾销协定》的相关规定,取决于对“倾销”这一概念的理解,申诉方和被诉方往往各执一词。由于上诉机构在多个案件中确定了在初始调查和复审中的“简单归零”和“型号归零”都不符合《反倾销协定》第 2.4 条对出口价格和正常价值作公平比较的要求,目前的状况是只要涉及“归零法”,美国“每案必输”。

但是从本案专家组的分析中可以看出,如果仅靠争端解决机构的解释,似乎还不能“让人信服”。与先前专家组在报告中的表述不同,本案专家组在报告的最后结论部分先说了如下一段话:"关键的问题是《反倾销协定》(和 GATT 1994 第 6 条)如何定义'倾销':这个概念是与出口商的总体定价行为相关,因而只能根据'产品总体'来衡量,还是也可以在单笔交易的基础上来考虑和衡量?虽然这是《反倾销协定》实施的基础,也是至关重要的,但我们对双方观点的审查和对此前专家组报告的分析使我们相信,对这个问题没有单一的答案。客观地说,上诉机构也承认这个问题不明确,这导致双方的观点都有合理性。但是,上诉机构始终认为对'倾销'只存在一种可以允许的解释,为了我们在前文谈到的重要的制度原因,我们决定遵从这个解释并得出了本报告的结论。然而,我们想再次强调,所有 WTO 成员都有强烈的制度上的利益,希望尽快有一个对'归零法'持久的解决方案。在这方面,我们注意到,WTO 成员不仅是通过争端解决机制来处理'归零'问题,它们也试图在多哈发展议程通过规则谈判组来讨论这个问题。"这段话非常明显地表明,专家组并不同意上诉机构的解释,但为了制度的协调,只能作出这样的决定。看来,如果《反倾销协定》规则谈判没有任何进展,这个问题终究会再次摆上桌面。

美国:对泰国购物袋反倾销措施
(WT/DS383)*

申诉方:泰国

被申诉方:美国

第三方:阿根廷、欧共体、日本、韩国、中国台北

2008 年 11 月 26 日,泰国要求根据 GATT 1994 第 23.1条、DSU 第 4 条和《反倾销协定》的相关规定,就美国对泰国塑料购物袋的反倾销措施中使用“归零法”与其进行磋商。由于磋商未果,2009 年 3 月 20 日 DSB 应泰国的要求决定成立专家组。专家组于 2010 年 1 月 22 日作出报告,2010 年 2 月 18 日专家组报告通过。

本案涉及美国商务部对泰国塑料购物袋反倾销调查中作出的肯定性终裁、修正后的肯定性终裁以及据此发布的反倾销征税令。美国于 2003 年 7 月 16 日发起针对泰国进口的塑料购物袋的反倾销调查。2004 年 6 月 18 日美国商务部作出肯定性终裁,并于同年 7 月 15 日公布了修正后的肯定性终裁。在美国国际贸易委员会确定损害后,美国于 2004 年 8 月 9 日对进口于泰国的塑料购物袋发布反倾销征税令。

泰国诉称美国在反倾销调查中使用了“归零法”,在

---

* 本案专家组报告的初稿由华东政法大学国际法专业研究生潘頔撰写。

计算倾销幅度时未基于全部事实,得出的倾销幅度和应收的反倾销税的数额超过了实际倾销的程度。美国依据此法作出的肯定性终裁、修正后的肯定性裁定以及发布反倾销征税令的措施与《反倾销协定》第2.4.2条第1句不符。

美国承认在计算其个别调查的出口商的倾销幅度时采用了"归零法",并没有基于全部事实。美国认可在美国针叶木材案V中,上诉机构通过对第2.4.2条中"倾销幅度"和"全部可比出口交易"的解释,认定在初始调查阶段以加权平均对加权平均法确定倾销幅度时使用"归零法"与《反倾销协定》第2.4.2条不符。美国同时也承认以上论证同样适用于本案中泰国的诉请。

【专家组的分析和结论】

泰国诉称美国使用"归零法"计算倾销幅度没有基于全部事实,与《反倾销协议》第2.4.2条第1句不符。美国对泰国的诉请并未提出异议。本案争议的问题与美国对厄瓜多尔虾反倾销措施案中的争议问题极为相似。与前一案的专家组一样,本案专家组认同并将遵循该案专家组的分析路径。

一、在被申诉方对申诉方的诉请无异议的争端中专家组的作用

专家组在其报告中开宗明义地讨论了本案中专家组在DSU第11条下的职责。与美国对厄瓜多尔虾反倾销措施案相似,被申诉方美国对泰国的各项诉请皆未提出异议,但双方没有达成满意的解决方法。

尽管美国决定不对泰国的诉请发表异议,专家组认为其仍应继续履行DSU第11条的职责,"对其审议的事项作出客观的评估,包括对案件各项事实以及有关适用协定的可适用性及一致性作出客观的评估"。

二、举证责任

鉴于本案与美国对厄瓜多尔虾反倾销措施案的相似性，专家组在报告中首先引用了前案专家组报告中有关举证责任的论述。

在美国对厄瓜多尔虾反倾销措施案中，专家组认为"由于本案的特殊性，举证责任问题显得尤为重要。在 WTO 争端解决程序中，提出积极诉请或者抗辩的一方负有举证责任。因此，厄瓜多尔作为申诉方首先必须举出初步证据以证明被申诉方违反了 WTO 协定的相关条款。然后再由被申诉方美国举出证据以驳斥厄瓜多尔的诉请"。专家组认为，仅根据美国对厄瓜多尔的诉请无异议这一事实并不足以认定厄瓜多尔的诉请有充分的依据。考虑到上诉机构曾提请专家组注意，不得在负有举证责任的一方举出初步证据之前作出裁定，专家组只有在厄瓜多尔举出初步证据的基础上才能作出对厄瓜多尔有利的裁定。在欧共体荷尔蒙案中，上诉机构认为专家组免除申诉方提供初步证据的义务，将举证责任转至被申诉方的做法是错误的。在美国博彩案中，上诉机构认定"专家组在申诉方未能举出初步证据的情况下，对诉请作出裁决的做法是错误的"，并指出，"初步证据必须建立在申诉方所提供的与诉请的各个方面均相关的'证据和法律依据'之上，申诉方不能期待专家组仅依据其所提交的证据即作出支持其关于被申诉方违反了 WTO 相关规则的裁定，也不能只强调争议的事实方面而不将它与有关法律依据联系起来"。

"尽管美国并未寻求驳回厄瓜多尔的诉请，专家组仍须认定，厄瓜多尔已初步证明美国违反了相关规定，且此类'证据或论据'足以界定违反协议的措施和所涉 WTO 相关条款和义务，并足以解释措施与相关条款不符的原因。"

本案的专家组认同美国对厄瓜多尔虾反倾销措施案有关举证责任的裁定，指出，尽管美国未寻求驳回泰国的诉请，专家组仍须认定，泰国已初步证明美国违反了《反倾销协定》第 2.4.2 条的规定。

三、美国在调查过程中使用的“归零法”

1. 泰国是否初步证明了美国商务部在被诉措施中使用了“归零法”

专家组首先要确定泰国是否证明了美国商务部事实上在被诉措施中使用了“归零法”。泰国在诉请中对美国在本案中使用的“归零法”的描述如下:(1)基于产品相似的性质将产品分为不同的“型号”,即类别;(2)在整个调查过程中,都按产品分类各自计算其在美国市场的加权平均价格和在相应国内市场的加权平均正常价值;(3)分别计算每种型号产品的加权平均正常价值,与对应的加权平均美国价格进行比较;(4)为计算出某一出口商的倾销幅度,先将其出口各类产品的倾销额相加,再除以所有产品类别的美国价格的总值;(5)在将各类产品的倾销额相加之前,对于倾销幅度为负值的产品类别将其倾销幅度视为零。

为了证明美国事实上在被诉措施中使用了“归零法”,泰国举出了美国商务部提供给其部分受调查出口商的肯定性终裁及修正后的肯定性终裁中美国商务部用以计算倾销幅度的计算机程序的复印件。专家组审查了相关计算机程序,并认为该程序表明美国在计算相关泰国出口商的倾销幅度时使用了“归零法”。

此外,专家组考虑到,在美国提交的书面意见中“美国认可泰国对美国商务部在计算单独调查的进口商的倾销幅度时是使用的‘归零法’的描述是准确的,而该计算方法并没有基于全部事实”。因此,专家组认定泰国已经初步证明美国商务部在被诉措施中使用了“归零法”。

2. 泰国是否初步证明了本案中美国商务部采取的做法与美国针叶木材案 V 中争议措施的相似性

上诉机构在美国针叶木材案 V 中认为,美国的措施与《反倾销协定》第 2.4.2 条不符。泰国基于以上结论诉称本案中美国商务部的措施与《反倾销协定》第2.4.2条不符。因此，本案的专家组要确定泰国是否已经证明本案中争议措施在所有相关方面都与美国针叶木材案V中的措施相同。

在美国针叶木材案V中，上诉机构对美国商务部在调查中使用的"归零法"做了如下描述："美国商务部将被调查产品（加拿大软针叶木材）依种类的相同或相似性分组。在每一组中，美国商务部都作了一些调整以确定交易的可比价格，并计算出每一组的单位加权平均正常价值和加权平均出口价格，两者之差即被视为'倾销幅度'。而当一个单位的加权平均正常价值等于或低于加权平均出口价格时，则视为此组产品不存在倾销。美国商务部先将其认为存在倾销的产品组的出口交易量与每单位差价相乘，再将这些比较结果相加。最后，美国商务部用这一相加结果除以所有被调查产品的出口交易值（包括未被计入相加结果的那些产品组的出口交易值），由此计算出每一出口商或生产商被调查产品（加拿大针叶木材）的'整体倾销幅度'。"

为了支持其主张，泰国提出了在美国商务部初裁中对于计算方法的描述，以及用以确定倾销幅度的计算机程序。专家组认为，泰国提供的证据足以初步证明美国商务部在本案中使用了泰国在诉请中描述的"归零法"。并认为，该方法与美国针叶木材案V中上诉机构所认定与《反倾销协定》第2.4.2条不符的方法是相同的。同时，专家组再次注意到，美国对泰国的诉请无异议，因而美国对使用"归零法"的承认进一步支持了专家组的这一结论。

3. 美国的做法是否违反了《反倾销协定》第2.4.2条

专家组对泰国的诉请进行法律上的分析，即美国商务部的措施是否与《反倾销协定》第2.4.2条不符。

泰国将美国针叶木材案V中上诉机构从"整体意义上"对"倾销幅度"和"全部可比出口交易"作出的解释作为支持其诉请的依据。本案专家组认为，尽管其并不受制于之前上诉机构或者专家组的报告，但采用先前的报告能够在WTO成员中构建法律的可期待性，特别是在争议事项相同的情况下,采纳先前争端的上诉机构结论不仅合理,而且也是专家组应当做的。

美国对厄瓜多尔虾反倾销措施案中的专家组对美国针叶木材案V中上诉机构的分析作出了如下解释:“上诉机构注意到问题的关键是如何解释协定第2.4.2条中的‘全部可比出口交易’和‘倾销幅度’。双方争议的焦点在于:成员方是否只需要在一组产品的层面上考虑‘所有’可比出口交易,还是在对各组产品的比较结果相加时也必须考虑所有可比出口交易。为审查这一事项,上诉机构参考了《反倾销协定》第2.1条对倾销的定义,确认GATT 1994第6.1条和《反倾销协定》第2.1条都明确规定,同调查机关所下的定义一样,‘倾销’的定义须与整体产品联系起来。而协定第2.1条对‘倾销’的定义适用于整个《反倾销协定》,包括协定第2.4.2条,确定‘倾销’的存在必须在被调查产品作为一个整体的基础上来认定,而不是受调查产品中的某一类、某一型号或是某一种。”“上诉机构还引用了其在欧共体床上用品案中的分析:不论用何种方法计算倾销幅度,该幅度必须并且只能建立在受调查的产品的整体上。因此,上诉机构认为‘只能对受调查的产品整体计算倾销幅度,而不能针对某一类、某一型号或者某一种产品’。”“上诉机构基于这一结论驳回了美国关于在对各组产品的多个比较结果进行相加时不适用第2.4.2条的论断。对上诉机构来说,当调查机关进行多重平均以确定被调查产品的倾销幅度时,各组产品的多个比较结果并不是第2.4.2条意义上的倾销幅度,而只能反映出调查机构在确定被调查产品的倾销幅度时所作计算的中间值。只有将所有这些中间值相加后才能得出整体被调查产品的倾销幅度。有鉴于此,上诉机构认为美国商务部在美国针叶木材案V中所使用的‘归零法’实际上意味着至少在一些出口交易中,对出口价格的认定偏低。因此,‘归零法’并没有将某些出口交易——那些加权平均正常价值低于加权平均出口价格的产品组的出口交易——的全部价格考虑进去。因此,‘归零法’夸大了整体产品的倾销幅度。”

美国针叶木材案 V 上诉机构在此基础上得出结论,将加权平均正常价值低于加权平均出口价格相比较的差价视为“非倾销”差价的做法与《反倾销协定》第 2.4.2 条不符。因此,上诉机构维持了该案专家组的裁定,即美国在确定倾销幅度时使用“归零法”与《反倾销协定》第 2.4.2 条不符。

美国对厄瓜多尔虾反倾销措施案专家组进一步注意到,“上诉机构报告在不同的案件中已经形成了一致的思路。从欧共体床上用品案到美国归零案(欧共体诉),上诉机构都认定在初始调查阶段以加权平均对加权平均法确定倾销幅度时使用‘归零法’与《反倾销协定》第 2.4.2 条不符”。

本案专家组仔细考虑了美国针叶木材案 V 中上诉机构的分析,以及美国对厄瓜多尔虾反倾销措施案专家组认定的上诉机构对在初始调查阶段以加权平均对加权平均法确定倾销幅度时使用“归零法”与《反倾销协定》第 2.4.2 条不符这一观点的思路。鉴于泰国诉请中所提出的事项在所有实质方面都与上诉机构在美国针叶木材案 V 中审查的措施相同,专家组认为泰国已经初步证明美国商务部使用“归零法”计算倾销幅度与美国在《反倾销协定》第 2.4.2 条下的义务不符,因为美国商务部在计算倾销幅度时没有“将所有产品作为一个整体”,并将全部可比出口交易考虑在内。专家组同时注意到,美国“承认”美国针叶木材案 V 上诉机构的分析“同样适用于本案泰国有关在调查阶段未基于全部事实计算单独调查的出口商的倾销幅度的诉请”。因此,专家组支持泰国的诉请,认为美国商务部如上述方式使用“归零法”与美国在《反倾销协定》第 2.4.2 条下的义务不符。

基于上述调查结果,专家组得出以下结论:美国未基于全部事实,使用“归零法”计算单独调查的泰国出口商的倾销幅度,作出肯定性终裁、修正后的肯定性终裁以及发布反倾销征税令的做法与《反倾销协定》第 2.4.2 条第 1 句的规定不符。依据 DSU 第 3.8 条,专家组得出结论,美国违背了《反倾销协定》的条款,构成对泰国在该协定下的利益的丧失或减损。因此,专家组建议争端解决机构要求美国使其措施符合在《反倾销协定》下的义务。

【案例评析】

本案是又一个涉及“归零法”的争端。自从印度提出了针对欧共体棉质床单反倾销案的纠纷(WT/DS141)以来,本案是WTO的争端解决机制受理的、由专家组和上诉机构解决的第12起涉及“归零法”的纠纷。在此前处理过的涉及“归零法”的案件中,除了最前面的两个案件是欧共体作为被申诉方,其余的案件都是以美国为被申诉方。在每一个经过专家组和上诉机构处理的案件中,凡是用“归零法”确定倾销幅度的,不管是在加权平均比较中使用,还是在逐笔比较中使用;不管是在原审调查还是在复审调查中使用,最终都被认定为不符合《反倾销协定》的相关规定。“归零”问题被频频提交到WTO的争端解决机制,也使这个问题成为“反倾销领域最热的话题”。①

《反倾销协定》第2条的具体规定确实没有明确提到“归零”的问题,在以往的案件中,专家组和上诉机构是通过对条款中“全部可比出口交易的加权平均价值”的解释,得出了“归零法”不符合《反倾销协定》相关规定的结论。在这方面,争端解决机构已经积累了足够的“判例法”,最早论及“归零法”的专家组报告动辄上百页,而后期的专家组报告只需要20页左右的篇幅。到了后期,美国更是采取了承认申诉方提出的所有诉请的态度。

尽管美国在一个个案件中败诉,但美国政府却拒绝修改其国内相关法律,而是要求在WTO的多哈发展议程中讨论对《反倾销协定》修改时将“归零法”明确为合法。美国的这一立场受到广大发展中国家成员的强烈反对。对美国这一要求的态度体现在《反倾销协定》谈判组主席两次提交的案文中。2003年的案文明显表现出倾向于美国的观点,2008年谈判组主席公布了第二次主席案文,仅对对立

① 宋和平主编:《多哈回合反倾销和反补贴规则谈判研究》,法律出版社2011年版,第83页。

双方的立场作了描述。[①]

由于 WTO 谈判中对立双方都很强硬，而争端解决上诉机构基本上采取了全面否定归零的态度，使得双方要想取得折中方案变得越加困难。看来，如果无法通过修改《反倾销协定》明确归零的合法或非法性质，归零的问题在 WTO 争端解决中还将长期存在下去。

① 参见宋和平主编：《多哈回合反倾销和反补贴规则谈判研究》，法律出版社 2011 年版，第 94 ~ 97 页。

欧盟:对中国钢铁紧固件的最终反倾销措施(WT/DS397)

申诉方(被上诉方、上诉方):中国

被申诉方(上诉方、被上诉方):欧盟①

第三方(第三参与方):巴西、加拿大、智利、哥伦比亚、印度、日本、挪威、中国台北、泰国、土耳其、美国

2009年7月31日,中国要求与欧盟磋商,解决欧盟根据欧洲理事会第91/2009号规则对中国的钢铁紧固件实施最终反倾销措施的问题。由于双方磋商未果,经中国请求成立了专家组。2010年12月3日,专家组作出最终报告。中国和欧盟分别提出上诉。2011年7月15日上诉机构作出了报告。2011年7月28日,DSB通过了上诉机构和专家组报告。

本案涉及的是欧洲理事会第384/96号条例第9(5)条和2009年1月29日欧洲理事会第91/2009号条例对中国出口的钢铁紧固件实施的反倾销措施。

① 本案在上诉时,欧共体在WTO的成员名称已正式改为欧盟。为叙述方便,作者统称为欧盟。

【专家组的分析和结论】

一、对法规本身的指控

专家组成立后，欧盟废止了理事会第384/96号条例，代之以理事会1221/2009号条例（以下简称为1221号条例）。欧盟对专家组职权范围提出异议。中国在申请成立专家组的文件中提出的是理事会第384/96号条例及其修订，在提交的书面陈述中提到了1221号条例。欧盟提出，理事会第384/96号条例已经被废止，1221号条例不是第384/96号条例的修订，因此不属于专家组的职权范围。专家组注意到1221号条例中第9(5)条与原先的规定几乎一模一样，其差别可以忽略不计；欧盟称其并没有修订384/96号条例，而是废止了该条例，代之以新的条例。专家组拒绝对“修订”二字做机械的解释，确认1221号条例属于专家组职权范围。

1. 1221号条例第9(5)条是否违反《反倾销协定》相关条款

1221号条例第9(5)条要求“针对每一供应商确定反倾销税额”，但同时规定，在可以适用第2(7)条的情况下，要确定的是相关国家的统一税率，除非受调查企业能够证明应当对其适用单独税率。根据这一条的规定，对于来自非市场经济国家的受调查产品，如果企业能证明其可以享受市场经济待遇，则该企业提供的信息将被用于计算正常价值和出口价格。不能享受上述待遇的可以申请享受“单独处理”（individual treatment），要享受单独处理，受调查企业须证明其资金和利润可以自由汇出（仅针对独资或合资企业）；出口价格、数量、条件由企业确定；汇率由市场决定；股权大多数为私人所有，董事会中政府官员是少数，或不受政府干预；如果可以得到单独处理的税率待遇，国家干预不会造成规避的现象。可以得到单独处理的企业，其产品的正常价值是按照替代国的资料计算的，但其出口价格可以按照企业提供的信息计算。不能得到上述两种待遇的企业产品将适用统一税率。欧盟根据受调查企业的“合作程度”来决定出口价格,“合作程度”指受调查的企业作出回复的比例,如果几乎所有受调查企业都做了回复,合作程度几乎100%,则这些企业出口价格的加权平均值会作为出口价格;合作程度越低,欧盟将根据其程度决定采用“可得事实”来补充缺失的信息,包括出口数量的信息。1221号条例第9(5)条对非市场经济国家不同类型企业在反倾销调查中的处理标准见下表:

企业类型	正常价值	出口价格	反倾销税率
企业符合市场经济标准	与其他市场经济国家调查相同处理,即使用企业提供数据		企业单独税率
企业符合单独处理标准	用替代国	用企业提供数据	企业单独税率
不符合上述两类的其余所有企业	用替代国	根据企业合作程度用加权平均价格或可得事实	出口国统一税率

欧盟提出,1221号条例第9(5)条只适用于计算反倾销税额,而中国认为它同样适用于计算倾销幅度。专家组认为,这是个事实问题,虽然欧盟没有提交证据,专家组认为,从文字表面看,第9(5)条确实适用于反倾销税的计算,但反倾销税的计算离不开倾销幅度的确定。欧盟称其对“单独处理”的企业不计算倾销幅度,但根据已有的证据,专家组不接受这一说法。专家组确认,第9(5)条不仅适用于计算反倾销税额,也同样适用于计算倾销幅度。

中国认为,1221号条例第9(5)条违反了《反倾销协定》第6.10条、第9.2条、第9.3条和第9.4条的规定。协定第6.10条规定,应该对每一个已知的出口商或生产者确定单独的倾销幅度,如果出口商太多,允许调查机构抽样,但须征得出口商同意,且不得阻止未被抽样的出口商自愿参加调查。为每一个出口商和生产者确定单独的倾销幅度,这是第6.10条规定的原则。双方对“抽样”是不是第6条允许的唯一例外有不同看法。欧盟列举了一些情况，认为在这些情况下，不可能对每一个出口商都实行单独税率，也不会采用抽样的方法，所以，抽样不是唯一的例外。但专家组不接受欧盟的观点，指出欧盟所列举的情况在协定的其他条款有规定，因此都不能算是例外。专家组认为第6.10条的结构就表明抽样是计算单独倾销幅度的唯一例外。证据表明，“单独处理”是一项独立的标准。专家组确认，1221号条例第9(5)条对非市场经济国家的生产者适用单独倾销幅度以满足其“单独处理”标准为条件，这不符合第6.10条。

协定第9.2条要求按照单独税率征收反倾销税，这样才能保证所征收的反倾销税数额合适。专家组根据第9.2条中一些关键术语的含义分析，确认其要求在征收反倾销税时指明每一个进口商和生产者，除非出口商和生产者数量太多不可能一一指明，调查机构才可以仅指明出口国家。第9.2条的规定与第6.10条有关联，1221号条例第9(5)条对非市场经济国家的出口商和生产者适用统一税率，除非它们能够符合“单独处理”标准，这不符合协定第9.2条。据此，专家组还确认1221号条例第9(5)条不符合GATT 1994第16.4条和协定第18.4条。

2. 1221号条例第9(5)条是否违反GATT 1994第1.1条

根据欧盟的做法，同样受到反倾销调查的产品，来自不同国家的待遇可能不同，专家组认为这显然违反了GATT 1994第1.1条的最惠国待遇原则。欧盟认为在反倾销调查中，来自市场经济和非市场经济国家的产品本身就有不同性质，专家组认为，协定中没有任何规定支持欧盟的说法。专家组确认1221号条例第9(5)条违反GATT 1994第1.1条。

二、对法规实施及结果的指控

1. 中国认为欧盟对1221号条例第9(5)条的实施也违反了协定第6.10条和第9.2条。在调查中，有110个企业应诉，欧盟抽样了9

个企业。这9个企业都要求市场经济地位待遇和单独处理。其中4个企业因提交虚假信息遭到拒绝,其余5个企业因达不到条件没有获得市场经济待遇,但都被批准了单独处理。欧盟认为中国质疑的措施根本不存在,因为5个企业都获得了单独处理,但专家组认为,提出申请的企业都得到了单独处理,并不能排除专家组对欧盟法律实施的审查。专家组已经确认1221号条例第9(5)条违反协定第6.10条和第9.2条,如果说本身违反协定的法规,它的实施却符合协定的规定,这是难以想象的。既然专家组已经有了上述结论,出于同样的理由,专家组确认1221号条例第9(5)条的实施也违反协定第6.10条、第9.2条。

2. 在确定国内产业的问题上,中国认为欧盟在调查中排除了欧盟内反对调查的生产者,因此违反了协定第4.1条。专家组同意中国的观点,即"国内产业是同类产品国内生产者的全部,或总产量构成国内总产量主要部分的国内生产者",只有"与进口商有关联的或本身既是生产者也是进口商的"的生产者才可以排除。但专家组审查了欧盟的实际做法,认为中国并未能证明其说法。中国还提出欧盟依据占总产量27%的生产者的数据作出结论,不符合第4.1条所要求的产量"占国内总产量主要部分"。专家组指出,协定没有规定具体的百分比,也没有规定确定国内产业的具体方法,而且双方都承认,协定第4.1条中要求的产量构成国内总产量"主要部分"可以低于50%。专家组注意到,支持调查的企业总产量占欧盟总产量的37%,而不是27%。专家组认为,中国未能证明27%的产量为何不能构成总产量的主要部分。既然第4.1条没有具体规定,欧盟的实践就没有违反第4.1条。

3. 在确定倾销的问题上,中国认为,协定第2.1条和第2.6条结合,构成了调查机构的义务,即受调查的每一项产品必须"同类";中国受调查的产品包括了标准和特殊紧固件,因此不符合第2.6条关于产品需"同类"的要求。专家组不支持中国的这一说法,第2.1条并没有谈到"同类产品"的问题;第2.6条是对整个协定中"同类产品”的定义，其并没有规定反倾销调查中如何认定“同类产品”。此前的专家组多次分析过这一问题，并驳回了相似的观点，中国并没有提出新的证据或观点。专家组确认，中国未能证明在同类产品问题上欧盟违反了协定第2.6条。

中国还认为欧盟在比较正常价值和出口价格时没有比较所有产品控制号(product control number, PCN)下的产品，也没有对不同产品作价格调整，违反了协定第2.4条。PCN是欧盟获取资料和对资料进行统计时使用的一种给产品编码的方法。专家组指出，价格比较必须根据协定第2.4条的要求，而不是根据调查机构获得信息的程序来判断。中国认为欧盟没有考虑所有PCN下的产品，这违反协定第2.4条。中国提出，欧盟在比较价格时，没有针对中国与印度产品的质量差异作出调整。专家组发现，中国指出的欧盟指令的具体段落涉及中国和欧盟产品的比较，中国认为由于它们质量不同，不能算是“同类产品”，但欧盟指令的这一段不是关于确定倾销存在的，甚至没有提到印度产品。专家组认为中国没有证明其诉请，因此拒绝了中国的指控。

4. 在确定损害问题上，中国提出，欧盟在确定进口产品是否大幅压低了价格时，没有比较所有PCN下的产品，违反了协定第3.1条和第3.2条。专家组注意到，第3.2条没有要求考虑影响价格的差异，既然专家组已经驳回了中国关于第2.4条的诉请，根据同样的理由，专家组也不支持中国的这一诉请。

在审查进口数量时，欧盟抽样的9家公司占配合调查的公司出口量的61%，占总出口量的39%。因其中4家公司提供虚假信息，作为不配合对待。另有5家公司主动参加调查，要求单独处理，4家获准，其中1家因被查出提供虚假信息被视为不配合。5家抽样的企业被确认存在倾销，3家主动应诉的企业中1家被确认存在倾销，另外两家确认没有倾销。然而，在确定损害时，欧盟把两家被确认没有倾销的企业的出口量也包括在“倾销进口量”之内，又把未被抽样的企业(不管其是否能得到单独处理)的产量都作为“倾销进口”。中国认为这违反了协定第3.1条、第3.2条、第3.4条和第3.5条。欧盟承认其考虑的“倾销进口量”包括了两家主动应诉且被确认不存在倾销的企业的出口量,但提出,这两家企业的出口量很小,因此,欧盟的做法总体上不影响其调查的客观性。专家组指出,DSB已经不是第一次处理这个问题。根据协定第3条,调查机构只能考虑倾销幅度超过微小量的进口,欧盟自己的调查已经确认两家企业没有倾销,在考虑倾销进口量时却包括了这两家企业,这显然不符合协定第3.1条和第3.2条。至于把未被抽样、未作审查的企业的产量都作为“倾销进口”,专家组指出,调查机构没有义务审查未抽样、未审查的企业的情况,如果关于抽样产品倾销的结论可以作为对未抽样、未审查企业征收反倾销税的基础,但同样的结论却不能作为未抽样、未审查企业存在倾销的证据,这既不符合逻辑,也是自相矛盾的。两家未被抽样,但得到单独处理的企业被确认不存在倾销,这一事实并不能排除调查机构依据证据把未抽样、未审查的所有企业的出口作为倾销。在这一点上欧盟没有违反协定第3.1条和第3.2条。专家组认为,没有必要再分析涉及协定第3.4条和第3.5条的诉请。

双方确认,在确定倾销进口造成的损害时,协定第3.4条列举的所有因素都考虑了,但部分因素考虑的是46个企业的数据,部分因素考虑的是7家抽样企业的数据。中国认为:(1)欧盟对各个因素的调查对象不同;(2)无视调查期间赢利能力好转,认为4.4%的赢利能力很低;(3)所有因素中只有市场份额显示下降趋势;(4)错误地确认进口产品在部分市场取代了欧盟产品。以上这些都违反了协定第3.1条和第3.4条。关于第一点,专家组指出,从理论上看,只要抽样是恰当的,调查机构就可以依据抽样数据作出最终结论。中国并没有质疑抽样做法,也没有提供证据证明欧盟的实际做法是错误的。关于第二点,专家组注意到,欧盟审查了赢利能力这个因素,也看到了在调查期间赢利能力好转的情况,而且对这一情况给出了解释。关于第三点,专家组指出,它并不对欧盟调查机构所作的调查重新调查,况且协定第3.4条要求审查的因素不是穷竭性的,调查机构还可以审查其他因素。专家组分析了1221号条例中的各项因素，确认欧盟的结论并没有错误。关于第四点，欧盟提出其并没有根据部分市场的情况作出最终决定。专家组审查了1221号条例中的相关部分，认为中国没有提供证明。专家组驳回了中国的四点指控。

5. 在确定因果关系问题上，中国认为欧盟关于中国进口产品造成欧盟同类产品产业损害的结论违反了协定第3.1条和第3.5条，主要是欧盟没有将造成损害的其他因素区别开来。专家组注意到欧盟审查了造成损害的其他因素，对此中国并无异议，问题是欧盟是否客观审查了所有证据。专家组认为，协定并不要求对所有证据的审查都支持调查机构的结论，有些证据可能不支持结论，只要调查机构作出合理的解释，也有证据支持，其审查就是客观的。专家组审查了欧盟对各项因素的分析，发现在审查除了进口之外造成产业损害的其他因素——欧盟国内产业的出口表现时，其结论所依据的生产者信息比欧盟国内产业的生产者范围更广，在这一点上，专家组确认欧盟未能对因果关系作出客观审查，违反了协定第3.1条和第3.5条。

6. 针对欧盟调查程序，中国一共提出了八个问题：没有披露欧盟国内产业的身份；没有披露确定正常价值中的一些因素；对问卷答复中非保密信息的处理；没有披露欧盟紧固件生产者的数据；确定欧盟国内产业的程序；对单独处理的决定程序；披露了某些保密信息；没有提供答复的充足时间。中国认为欧盟的做法违反了协定第6条和第12条的相关规定。专家组对中国与欧盟的磋商和中国成立专家组的请求作了分析，确认关于协定第6.9条的诉请不属于其职权范围。除了以下论及的两个问题外，专家组认为中国对其余问题都没有提供充分的证明。

专家组认为在对问卷答复中非保密信息的处理和披露保密信息方面，欧盟存在违反协定的情况。中国认为，有两个欧盟生产商的问卷答复涉及保密信息，他们所作的非保密摘要不够充分，不足以使人了解其实质，这违反了协定第6.5条、第6.4条和第6.2条。中国提交的第一次材料中涉及印度企业的问题说得不清楚，通过专家组提问和中国的回答,问题逐步清晰。欧盟对此提出质疑,但最终专家组认为没有影响欧盟的答辩权利。专家组注意到,第6.5.1条的目的是在信息保密和透明度之间寻求平衡。在欧盟提供的欧盟和印度生产商的资料中,有3个企业就损害情况提供了保密信息,但只对其中部分损害因素作了非保密概要,企业给出的理由是“无法在不披露保密信息的情况下作概要”。协定第6.5条要求调查机构确保受调查者在这种情况下给出的理由是恰当的,但没有证据显示欧盟考虑过这个问题。据此,专家组认为欧盟的做法不符合协定第6.5条。有了这一结论,专家组认为没有必要再分析关于协定第6.2条和第6.4条的诉请。欧盟抽样调查选了9家中国企业,这9家企业都要求市场经济地位,结果都被拒绝。3家企业提供的材料在封面都标明了“限制”(limited),在材料中还注明了保密要求。欧盟承认,写有“限制”的材料就是要求按保密信息对待,欧盟把所有材料合成了一本《对9家要求市场经济地位企业的评估》,这本材料提供给了中国政府、9家企业及包括申诉方在内的利害关系方,其中包括了标有“限制”字样的全部资料。专家组认为,欧盟既没有确认这些材料不应作为保密材料,也没有获得这些企业的同意,就原封不动地把材料公布了,这显然违反了协定第6.5条。

专家组对其他问题行使了司法节制。

【上诉机构的分析和结论】

欧盟和中国都提出了上诉,上诉机构将其概括,逐一分析,作出结论。

一、关于1221号条例第9(5)条本身及其实施不符合协定相关规定的问题

欧盟在上诉中提出,中国入世议定书(以下简称议定书)第15条规定,允许进口国调查机构对反倾销规则灵活适用。议定书第15(a)

条规定，如受调查的生产者能够明确证明，生产该同类产品的产业在制造、生产和销售该产品方面具备市场经济条件，则该 WTO 进口成员在确定价格可比性时，应使用受调查产业的中国价格或成本；如受调查的生产者不能明确证明生产该同类产品的产业在制造、生产和销售该产品方面具备市场经济条件，则该 WTO 进口成员可以使用不依据与中国国内价格或成本进行严格比较的方法。欧盟认为，符合市场经济条件的证明责任显然在受调查的企业。但上诉机构认为，从议定书的措辞可以看出，上述规定适用于确定正常价值，而不适用于确定出口价格。议定书第 15 条“不允许 WTO 成员为其他目的，例如，确定出口价格或单独还是统一倾销幅度和倾销税，对中国有不同待遇”。

专家组认为 1221 号条例第 9(5) 条不仅涉及反倾销税，也涉及倾销幅度的计算，欧盟认为这一结论是错误的。上诉机构指出，只有计算了倾销幅度，才可能征收反倾销税，而 1221 号条例的其他条款都没有规定单独处理和统一税率的问题。据此，上诉机构支持专家组的结论。

关于 1221 号条例第 9(5) 条违反协定第 6.10 条和第 9.2 条，上诉机构认为，第 6.10 条规定了对受调查企业各自确定单独税率的义务，但此义务不是绝对的，允许在特殊情况下的偏离。上诉机构注意到，第 6.10 条和第 6.10.2 条都规定了可以不适用“单独税率”的情况，但是从协定各条之间的关系出发，上诉机构确认，为每个受调查企业确定单独税率是调查机构的义务，只有在协定其他条款有明确规定的情况下，调查机构才可以偏离。欧盟认为抽样不是协定允许偏离上述义务的唯一例外，为此欧盟提出了五种不同的情况，认为这些情况都允许不适用单独税率。上诉机构认为这些情况或是没有偏离单独税率的义务，或是协定第 6.10 条或其他条款已有规定。上诉机构的结论是，协定允许的例外不仅是第 6.10 条规定的情况，也包括其他条款规定的情况。上诉机构进一步分析了协定第 9.2 条第 1 句和第 2 句，认为它规定了调查机构要指明供应商并明确各供应商的单独税率;但这一条的第3句允许在特定情况下适用统一税率,上诉机构认为,它要决定的问题是:根据1221号条例第9(5)条,欧盟把非市场经济国家不符合单独处理的企业都按统一税率处理,这是不是符合第9.2条所规定的例外,也就是要看为这样的企业确定单独税率是不是"不切实际"。经过分析,上诉机构认为,协定第9.2条没有允许欧盟这样做,1221号条例第9(5)条不符合协定第9.2条。上诉机构认为,根据协定第9.2条,调查机构有义务证明某些企业之间的关系足以作为一个整体对待,但1221号条例却要求被调查企业证明其符合单独处理的条件,否则就被作为一个整体,这显然与协定的规定相悖。上诉机构已经确认议定书第15条不能作为欧盟在确定出口价格时偏离协定义务的依据。从欧盟提交的证据看,其实践也不符合协定第6.10条和第9.2条。那么,协定第6.10条和第9.2条是否允许反倾销调查机构把国家和企业看成一个整体呢?上诉机构认为,这些规定本身并没有禁止反倾销调查机构把国家和企业看成一个整体,但具体审查欧盟单独处理的五个条件,其中仅有一个涉及国家与企业的关系,其余都涉及政府对经济活动的干预程度,据此,上诉机构确认,单独处理标准无法用以确定协定第6.10条和第9.2条所说的"国家和某些企业是否可以被视为一个整体"。欧盟将不能得到单独处理的企业都作为一个整体,不论其是否配合调查,这显然是错误的。

关于1221号条例第9(5)条违反GATT 1994第1条,上诉机构认为专家组疏漏了一个步骤,即如果一个成员的反倾销法规不符合协定,在什么情况下才不审查该法规与GATT 1994第6条的相符性而审查其是否符合GATT 1994第1.1条。上诉机构注意到,中国并没有提出关于GATT 1994第6条的诉请。据此,上诉机构认为没有必要对这一点作分析,专家组的这一结论没有实际意义。

专家组还确认1221号条例第9(5)条不符合GATT 1994第16.4条和协定第18.4条。欧盟对此上诉。既然上诉机构维持了专家组关于1221号条例第9(5)条不符合协定第6.10条和第9.2条的结论，上诉机构同样维持专家组的这一结论。

专家组认为，“说本身违反协定的法规其实施却符合协定的规定，这是难以想象的”，专家组据此确认欧盟第9(5)条的实施也违反协定的相关规定，欧盟提出上诉。上诉机构同意专家组的看法。欧盟提出它对符合条件的企业都给了单独处理，因此其实施不违反协定的规定。上诉机构指出，给予符合条件的企业单独处理，也许比一概否认单独税率要好一些，但仍然不符合第6.10条和第9.2条的要求。上诉机构维持专家组的结论。

二、关于中国未能证明1221号条例违反协定第4.1条和第3.1条的问题

专家组认为，中国未能证明欧盟在确定国内产业问题上违反了协定第4.1条和第3.1条，中国对此提出上诉。上诉机构首先分析协定第4.1条和第3.1条的含义，认为虽然这些条款没有规定构成“国内产业主要部分”的具体比例，但不等于说任何比例都可以称为“主要部分”。第3条和第4条要确定国内产业的目的很清楚，是作为确定损害的基础。那么，其产量占国内总产量27%的企业可以构成国内产业的“主要部分”吗？上诉机构注意到，1221号条例第4(1)条和第5(4)条规定其产量占总产量25%的企业就可以构成“国内产业的主要部分”，而欧盟认为27%可以构成国内产业“主要部分”的理由就是其达到了条例规定的25%的标准。中国没有对25%这一标准本身提出质疑，而是对这一标准在中国案件中的具体适用提出了质疑。上诉机构提出，协定第5.4条中提到25%是决定申请人资格而不是确定协定第4.1条中国内产业“主要部分”的，由于欧盟适用了与确定国内产业“主要部分”无关的标准，其在紧固件调查中确定的国内产业只占产业的一小部分，严重影响了收集资料的范围。此外，上诉机构发现，欧盟所称的“国内产业”包括的是配合调查的企业。上诉机构认为，把企业是否愿意合作作为是否将企业包括

在"国内产业"的依据,这是没有理由的。在实际操作中,欧盟向317家企业发出通知,70家企业愿意合作,欧盟以各种理由排除了其中25家(其中一个理由是有些企业不愿意作为样本),然后从45家中选出6家,采用了他们的信息作为损害的"微观样本",但在分析损害时使用的却是45家企业的信息。上诉机构认为,欧盟这样做缩小了作为分析损害基础的信息覆盖面,产生了扭曲损害决定的重大风险。据此,上诉机构认为专家组关于中国没有证明欧盟违反了协定第4.1条和第3.1条的结论是错误的。

在调查过程中欧盟曾经发布了信息文件,其中的数据与最终报告中的数据有出入。专家组接受了欧盟的解释,认为这不是最终文件,因此认为欧盟在确定国内产业时排除不支持调查的企业,这一做法没有违反协定。中国提出上诉,认为专家组违反了DSU第11条"对审议事项作出客观评估"的义务。上诉机构指出,并不是专家组的每一个错误都违反第11条的义务,它将在这样一个前提下审查中国的上诉。上诉机构注意到,专家组针对信息文件提出了问题,所以,专家组并没有完全不顾中国提供的证据,虽然专家组在分析过程中有一些前后矛盾的地方,但其结论没有错。上诉机构认为,专家组既没有超越DSU第11条给予的裁量权,也没有违反第11条。

三、关于欧盟在确定倾销时是否违反协定第6.4条、第6.2条和第2.4条的问题

在确定倾销时,欧盟提出的PCN有6个因素,但由于作为替代国的印度企业Pooja Forge无法按PCN提供产品信息,欧盟调查机构在确定倾销时用了其中两个要素构成"产品类型",对正常价值和出口价格的比较就是按产品类型进行的。欧盟在调查阶段的最后才公布了这一情况,两家中国企业要求了解欧盟确定的产品类型与PCN的区别,欧盟没有给予解释;中国企业再次指出Pooja Forge的信息不是按PCN提供的,并要求知道欧盟确定的产品,欧盟直到调查期

截止前一天才给予了答复。在仔细梳理了上述事实之后，上诉机构指出，根据协定第2.4条的最后一句，“主管机关应向所涉各方指明为保证进行公平比较所必需的信息”。上诉机构审查了欧盟的上诉，确认支持专家组的观点，欧盟的做法违反了协定第6.4条和第6.2条。

专家组认为中国未能证明欧盟违反了协定第2.4条，中国提出上诉，认为专家组没有分析中国关于协定第2.4条最后一句的观点。上诉机构注意到，专家组拒绝分析协定第2.4条的最后一句，虽然还没有达到违反DSU第11条的程度，但专家组应该分析中国的观点并作出结论。上诉机构认为，欧盟没有及时披露产品类型的信息，违反了协定第2.4条。

四、关于保密信息处理的问题

专家组认为欧盟对中国企业提供的保密信息的处理违反了协定第6.5条，欧盟提出上诉。上诉机构指出，协定第6.5条所称的保密信息有两类：一类是信息的性质决定，另一类是提供者在保密基础上提供的，两种分类可能重叠。上诉机构认为，协定第6.5.1条要求调查机构保证保密信息要有非保密的摘要，如果不能提供摘要，必须作出合理解释。欧盟认为，协定第6.5.1条的后面几句并没有规定调查机构的义务，只是要求调查机构尽量做到。上诉机构不同意欧盟的观点。欧盟确实没有审查那两个企业提出的理由是否存在，但又公布了企业提供的保密信息，因此，上诉机构支持专家组关于欧盟违反了协定第6.5.1条的结论。

作为替代国的印度企业Pooja Forge提供的大量信息都标示为保密，但既没有解释，也没有给出理由。专家组认为至少在产品类型方面的信息不能算保密信息，欧盟允许Pooja Forge在保密的基础上提供，又没有要求给出理由，违反了协定第6.5条。欧盟提出上诉，认为中国的诉请不包括这一问题，专家组不应当审理。中国则提出欧盟在专家组阶段对此没有提出异议。上诉机构认为,欧盟在专家组阶段没有提出异议,并不意味着它在上诉阶段不能提出这一问题。上诉机构注意到,中国的诉请在这个问题上包括两点:欧盟未能确保其国内生产者对保密信息提供非保密的概要;欧盟错误地把信息作为保密处理。由于涉及印度企业提供的信息,第一点显然不能涵盖,但第二点的范围很宽,足以涵盖欧盟对 Pooja Forge 信息的处理。欧盟还提出,中国在这一问题上本来没有提出观点,其观点是在专家组的提问中逐步形成的。上诉机构指出,如果申诉方没有对其诉请提出法律上的论点,专家组不应该通过其提问的权力来补充申诉方的观点,但这绝不是说专家组不可以对申诉方已经提出的观点仔细审查。上诉机构审查了专家组审理记录,确认中国只提出了违反协定第6.5条的诉请,而没有提出论点。因此,上诉机构推翻专家组与此相关的结论。

欧盟把国内程序的申请企业及支持调查的企业身份信息作为保密信息处理,这些企业给出的理由是害怕遭到报复,专家组认为理由成立,因此欧盟没有违反协定第6.5条,中国提出上诉。上诉机构审查了专家组的理由,认为专家组的说法并没有错误,因此维持了专家组的结论。

专家组认为市场经济/单独处理申请不是协定第6.1.1条所说的问卷,因此不受这一规定中"调查机构应该给使用问卷的生产商30天时间答复"的限制,中国对此提出上诉。上诉机构在分析之后确认,专家组的解释没有错误,据此维持专家组的结论。

综合来看,上诉机构确认欧盟1221号条例第9(5)条违反协定相关条款的有以下几点:1221号条例第9(5)条对非市场经济国家的进口产品以符合单独处理标准作为确定单独税率的条件,其本身和实施都违反了协定第6.10条和第9.2条,也违反了《WTO协定》第16.4条;欧盟没有给予中国企业合理机会了解产品类型信息,违反了协定第6.4条;欧盟在调查截止期前一天才提供产品类型信息,使中国企业在调查中无法保护自己的利益,违反了协定第6.2条;欧盟没有及时公布产品类型信息，违反了协定第2.4条；欧盟没有确保没有为保密信息作非保密摘要的生产商提出恰当理由，违反了协定第6.5条。

【案例评析】

本案是中国针对欧盟提起的第一个案件。尽管对欧盟实施其1221号条例的许多具体细节，专家组没有支持中国的诉请，但在中国对1221号条例本身违反《反倾销协定》规定的问题上，我们胜诉了。

反倾销措施现在是各国外贸部门经常使用的一种手段，它既有纠正不正当贸易行为的正面作用，又有阻碍他国产品进入本国市场，或者至少削弱进口产品竞争力的负面作用。WTO的《反倾销协定》就是为了规范各国的反倾销调查和反倾销措施，防止反倾销措施被滥用而制定的。众所周知，中国是世界上反倾销措施的最大目标国，这与中国出口第一大国的地位相关，与中国在入世时接受了不同于其他成员的条件有关，更与其他国家，特别是发达国家的法律歧视性规定有关。《反倾销协定》要求调查机构为每个已知出口商或生产者确定单独反倾销税率，除非这样做不切实际，而1221号条例第9(5)条要求受调查企业证明其符合单独处理的条件，否则就只能“享受”全国统一税率。表面看，这只是举证责任的不同，实际上却可能造成完全不同的结果。反倾销调查的时间通常有一年半到两年，在此期间，受调查企业要投入大量的人力物力，提供大量的信息，如果企业还要额外证明自己符合欧盟法律的“单独处理”条件，势必要花费更大的人力物力。且不说这样的努力是不是能够成功，即使成功，只不过是受调查企业的出口价格信息被采用，正常价值的计算仍然用替代国的信息。与证明市场经济地位不同，中国入世议定书第15条明确了受调查企业能证明在各方面具备市场经济条件的，受调查企业的中国价格和成本就作为计算的依据。而证明符合“单独处理”的条件，却仍然得不到这一待遇，这额外的支出，显然是对企业的不公平。中国入世议定书第15条允许其他成员“在确定价格可比性时……不依据与中国国内价格或成本进行严格比较的方法",但并没有允许其他成员施加比议定书更严苛的条件。

专家组和上诉机构都确认,欧盟法律的规定不符合《反倾销协定》的规定。根据 DSU 的规定,欧盟应该修改被确认不符合《反倾销协定》的条款。但是,我们不指望欧盟会很快将自己的法律修改得符合协定规定,我们预见在这个问题上,有可能要经历执行情况审查的程序。而最终解决问题可能要到中国入世议定书规定的 15 年之后。

美国:"归零法"用于对韩国产品的反倾销措施(WT/DS402)*

申诉方:韩国

被申诉方:美国

第三方:中国、欧盟、日本、墨西哥、泰国、越南

2009 年 11 月 24 日,韩国要求与美国进行磋商,以解决美国在对韩国出口的三项产品的反倾销调查中使用"归零法"的争议。由于双方未能就此争议达成一致意见,经韩国请求,2010 年 5 月 18 日,专家组成立。2011 年 1 月 18 日,专家组作出最终报告。2011 年 2 月 24 日,DSB 通过了专家组报告。

美国于 1998 年开始对韩国出口的不锈钢卷(SSPC)和不锈钢卷带(SSSS)两种产品展开反倾销调查。在调查之后,美国对上述两种产品分别发布了倾销的肯定性终裁、损害的肯定性终裁以及反倾销征税令。2005 年,美国又开始对韩国出口的钻石锯片展开反倾销调查,在调查之后,美国对钻石锯片发布了倾销的肯定性终裁和反倾销征税令。在此之后,美国又对上述三项产品分别发布了修正后的肯定性仲裁和修正后的反倾销征税令,以执

* 本案初稿由华东政法大学国际法专业研究生钱竽孟撰写。

行WTO争端解决机构在一些与本案无关的案例中作出的裁决。

韩国诉称,美国商务部在对上述三项产品的倾销幅度计算中,通过使用归零法所得到的韩国出口商的倾销幅度高于实际可能存在的倾销幅度,基于此计算结果而确定的反倾销税税额也高于未使用"归零法"计算所应得到的税额。所以韩国认为,美国的该种计算方法不符合《反倾销协定》第2.4.2条第1句的规定。并且,美国修正后的肯定性终裁和反倾销征税令同样也不符合《反倾销协定》第2.4.2条第1句的规定。

【专家组的分析和结论】

美国对于申诉方韩国的诉请未提出异议,它不仅未反对韩国就本案事实认定所提出的看法,也不反对韩国所引用的相关上诉机构报告与所认定事实之间的法律联系。但专家组认为,本案双方并没有达成意见一致的解决方案。因此,其仍应对本案相关问题得出自己的结论,特别是要"对其审议的事项作出客观的评估,包括对该案件各项事实以及有关适用协定的可适用性及一致性作出客观的评估"。

根据本案报告中所确定的专家组职能以及申诉方所负有的举证责任,韩国若想获得专家组的支持,必须提供初步证据以证明与美国所采用的"归零法"相关的三个问题。

1. 韩国是否已初步证明了美国在被诉措施中使用了"归零法"

为了证明自己关于美国在各个被诉措施中使用了"归零法"的诉请,韩国提供了一些计算机程序的复制件,这些程序被美国商务部用于涉案三种产品的调查。另外,韩国还提交了美国商务部在关于钻石锯片的反倾销调查与肯定性终裁相关的《事件和决策备忘录》。

韩国提交的这些计算机程序中都包含一条命令行"WHERE EMAGIN GT 0",这条命令行的含义是这些程序在进行相关产品的总倾销数额计算时仅考虑倾销幅度("EMAGIN")大于0("GT 0")的交易。其中,对钻石锯片的反倾销调查中使用的计算机程序还包含了"IF EMAGIN LE 0 THEN EMARGIN = 0"的命令行,这条命令行的含义是如果在该型号产品中计算得到的倾销幅度小于0则将其归零。而在与钻石锯片的反倾销调查有关的文件中规定了:"本部门将继续在该调查中不考虑抵消高于正常价值的出口交易。"

基于以上证据,又考虑到美国并不否认韩国关于美国商务部使用了"归零法"的看法,专家组认定韩国已经初步证明了美国在被诉措施中使用了"归零法"。

2. 韩国是否已初步证明本案中美国商务部所使用的"归零法"与美国针叶木材案V中提及的方法在所有相关法律方面都是相同的

由于申诉方韩国屡次提出,本案中美国商务部所使用的"归零法"和包括美国针叶木材案V在内的一系列案例中所涉及的方法是相同的,而后者已经被上诉机构认定是违反《反倾销协定》第2.4.2条第1句的规定的,为了判断本案中的被诉方法是否也同样违反该条款,专家组认为有必要分析前后两个案例所涉方法之间是否具有同一性。

在美国针叶木材案V中,加拿大的诉请称,美国在反倾销初始调查阶段中将加权平均正常价值与所有可比较交易的加权平均价格进行比较("加权平均对加权平均"比较法)时所使用的"归零法"不符合《反倾销协定》第2.4.2条。而在该案中,上诉机构对美国商务部在调查中所使用的"归零法"作了这样的描述:首先,美国商务部将受调查产品(加拿大针叶木材)按照非常相似或者大致相似的标准归类为各种产品组,然后在各个产品组中作出一定的调整以使交易具有可比较性,再计算出各个产品组的单位加权平均正常价值和单位加权平均出口价格。当某个产品组的单位平均正常价值高于单位平均出口价格时,它们的差额就是倾销幅度。而当某个产品组的单位平均正常价值等于或者低于单位平均出口价格时,则将其倾销数额视为零,视为不存在倾销幅度。其次,美国商务部将被认定为存在"倾销幅度"的产品组的单位差价与出口总量相乘,再把所有这些产品组的倾销数额相加。最后,美国商务部将所有倾销数额的和除以所有受调查产品的出口总额(包括视为不存在倾销幅度而没有被计入总和的产品组的出口额)。通过这个办法,美国商务部得出了每个出口商或生产商的受调查产品(加拿大针叶木材)的整体倾销幅度。该案上诉机构认为,通过使用归零法,调查机构将那些单位平均正常价值等于或低于单位平均出口价格的产品组中的差额视为零。而且归零法只在计算受调查产品的整体倾销幅度时运用。

专家组在审查了韩国提交的证据之后,认定韩国已经初步证明了美国商务部在受诉的三项反倾销调查的倾销幅度计算中所使用的方法与美国针叶木材案V中被上诉机构裁决违反《反倾销协定》第2.4.2条的方法在各个相关法律方面都是相同的。美国对此并无异议。

3.韩国是否已初步证明美国商务部所使用的方法与《反倾销协定》第2.4.2条是不一致的

从《反倾销协定》第2.4.2条的内容看来,该条款规定了三种计算倾销幅度的方法,即加权平均对加权平均比较法(W—W)、逐笔交易对逐笔交易比较法(T—T)以及加权平均对逐笔交易比较法(W—T),最后一种仅在例外情况下才可以使用。并且在条款中突出强调了“公平”、“正常”的比较方法。

韩国在本案中依据美国针叶木材案V的上诉机构报告来论证美国的行为与《反倾销协定》第2.4.2条的规定不一致。争端双方都发表了对专家组是否应遵循先例的看法:在韩国看来,虽然自身屡次提及美国针叶木材案V的上诉机构报告,但是它也和美国一样,都认同本案的专家组并不受制于先前上诉机构报告中的论断。先前已通过的专家组和上诉机构报告使得WTO成员产生了合理期待,并且在与先前案例相同的情形下,专家组被期待遵循上诉机构的论断。在美国看来,尽管如上所述认为专家组不受先例限制,但是它也承认先前案例中已通过的专家组报告和上诉机构报告可以被本案专家组借鉴考虑。而欧盟在其第三方观点中称:“专家组应当遵循上诉机构的裁决”。为了支持上述观点,欧盟引用了美国不锈钢案(墨西哥诉)中上诉机构的陈述:"若缺乏令人信服的理由,裁判机构应当以相同的方式解决后来发生的相同的法律问题"。

专家组认为,WTO 的争端解决程序中并不存在遵循先例的制度,并且专家组也不受上诉机构的观点限制。但是,专家组仍然赞同韩国的观点,即先前已通过的专家组和上诉机构报告使得 WTO 成员国产生了合理期待,并且"与上诉机构的论断保持一致不仅是正确的,同时也是专家组被期待的做法,特别是当争端与先前案例的情形相同时"。

在确定了对待先例的态度之后,专家组引用了美国进口虾案(厄瓜多尔诉)的专家组报告,而该报告则引用了美国针叶木材案 V 的上诉机构意见。

上诉机构在分析协定第 2.4.2 条的内容时注意到它需要解决的问题在于如何正确解释该条款规定的"所有可比较出口交易"和"倾销幅度"这两个术语。在对待这个问题的态度上,当事双方争议的焦点在于,WTO 成员国在看待"所有"可比较出口交易时,是否只需要在产品组层面考虑,还是说将所有产品组的比较结果相加时必须考虑所有交易。为了解决这个问题,上诉机构引用了《反倾销协定》第 2.1 条对倾销的定义,认为协定第 2.1 条对倾销的定义适用于整个协定,也包括第 2.4.2 条,并且"要确定《反倾销协定》意义上的倾销,必须将受调查产品作为一个整体加以考量,而不是在该产品的尺寸、型号或者种类层面上确定倾销的存在"。然后,上诉机构又引用了它在欧盟床单案中的报告,其内容与上述条款的规定相仿。通过引用《反倾销协定》和欧盟床单案上诉机构报告的内容,上诉机构得出了结论,即倾销幅度应当针对受调查产品整体。因此,美国认为协定第 2.4.2条不适用于产品组层面的多重比较结果相加之和的观点遭到了上诉机构的否定。上诉机构认为,即使调查机关采取了多重平均的方法以确定受调查产品的倾销幅度,在产品组层面进行多重比较所得的结果也不是协定第 2.4.2 条意义上的倾销幅度,它们只是调查机构在确定受调查产品整体的倾销幅度过程中的中间计算值。调查机构只有把所有这些中间计算值相加才能确定受调查产品之整体倾销幅度。根据以上论断,上诉机关认为美国商务部所采用的归零法“实际上并没有将所有出口交易的价格计入在内,未计入的价格来自于那些加权平均正常价值低于加权平均出口价格的产品组中的交易。通过这样的做法得到的倾销幅度被夸大了”。上诉机构在综合上述分析的基础上得出结论,美国在比较加权平均正常价值低于加权平均出口价格的交易时将其视作“非倾销”的做法与《反倾销协定》第2.4.2条的规定不一致。

本案专家组注意到,事实上,在“一系列具有一致性的上诉机构报告”以及三个先前案例中的专家组均认定,“归零法”的使用与《反倾销协定》第2.4.2条是不一致的。专家组仔细考虑了美国针叶木材案V中专家组的上述论断,并将其纳入自己的报告中。除此之外专家组还认定,美国在本案中未能提出任何法律观点来反驳上述案例中专家组和上诉机构的结论。所以,专家组对这最后一个问题的看法是:韩国已经初步证明了美国商务部所使用的方法与《反倾销协定》第2.4.2条是不一致的。该结论的依据是美国商务部在计算受诉倾销幅度时并未将所有可比较出口交易加以考虑。

有鉴于韩国已经初步证明了受诉措施违背了相关协定,而美国未能就此提出任何反驳意见,专家组认定美国使用归零法的行为与其在《反倾销协定》第2.4.2条项下所承担的义务不相符。

基于上述分析和论证,专家组对于本案得出以下最终结论:首先,美国在韩国出口的三项产品的反倾销调查中计算倾销幅度时使用归零法的行为与《反倾销协定》第2.4.2条第1句不相符。其次,美国商务部认定韩国产品存在倾销的肯定性终裁、修正后的肯定性终裁、反倾销征税令以及修正后的反倾销征税令也与上述第2.4.2条第1句不相符。最后,专家组建议争端解决机构要求美国使其措施符合其在《反倾销协定》下所负的义务。

【案例评析】

本案涉及美国在反倾销调查中所采用的“归零法”。多数 WTO

成员国都认为归零法的使用违背了《反倾销协定》的规定和非歧视的原则,因为归零法无论在反倾销调查的任何时候以任何方式体现,其本质都是"在认定倾销时无视出口价格高于正常价值的那部分交易,却在认定损害时将这部分交易量考虑进去",[①]具有浓厚的贸易保护色彩。近年来,美国在反倾销调查中频频采用归零法的行为备受其他成员国诟病。下面就从本案角度以及归零法的相关现状两个方面进行分析。

本案的显著特点是争端双方对事实认定均没有任何异议,唯一的分歧在于专家组是否应当遵循先例——所谓先例是指已通过 DSB 裁决的欧盟床单案、美国针叶木材案 V 和美国进口虾案(厄瓜多尔诉)等案例。通过专家组报告可以看出,在本案中美国并未表现出比较积极的应诉态度。在争端双方进行陈述时,美国不仅未就韩国对事实的描述以及所提出的证据发表任何不同看法,对韩国所引用的先前案例的上诉机构报告与本案的法律联系也作出了正面的承认;并且在专家组对本案的实质性问题进行考察时,美国也未能提出任何法律观点来反驳申诉方的诉请,甚至于承认先前案例的上诉机构报告可以被本案专家组借鉴考虑。美国仅在专家组的职能确定以及是否遵循先例方面提出了自己的看法。

《反倾销协定》第 2.4.2 条规定了三种用于确定倾销幅度的比较方法,即加权平均对加权平均比较法(W—W)、逐笔交易对逐笔交易比较法(T—T)以及加权平均对逐笔交易比较法(W—T)。虽然本案只涉及 W—W 法中使用归零法的正当性,但是如上所述,在经过一系列专家组报告和上诉机构报告的裁决之后,各成员国对这一问题已经基本不存在争议,普遍认为该种情况下归零法的使用应当被禁止,即使强硬如美国也于 2006 年宣布放弃在 W—W 法中使用归零法。本案中受诉的反倾销调查以及倾销幅度的计算也是于美国放弃在 W—W 法中使用归零法之前进行的。所以,单纯讨论 W—W 法的

---

① 刘银:"归零法:反倾销领域的一个问题",载中国商务部 2006 年《"应对贸易摩擦——创新与发展"获奖论文集》。

情况已经不具有太大的现实意义,应当对归零法在上述三种比较法中的使用都加以分析。

在上述三种比较方法中,W—W 法和 T—T 法是《反倾销协定》第 2.4.2 条规定常用的两种方法。其中 W—W 法已经在早先的案例中被基本明确禁止使用归零法,而 T—T 法中是否禁止使用归零法的问题也在美国针叶木材案 V 和美国归零案(日本诉)的上诉机构报告中得到了确定。W—W 法中归零法的使用之所以被屡次裁定为违背《反倾销协定》,是由于被申诉方曲解了协定第 2.4.2 条所规定的“倾销幅度”以及“所有可比较出口交易”的含义,通过对受调查产品进行分组等方法不当地忽视正常出口交易对倾销幅度的影响,人为提高了倾销幅度和反倾销税的额度。而后者 T—T 法中归零法被否定的根本原因在于美国归零案(日本诉)中上诉机构所总结的:“倾销”和“倾销幅度”只针对受调查产品整体而存在,逐笔交易比较的结果只是确定受调查产品整体倾销幅度的中间计算值。除此之外,虽然第 2.4.2 条并没有对于 T—T 法作出“所有可比较出口交易”的规定,但是作为与 W—W 法并列的常用方法之一,其势必不能与 W—W 法在计算倾销幅度时产生“系统性的不同”。而第三种 W—T 法只能在例外情形下适用,虽然已经有美国归零案(欧盟诉)和美国归零案(日本诉)对此提出过质疑,但是当前还未就该种方法是否可以采用归零法得出明确的结论。因此,第 2.4.2 条所列举的两种常用比较方法中归零法的使用都已经被先前案例的专家组和上诉机构加以否定,而 W—T 法中使用归零法的正当性还没有先例可以参考。

美国是当今因归零法被申诉最多的国家,并且屡屡败诉。为了执行相关裁决,美国对其反倾销调查制度进行了一些修改,包括前述放弃在 W—W 法中使用归零法的举措。在 2010 年 12 月 28 日,美国商务部对归零法的使用提出了修正案,称其先前已在初始调查阶段的 W—W 法中将各组倾销额度相加时允许加权平均出口价格高于加权平均正常价值的差额抵消其他产品组中比较所得的倾销额(取消初始调查阶段 W—W 法中归零法的使用），现在为了执行美国归零案（欧盟诉）等四起案例中上诉机构的裁决，而作出以下修改：对于行政复审阶段，同样取消 W—W 法中归零法的使用，此外对于 T—T 法也放弃使用归零法。这样的修正案确实体现了美国服从 DSB 裁决的态度，但是在该修正案中美国并未完全放弃对归零法的使用，仍留下了一条但书规定：“若美国商务部认为其他比较法更适当则可适用其他方法。”经过几次反复，法律终于获得通过，并于 2012 年 4 月 16 日生效。[①] 可以预见今后调查机构在一般情况下不会再使用归零法，但是这并不意味着美国放弃在其认为必要时采用归零法的权利。

虽然迫于其他成员国的压力和争端解决机构的裁决，美国不得不对归零法的使用作出修改，但是美国仍未彻底放弃使用归零法。尽管 WTO 成员可以通过争端解决机制应对相关的争端，但是端解决机构终究没有能力代替美国改变其政策，只有美国自身立场的转变才能根本取消归零法的使用。每一个 WTO 成员都应当以负责任的态度对归零法说“不”，促进国际贸易的健康发展。

---

① 19 CFR §351.414.

美国:对越南虾类产品的反倾销措施（WT/DS404）*

申诉方:越南

被申诉方:美国

第三方:中国、欧共体、印度、日本、韩国、墨西哥、泰国

2010年2月1日,越南请求与美国磋商,以解决美国就越南冷冻温水虾及其他虾类产品的反倾销程序中适用"归零法"等问题。由于双方磋商未能取得满意的结果,经越南请求,DSB于2010年5月18日决定成立专家组。2011年7月11日,专家组公布了最终报告,报告于2011年9月2日通过。

本案涉及美国在多个反倾销行政复审过程中适用"归零法"的问题。越南认为,美国商务部在第二次、第三次以及此后进行的各个行政复审中都使用了"简单归零"的方法,忽略了某些交易的出口价格高于正常价值的部分,人为地扩大了越南出口商的倾销幅度,违反了《反倾销协定》第9.3条、第2.1条、第2.4.2条以及第2.4条。基于对归零法"应用"的诉请,越南还对归零"本身"的合法性提出了申诉。

此外,鉴于越南的非市场经济国家地位,美国认为越

* 本案初稿由华东政法大学国际法专业研究生叶偲煜撰写。

南出口商的出口行为事实上受政府控制，美国依据可得信息为绝大部分的越南出口商确定了一个全国性的统一税率，为能够证明其出口行为独立于政府的越南出口商确定一个单独税率。越南认为，美国在挑选受单独审查方的过程、单独税率的计算方式以及确定全国性统一税率等措施上与 WTO 的规则不符。

【专家组的分析和结论】

一、专家组的职权范围

越南提出，美国在虾类产品的反倾销程序中的"持续适用可被质疑的实践"措施应当作为本案的争议措施之一。越南认为，该项措施涉及美国商务部持续进行的行为，包括在多个相互承接的反倾销程序中持续适用三项可被质疑的实践（归零法、越南全国性的统一税率、数量有限的越南出口商获得单独调查的机会）。这一措施不仅被运用在了已经结束的行政复审程序中，同时也涉及持续进行的以及延伸至未来的行政复审，因此该项措施具有面向未来的性质。越南认为，在美国持续存在和适用"归零法"（欧共体）一案中，欧共体诉称的具有面向未来性质的措施与本案中的措施极为相似，于是越南引用该案中上诉机构的裁决来支持自己的上述观点。

美国辩称，越南的诉请不符合 DSU 第 6.2 条的要求。既然越南在要求成立专家组的请求中没有明确美国商务部"持续适用可被质疑的实践"是本案的争议措施之一，因此在专家组审理具体案件时，它不属于专家组的审理范围。美国还指出，该项措施在 WTO 争端解决程序内是无法得到审理的，因为它具有面向未来的性质。因此，美国请求专家组对此作初步裁定，裁定该措施不属于专家组的审理范围。

在美国持续存在和适用"归零法"（欧共体）一案中，上诉机构将 DSU 第 6.2 条的要求概括为两个方面：（1）在要求成立专家组的请求中,申诉方须明确争议的具体措施是什么;(2)申诉方亦须对申诉的法律基础进行一个简要的概括。可见,美国的请求是基于 DSU 第 6.2 条中第一个方面的要求,即越南未能在要求成立专家组的请求书中明确争议的具体措施。

专家组认为,根据对 DSU 第 6.2 条的理解,确定一项措施可以通过两种方式:(1)在形式上明确,如确定法律法规的名称、案号、颁布的时间、地点等;(2)通过对该措施的本质进行叙述性的描写,在实质上确定措施。专家组分别从确定措施的两种方式上,检查越南在要求成立专家组的请求中是否明确了"持续适用可被质疑的实践"这一措施的存在。如果不明确,那么该措施就不能落在专家组的审理范围之内。

专家组注意到,在要求成立专家组的请求书的第二部分的导言段落中,越南仅仅列明了 6 项具体的争议措施(美国商务部在初始调查阶段的最终决定,第一、第二、第三次行政复审的决定,第四次行政复审的初步决定以及美国商务部发动日落复审的公告)。在这些具体列明的措施中完全没有涉及"持续适用可被质疑的实践"这一措施。因此专家组认为,单从形式上分析,专家组的审理范围仅仅局限于这 6 项具体的行政决定。

专家组还注意到,除了明确了对适用"归零法"本身违法的申诉,在要求成立专家组的请求书中,越南并没有表露出其意图将美国商务部在未来反倾销程序中作出的决定作为争议措施列入专家组的审理范围,也没有明确已列明的 6 项争议措施具有任何面向未来的性质。同时专家组发现,请求书中仅仅囊括了越南作出成立专家组的请求时已经存在以及持续进行的措施,例如,第四次行政复审的初步决定或发动日落复审的公告,而没有包括这些反倾销程序下的最终决定。因此,专家组无法在实质上推断出"持续适用可被质疑的实践"的性质,也无法在请求书中推断出越南对该措施的申诉是正当的。

回顾美国持续存在和适用"归零法"(欧共体)一案,专家组注意到，欧共体提交的请求书中不仅明确指明了各项反倾销令下征收的反倾销税以及根据这些命令的最新裁决，也明确指明了欧共体意图将一项始于专家组成立之前并且持续进行的行为——持续征收18项反倾销税，作为争议措施请求专家组裁决。欧共体在请求书中对“持续征税”这一措施的描述，作为“示范”向所有申诉方展示了应该如何将具有面向未来性质的措施列入专家组的审理范围。然而，越南没有使用与欧共体相同或相似的术语来阐述其请求，越南也没有表露其意图将美国商务部持续进行并将延伸至未来的行为列入专家组的审理范围，以至于专家组最终无法从请求书中辨认出“持续适用”的措施是可被质疑的措施。

值得注意的是，越南在最初要求磋商的请求中明确了“持续适用可被质疑的实践”作为一项争议措施列入双方磋商的范围。然而，在要求成立专家组的请求中却省略了类似的语句，这一事实证明了越南的请求排除了涉及“持续适用”的措施。越南抗辩认为，没有在要求成立专家组的请求书中明确的措施也可以被列入专家组的审理范围，因为它们是附属于那些已经明确了的措施，即两者有密切的联系。为了支持这一说法，越南引用了“日本胶卷案”以及“阿根廷鞋类案”中专家组的裁决。

专家组认为，越南所引用的裁决不能支持它在本案中的主张，最重要的原因在于构成“日本胶卷案”以及“阿根廷鞋类案”两案裁决的基本逻辑依据与本案不同。在“日本胶卷案”以及“阿根廷鞋类案”中，专家组有这样一个逻辑：假设有措施A和措施B，两个措施之间有非常密切的联系，那么申诉方对措施A的合法性的质疑，将会提示被申诉方（即便措施B未被明确为争议措施），它可能会对措施B同样也提出质疑。而本案中专家组认为，这种逻辑并不适合本案，因为越南提出的“持续适用”这一措施其实质是对同一实践的申诉，是同一措施的延伸，而非两个截然不同的措施。就本案而言，专家组认为，已经在请求书中明确的特定措施并不会向被申诉方和第三方提供明显的提示，因为此时申诉方并不是意图对另一项有密切联系的独立的措施提出申诉.而是意图对该特定实践的“持续适用”进行申诉,即是对一个行为的不同阶段提出的诉请,而其本质是同一实践,与上述两案中确立的逻辑依据有很大的不同。鉴于此,任何成员方都会期待申诉方在请求书中清晰地确定一项涉及“持续适用”的争议措施。

鉴于上述的整体分析,专家组得出结论,认为越南要求成立专家组的请求没有能够明确“持续适用可被质疑的实践”这一措施是本案的争议措施。因此,专家组裁定该项措施不属于其审理范围之中。基于这个结果,本案专家组的审理范围仅仅就限于美国商务部在第二次、第三次行政复审中的决定①以及对美国“归零法”本身的定性问题。

既然已经认定“持续适用可被质疑的实践”这一措施不属于专家组的职权范围内,专家组对美国要求裁定支持“该项措施在WTO的争端解决机制的框架下是无法得到解决的”这一诉请采用了司法节制的原则。

二、定期复审中简单归零的“应用”

越南请求专家组裁决美国商务部在第二次、第三次行政复审中使用“简单归零法”计算被单独调查的出口商的倾销幅度与《反倾销协定》的第9.3条、第2.1条、第2.4.2条和第2.4条以及GATT 1944第6.2条的要求不符。对于这项诉请,专家组首先要考虑越南是否提交了足够的初步证据用以证明美国在这两次复审中使用了归零法,再考虑美国商务部的行为是否违反了越南所引用的条款。

---

① 美国商务部对越南虾类产品发动反倾销程序的原始调查阶段以及第一次行政复审的结束时间是2006年1月31日,而越南是于2007年1月11日加入世贸组织的,因此越南无法对加入世贸组织之前已经结束的行政程序(原始调查阶段以及第一次行政复审)向WTO提出申诉。

1. 美国商务部是否在定期复审中使用了"归零法"

越南向专家组提供了有关美国商务部电脑程序的"日志"以及"输出信息"的打印资料，用以证明美国商务部在第二次及第三次行政复审中，对被选定为强制审查的两家越南出口商("Minh Phu"公司以及"Camimex"公司)使用了"归零法"。同时，越南也提交了一份由国际贸易分析员、前美国商务部雇员麦克·费里尔作出的书面证词，解释了美国商务部设计的电脑程序如何在原始调查阶段以及行政复审中运用归零法。最后，越南还向专家组提供了附于美国商务部各行政复审的最终决定之下的《问题与决定的备忘录》(以下简称备忘录)，这备忘录证明了美国商务部在第二次以及第三次行政复审中使用了"归零法"。

专家组认为，越南提供了足够的初步证据来证明美国商务部在计算被强制检查的越南出口商的倾销幅度时使用了"归零法"。此时，举证责任转而落在了美国这一方。值得注意的是，美国没有对越南提供的证据进行反驳，也没有否认其在行政复审中使用了"归零法"。因此，专家组遂确认美国在第二次以及第三次行政复审中使用了"归零法"。

2. 美国商务部的做法是否违法了《反倾销协定》的第2.4条

与过去其他有关美国归零法的案件相比，本案有其特殊之处：在第二次以及第三次行政复审中，对所有被选定强制审查的出口商，美国商务部计算出来的倾销幅度的总和要么是零，要么是可以被忽略不计。这就产生了一个问题：即便美国使用了"归零法"，但如果计算得出的结果是被审查者不存在倾销，那么还能认定它的行为是与WTO规则不符吗？

越南指出，《反倾销协定》第2.4条中规定的"公平比较"为反倾销调查当局设定了一个独立的义务，要求调查当局对出口价格与正常价值进行公平的比较。越南认为，在定期复审中使用"归零法"就会违反这项义务，尤其是当它系统性地排除某些交易中出口价格与正常价值的比较结果。越南注意到，此前案件中上诉机构之所以裁决"归零法"与第2.4条不符，是因为它导致出口价格高于正常价值的那部分交易的真实价值被忽略，从而扭曲了某些出口交易的价格；也因为它人为地扩大了倾销的程度，导致了更高的倾销幅度，从而使调查当局更有可能对倾销作出肯定性的裁决。因此越南认为，尽管美国商务部计算出的倾销幅度是零或可被忽略不计，但它使用"归零法"的做法已经与《反倾销协定》第2.4条不符。

美国辩称，《反倾销协定》第2.4条涉及的是在反倾销调查当局对出口价格与正常价值两者进行比较之前，有关两者之间的可比性问题。该条款并不涉及如何处理这些比较的结果，也没有要求将所有的结果进行累计。因此，第2.4条并不禁止"归零法"。美国还辩称，在倾销幅度是零或可被忽略不计的情况下，不能认定倾销幅度被"人为地扩大"或者"在本质上不公平"，况且根据《反倾销协定》第9.3条，"归零法"不会导致征收的反倾销税超过实际的倾销差额。

专家组注意到，上诉机构在过去的案件中已经指明了使用"归零法"来计算倾销幅度在本质上与"公平比较"的要求不符。专家组指出，即便在某些情况下不存在反倾销责任，使用"归零法"也将歪曲出口交易的总体价格，因为它将忽略出口价格高于正常价值的那部分交易的真实价值。事实上，越南也已经证明了美国商务部在第二次以及第三次行政复审中，为选定的出口商计算倾销幅度时，忽略了出口价格高于正常价值的那部分比较结果。因此专家组认为，美国的做法与《反倾销协定》第2.4条不符。

鉴于专家组已经认定美国的做法违反了《反倾销协定》第2.4条，对于越南的其他诉请的裁决无益于争端的解决，也不存在其他的履行可能，因此专家组对越南根据《反倾销协定》第9.3条、第2.1条、第2.4.2条以及GATT 1994第6.2条提出的诉请采用了司法节制原则。

三、定期复审中简单归零的"本身"

越南还提出了对归零法"本身"的诉请，它请求专家组裁决在定期复审中，使用归零法计算倾销幅度这一措施“本身”与《反倾销协定》第9.3条以及GATT 1994第6.2条不符。专家组首先需要考虑的是，越南是否已经合理地证明了归零法本身作为一项“普遍和非追溯适用的规则或规范”而存在，其次再考虑归零法本身是否与《反倾销协定》第9.3条以及GATT 1994第6.2条不符。

1. 越南是否已经证明了归零法本身作为一项“普遍和非追溯适用的规则或规范”而存在

越南主张，先前的专家组和上诉机构已经生效的裁决作出了这样一个总结：美国“归零法”本身是一项可被质疑的规则或实践。越南认为，遵循这些裁决有助于在多边贸易体系下实现DSU第3.2条保障性及可预见性的目标。同时，它也认为，引用先前的专家组报告已经足以支持本案的事实认定以及法律结论。通过提交费里尔的证词并提交对使用“归零法”计算总倾销幅度的细致分析等，越南认为，其已经履行了初步举证有关“归零法”之存在的责任。因此，所有的证据都表明了美国商务部在行政复审中系统性地使用了“归零法”。

美国辩称，仅引用其他专家组或上诉机构的裁决不足以证明本案的事实。虽然裁决不能对后案产生拘束力，但上诉机构也表明：在一个案件中，就一事实问题提出的证据以及专家组作出的承认，在其他案件中就相同事实问题可以直接作为证据使用。美国认为，越南恰恰没有提交这些证据以及先前专家组的承认来支持自己的主张。同时，美国质疑越南已经提交的证据的证明力，认为仅凭现有的证据越南不能证明美国商务部系统性地使用了“归零法”。

当事人双方分歧的焦点在于越南是否提供了足够的证据合理地证明了“归零法”是一项普遍和非追溯适用的规则或规范。

专家组主要分析了越南提供的两项证据。第一项证据是费里尔的证词。他的证词对美国商务部使用的电脑程序作了一个概述，表明了美国商务部使用的电脑程序在计算倾销幅度时，忽略了负倾销的比较结果。美国认为，该证词仅仅是针对如何确定反倾销税征收幅度的一项分析，不能将其视为证明“归零法”本身作为措施存在的专家意见。专家组不同意美国的主张,认为证词的使用目的与该证词的证明价值无关。虽然他的证词主要侧重于在反倾销程序中"归零法"的应用问题,但专家组能从"针对美国商务部使用的标准程序"的证词中剥离出来一部分内容,证明美国商务部在计算倾销幅度时使用了"归零法"。同时,美国也没有对费里尔证词的准确性提出任何质疑。第二项证据是美国商务部在附于各行政复审决定之后的"备忘录"中作出的声明。专家组认为,通过这些声明可以判断出,美国商务部在行政复审中连续地使用了"简单归零"这一实践,而且这一实践应当被视为美国商务部"蓄意的策略"。

专家组注意到,上诉机构在美国持续归零(欧共体)一案中表明,为证明一项普遍和非追溯适用的规则或规范的存在,特别是当它未以书面文件的形式明示的情况下,专家组要特别谨慎地检查每一项具体的证据,尽到严格的注意义务。经过对证据的仔细检查,专家组认为,越南已经提交了足够的证据证明该规范的内容以及它可被归因于美国。专家组由此得出结论,越南已经合理地证明了"归零法"本身作为一项措施而存在。

2."归零法"本身是否违反了《反倾销协定》第9.3条以及GATT 1994第6.2条

《反倾销协定》第9.3条和GATT 1994第6.2条本质上作了相似的规定,即反倾销税征收的税额不得超过所确定的倾销幅度。但是,本案的焦点就在于越南和美国对两条文有截然不同的理解。越南认为,"倾销幅度"的计算是针对出口商的"整体产品"而言,美国则认为"倾销幅度"是由逐笔交易来确定的。

在过去的几个案件中,上诉机构作出的多个裁决都认定"倾销"是与涉诉的整体产品相关,而与逐笔出口交易无关,而确定"倾销幅度"必须以一个单独出口商的所有出口交易为基础。因此,如果调查当局要对逐笔交易或交易组群进行多重比较时,那么它必须累加所有的中间比较结果,包括出口价格高于正常价格的结果。同时,上诉机构也认定倾销是针对出口商的概念,这一事实不会因为出口价格有可能是进口商和出口商协商的结果而改变，也不会因为缴纳反倾销税的责任由进口商承担而改变。

美国辩称，《反倾销协定》和 GATT 并不禁止在定期复审中使用“归零法”。这是因为，“倾销”和“倾销幅度”这两个术语既可能是针对“整体产品”的概念，也可能是针对逐笔出口交易的概念。美国还反驳了“倾销是针对特定出口商的概念”这一说法，指出完全可以为单个进口商确定倾销与否。专家组注意到，在先前的争议解决程序中，上诉机构曾考虑过并且已经驳回了美国以上类似的论证，认定了在行政复审中美国“归零法”本身的违法性。

专家组认为，在上述两案中认定的事实以及裁决的事项与本案中的问题几乎是相同的。依据客观的评定以及对上述推理的审查，专家组同意并采用上诉机构在上述案件中的推理，裁定美国“归零法”本身与美国在《反倾销协定》第 9.3 条和 GATT 1994 第 6.2 条项下承担的义务不符。

四、限制单独审查外国出口商的数量

美国法规定，美国商务部应当为每一个已知的出口商或生产商确定一个单独的反倾销幅度。然而，同《反倾销协定》第 6.10 条一样，美国法有一个例外规定：由于涉案出口商或生产商的数量过于庞大，为每一个出口商或生产商确定一个单独的倾销幅度不切实际时，美国商务部可以通过以下两种方法来限制审查出口商或生产商的合理数量：(1) 使用统计上有效的抽样方法来选定出口商或生产商；(2) 占出口量最大百分比的该国的出口商或生产商。本案中，美国商务部使用第二种方法。在第二次以及第三次行政复审中，美国商务部分别选定了两个和三个越南出口商作单独调查。

越南认为，美国这样的做法剥夺了越南出口商根据《反倾销协定》第 6.10 条、第 9.3 条、第 11.1 条和第 11.3 条项下的实质性权利。同时，越南也指出，美国商务部阻止了越南出口商提交自愿答复

(未被单独调查的但自愿应诉的企业)并拒绝考虑这些自愿答复,这种行为与《反倾销协定》第6.10.2条的规定不符。

1.越南基于《反倾销协定》第6.10条、第9.3条、第11.1条和第11.3条提出的申诉

专家组首先分析了《反倾销协定》第6.10条。该条文第1句规定了"调查当局应当为每一个已知的出口商或生产商确定一个单独的倾销幅度",而第2句则作为前一个规则的例外,规定在特殊情况下调查当局可以限制受单独调查的企业的数量。专家组认为,越南质疑的是限制审查数量在第二次以及第三次行政复审中的重复使用,它没有质疑美国商务部作出的"审查所有已知的外国出口商和生产商是'不切实际的'"这一决定。专家组再转向另外三个越南引用的条文后认为,《反倾销协定》第6.10条第2句对限制审查数量的适用具有排他性的规制地位,且越南未能证明其他条文涉及限制审查数量的适用,故越南引用的其他三个条文与本争议问题无关,专家组只需审查美国的行为是否符合《反倾销协定》第6.10条。

专家组认同协定第6.10条第1句是一般性规则,但事实上主管机关确实无须在所有的案件中为每一个已知的出口商和生产商确定单独的倾销幅度。只要适用例外的条件成就,就应当认为是合法的。既然《反倾销协定》第6.10条第1句、第9.3条、第11.1条和第11.3条都没有对例外的适用施加额外的限制条件,因此专家组无法根据越南的申诉裁定美国商务部的合法行为(与第6.10条第2句相符)与上述引用的各个条文不符。

2.越南基于《反倾销协定》第6.10.2条提出的申诉

专家组对《反倾销协定》第6.10.2条的前后两句分别进行了分析。

首先,第6.10.2条第1句规定了"主管机关应对及时在调查过程中提交必要信息的、但最初未被选择的任何出口商或生产者单独确定倾销幅度,除非出口商或生产者的数目特别大,使单独审查给主管机关带来过分的负担并妨碍调查的及时完成"。可见,适用协定第

6.10.2条的前提条件是要有出口商或生产商作出了自愿答复。专家组发现，越南在第一次实体会议中证实了没有本国的出口商提交了自愿答复，也没有能够明确在第二次或第三次行政复审中有越南出口商或生产商作出自愿答复。鉴于证据的缺乏，专家组认为第6.10.2条中所规定的义务在行政复审中从未被触发，故驳回越南基于第6.10.2条第一句的申诉。

其次，协定第6.10.2条第2句规定了“不得阻止自愿作出的答复”。专家组注意到，越南提出申诉的唯一证据就是引用了美国商务部在第二次和第三次行政复审中有关选定被审查对象的备忘录，越南认为该备忘录确切地表明了美国商务部没有资源去审查多于两个或三个公司。除了这项证据以外，越南没有援引其他证据表明美国商务部阻止了自愿作出的答复。专家组认为，限制审查对象的数量是美国商务部行使权利的体现，它决定不审查所有的出口商或生产商并不能作为阻止自愿答复的证据。

越南声称，在第三次行政复审中美国商务部拒绝对Fish One公司（非被选定为强制审查对象的越南出口商）申请作为自愿被审查对象的请求作出回应，这一行为应当被视为“阻止自愿作出的答复”。根据披露的各项文件，专家组认为，Fish One公司最初的意图是作为强制审查对象参与调查，而非作为自愿应诉对象，故这种情况不属于协定第6.10.2条的适用范围。

根据上述推断，专家组驳回了越南基于《反倾销协定》第6.10.2条提出的申诉。

五、“AOR”和全国性税率的适用问题

对这个问题作出分析之前，首先需要对美国有关反倾销制度的法律作一个了解。在针对从非市场经济国家进口的产品发起的反倾销调查中，美国商务部一般推定该国所有的出口企业与政府混为一体，因此只须给它们确定一个统一的全国性税率。但是在个案中，美

国反倾销法允许出口企业通过证明其自主决定出口活动,在法律上和事实上不受政府控制而获得不同于该国其他企业的税率,即“单独税率”(separate rate)。对于作出此种证明但未被单独调查的企业(非强制但自愿应诉的企业),给予由单独调查企业税率计算出的加权平均税率,即“AOR”(all others rate)。未通过证明者及其他不知道有反倾销调查而未参加应诉和测试的企业则只能根据可得信息,由美国商务部为它们确定一个统一的全国性税率,该种税率往往是具有惩罚性的。美国将越南视为非市场经济国家,假定越南所有虾类产品的出口企业都受越南政府的控制,除非出口企业可以证明它们的出口行为独立于政府。这些企业如果能证明其出口行为独立于政府,经美国商务部的同意,就可以获得一个分别税率,而剩下的其他出口企业(未能证明自己的出口行为独立于政府的企业或根本未参与诉讼的出口企业)都适用一个全国性税率。在美国商务部进行的第二次和第三次行政复审中,对单独调查的企业确定的倾销幅度要么是零,要么是可忽略不计,在一般情况下,对其他可以证明出口活动独立于政府的自愿应诉的企业适用的分别税率也应该为零或可忽略不计(后者由前者总和的加权平均得出),但美国商务部却根据原始调查阶段确定的数据,对这些原本可获得较低税率(零或可忽略不计)的企业适用了4.57%的税率,对其他企业适用了25.76%的全国性税率。

1. 分别税率的适用问题

越南认为,美国商务部在原始调查阶段适用归零法得出的数据是不符合WTO规则的。同时,不考虑当前行政复审下的计算结果而沿用原始调查阶段中的数据是具有歧视性的。

专家组首先分析美国商务部在得出的倾销差额中是否运用了归零法。专家组认为,在计算AOR时,调查机关同样也要遵循《反倾销协定》第2条有关“倾销的确定”的规定;AOR的最大值上限同反倾销幅度一样受《反倾销协定》第9.4条的调整。有了以上定义之后,专家组开始检查越南诉请的实体部分。越南认为,美国在原始调查阶段运用了"型号归零"法来计算三个受强制调查的公司的倾销幅度,并在随后的复审程序中继续运用了这些数据,也就意味着延伸了归零法的适用。对此,越南提交了许多类似在证明第二次、第三次行政复审中"简单归零"法时提出的证据,而美国未对这些证据进行反驳,也没有提供任何相反的证据。由于在第二次、第三次行政复审中,美国商务部适用的AOR是以原始调查阶段的反倾销幅度为基础的,而该反倾销幅度又被证明是运用了归零法而得出的,因此,专家组裁定美国商务部的上述行为与《反倾销协定》第9.4条不符。对于越南的其他诉请,专家组采用了司法节制原则。

2. 全国性税率的适用问题

越南认为,其他所有税率也应适用于除可获得单独税率以外的其他所有越南出口企业。对于该项诉请,其实质还是围绕对《反倾销协定》第9.4条的不同理解。根据上述对该条文的分析并依据同样的理由,专家组裁定支持越南的诉请,认定美国商务部的行为与《反倾销协定》第9.4条不符。此外,越南还提出按不利的事实确定的全国性税率与《反倾销协定》第6.8条不符。专家组同样也支持了这一诉请。

【案例评析】

我们知道,尽管WTO争端解决机构已通过判例的形式否定归零法的合法性,但其毕竟不是立法性机构,由上诉机构作出的裁决仅约束个案,对后案不产生任何法律上的拘束力,因此上诉机构或专家组没有义务遵循先例,这是美国肆无忌惮地使用归零法的一个重要原因。[①] 但同时,由于WTO对适用归零法是否合法的态度发生了转变——从支持到基本否定,一步步推动着归零法"名存实亡",这种趋势也使得上诉机构作出的裁决对后案具有非常重要的指导意义,甚至具有决定性的影响。不难发现,几乎所有裁定归零法违反WTO规

① 另一个原因是美国的调查依据的是美国国内的法律,在美国法律修改之前,美国商务部不可能改变其做法。

则的报告中都会援引上诉机构先前的裁决作为佐证。基于这个原因,美国在反倾销程序中使用归零法的空间将变得更加狭小。

在本案中,美国在归零法的问题上可谓是“放弃抵抗”。除非专家组支持美国的全部抗辩,否则就坚持到底的“好战”态度已不复存在。相比之下,本案中美国不仅怠于举证,针对越南提出的证据大多也不置可否,专家组报告公布后也不提出上诉。美国似乎已经放弃抵抗,更多的是在寻求妥协,而这种消极的态度(美国愿意接受归零法违反 WTO 规则的裁定,但又迫于各种原因而怠于修改其国内法)将导致美国在未来面临更多的诉讼。同时,这也向世界各个国家发出这样一个信号:归零法被终结只是时间的问题了。

据有关最新消息,美国商务部已于 2012 年 2 月 8 日公告反倾销案件无论调查或复审等,其倾销差额之计算将取消归零法有关法规的修正案。在考量所有建议后,美国商务部提出未来在各复审程序中,如果采用按月加权平均对加权平均比较法时,将适用目前在原始调查阶段所使用的,并且符合 WTO 规则的计算方法,将非倾销的计算结果(出口价格高于正常价格)纳入最后的计算。在各复审程序中,除了商务部认定更适合适用不同的比较方法之外,商务部将以每月加权平均出口价格与每月加权平均正常价格进行比较,并且在计算加权平均倾销差额与反倾销税估算税率时,将出口价格超过正常价格的比较结果纳入抵消计算。要是出口商的加权平均倾销差额为零或微量,反倾销税将估算为零。此外,美国商务部在未来初始调查阶段以加权方式进行逐笔交易对逐笔交易的价格比较时,亦不再使用归零法。但是我们必须注意到,在例外情况下,美国商务部仍得以采用其他适当的价格比较方式,并采取逐案审查的方式(case-by-case)决定个案是否属于例外情况。也就是说,在特别情况下,美国商务部还是有可能使用归零法来计算倾销差额;但如何确定何种情况属于特别情况,我们还不得而知,这也给归零法的再次适用留下了隐患。无论如何,美国修改国内法规并使之与 WTO 规则相一致绝对是一个振奋人心的利好消息,它或多或少地缓解了各个国家在多哈回合上的尴尬境地,推动正处于停滞状态的多哈回合谈判向前迈进。

值得注意到的是,本案是越南自 2007 年 1 月加入 WTO 以来提起的第一起申诉。当然,从磋商到 DSB 通过报告,在这整个申诉过程中越南处理问题的经验非常贫乏,尤其体现在越南提出的诉请上:极为简单地在请求书中列明几项具体的争议措施,却希望将面向未来的复审程序的决定纳入专家组的职权范围,这不符合 DSU 的明确性要求。即便越南试图证明其意图是将面向未来的措施也纳入进专家组的审理之中,但是在其提交的诉请不明确,而证据又无力的情况下,专家组是无法推断其意图的。这样的失误最终导致有关归零法可裁决的事项仅仅是两项美国商务部已经完成的措施(第二次以及第三次行政复审的决定),而即使上诉机构推翻了专家组有关职权范围的裁定,但由于上诉机构只能负责审查法律问题,不负责事实调查,故对被专家组排除在审理范围之外而未进行分析的措施,由于没有充足的事实而无法进行审查。当然,对于那些未被纳入进专家组职权范围的事项,越南可以另行申诉,但是时间成本、违法成本等将会给越南的出口企业带来无法挽回的损失。这就提示政府相关机关今后在提出申诉中要确保自己的诉请是明确的。当然,自加入 WTO 之后,我国一直都是被反倾销的目标国,随着经验的慢慢累积,中国也不时地在尝试作为申诉方申请与他国磋商。因此,从被诉国向申诉国的角色转变过程中不仅需要我们有处理实体问题的能力,同样也需要我们掌握一定的申诉技巧。

欧盟:对中国鞋类产品的反倾销措施
(WT/DS405)*

申诉方:中国

被申诉方:欧盟

第三方:澳大利亚、巴西、哥伦比亚、日本、土耳其、美国、越南

2010年3月31日,中国要求与欧盟磋商,解决欧盟依据欧洲理事会第1225/2009号条例,对中国鞋类产品实施最终反倾销措施并在期满复审后延长实施反倾销措施的问题。双方磋商未果,经中国请求成立专家组。2011年10月8日,专家组公布了最终报告。2012年2月22日,DSB通过了专家组报告。

本案涉及的是欧洲理事会第1225/2009号条例,2006年10月5日第1472/2006号条例及2009年12月22日欧洲理事会第1294/2009号条例对中国出口的鞋类产品实施的反倾销措施。

---

* 本案初稿由华东政法大学国际法专业研究生徐燕撰写。

【专家组的分析和结论】

一、有关欧洲理事会第1225/2009号条例(《反倾销基本条例》,以下简称《基本条例》)本身的诉请

1.《基本条例》第9(5)条是否违反《反倾销协定》第6.10条、第9.2条、第9.3条、第9.4条

中国认为,《基本条例》第9(5)条规定,在涉及非市场经济国家的反倾销调查中,欧盟对出口商确定全国统一的税率,除非该出口商能证明其符合条款中规定的"单独处理"(Individual Treatment,IT)的条件,这一规定与《反倾销协定》第6.10条、第9.2条、第9.3条、第9.4条不符。

专家组首先就当事双方争议的第9(5)条的适用范围进行了分析。欧盟认为第9(5)条只涉及反倾销税的征收,并未涉及倾销幅度的确定。专家组没有接受欧盟的这一观点。专家组注意到,出口者各自单独倾销幅度的确定是征收反倾销税的前提,且欧盟的其他法律规范中也没有有关单独倾销幅度确定的条款。据此专家组认定,是否对各个出口商确定各自的倾销幅度只能由第9(5)条的规定来规制。接着,专家组就中国关于第6.10条、第9.2条、第9.3条、第9.4条的诉请逐一进行分析。

协定第6.10条规定,应当对已知的出口者或生产者确定各自的倾销幅度,除非出口商、生产者、进口商的数量或所涉及的产品种类特别多而使作出此种确定不实际。由此可见,第6.10条第2句所规定的情况是"单独确定"的唯一例外,欧盟没能证明第6.10条还允许其他例外情况的存在。据此专家组认为第9(5)条对单独反倾销幅度的确定增设例外情况的做法与协定第6.10条的规定不符。协定第9.2条规定主管机关应当列出各个已被征收反倾销税的供应商的名称,除非供应商过多,这样做不可行。专家组认为第9.2条实际上

强调了这样一个基本原则,在反倾销调查中,在决定和征收反倾销税时应当对各个出口者或生产者进行单独决定。所以,专家组认定第9(5)条与协定第9.2条的规定不符。就中国关于协定第9.3条和第9.4条的诉请,专家组行使了司法节制。

2.《基本条例》第9(5)条是否违反GATT 1994第1.1条的规定

中国指出,依据《基本条例》第9(5)条,具有市场经济地位的WTO成员方可以自动获得单独处理,而不具有市场经济地位的WTO成员方包括中国只有在满足一定条件的情况下才能获得单独处理。中国认为这一规定与GATT 1994第1.1条的规定不符。

GATT 1994第1.1条确定了一般最惠国待遇原则,这要求WTO成员方不考虑产品来源,对相同产品应当同等对待。专家组认为,第9(5)条的实施会导致包括中国在内的某些WTO成员无法自动获得单独处理,只有在满足某些条件时才能享受这一权利,这就等于说,自动获得单独处理的利益是以产品来源为条件的。据此专家组得出结论,《基本条例》第9(5)条违背GATT 1994第1.1条规定的最惠国待遇原则。

二、有关欧洲理事会第1294/2009号条例("第1294号条例")和欧洲理事会第1472/2006号条例("第1472号条例")的诉请

1. 就《基本条例》第9(5)条的实施提出的诉请

专家组已经确认《基本条例》第9(5)条不符合《反倾销协定》第6.10条和第9.2条。中国针对欧盟在具体产品调查中的适用提出申诉。关于对中国出口商征收统一的反倾销税,专家组根据先前的结论认定,第9(5)条在反倾销调查中的适用不符合协定第6.10条和第9.2条的规定。

中国提出欧盟在反倾销调查中使用了抽样方法限制了审查范围,有4家中国企业依据《基本条例》第17条要求进行单独核查,但

欧盟拒绝了这些请求，欧盟没有履行《反倾销协定》第6.10.2条规定的义务。协定第6.10.2条规定，在主管机关限制审查范围的情况下，它们仍应对及时提交必要信息但最初未被选择的任何出口商或生产者单独确定倾销幅度，除非其数目特别大，使单独审查给主管机关带来过分的负担并妨碍调查的及时完成。专家组着重对欧盟的行为直接违背《反倾销协定》第6.10.2条规定的诉请进行分析。中国方面指出，申请单独核查的企业只有4家，并不符合"出口商或生产者的数目特别大，使单独审查给主管机关带来过分的负担"的情形。专家组分析认为，中国实质上主张单独核查并未给欧盟带来过重的负担，欧盟有能力进行个别核查。专家组认为，即使欧盟有充足的资源或可以合理配置其行政资源以完成核查，但不能就主管机关在这方面的行为进行干涉。专家组驳回了中国的这一主张。

2. 就损害和倾销继续和再次发生可能性的认定提出的诉请

中国针对欧盟在复审中对损害和倾销继续和再次发生可能性的认定提出诉请，认为欧盟的认定违背了《反倾销协定》第11.3条。

《反倾销协定》第11.3条规定："……任何最终反倾销税应在征收之日起……5年内的一日期终止，除非主管机关在该日期之前……进行的复审确定……反倾销税的终止有可能导致倾销和损害的继续或再度发生，在此种复审的结果产生之前，可继续征税。"

专家组注意到，第11.3条没有为认定倾销和损害继续或再次发生的可能性提供可用的具体方法；同时，成员方也没有义务依据倾销幅度和损害来认定倾销和损害继续发生的可能性。所以，协定第2条和第3条的规定并不直接适用于在第11.3条项下作出的决定。不过，专家组也认为主管机关要想对倾销和损害继续发生的可能性得出合理的结论，最好应结合协定第2条和第3条对第11.3条进行分析。专家组将在以下涉及复审倾销和损害的诉请中，进一步讨论这一问题。

三、反倾销调查程序中的问题

1. 反倾销调查中对信息的保密处理

中国认为,在反倾销调查和复审中,欧盟错误地对某些信息进行机密处理,违背了《反倾销协定》第6.5条;没能要求机密信息的提供者提供非机密摘要或对无法提供摘要的解释,违背了《反倾销协定》第6.5.1条;在保密请求缺乏正当理由的情况下,没能忽略该项信息,违背了《反倾销协定》第6.5.2条。

《反倾销协定》第6.5条规定:“任何属机密性质的信息或由调查参加方在保密基础上提供的信息,主管机关应在对方说明正当原因后,按机密信息处理。”但专家组注意到,第6.5条没有对条款中的“信息”一词下定义,中国和欧盟在这一词的理解上存在很大的分歧。中国认为,欧盟认定的保密事项不属于第6.5条中所指的“信息”,特别是生产者名称。专家组对此并不认同。在专家组看来,应对“信息”一词作广义的解释,第6.5条中用“任何”一词对信息加以修饰也印证了这一点。据此专家组得出结论,是否属于保密信息并不存在信息类型和性质上的限制,生产者名称属于第6.5条所指的信息。

《反倾销协定》第6.5.1条规定主管机关应确保提供机密信息的利害关系方提供此类信息的非机密摘要;在特殊情况下,无法对机密信息摘要,利害关系方必须提供一份关于为何不能进行摘要的原因说明。

《反倾销协定》第6.5.2条规定:“如主管机关认为关于保密的请求缺乏正当理由,且如果信息提供者不愿公布信息,或不愿授权以概括或摘要的形式披露信息,则主管机关可忽略此类信息,除非主管机关可从适当的来源满意地证明该信息是正确的。”专家组注意到,该条款没有要求主管机关判断保密的请求是否正当,因此,此项判断只能依据第6.5条作出。同时专家组也指出,第6.5.2条规定的是,在保密的请求缺乏正当理由的情况下,主管机关该如何行事。据此专家组认定,在保密请求得到批准的情况下就不会涉及违背第6.5.2条。

接着,专家组就中国在反倾销调查中有关保密信息的问题提出的诉请进行了分析。

中国指出,欧盟将生产者的名称视为机密信息的做法与《反倾销协定》第6.5条的规定不符。专家组认为中国的主张可以划分为两个方面:一是生产者的名称不属于第6.5条所指的“信息”,专家组已在上文对此问题进行了讨论,并驳回了中国的观点;二是对生产者的名称进行保密处理缺乏正当的理由。对此,中国首先提出,由于缺乏证据支持,所谓的欧盟企业可能遭到报复的风险无法构成第6.5条所指的正当理由。专家组注意到,第6.5条并没有对正当理由的构成作出规定,因此只能根据具体案件中机密信息的性质来确定何为正当理由。在本案中,由于很难获得潜在报复行动的直接或指向性证据,所以除非有理由相信所谓的报复风险是不合理或不真实的,否则该风险可以作为保密处理的正当理由。其次,中国认为申诉和抽样的生产者没有各自单独说明保密处理的正当理由。专家组则指出,第6.5条并未禁止贸易协会在自己提起的申诉中代表其他团体提出保密请求;况且,在本案中欧洲制鞋业协会已经得到授权代表申诉生产者行事。中国提出,有36家支持申诉却未提出申诉的企业没有提出保密请求。专家组分析后认为,这36家企业对申诉的支持意味着其对保密处理的请求也持支持的态度。此外,中国认为,为名单中的“其他生产者”的身份保密缺乏正当的理由。专家组则认为,如果其他生产者身份被披露,通过排除法,支持申诉的生产者的身份也会曝光。综上所述,专家组得出结论,中国未能证明欧盟将生产者的名称视为机密信息的做法违背《反倾销协定》第6.5条的规定。由于中国主张欧盟违背第6.2条的诉请是建立在第6.5条诉请的基础上,专家组也驳回了该诉请。

中国认为,欧盟违背《反倾销协定》第6.5条和第6.5.1条的规定,没有披露以下信息:(1)选取欧盟生产者样本时所使用的数据和方法;(2)因影响价格可比性因素存在所作的调整;(3)一抽样企业非机密的问卷信息和支持申明。中国指出,对这些信息采取保密处理缺乏正当理由,且没有关于该机密信息的非机密摘要或者无法摘要的说明。中国进一步认为,欧盟没有披露信息的做法违背了协定第6.2条。

专家组首先指出,欧盟生产者抽样时所使用的方法不属于协定第6.5条认定的信息的范畴。欧盟认为,披露抽样所使用的国内生产者生产的数据会导致进行保密处理的生产者的身份曝光。专家组认同欧盟这一观点,它认为依据协定第6.5条主管机关有义务确保已进行机密处理的信息不被泄露。所以,欧盟的行为没有违反协定第6.5条和第6.2条的规定。但专家组认定,相关方没有提供生产数据的非机密摘要,违背了协定第6.5.1条的规定。

除了以上法律问题外,专家组还对中国提出的其他两项信息的披露进行分析。“因影响价格可比性因素存在所作的调整”属于结论而非信息,所以不受第6.5条的约束。据此专家组驳回了中国对该项信息在第6.5条和第6.2条项下的诉请。至于一抽样企业非机密的问卷信息和支持申明的信息,专家组指出,对该信息实施保密处理缺乏正当理由,且相关方没有提供该信息的非机密摘要,违背了协定第6.5条和第6.5.1条的规定。至于第6.2条,专家组行使了司法节制。

中国对两类信息的保密处理提出质疑,即问卷回复中被删除的信息和问卷回复中的留白及整个问卷的缺失。对于被删除的企业信息和问卷回复中的留白及整个问卷的缺失,专家组指出,仅仅因为非机密问卷回复中不包括某些信息,不能认定对该信息进行了保密处理,即中国未能提供其违背第6.5条的初步证据。就被删除的净销售价格信息,专家组认为信息提供者未能证明该信息在性质上具有保密性,所以欧盟对信息进行保密处理违背了第6.5条。无论是被删除的企业信息还是净销售价格信息,欧盟都没有要求相关方提供非机密性的摘要,所以专家组认定欧盟的行为违背了第6.5.1条。

对于中国关于第6.2条的诉请，专家组行使了司法节制。

最后，专家组还分析了中国在复审中对有关信息保密问题提出的诉请。中国对以下8项信息的保密处理提出异议：欧盟生产者的名称；复审请求中的信息；CEC提交的意见书中的信息；4家企业填写的固定表格中的信息；复审支持者的信息；抽样欧盟生产者非机密问卷回复中的信息；共同利益问卷中的信息；潜在类比国的生产者填写的问卷中的信息。专家组结合上文中所确立的观点认定，欧盟对4家企业填写的固定表格中的信息、H公司问卷中表格C4的信息、潜在类比国的生产者填写的问卷中的信息的处理违背第6.5条的规定，对复审请求中的信息、复审支持者的信息、F公司问卷中B2部分的信息的处理违背第6.5.1条的规定。但是，中国未能证明欧盟对诉请涉及的其他信息的处理违背第6.5条、第6.5.1条及第6.5.2条的规定。对于中国依据第6.2条提出的诉请，专家组驳回了中国涉及欧盟生产者的名称和抽样欧盟生产者非机密问卷回复中信息的主张。专家组还对以下诉请行使了司法节制，即中国对4家企业填写的固定表格中的信息和H公司问卷中表格C4的信息在第6.2条项下提出的诉请，中国依据第6.5.1条对潜在类比国的生产者填写的问卷中的信息提出的诉请。

2. 利用可得事实的问题

在复审中欧盟生产者提供的信息存在一些错误，欧盟调查机构在自行调查确认某些信息错误的情况下，在确定欧盟国内产业损害时没有使用这些信息，但在报告中对这一事实细节没有作出决定。中国提出，欧盟没有依据可得事实作出裁决，违背了《反倾销协定》第3.1条和第6.8条的规定。专家组首先对第6.8条本身进行了分析并指出，该条款的适用需要满足两个条件中至少一个条件：利害关系方不允许使用或未在合理时间内提供必要的信息，或严重妨碍调查。当条件满足时，主管机关“可以”而非“必须”依据可得事实作出裁决，第6.8条使用了许可性的表述方式。虽然中国对专家组就第6.8条的解读没有异议，但中国主张第6.8条必须公正地无偏见地适用于所有利害关系方。举例来说,就是当欧盟对未能提供正确信息,严重阻碍调查的出口商依据可得事实作出裁决时,那么这样的做法应当同样适用于其国内的生产者。但这一观点没有被专家组接受。专家组认为出口商和国内生产者在调查中提供的信息,所起的作用不同,所以对出口商依据可得事实作出裁决并不意味着对于国内生产者要采取同样的做法。此外,专家组还指出适用第6.8条时应遵守协定附件2的规定,当所提供的信息满足附件2第3条规定的条件时,在作出裁定时应当考虑该信息。本案中,欧盟停止生产的生产者以及没能正确地依照PCN将产品分类的生产者提供的信息满足附件2第3条的规定,所以欧盟无须依照可得事实作出裁定。对于5家没有填写共同利益问卷的抽样企业,专家组认为这不属于该诉请讨论的范围。至于第3.1条的诉请,专家组认为该条款与本案中的争议无关,据此,专家组得出结论,中国未能证明欧盟的不采用可得事实的做法违背第6.8条和第3.1条的规定。

对中国涉及第1294号条例和第1472号条例中损害认定的诉请,包括欧洲生产者的抽样方法、累计评估、对损害因素的评估,专家组认定,中国未能证明欧盟的做法与《反倾销协定》的相关规定不符。

就中国对欧盟因果关系的分析提出的诉请,包括对倾销意外的因素造成损害的分析,如欧盟生产者结构上的低效率、来自于第三国(特别是印度和印尼)的进口、需求的下降以及消费类型的改变,专家组都没有支持中国的主张。

中国提出的其他涉及反倾销调查程序的问题,如对申请表格递交的时间的限制、证据提供的及时性、是否给予受调查方了解信息的机会,专家组一一驳回。

除上述讨论的所有法律问题外,专家组对中国依据《反倾销协定》第1条和第18.1条提出的附带性诉请行使了司法节制。

【案例评析】

近年来,我国鞋类企业竞争力不断加强,由于与欧洲生产者相比具有很大的价格上的优势,中国鞋类产品逐步占领了欧洲市场。但同时,中国鞋类企业也成了欧盟进行反倾销调查的首要目标。2005年2月1日,中国鞋类产品配额制结束后仅一个月,欧盟成员国便正式对中国鞋类产品实施“预先进口许可监控措施”。同年6月30日,欧盟对部分中国鞋类产品展开反倾销调查。2006年1月,欧盟委员会拒绝承认中国13家制鞋企业的“市场经济地位”,使中国鞋业在反倾销案件中处于非常不利的地位。2006年10月欧盟决定对中国皮鞋课征为期2年的反倾销税,并于该反倾销措施施行期满后启动到期复审机制。2009年12月,欧盟决定将反倾销措施再延长15个月。欧盟对我国鞋征收反倾销税大大损害了中国鞋在欧盟市场上的价格竞争力,导致我国鞋类出口量大幅下降,影响我国出口贸易的健康发展。

本案中,中国就欧洲理事会《基本条例》第9(5)条、第1472号条例、第1294号条例分别提出诉请。虽然对第1472号条例和第1294号条例中的一些细节问题,专家组裁定中国未能证明欧盟的行为与《反倾销协定》不符,但是,就《基本条例》第9(5)条的诉请,专家组支持了中国的主张,认定第9(5)条违背了《反倾销协定》相关规定以及GATT 1994中确立的最惠国待遇原则。

根据第9(5)条的规定,在涉及非市场经济国家的反倾销调查中,非市场经济国家的出口商无法自动获得单独处理,除非其能证明符合欧盟规定的进行单独处理的条件,否则将要对其实施全国统一的税率。这与《反倾销协定》确立的原则背道而驰。从整个协定的内容来看,它要求在反倾销调查中必须对出口商单独处理,根据出口商的出口价格确定各自的倾销幅度,为每一出口商确定反倾销税,以确保对其征收的反倾销税不超过其倾销幅度,不会导致出口商不合理的负担,这集中体现了反倾销措施作为一种贸易救济手段的初衷。中国一直支持赞成反倾销措施合理公正的实施,同时也坚决反对以倾销的方式扭曲国际贸易秩序,反对滥用反倾销措施。由于第9(5)条的实施,许多中国鞋类企业只能“享受”全国统一税率,这增加了中国鞋类企业的负担,削弱了中国鞋类企业在欧盟市场上的竞争力。实际上,欧盟是以反倾销为名,行贸易保护之实。

此外,第9(5)条的规定实质上是以产品的来源作为出口商能否获得单独处理的条件。最惠国待遇,是指"一缔约国对来自或运往其他国家的产品所给予的利益,优待、特权或豁免,应当立即无条件地给予来自或运往所有其他缔约国的相同产品"。很显然,第9(5)条违背了最惠国待遇原则。最惠国待遇原则是WTO贸易体系的支柱,它对世贸组织成员间实行非歧视贸易提供了重要的法律基础。欧盟公然违背这一原则,长此以往,必然会造成国际贸易市场的摩擦与动荡。

中国鞋类企业频繁遭受欧盟的反倾销调查,有外因也有内因。由于鞋类企业属于劳动密集型产业且中国劳动力成本低,这使得中国的鞋类产品在国际市场上有天然的价格优势。低价竞争,导致欧盟许多鞋类企业受损甚至倒闭破产,这就很容易触发反倾销调查。同时由于某些中国企业出口的鞋类产品质量上不过关,在欧盟形成了一定的负面影响。2005年欧盟取消了对中国鞋类产品的配额,出口到欧盟的中国鞋类产品大幅度增加,中国与欧盟在鞋类产品上的竞争加剧。这也加速了欧盟贸易保护主义趋势的抬头,假借反倾销之名,企图以此来保护其成员国国内产业的发展。面对来自欧盟的反倾销调查,一方面,中国企业要积极应诉,据理力争,善于运用反倾销诉讼的法律程序,切身维护自身的合法利益;另一方面,要改变低价竞争的战略,提高产品质量,不给欧盟进行反倾销调查留下口实。对于欧盟违背《反倾销协定》实施的反倾销措施,不能消极回避,应当及时寻求贸易争端解决机制的救济,要求欧盟修改与协定不符的措施。

我们还应当注意到,专家组没有支持中国对欧盟第1472号条例和第1294号条例中许多细节提出的指控,这也从一个侧面反映出我国对世界贸易组织争端解决规则的适应和把握能力的不足。政府主管部门应当总结以往的诉讼经验,熟悉、理解、适应、把握世界贸易组织争端解决规则,积极搜集相关证据,在争端解决的过程中,最大限度地维护自身的合法权益。

中国:对欧盟钢铁紧固件的反倾销税
（WT/DS407）

2010 年 5 月 10 日,欧盟要求就中国对从欧盟进口的紧固件的临时反倾销措施与中国磋商。欧盟指出,中国的临时反倾销措施不符合《反倾销措施协定》和 GATT 1994 的相关规定。到 2012 年年底,双方仍在磋商。

阿根廷:对秘鲁紧固件和链条的反倾销税
(WT/DS410)

2010年5月19日,秘鲁要求就阿根廷对从秘鲁进口的紧固件和链条的反倾销措施与阿根廷磋商。秘鲁指出,阿根廷的反倾销措施不符合《反倾销措施协定》和GATT 1994的相关规定。到2012年年底,双方仍在磋商。

美国：对韩国不锈碳钢板产品的反倾销措施（WT/DS420）

2011年1月31日，韩国要求就美国对从韩国进口的不锈碳钢板产品的反倾销措施与美国磋商。韩国指出，美国的反倾销措施不符合《反倾销措施协定》和GATT 1994的相关规定。2012年2月9日，韩国请求成立专家组，2月22日，DSB决定成立专家组。中国、欧盟、日本、墨西哥、挪威、巴西、泰国要求保留作为第三方介入本案的权利。到2012年年底，专家组仍未组成。

美国:对中国虾和金刚石锯片的反倾销措施(WT/DS422)*

申诉方:中国

被申诉方:美国

第三方:欧盟、洪都拉斯、日本、泰国、越南

2011年2月28日和7月22日,中国要求与美国磋商,解决美国对中国出口的冷冻温水虾和金刚石锯片实施的反倾销措施。由于双方磋商未果,经中国请求成立了专家组。2012年6月8日,专家组作出最终报告。2012年7月23日,DSB通过了专家组报告。

2004年1月27日,美国商业部(USDOC)发起了对中国出口虾的反倾销调查,2004年12月8日作出终裁,确定了4家单独调查的出口商的倾销幅度为中联84.39%、谊林82.27%、红园27.89%、湛江国联0.07%(微量倾销);根据加权平均计算的结果,对其中3家和另外35家证明了自己不受政府控制的企业确定55.32%的"分别税率",对其他所有企业使用统一税率112.81%。2005年2月1日,USDOC公布了调整后的终裁决定,将分别税率调整为53.68%;2006年8月17日,USDOC再次修改了最终

* 反倾销调查中的归零问题已经是"老问题"了,美国一次次被诉,一次次败诉。笔者对此案不再作评析。

决定,对 11 家原来实施统一税率的企业实施分别税率。2010 年 9 月 2 日,USDOC 根据美国国际贸易法院的判决,将撒了面粉的虾(dusted shrimp)包括在受调查产品之内。2011 年 4 月 26 日,反倾销税令也作了修改。2011 年 4 月 29 日,在 USITC 的日落复审中,决定继续实施反倾销措施;5 月 24 日,USDOC 重新计算了中联和谊林的倾销幅度,分别确定为 5.07 % 和 8.45 %。

2005 年 6 月 21 日,USDOC 发起了对中国出口金刚石锯片的反倾销调查,2006 年 5 月 22 日作出终裁,确定了 3 家单独调查的出口商的倾销幅度为安泰科技 2.50%、博深 34.19%、河北冀凯 48.50%;"分别税率"20.72%;统一税率 164.09%。2006 年 6 月 22 日,USDOC 公布了调整后的仲裁决定,调整了倾销幅度:安泰科技2.82%、博深 35.51%,分别税率调整为 21.43%。2009 年 11 月 4 日,USDOC 发布反倾销税令。

中国认为,美国在两次调查中的初始调查阶段运用归零法计算倾销幅度,并依据如此计算出的倾销幅度确定反倾销税,违反了《反倾销协定》第 2.4.2 条。

【专家组的分析和结论】

鉴于此前的专家组和上诉机构已经多次确认美国在反倾销调查的各个阶段(包括初始调查、定期复审、日落复审及新出口商复审)实行的各种类型的"归零法"(包括型号归零、简单归零)均不符合 GATT 1994 第 6 条和反倾销协定的相关条款;鉴于美国对其在调查中适用"归零法"的事实没有异议,本案专家组引用此前专家组/上诉机构的结论直接作出了结论:美国使用"归零法"与美国在《反倾销协定》第 2.4.2 条下的义务不符。

美国:对意大利不锈钢板材和卷材的最终反倾销措施(WT/DS424)

2011 年 4 月 1 日,欧盟要求就美国对从意大利进口的不锈钢板材和卷材的反倾销措施与美国磋商。欧盟指出,美国的反倾销措施不符合《反倾销协定》和 GATT 1994 的相关规定。到 2012 年年底,本案仍在磋商。

中国:对X射线安检仪的反倾销税
（WT/DS425）

2011年7月25日,欧盟要求就中国对从欧盟进口的X射线安检仪的反倾销措施与中国磋商。欧盟指出,中国的反倾销措施不符合《反倾销协定》和GATT 1994的相关规定。2011年12月8日,欧盟请求成立专家组,2012年1月20日,DSB决定成立专家组。印度、挪威、泰国、美国和智利要求保留作为第三方介入本案的权利。2012年3月12日,专家组组成。到2012年年底,专家组仍在工作。

中国:对肉鸡产品的反倾销反补贴措施(WT/DS427)

2011年9月20日,美国要求就中国对从美国进口的肉鸡产品的反倾销和反补贴措施与中国磋商。美国指出,中国的反倾销措施和反补贴措施不符合《反倾销协定》、《SCM协定》和GATT 1994相关规定。2011年12月8日,美国请求成立专家组,2012年1月20日,DSB决定成立专家组。欧盟、日本、挪威、沙特阿拉伯、泰国、智利和墨西哥要求保留作为第三方介入本案的权利。2012年5月24日,专家组组成。到2012年年底,专家组仍在工作。

美国:对冷冻温水虾的反倾销措施
(WT/DS429)

2012 年 2 月 16 日,越南要求就美国对从越南进口的冷冻温水虾的反倾销措施与美国磋商。越南指出,美国的反倾销措施不符合《反倾销协定》和 GATT 1994 的相关规定。到 2012 年年底,本案仍在磋商。

美国:对钢产品的反倾销措施
(WT/DS436)

2012年4月24日,印度要求就美国对从印度进口的热轧碳钢板材的反倾销措施与美国磋商。印度指出,美国的反倾销措施不符合《反倾销协定》和GATT 1994的相关规定。2012年7月12日,印度请求成立专家组,8月31日,DSB决定成立专家组。到2012年年底,专家组仍未组成。

南非:禽肉反倾销措施
(WT/DS439)

2012 年 6 月 21 日,巴西要求就南非对从巴西进口的禽肉的反倾销措施与南非磋商。巴西指出,南非的反倾销措施不符合《反倾销协定》和 GATT 1994 的相关规定。到 2012 年年底,本案仍在磋商。

中国:对汽车的反倾销反补贴税
(WT/DS440)

2012年7月5日,美国要求就中国对从美国进口的部分汽车的反倾销和反补贴措施与中国磋商。美国指出,中国的反倾销和反补贴措施不符合《反倾销协定》、《SCM协定》和GATT 1994的相关规定。2012年10月23日,DSB成立专家组。到2012年年底,专家组仍未组成。

欧盟:对脂肪醇的反倾销措施
（WT/DS442）

2012年7月30日,印尼要求就欧盟对从印尼进口的脂肪醇的反倾销措施与欧盟磋商。印尼指出,欧盟的反倾销措施不符合《反倾销协定》和GATT 1994的相关规定。到2012年年底,本案仍在磋商。

中国:对高性能不锈钢无缝钢管的反倾销措施
(WT/DS454)

2012 年 12 月 20 日,日本要求就中国对从日本进口的高性能不锈钢无缝钢管的反倾销措施与中国磋商。日本指出,中国的反倾销措施不符合《反倾销协定》和 GATT 1994 的相关规定。到 2012 年年底,本案仍在磋商。

………海关估价协定

泰国:对菲律宾香烟的海关和财税措施
(WT/DS371)*

申诉方:菲律宾

被诉方:泰国

第三方:澳大利亚、中国、欧盟、印度、中国台北、美国

2008年2月17日,菲律宾提出要求与泰国进行磋商,讨论泰国政府对从菲律宾进口的香烟所采取的关税和财政措施。由于双方磋商未果,根据菲律宾的要求,2008年11月17日,DSB决定成立专家组。专家组于2010年11月15日作出了最终报告。泰国提出上诉,上诉机构于2011年6月17日发布上诉机构报告。2011年7月15日,DSB通过上诉机构和专家组报告。

本案争议焦点涉及泰国对从菲律宾进口的香烟所采取的关税和财政措施。菲律宾的指控包括下列措施:菲利普莫里斯公司泰国分公司(以下简称PM泰国)从菲律宾进口香烟。泰国海关拒绝使用PM泰国在2006年8月11日至2007年9月13日期间提出的成交价格,而是使用了扣除价格方法确定进口香烟的完税价格。在确定完税价格过程中,泰国向公众披露了PM泰国的保密信息,且未对最终完税价格的确定提供解释。在泰国增值税体

* 本案专家组和上诉机构报告的初稿由华东政法大学国际法专业研究生陈慧撰写。

制下,进口香烟增值税的纳税基础为最高销售价(MRPS),而国内香烟的则为零售价;仅有国内香烟经销商可免除增值税,而进口香烟不可免除;此外,进口香烟经销商还须履行额外的行政要求。另外,泰国并未公布在海关估价过程中返还保证金的法律法规。泰国政府还任命某些政府高级官员担任泰国烟草专卖公司①(Thailand Tobacco Monopoly, TTM)的董事。申诉委员会(BOA)作为海关估价决定的申诉部门,对于PM泰国提出的申诉,在7年时间内还未作出决定;且PM泰国只能在用尽所有措施后方能向税务法庭提出诉讼。

菲律宾在其专家组请求中列明了泰国的九类措施:海关估价措施;增值税制度;对香烟批发商与零售商所采取的增值税措施;其他财政措施;就前述海关和财政措施所采取的行政措施;保证金措施;特别调查部(DSI)所做的一份对PM泰国从菲律宾进口商品完税价格的报告;行政决定的不合理延迟和未能为海关当局所作出的征收保证金的决定提供司法或行政审查;等等。

【专家组的分析和结论】

菲律宾主张,泰国涉案措施违反了《海关估价协定》第1.1条、第1.2条、第16条、第5条、第7条和第10条以及GATT 1994第3.2条、第3.4条和第10条的义务。

一、海关估价措施是否与《海关估价协定》相关条款相符

1. 海关估价措施是否与《海关估价协定》第1.1条和第1.2条相符

菲律宾提出,泰国维持和实施的"拒绝成交价格而适用扣除价格法"这一潜规则,错误地拒绝使用PM泰国主张的成交价格,且未能

---

① 这个国有公司是泰国唯一的卷烟生产商。泰国烟草实行垄断经营,烟叶种植受到政府控制。泰国烟草专卖公司按产品配额计划,与烟农和独立的复烤企业签订种植、加工烟叶合同,所有的烟叶由泰国烟草专卖公司垄断购买。烟草专卖公司通过生产资料投入、技术指导和低息信贷资金保证等方式向烟农提供种植支持。

说明“理由”,这一做法与《海关估价协定》第1.1条和第1.2条不符。

首先,要证明存在这样一个不公开的规则。在先前的案件中上诉机构曾经告诫专家组不能轻易地把不成文的规则或规范确认为可以通过DSB解决的“具体措施”。申诉方承担证明规则或标准的举证义务;由于一项不成文规则或标准不以书面文件的方式存在,因此证明其存在的举证责任十分严格。本案中,菲律宾提出了8类证据,专家组经过审查认为,菲律宾未能提供充分证据证明泰国维持了一项不成文规则。

接着专家组分析了泰国是否因不当拒绝PM泰国申报的进口香烟成交价格而违反了第1.1条和第1.2条。菲律宾主张,第1.2条(a)规定,海关部门有义务调查关联关系是否对价格产生影响,而泰国认为进口商须承担举证责任,证明关联关系并未影响价格。专家组认为,第1.2条(a)规定海关部门和进口商均承担一定义务:海关部门必须为进口商提供合理的机会,使其能够提供证明关联关系不影响价格的信息;而进口商则须负责提供信息,使海关部门能够审查和评价销售情况,以决定成交价格的可接受性。PM泰国向菲律宾提供了证据,以证明关联关系并未影响价格,其已履行向海关行政部门提供信息的程序性义务;但泰国海关并未对争议的进口货物销售情况进行审查,且在其决定中,并未就拒绝成交价格作出解释。因此,泰国的做法不符合第1.1条和第1.2条(a)。

泰国未告知拒绝PM泰国申报的成交价格的理由,这是否不符合第1.2条?专家组注意到,尽管进口商提供了信息,但泰国仍认为关联关系影响价格。泰国海关当局在信件中仅阐明:“PM泰国和国外卖方为关联方,进口商未能证明关联关系是否影响海关估价决定”。买方和卖方之间存在联系本身并不构成第1.2条(a)含义下的“理由”。因此,专家组认定,泰国海关当局未能按照第1.2条(a)的要求,解释其考虑PM泰国和PM菲律宾的关系影响价格的原因,不符合第1.2条。

2. 海关估价措施是否与《海关估价协定》第16条相符

菲律宾主张,泰国未能就如何确定进口香烟的海关估价提供充分的说明。协定第16条规定海关管理机构应就如何确定进口货物海关估价提供书面说明。专家组首先关注规定本身的含义,认为书面说明要求海关当局“澄清”和“详细解释”海关当局决定进口货物完税价格的方式和方法;而根据其上下文,此说明须在海关估价的最终估价决定作出后提供;而说明的范围应当包括拒绝成交价格的理由、使用的估价方法及其如何使用估价方法而计算出最终的海关估价。

泰国海关2007年4月12日的信件并未履行海关当局解释拒绝成交价格的义务;虽然其陈述了运用“扣除法”确定海关估价,但并未进一步详细说明为何选择这种方法和计算最终海关估价时如何运用,这并不能构成第16条规定的“书面说明”。因此,专家组裁定,泰国海关当局的做法不符合第16条项下的义务。

3. 海关估价措施是否与《海关估价协定》第7条相符

《海关估价协定》第1条至第6条规定了确定完税价格的方法,首先适用第1条的方法,在第1条的方法不适用时,适用第2条,依此类推。只有在第1条至第6条的方法都不适用时,才可以适用第7条确定完税价格。泰国海关称其根据第7条采取了扣除价格法,专家组要分析泰国的做法是不是符合第7条。

泰国海关在适用扣除估价法时没有扣除三个项目:销售折让、地方税收和内部运输。泰国海关未对不予扣除这些项目作出解释。专家组认为,仅凭后面一点就可以认定泰国海关未能实施符合第7.1条的扣除价格方法。然而,在程序进行中,双方均对这三项的可扣除性进行了大篇幅的争论,因此,专家组认为,对泰国海关不扣除这三项的决定进行审查,有利于解决双方争议。泰国主张,销售折让仅在与最大销售量的特定单位价格相关时才能被扣除,专家组同意这一主张。但是泰国必须提供证据证明其主张。泰国未能证明。此外,泰国并未就进口香烟的最大数量价格可扣除提出异议,而仅对扣除的具体数额提出异议。因此,专家组认为,泰国海关不予扣除销售折让的决定并不合理。如果信息显示税收为通常支付,即便应付的地方税不包含在销售价格中,也必须扣除。泰国海关明白,作为第5条规定的可扣除费用之一,在进口国国内的运输费用,在计算进口香烟海关价格时应予以扣除。而在一定程度上运输费用通常发生于在进口国内商品的再次销售,泰国海关必须依赖可获取的证据,如果无法获取,则可向PM泰国进行咨询。据此,专家组认为没有必要再对泰国海关是否有足够信息和数据对运输费用进行扣除进行审查。尽管此前专家组已认定由于缺乏充分的解释,泰国海关已经违反《海关估价协定》第7.1条的义务,但经过争论和审查证据,专家组认定泰国海关不予扣除这三项的决定无法得到证据的支持。

接着,专家组对泰国海关是否不符合第7.3条进行审查。根据第7.3条,如果进口商要求,应将确定的完税价格和确定时所使用的方法书面通知进口商。专家组指出,泰国海关在2007年4月12日的信件中(如扣除价格方法)仅仅指出海关当局使用某种估价方法,而没有解释如何使用特定方法计算出完税价格,无法满足第7.3条的目的。因此,泰国海关违反了海关估价协议第7.3条所规定的义务。

4. 海关估价协议是否与《海关估价协定》第10条相符

菲律宾主张,泰国海关反复将PM泰国的到岸价、成交价和2005年进口总量泄露给媒体,违反了《海关估价协定》第10条。泰国对到岸价和成交价是机密信息并无异议,但其主张,进口总量不一定为机密信息,当某一公司为特定商品的唯一进口商时,或公司已同意向公众披露信息,则进口总量便不是机密信息。专家组认为,PM泰国并不是泰国境内唯一的香烟进口商,且PM泰国也未同意向公众披露信息。此外,披露PM泰国的到岸价、成交价和进口总量的信息使得PM泰国的竞争对手能够获取其敏感的商业信息,从而使其遭受商业损失。据此,专家组裁定,泰国披露由PM泰国向泰国海关提供的保密信息,违反了《海关估价协定》第10条。

二、泰国增值税制度是否违反 GATT 1994 第3条

1. 泰国增值税制度是否与 GATT 1994 第3.2条第1句相符

菲律宾主张,泰国对进口香烟设立了增值税的歧视性征税基础,对进口香烟征收了高于同类国内香烟的增值税,因此不符合 GATT 1994 第3.2条第1句。而泰国则辩称进口香烟和国内香烟增值税的征税基础同类,菲律宾未能初步证明进口香烟被征收了高于国内香烟的税收。

专家组首先分析并确认,涉案的进口和国产香烟属于同类产品。

接着,专家组分析了进口产品是否被征收了高于国产品的国内税。泰国增值税的税基是最高零售价,最高零售价是八个变量之和:到岸价或工厂交货价、海关关税、消费税、健康税、电视税、本地税、增值税和营销成本。该最高零售价由进口商和国内生产商提出,经过泰国消费税部门根据双重目标(保护消费者免受过高价格和防止偷税)进行审查。一旦确定,泰国消费税部门将发布通知。专家组注意到,根据相关资料,Marlboro 和 L & M 的最高零售价确实高于其他国内香烟品牌,而增值税是基于最高零售价计算的,最高零售价高的香烟就缴纳了更高的增值税。但专家组认为,进口香烟更高的最高零售价绝对值本身并不构成第3.2条第1句项下的对进口香烟征收的增值税高于国内香烟的情形。对于进口和国内香烟是否享受同类的增值税征税基础,专家组对下列三个问题进行了分析:(1)在一般方法之下,营销成本如何确定;(2)消费税局局长在确定进口香烟的最高零售价中的营销成本时,是否偏离了一般方法;(3)如果是,消费税局局长偏离一般方法的做法是否导致进口香烟承担高于国内同类香烟的税收。构成最高零售价基础的8个因素中,有一项是"营销成本"。专家组分析了所有证据,发现在确定进口香烟的增值税征收基础时,泰国消费税部门未能遵守一般方法,从而导致进口香烟的营销成本高于按照一般方法计算出来的营销成本;在确定国内香烟的营

销成本时并未出现类似的偏离，因此，涉案措施已违反第3.2条第1句，进口香烟被征收高于国内同类香烟的税收。

2. 国内香烟经销商免除增值税是否与GATT 1994第3.2条相符

基于泰国法律，当批发商向每个后续交易环节的零售商销售国内香烟时，这些批发商和后续的经销商无须承担增值税义务，国产香烟的经销商可以自动享受免税，而进口香烟经销商必须满足一定的行政要求，才可以享受免税。这导致了进口香烟被征收高于国内香烟的税收，在法律上违反了第3.2条第1句。

3. 国内香烟经销商免除增值税是否与GATT 1994第3.4条相符

专家组确认，泰国规定增值税行政要求的法律构成GATT 1994第3.4条含义下影响香烟国内销售的措施。接着专家组对进口香烟是否被征收更高税收进行了分析。

首先，专家组分析了进口香烟经销商是否承担更重的行政负担。在完成和提交表格义务方面，经仔细审查双方提交的证据后，专家组裁定，较之于国内香烟经销商，进口香烟经销商履行了额外的行政要求。即便进口香烟和国内香烟均须提交报告，二者在提交的信息上也存在不同。最后，只有进口香烟经销商面临受到罚款惩罚的风险。

其次，专家组分析了进口香烟的待遇是否低于国内香烟。争议措施是否构成低于国内产品的待遇，须通过评估其对进口商品的竞争环境可能产生的潜在影响加以确定。泰国法律中规定的增值税要求，有可能改变泰国市场中进口香烟竞争环境。这些因素本身可能无法对进口香烟的竞争环境产生负面影响，但所有要求的积累将可能对竞争环境产生消极影响。专家组认为，泰国通过仅要求进口香烟经销商履行某些增值税的行政要求，而使得进口香烟受到了低于国内香烟的待遇，违反了第3.4条之规定。

最后，专家组分析了额外行政负担在第20条(d)项下是否合法。泰国主张，进口香烟经销商所承担的行政义务和惩罚是为贯彻泰国增值税法的必需措施,但专家组认为,泰国并未能证明,行政要求和当进口香烟经销商未能履行其增值税提交材料要求时所应承担的惩罚构成 GATT 1994 第 20 条(d)项下为保证泰国增值税法的执行而采取的必需措施。

三、国内香烟经销商免除增值税是否违反 GATT 1994 第 10 条

1. 国内香烟经销商免除增值税是否与 GATT 1994 第 10.1 条相符

GATT 1994 第 10.1 条规定各成员应迅速公布普遍适用的贸易法规。本案中,争议双方主要关注两个因素,即争议措施是否为第 10.1 条规定的普遍适用的法律或法规,泰国是否迅速公布这些法律法规以使各国政府及贸易商知晓。专家组认为,由于缺乏书面规则,而泰国对确定方法进行了详细描述,已经能够证明确定最高零售价的方法属于第 10.1 条规定的普遍使用的法律法规的范畴。泰国并未公布泰国消费税部门确定最高零售价的方法,而仅在通知中列明了最高零售价中所包含的 8 项成分,无法使进口商熟悉这一方法。因此,专家组认定泰国违反第 10.1 条。

泰国提出,争议措施的公布会导致第 10.1 条规定的保密信息的披露,从而损害国有或私人特定企业的合法商业利益。专家组分析了用以确定单独香烟品牌最高零售价和工厂成交价的数据,认为这些数据并不属于第 10.1 条规定的普遍适用的行政裁决。专家组认为没有必要继续对公布特定数据是否构成第 10.1 条规定的保密信息的披露这一问题进行审查。

对于保证金返还的规则,泰国声称通过泰国海关法案和公布的评估通知,其履行了义务。专家组认定,海关法案仅涉及现金保证金,并未详细说明以其他形式提交的保证金是否也须适用这些条款。而评估通知则仅规定了进口商可要求返还保证金,并未表明这种返

还是否也可以适用于其他形式的保证金。因此,泰国提供的相关文件并不能清晰地表明存在产品最后评估之后可要求返还国内税收的保证金这一权利。因此进口商不可能熟悉其所享有的要求返还国内税收保证金的权利。据此,泰国在其海关法案中规定的要求返还保证金的权利的一般规则,不足以履行第10.1条规定的要求。

2. 任命泰国政府官员担任TTM董事及申诉委员会程序延迟是否与GATT 1994第10.3条(a)项相符

GATT 1994第10.3条(a)项要求缔约各国应以统一、公正和合理的方式实施第10.1条所述的法令、条例、判决和决定。

就泰国任命某些泰国政府海关和税收官员担任TTM董事这一事实,专家组首先分析了任命行为是否为第10.3条(a)项规定的"实施"行为。担任TTM董事的某些泰国政府海关和税收官员在管理泰国海关和税收法律中可作出裁定。菲律宾提供了一系列证据,证明双重身份官员实质性地参与了相关的决策程序;并在实质性权力机构中具有一定的影响。这些证据证明双重身份官员已参与到运用和执行泰国海关法律法规的程序中。因此,专家组认为,任命政府官员为TTM董事的行为已构成实施泰国海关和财政法律法规的行政程序,因此,属于第10.3条(a)项规定的"实施"法律。紧接着,专家组分析泰国任命双重身份官员,是否以"不公平和不合理"的方式实施法律。菲律宾提出,在泰国实践中,具有双重身份的政府官员拥有对进口和国内香烟相关的泰国海关和税收法律作出决策的权力;他们能够获取进口香烟公司的保密信息,这些公司是TTM在泰国市场上的直接竞争对手;TTM董事的身份给予他们财政激励,以使TTM的利益最大化;没有保障措施能够恰当地防止政府官员在作出涉及香烟的海关和税收决定时滥用职权。然而,专家组认为,菲律宾提供的证据无法证明官员的双重身份与其在管理泰国海关和税收规则时做了什么,或允许他们做什么存在必然联系。换言之,除非能够证明这些决定是因为作为TTM董事的政府官员存在而作出的,否则专家组不能裁断双重身份官员的任命导致了海关和税收规则的不公平管理。财政激励显示双重身份官员的动机可能是为了使TTM的利润最大化,但并无确凿证据证明这样的动机与给予国产香烟优惠的管理措施存在必然联系。泰国民事服务法典和刑法典规定了政府官员(包括那些具有双重身份的官员)的道德准则,即便泰国民事服务法典适用于TTM,可以防止政府官员被任命,但泰国是否遵守其国内法与本案并无关系。因此,专家组认定,菲律宾不能证明任命某些政府官员作为TTM董事的行为必然导致泰国海关和财政规则公平实施的缺失。当政府措施或行为存在严重缺陷,从而使得这一措施或行为本身便足以证明法律实施的不公平,就无须用具体的案例来证明,然而本案并不属于这种情形。而在合理性上,虽然双重身份官员可能收集和泄露其直接竞争者的保密信息,且确实能够将其在海关和国内税收法律法规方面的专业知识运用到TTM的管理上。专家组的任务并非找出能够实现成员方立法目的的行政措施。PM泰国的保密信息被泰国政府官员泄露,但这与双重身份并无必然联系。菲律宾未能证明泰国赋予特定海关和税收官员TTM董事的双重身份这一行为必然导致第10.3条(a)项含义下的不合理实施。

3. 对申诉审查的延迟是否违反GATT 1994第10.3条(a)项

接着,专家组分析了申诉委员会对PM泰国的申诉作出决定的延迟问题。专家组分析了泰国的延迟是否以"不合理"的方式执行海关法。合理性的要求须基于执行行为的特征进行分析,包括其背后的目标、成因或原理。专家组认为,WTO成员根据第10.3条(a)项并没有为行政审查程序设定特定的时间限制,但本案中申诉委员会的审查程序进行了7年,较之其他类似申诉的平均时间(2.5年),至少在抽象意义上看,确实不正常。尽管申诉委员会可能面临一些挑战,如新计算方法的复杂性、处理上诉的案件数量多等,但这些因素并不能使申诉委员会延迟审查合法化。因此,审查程序的总体延迟"不合理或不适当"。专家组据此认定审查委员会审查程序的延迟导致泰国海关法以不合理的方式被执行,违反了GATT 1994第10.3条(a)项。

4. 海关估价申诉程序和保证金返还程序是否违反 GATT 1994 第 10.3 条(b)项

对于海关估价申诉，争议双方主要存在两方面争议：首先，申诉委员会是否为第 10.3 条(b)项含义下独立的法庭；其次，如果不是，申诉委员会审查程序的时间是否仍须根据第 10.3 条(b)项进行审查。GATT 1994 第 10.3 条(b)项要求成员迅速审查和纠正与海关事项有关的行政行为。

就申诉委员会是否为第 10.3 条(b)项含义下的独立法庭，专家组注意到，泰国申诉委员会的部分员工来自海关部门，这些员工可能会参与审查海关决定的决策过程。申诉委员会组成上的特征，并不能证明其不受泰国海关部门的控制或影响。因此，申诉委员会不属于第 10.3 条(b)项含义下独立于负责行政实施的机构以外的法庭。

专家组分析了泰国是否为海关估价决定提供了独立法庭或程序以迅速审查。泰国税收法庭是审查海关决定的第一个独立机构，但在申诉委员会作出决定之前，泰国税收法院不能审查海关决定。独立审查之前存在的这一步骤，导致泰国无法按照第 10.3 条(b)项要求迅速审查行政执行的程序。申诉委员会申诉程序的延迟已经构成系统性缺陷。综上所述，专家组认定，申诉委员会申诉程序的过分延迟就其持续时间和频率而言，十分显著；从而导致这些特定例子可作为系统性延迟的证明。泰国未能遵守第 10.3 条(b)项——为了能够对有关海关事项的行政行为迅速进行检查和纠正而维持一个独立的法庭。

而对于保证金决定的申诉，专家组首先分析了征收保证金是否属于第 10.3 条(b)项规定的“有关海关事务的行政行为”范畴。专家组认为，如果特定的行政行为会对贸易商直接和立即产生影响，贸易商必须享受第 10.3 条(b)项规定的、使相关行为受到审查并由独立机构进行纠正的权利。如果在最终决定之前的中期决定对贸易商立即发生消极影响，那么“有关海关事务的行政行为”就不仅仅局限于最终决定。据此，专家组裁定，海关估价程序中保证金的收取是一项为了确保最终海关关税实际数额的支付而作出的决定,其与进口产品的估价之间确实存在合理的关系,因此其属于“关于海关事务的行政行为”的范畴。泰国未能提供充分证据证明,保证金决定可以独立向泰国税收法庭提出申诉。如果在一个体制下,进口商无法在海关估价的最终决定作出前对保证金决定提出审查要求,则进口商可能面临因保证金价值过高而无法取回其进口商品的风险。这违反了第10.3条(b)项下为迅速进行检查相关行政行为而维持独立的法庭的义务。

【上诉机构的分析和结论】

泰国对专家组报告中的某些法律事项和法律解释进行上诉。上诉中,上诉机构主要对两大争议点进行了分析。

一、专家组关于泰国违反 GATT 1994 第3条的裁决

1. 专家组作出的进口香烟被征收高于国内同类香烟的增值税,因此泰国违反 GATT 1994 第3.2条第1句的裁决是否存在错误

上诉机构同意专家组关于泰国的措施影响了进口和国内同类香烟各自的税收义务的裁定,因此拒绝了泰国提出的单纯的行政措施不受制于 GATT 1994 第3.2条第1句的主张。同时,上诉机构认为,根据泰国法律,进口香烟经销商须承担增值税义务,然而国内香烟经销商,由于增值税的完全免除,无须承担。因此,上诉机构支持了专家组在该问题上的裁决,认为泰国违反了 GATT 1994 第3.2条第1句,使进口香烟被征收高于国内同类香烟的增值税。

2. 专家组作出的泰国违反 GATT 1994 第3.4条的裁决是否存在错误

本争议主要焦点在于以下三个方面:

(1)专家组作出的泰国给予进口香烟低于同类国内香烟的待遇的裁决是否存在错误。上诉中,泰国主张专家组使用了判断歧视待

遇的错误标准，因为其基于“理论可能性”而作出裁决，即“有可能”以消极方式影响进口香烟的竞争条件，而并未进行任何有意义的分析，如市场中该措施的应用，或待遇差异如何影响进口香烟的竞争地位。

上诉机构引用了韩国牛肉措施案中上诉机构的解释，在分析进口产品是否受到了低于国内同类产品的待遇时，须确定涉案措施是否改变了市场竞争条件，从而损害了进口产品。成员国规定进口和同类产品的管理措施差异本身并不足以确定“低于国内同类产品待遇”的存在，而应看此差异是否扭曲了竞争条件，从而损害了进口产品。

本案专家组裁决，进口香烟经销商履行额外行政要求有可能以消极方式影响进口香烟的竞争条件。上诉机构认为，第3.4条项下的分析必须从对措施的仔细审查开始，包括对涉案措施的设计、结构和预期应用进行考量。这一分析可能要涉及，但并不要求，对涉案措施在市场中的实际影响进行评估。同时，专家组使用“可能”这一词语并不能说明专家组仅根据一个无事实根据或“理论上”的可能性，就裁定行政要求的差异性可能影响进口香烟的竞争条件。

进口香烟经销商须履行某些行政要求，而国内同类香烟经销商不需要，这一事实本身便有效地表明了进口香烟受到了低于国内香烟的待遇。尽管专家组可以深入探究泰国措施对竞争条件的影响，但进口香烟要履行了额外行政要求，而国内同类香烟无此要求的事实本身已经能够充分证明竞争条件被不利改变，以至于损害进口香烟的利益。因此，专家组的分析已足以支持额外行政要求改变了竞争条件，从而损害进口香烟的裁决。据此上诉机构裁定专家组作出的泰国给予进口香烟低于同类国内香烟的待遇的裁决不存在错误。

（2）专家组未给予泰国评论的机会便接受和采纳了菲律宾第289号证据，是否未能确保正当程序，从而违反其在DSU第11条下承担的对争议事项进行客观评估的义务。上诉机构认为，一般而言，正当程序要求各方被赋予具有意义的机会，以对另一方提出的主张和证据进行评论。

专家组程序中,菲律宾第 289 号证据是由菲律宾在对泰国就专家组问题作出答复时进行评论时提交的。同时,泰国并未在提交该证据时提出异议,而是在 7 个月之后在就专家组中期报告进行评论时才提出异议。上诉机构认为,尽管一方对专家组问题的回复后,另一方对对方的回复提交评论标志着专家组程序的最后一个步骤,但这并未剥夺泰国对菲律宾第 289 号证据及时提出异议,及要求专家组拒绝该证据或给予泰国对该证据进行回复的权利。在裁定国内香烟的销售无须在表格中进行报告时,专家组对所有证据进行了仔细审查,而菲律宾第 289 号证据并非作出该裁决的唯一证据。

当菲律宾提交该证据时,泰国本可要求获得回复的机会,但其并未要求。尽管菲律宾第 289 号证据在整个程序的后期才提交,但这一证据并未提出或涉及泰国之前不知晓或专家组未考虑的新事项,且其并不是专家组作出国内香烟销售无须在表格中进行报告这一裁决的唯一证据。

基于上述原因,上诉机构认为,泰国未能提供证据证明专家组因未能给予泰国对证据进行评论的机会便接受和采纳菲律宾第 289 号证据,从而未能确保正当程序,违反其在 DSU 第 11 条下承担的对争议事项进行客观评估的义务。

(3)专家组拒绝泰国依据 GATT 1994 第 20 条(d)提出的抗辩,是否存在错误。

专家组报告第 7.758 段中的相互参照意味着,专家组认为额外行政要求不能因保证与这些相同的额外行政要求相符的必要性而合法化,因为这些额外行政要求已经被裁定不符合第 3.4 条。这是一个分析泰国以第 20 条(d)项为抗辩理由的明显错误的方式。

由于专家组报告第 7.758 段倒数第 2 句的明显错误,上诉机构推翻了专家组在本段作出的裁决,即泰国未能承担证明额外行政要求是 GATT 1994 第 20 条(d)项含义下保证遵守泰国增值税法律所必需的措施的举证义务。为便于尽快解决争端,上诉机构考虑是否能够对泰国在第20条(d)项下提出的抗辩作出裁决。

当基于进口和国内同类产品的法规差异而裁定存在歧视待遇时,对第20条(d)项下提出的抗辩进行分析,应着眼于这些法规差异是不是保证某些与GATT规定并无抵触的法令或条例的贯彻执行所必需的措施。在其提交给专家组的材料中,泰国甚至没有对第20条(d)项规定的必需因素进行阐述。泰国并未准确地确定涉案措施声称要保证遵守的"法律或法规",且并未证明这些法律或法规与GATT 1994相符。其辩称,鉴于这些措施适用于所有产品(进口或国内),它们并未对国际贸易造成武断、不正当的歧视或变相限制。这不能充分证明额外行政要求满足第20条前言的要求。因此,泰国提出的主张和证据不能证明第20条(d)项的必要因素,上诉机构裁定泰国未能提供初步证据进行抗辩,因而未能证明额外行政负担在GATT 1994第20条(d)项下的合法性。据此,上诉机构支持了专家组在专家组报告第8.3(c)段中所作的裁决,即泰国因使进口香烟享受低于国内同类香烟的待遇,而违反了其GATT 1994第3.4条项下的义务。

二、专家组解释和适用GATT 1994第10.3条(b)项,从而裁定泰国违反了该条项下为迅速进行检查相关行政行为而维持独立的法庭的义务,是否存在错误

上诉机构从"与海关事务相关的行政措施"的基本含义、上下文含义及协定的目标角度,对这一术语的含义进行了解释,并认为专家组将"有关海关事务的行政行为"定义为"与海关事务有合理联系的适用法律手段的一系列措施"的观点不存在错误。上诉机构认为,专家组作出了正确裁定,即保证金一方面是允许进口商从海关处取回货物的手段,另一方面是保证最终关税的支付的手段。保证金为最终措施,而非中间步骤,因此保证金决定属于第10.3条(b)项规定的"有关海关事务的行政行为"。

"迅速检查和纠正"应被理解为以迅速和有效的方式,不延迟地对行政行为进行检查和纠正。鉴于保证金是与未来事件密切相关,当未来条件满足时,保证金将不再发挥保证的作用,因此至少在保证金发挥保证作用时,其可以得到及时和有效的审查。而本案中,正如专家组的阐述一样,泰国行政行为仅允许在颁发评税通知书及申诉委员会审查了最终评估之后,保证金决定才能够申请审查。这无疑造成了保证金决定的审查延误,因此保护保证金决定在其发挥保证功能和影响交易者利益的阶段免受检查和纠正。泰国体制无法确保对相关行政行为提供及时审查。

据此,上诉机构支持了专家组作出的泰国违反 GATT 1994 第 10.3 条(b)项为迅速进行检查相关行政行为而维持独立的法庭的义务的裁定。

【案例评析】

本案的一个特殊问题是 GATT 1994 第 10.3 条(a),即"以统一、公正和合理的方式实施"法律的问题。由于各成员申诉主要涉及法律的实体性规定,尽管申诉方在许多案件中也提出了法律的实施,专家组往往对此实行司法节制,很少分析这一问题。本案是 WTO 成立以来详细分析 GATT 1994 第 10.3 条(a)规定的义务的少数案件之一。[①] 焦点在于泰国任命其海关和税收官员担任 TTM 董事是否与 GATT 1994 第 10.3 条(a)项相符。

自 1995 年起,泰国财政部下属的海关总署署长、税务局长先后担任过 TTM 的董事,负责其日常经营的决策。关于这样一项措施与"公正和合理"执法的关系,专家组分两步作了分析:首先要确定任命官员担任董事的行为是不是"实施法律"的行为;如果对第一个问题的答案是肯定的,其次再确定泰国政府的这一做法是不是违反了 GATT 1994 第 10.3 条(a)的义务。

---

① 另外两个案件是阿根廷牛皮案(WT/DS155)和欧共体海关措施案(WT/DS315)。

菲律宾的观点是,官员具备双重身份,会影响泰国海关或关税法规的实施,如对进口香烟关税的估价,以及确定税基等。因此任命官员为 TTM 董事就涉及法律法规的实施。专家组指出,任命官员担任 TTM 董事这件事情本身显然不是实施海关和税收法律的实质内容,但是如果对第 10.3 条(a)规定的"行政程序"作广义的理解,答案就可能不同。特别是考虑到自 1995 年以来,TTM 的 8 任董事中的 7 任都由政府高官担任,他们在海关和税收事务中的参与程度使他们的任命具有了实施"法律"的特征。

对于泰国任命双重身份官员,是否导致了以"不公平和不合理"的方式实施法律,专家组注意到菲律宾的主张:双重身份官员有权力就进口香烟作出关税和财政决定;可获得 TTM 竞争对手的保密信息;可因 TTM 利润的提高而获得财政奖励。此外,并没有任何适当的保障措施,防止政府官员在作出海关和税收规则时滥用权力。专家组虽然同意从理论上说,菲律宾指出的问题都可能导致"不公平、不合理"地实施法律,但专家组认为,菲律宾提供的证据无法证明官员的双重身份与其在管理泰国海关和税收规则时做了什么,或他们允许做什么存在必然联系。换言之,除非能够证明这些决定是因为作为 TTM 董事的政府官员存在而作出的,否则专家组不能裁断双重身份官员的任命导致了海关和税收规则的不公平管理。

专家组的裁定让我们再一次看到了证据在 WTO 争端解决机制中的重要性。从一般人正常思维来看,如果担任泰国海关总署署长或税务局长的人同时又担任着 TTM 的董事,在作决策时从 TTM 的角度考虑问题是不可避免的。然而,这毕竟只是理论上的推论,在没有实际事例作为证据的情况下,仅有推论的主张是不能成立的。

………补贴与反补贴措施协定(《SCM 协定》)

美国：国际贸易委员会对来自加拿大软木材的反补贴调查（WT/DS277）*

申诉方：加拿大

被申诉方：美国

第三方：欧共体、日本和韩国

2002 年 12 月 20 日，加拿大向 DSB 提出要求与美国磋商，解决美国国际贸易委员会对加拿大进口软木材的调查和最终裁定。由于磋商未果，经加拿大要求，2003 年 5 月 7 日，DSB 决定成立专家组。2004 年 3 月 22 日，专家组作出最终报告。2004 年 4 月 26 日，DSB 通过了专家组报告。

本争议涉及美国国际贸易委员会（USITC）对加拿大进口软木材的调查和裁定，以及终裁后征收的最终确定性反倾销和反补贴税。在终裁中，USITC 认定在美国存在一个由所有软木材生产者组成的国内产业。USITC 分析了与软木材产业相关的若干竞争条件，尤其是近期终止的美加软木材协定、需求（包括影响需求的因素）、实际需求数据和预测、供应条件、木材的种类和可替代性、价格，以及北美木材市场的一体化。USITC 裁定美国国内

* 本案初稿由中国青年政治学院副教授李晓玲撰写。这个案件是《世界贸易组织国际贸易纠纷案例评析 2003－2006》一书遗漏的。

软木材产业没有因加拿大低于正常价值出售的进口产品和接受补贴的进口产品遭受严重损害，但裁定上述进口产品造成了严重损害威胁。USITC 裁定，倾销和补贴进口产品的进一步大幅增长是迫近的，这些进口可能会加剧对国内生产者的价格压力，从而对国内产业造成严重损害。加拿大认为，USITC 的调查和最终裁定，以及据此征收反倾销税和反补贴税，违反了《反倾销协定》和《SCM 协定》相关条款以及 GATT 1994 第 6.6 条（a）。

【专家组的分析和结论】

一、《反倾销协定》第 3.1 条和《SCM 协定》第 15.1 条——"肯定性证据"与"客观审查"

加拿大认为，《反倾销协定》第 3.1 条和《SCM 协定》第 15.1 条规定了实体性的中心义务，调查机关在作出损害裁定时必须要遵守这些义务。加拿大认为，违反《反倾销协定》第 3 条和《SCM 协定》第 15 条其他具体条款，就违反了《反倾销协定》第 3.1 条和《SCM 协定》第 15.1 条。专家组认为，加拿大没有对其根据《反倾销协定》第 3.1 条和《SCM 协定》第 15.1 条提出的诉请提供独立的论据。在缺乏支持违反第 3.1 条和第 15.1 条的论据的情形下，如果根据事实得出的结论是 USITC 损害裁定不违反《反倾销协定》第 3 条和《SCM 协定》第 15 条其他规定，那么也就不违反《反倾销协定》第 3.1 条和《SCM 协定》第 15.1 条。如果认定 USITC 裁定违反《反倾销协定》第 3 条和《SCM 协定》第 15 条其他规定，也就不需要再认定违反了这两个协定中的具体规定。在缺乏额外论据支撑的情形下，认定同时违反协定具体规定和《反倾销协定》第 3.1 条和《SCM 协定》第 15.1 条中心义务，既不能澄清《反倾销协定》第 3.1 条和《SCM 协定》第 15.1 条规定的义务，也不能为执行 DSB 建议提供任何指引。因此，专家组决定不对这些诉请作出裁定。但专家组承认，《反倾销协定》第3.1条和《SCM协定》第15.1条规定的义务对于上诉机构审查USITC的裁定非常重要。

二、《反倾销协定》第3.8条和《SCM协定》第15.8条——“特别慎重”(Special Care)

《反倾销协定》第3.8条和《SCM协定》第15.8条规定了相同的义务，即对于倾销进口(或补贴进口)威胁造成损害的情况，采取反倾销措施(或反补贴措施)的考虑和决定应特别慎重。加拿大认为，这些条款对成员规定了必须遵守的独立义务，并且也是解释《反倾销协定》第3条和《SCM协定》第15条其他段落时应当参照的上下文。加拿大没有对其请求提供独立的论据，而是认为未能尽到“特别慎重”的义务影响到USITC的整个裁定。加拿大认为，“特别慎重”对威胁裁定规定了更为严格的标准，要求对《反倾销协定》第3条和《SCM协定》第15条的要素进行特别仔细的审查。

专家组首先审查了“特别慎重”一词的通常含义。专家组认为，该词表明在涉及严重损害威胁的案件中，调查机关所给予的注意应当高于其他反倾销和反补贴损害案件。而且，专家组认为，尽管第3.8条和第15.8条使用的是“实施”(application)一词，该两项条款也适用于严重损害威胁的调查和确定程序，即确定实施反倾销和反补贴措施的先决条件是否具备，而非仅仅规范是否采取措施的最终裁定。对于本案，专家组认为，加拿大没有指明在损害威胁案件中，协定要求的“特别慎重”包含哪些具体的法律要求。因此，专家组表示，在根据肯定性证据进行客观审查过程中，“特别慎重”有哪些要素不明确。据此，专家组表示，只有在审查了根据其他具体规定提出的诉请之后，才考虑是否违反了第3.8条和第15.8条。要证明违反“特别慎重”义务，需要提供有针对性的、独立论据。本案中，加拿大认为，证明USITC没有尽到必要的“特别慎重”的事实，就是导致具体违反的事实，因此，加拿大认为，对《反倾销协定》第3条和《SCM协定》第

15 条各段具体条款的违反,与对第 3.8 条和第 15.8 条的违反,其外延是同样广泛的。

根据上述分析,专家组认为,如果认定 USITC 的裁定符合《反倾销协定》第 3 条和《SCM 协定》第 15 条各款,就不能认定其违反“特别慎重”要求;而如果已经认定 USITC 裁定与《反倾销协定》第 3 条和《SCM 协定》第 15 条某款不符,也就没有必要再认定 USITC 裁定违反了“特别谨慎”要求;如果裁定不符合《反倾销协定》第 3 条和《SCM 协定》第 15 条规定的其他更为具体的义务,也就是不符合“特别慎重”义务。专家组认为,对上述问题作出认定,既不能澄清《反倾销协定》第 3.8 条和《SCM 协定》第 15.8 条规定的义务,也不能对执行 DSB 任何建议提供指引。因此,专家组没有对本请求作出认定。

三、《反倾销协定》第 12.2.2 条和《SCM 协定》第 22.5 条

《反倾销协定》第 12.2.2 条和《反倾销协定》第 22.5 条涉及反倾销与反补贴调查和裁定中的通知要求,包括列明采取这些措施的“理由”。加拿大提出的诉请涉及 USITC 裁定是否提供了“理由和充分的解释”。加拿大认为,该项要求并非来自《反倾销协定》第 12 条和《SCM 协定》第 22 条,而是来自《反倾销协定》第 3 条和《SCM 协定》第 15 条。因此,加拿大根据第 12.2.2 条和第 22.5 条提出的诉请取决于对《反倾销协定》第 3 条和《SCM 协定》第 15 条各段具体违反诉求的认定。专家组认为,一方面,如果认定 USITC 裁定准确反映了调查中的分析和裁定,本案就明显不存在违反《反倾销协定》第 12.2.2条和《SCM 协定》第 22.5 条的情形。另一方面,如果认定违反了某一实体要求,根据《反倾销协定》第 12.2.2 条和《SCM 协定》第 22.5 条,裁定通知是否充分就不重要了。对此,专家组援引了欧共体床单案。该案专家组报告指出:如果裁定本身在实体上不符合《反倾销协定》的要求,根据第 12.2 条单独审查该裁定的通知是否充分,是没有意义的。如果某一行动不符合义务,对于违反义务的认

定、本争端的解决,或者理解《反倾销协定》规定的义务来说,对该行动的通知充分与否没有任何额外的意义。本案专家组采纳了上述观点。因此,专家组没有对本请求作出认定。

四、《反倾销协定》第 3.7 条与《SCM 协定》第 15.7 条——严重损害威胁

《反倾销协定》第 3.7 条规定:"对实质损害威胁的确定应依据事实,而不是仅依据指控、推测或极小的可能性。倾销将造成损害发生的情形变化必须是能够明显预见且迫近的。在确定存在实质损害威胁时,主管机关应特别考虑下列因素:……这些因素中的任何一个本身都未必能够给予决定性的指导,但被考虑因素作为整体必须得出如下结论,即更多的倾销出口产品是迫近的,且除非采取保护性行动,否则实质损害将会发生。"《SCM 协定》第 15.7 条与《反倾销协定》第 3.7 条的不同之处在于多列举了一项调查机关应当考虑的因素,即"所涉一项或几项补贴的性质和因此可能产生的负面影响"。

(一)"情形变化"(Change of Circumstances)

加拿大认为,《反倾销协定》第 3.7 条和《SCM 协定》第 15.7 条的"情形变化"一词必须是能够"明显预见且迫近的"。USITC 没有能够对这一关键问题提供附理由的评估,尤其是美国没有解释其掌握的证据如何证明现状将发生改变,即调查期内没有对国内产业造成损害的进口将在迫近的将来造成严重损害。美国不同意"情形变化"的措辞要求调查机关指明"某一"情形的变化,即导致现状从严重损害威胁过渡到严重损害发生急剧变化的"某一事件"。

专家组认为,上述条款的条文本身不清晰,但从字面上看,这些条款要求某些情形变化必须是可明显预见和迫近的,并且正是这种情形变化,导致损害的发生。专家组认为,《反倾销协定》第 3.7 条和《SCM 协定》第 15.7 条列举的各项因素是否必须是截然不同的事实情形,以及在考虑是否存在严重损害威胁时,对每一因素是否都必须

单独审查尚不明确。专家组认为,导致损害发生的情形变化,不一定是某一单个或具体的事件,而是包括某一单一的事件或一系列的事件,产业状况的发展或有关的倾销或补贴进口,可据以得出结论认为,尚没有发生的损害预计将会发生。调查机关应当考虑相关事实,并且对事实作出无偏见和客观的评估。调查机关的裁定应当明确表明调查机关通过评估已经确认如果不采取措施,虽然当前没有造成严重损害,在迫近的将来,将会造成严重损害。

在本案中,专家组认为,USITC 对国内产业状况、进口产品的当前影响以及进口产品将实质性增加的分析,充分透彻地描述了美国认为情形的继续发展将导致损害即将发生的事实。专家组认定,USITC 在作出裁定时已经考虑了各种因素,USITC 事实上已经按照《反倾销协定》第 3.7 条和《SCM 协定》第 15.7 条的要求,考虑了是否存在情形变化,致使倾销和补贴进口产品将造成损害。

(二)《反倾销协定》第 3.7 条与《SCM 协定》第 15.7 条各因素的考虑

加拿大认为,USITC 未能适当考虑《反倾销协定》第 3.7 条与《SCM 协定》第 15.7 条列举的各项因素和其他相关因素。专家组认为,"考虑"(consider)一词要求裁定必须表明调查机关已经注意到并考虑了这些因素。但专家组认为,《反倾销协定》第 3.7 条与《SCM 协定》第 15.7 条没有要求调查机关对被考虑的因素作出明确的"认定"或"裁定"。本案中争端各方同意,《反倾销协定》第 3.7 条与《SCM 协定》第 15.7 条中用了"应当"(should)一词,表明不强制考虑其列举的每一个因素,并且,没有考虑某一因素或者未能充分考虑某一因素,不一定导致认定违反协定。专家组认为,是否违反协定取决于案件的具体事实,涉及所考虑因素的整体和给出的解释。本案中,专家组认为 USITC 已经考虑了第 3.7 条与第 15.7 条列举的所有因素,但仍然存在这样的问题:USITC 有关严重损害威胁的整体裁定是否与第 3.7 条与第 15.7 条相符,即被考虑因素作为一个整体是否表明,鉴于迫近的倾销和补贴出口的增长,除非采取保护性行动,实质损害将会发生。专家组逐一讨论了 USITC 考虑的因素。

专家组注意到,USITC 的肯定性损害威胁裁定主要基于认定倾销和补贴进口产品可能会有实质性增加。USITC 不仅分析了第 3.7 条与第 15.7 条列举的因素,还分析了其他的因素。专家组首先审查了第 3.7 条与第 15.7 条列举的所有因素,即所涉补贴的性质、倾销和补贴进口产品的大幅增长、出口商可充分自由使用的或即将实质增加的能力、价格抑制或压低、被调查产品的库存情况,得出结论认为,USITC 适当地考虑了第 3.7 条与第 15.7 条列举的各项因素,并未违反第 3.7 条与第 15.7 条。专家组接下来审查了根据 USITC 考虑的因素的整体,包括协定没有列举的因素,USITC 的裁定是否与第 3.7 条与第 15.7 条相符。美国认为,USITC 已经裁定存在大量的进口,价格发生下降,产业状况恶化并且很脆弱。USITC 根据下列因素认定进口将会发生实质性增加:(1)加拿大生产者过剩的生产量,以及生产量、生产能力利用系数和生产能力的增长;(2)加拿大生产者对美国市场的出口导向;(3)调查期内涉案进口产品数量的增长;(4)软木材协议终止的影响;(5)没有实施进口限制时涉案进口的趋势;(6)美国市场上强大需求和需求增长的预测。USITC 肯定性损害威胁裁定的"重要基础"是来自加拿大的倾销和补贴进口产品将有实质性增加。但专家组认为,根据美国作出裁定时掌握的证据来看,USITC 的证据顶多可以证明软木材的进口将维持在历史水平上,并可能随着需求的增长而有某种程度的增长。USITC 的裁定未能对进口产品即将发生大幅增加的结论提供合理的解释。专家组基于下列原因认定 USITC 的裁定不符合《反倾销协定》第 3.7 条和《SCM 协定》第 15.7 条:USITC 已经裁定,在调查期间,来自加拿大的倾销和补贴进口产品已经达到大幅水平,但没有根据调查期内的大幅增长,证明将来涉案产品还将有大幅增加。关于加拿大生产者的生产能力,USITC 的证据表明,接下来两年每年预计增长少于 1%。USITC 裁定列明的现有剩余产量数据也不能得出进口可能发生大幅增加的结论。关于加拿大对美国和其他国家出口的历史分配,专家组认为,裁定没有说明对美国的出口份额将发生任何重要的改变。USITC 强调了加拿大产业对美国市场的出口导向性,但专家组认为,这在调查期内已是如此。USITC 还强调了软木材协议终止适用的影响,但专家组认为,USITC 的裁定没有说明为何软木材协议的终止将导致出口即将大幅增长。关于对美国市场需求的预测,专家组认为,USITC 裁定没有讨论第三国进口,并且 USITC 也没有在损害威胁裁定中讨论市场份额问题。

基于以上理由,专家组认定,根据被考虑因素整体和 USITC 裁定中的推理,客观和无偏见的调查机关不能得出结论认为进口产品可能即将有大幅增长。因此,专家组的结论是 USITC 的裁定与《反倾销协定》第 3.7 条和《SCM 协定》第 15.7 条不符。

五、《反倾销协定》第 3.2 条和第 3.4 条与《SCM 协定》第 15.2 条和第 15.4 条

《反倾销协定》第 3.2 条和第 3.4 条与《SCM 协定》第 15.2 条和第 15.4 条规定了调查机关在作出损害裁定时应当考虑的一些因素。加拿大认为,这些规定同样适用于涉及严重损害威胁的调查,但 USITC 的裁定没有考虑到这些因素,也没有评估进口可能的增长对国内产业可能造成的影响。专家组指出,除非另有规定,《反倾销协定》和《SCM 协定》对"损害"的定义应当包括损害威胁。但专家组认为,相关规定的条文、上下文,以及目的和宗旨表明不能将这些规定的要求直接适用于严重损害威胁案件。

专家组认为,认定严重损害威胁,必定先根据第 3.4 条和第 15.4 条列举的因素,评估产业状况,作为评估将来倾销/补贴进口产品影响的背景。在严重损害调查背景下分析了损害性因素之后,在涉及严重损害威胁的案件中,不需要再次分析损害性因素。在本案中,USITC 在认定不存在严重损害时,已经考虑了相关的损害性因素,加拿大没有表示异议。USITC 在严重损害威胁分析中也已经考虑了这

些因素,另外还审查了《反倾销协定》第3.7条和《SCM协定》第15.7条列举的其他损害威胁因素。专家组认为,对于《反倾销协定》第3.2条、第3.4条和第3.7条,以及《SCM协定》对应规定列举的因素来说,这种分析严重损害威胁的方法是充分的。

对于《反倾销协定》第3.2条和《SCM协定》第15.2条列举的因素,专家组认为,在作出严重损害威胁裁定时,不一定非要直接考虑这些因素。这些规定是要求调查机关在对当前实质损害作出决定时,要考虑到过去发生的事件。

基于以上原因,专家组认定,USITC裁定没有违反《反倾销协定》第3.2条、第3.4条与《SCM协定》第15.2条和第15.4条。

六、《反倾销协定》第3.5条和第3.7条与《SCM协定》第15.5条和第15.7条

加拿大认为,《反倾销协定》第3.5条和第3.7条与《SCM协定》第15.5条和第15.7条主要包含了两项因素:首先,必须证明在倾销或补贴进口产品与损害国内产业之间存在因果关系;其次,调查机关必须审查倾销或补贴进口之外的,同时正在损害国内产业的任何已知因素,而且这些其他因素造成的损害必须不能归因于倾销或补贴进口产品。加拿大认为USITC没有满足上述两项因素的要求。

(一)因果关系

加拿大认为,USITC没有解释进口产品数量预计大幅增长如何可能会在将来产生大幅价格压低影响,并因此对国内产业造成损害威胁。由于前述专家组已经认定USITC的裁定不符合《反倾销协定》第3.7条和《SCM协定》第15.7条,USITC对因果关系的分析显然与协定不符,违反了《反倾销协定》第3.5条和《SCM协定》第15.5条。

(二)非归因分析

加拿大认为,USITC没有指明,更没有审查除涉案进口产品之外、对国内产业造成损害威胁的任何其他已知因素,没有区分其他因

素造成的损害性影响与补贴和倾销进口产品造成的损害性影响,故而,USITC 的裁定违反了《反倾销协定》第 3.5 条和《SCM 协定》第 15.5 条的非归因要求。鉴于《反倾销协定》和《SCM 协定》的规定相同,并根据《关于〈反倾销协定〉和〈补贴与反补贴协定〉有关争端解决的部长宣言》,专家组认为,在反倾销和反补贴调查背景下,非归因性要求是相同的。

由于已经认定 USITC 的因果关系分析与《反倾销协定》第 3.5 条和《SCM 协定》第 15.5 条不符,专家组认为,无法对是否违反这些规定中的非归因要求进行有意义的评估。尽管如此,专家组还是对非归因进行了分析。专家组认为,USITC 在认定不存在当前严重损害时,尤其是讨论与美国软木材产业相关的“竞争情况”时,已经考虑了其他潜在造成损害的因素;但在分析严重损害威胁时,USTIC 裁定却没有讨论造成损害威胁的其他因素。

因此,专家组的结论是,由于没有讨论将来可能造成损害的其他因素,USITC 的裁定不符合《反倾销协定》第 3.5 条和《SCM 协定》第 15.5 条规定的义务,即其他因素造成的损害必须不得归因于涉案进口产品。

七、USITC 的综合损害分析

实践中,USITC 在确定涉案进口产品的数量和价格影响是否对国内产业造成严重损害威胁时,同时考虑了补贴和倾销进口产品,这被称为“交叉累积”(cross-cumulation)。加拿大认为,USITC 在损害分析中综合考虑了倾销和补贴进口产品,没有进行《反倾销协定》和《SCM 协定》要求的所有必要的评估,因而不符合《反倾销协定》和《SCM 协定》的具体规定,也与 GATT 1994 第 6 条不符。在这方面,加拿大指控 USITC 违反了《反倾销协定》第 1 条、第 9.1 条、第 18.1 条,《SCM 协定》第 10 条、第 32.1 条,以及 GATT 1994 第 6.6 条。但在程序进行当中,加拿大澄清其并非主张不应对倾销和补贴进口产品进行综合分析,或单一的损害裁定本身不符合协定相关条款。专家组认为,加拿大的具体诉请不明确。专家组同意加拿大的观点,即如果单一的损害裁定违反《反倾销协定》或《SCM 协定》,那么采取的反倾销和反补贴措施都缺乏必要的基础,不符合美国承担的 WTO 义务。加拿大没有对 USITC 违反《反倾销协定》第 1 条、第 9.1 条、第 18.1 条,《SCM 协定》第 10 条和第 32.1 条及 GATT 1994 第 6.6 条(a)段提出独立的论据,而是认为如果 USITC 裁定违反《反倾销协定》和《SCM 协定》具体要求,就必然违反了这些规定。在不存在额外或独立论据支持的情况下,专家组认为,违反任何具体指控,都将导致违反上述条款,但是,作出这样的认定,既不能说明这些条款的范围,也不能以任何有意义的方式协助执行 DSB 的建议。因此,专家组认为,对这些请求作出裁定,既不适当,也没有必要。

专家组最终确认:(1)根据被考虑因素的整体和 USITC 裁定中的推理,客观和无偏见的调查机关不会得出结论认为进口即将发生实质性增长,因此,USITC 的裁定不符合《反倾销协定》第 3.7 条和《SCM 协定》第 15.7 条;(2)对于 USITC 裁定的其他方面,USITC 裁定并未与《反倾销协定》第 3.7 条和《SCM 协定》第 15.7 条不符;(3)USITC 损害裁定的因果关系分析是基于错误的认定,本身与《反倾销协定》第 3.7 条和《SCM 协定》第 15.7 条不一致,因此,USITC 损害裁定与《反倾销协定》第 3.5 条和《SCM 协定》第 15.5 条不相符;(4)对于 USITC 损害裁定的其他方面是否违反了《反倾销协定》第 3.5 条和《SCM 协定》第 15.5 条,专家组未予认定;(5)USITC 损害裁定并未与《反倾销协定》第 3.2 条和第 3.4 条以及《SCM 协定》第 15.2 条和第 15.4 条不符。根据上述认定,专家组认为,没有必要,也不适宜对加拿大的其他诉请作出认定。专家组认为,在美国被确认不符合《反倾销协定》和《SCM 协定》规定的范围内,加拿大根据该协定获得的利益丧失或减损。专家组建议争端解决机构要求美国使其措施符合其在《反倾销协定》和《SCM 协定》下承担的义务。但专家组拒绝根据加拿大的请求,对美国执行 DSB 建议的具体方式提出建议。

【案例评析】

《农业协定》是乌拉圭回合谈判的成果之一。为了适应农业的特殊情况,《农业协定》对农业补贴的维持与提供规定了不同于《SCM协定》的一套纪律,所采用的概念、规范模式等都存在不同程度的差异。WTO诸适用协定中,规范农产品补贴之提供的协定主要有:GATT 1994第6条和第16条、《SCM协定》和《农业协定》。《农业协定》第21.1条规定:"GATT 1994和《WTO协定》附件1A所列其他多边贸易协定的规定应在遵守本协定规定的前提下适用。"《农业协定》对国内支持措施和出口补贴作出了具体规定,但除第13条"适当的克制"外,没有关于反补贴税的特别规定。因此,对于反补贴税,适用于农产品的规则和适用于工业产品的规则是相同的:GATT 1994第6条和《SCM协定》的相关规定。

《农业协定》第13条"适当克制",又称"和平条款",是在乌拉圭回合谈判最后阶段引入的。"和平条款"最早起源于1992年美国和欧共体之间签订的"布莱尔宫协定"(The Blair House Agreement),成员同意在发起反补贴调查和对各类补贴提起其他GATT 1994下指控方面,保持适当克制。通过《农业协定》第13条,美国和欧共体之间的双边协定扩大适用于所有其他WTO成员。该条的目的被认为是避免重现20世纪80年代GATT 1994大量农业贸易争端指控,临时性地排除了某些潜在救济方式的适用。

在乌拉圭回合《农业协定》之前,大量的进口壁垒保护了绝大多数农业部门。直到1995年《农业协定》开始实施时,高额的未约束关税、进口配额、直接进口禁止、可变进口征税和其他形式的最低进口价格体制,在农业领域非常普遍。因此,成员对于启动耗费时日的诉讼程序,寻求贸易救济,没有什么兴趣。由于绝大多数农产品的进口保护水平很高,与农产品贸易所占的世界贸易份额相比,涉及农产品贸易的救济行动只占比较小的比例。1995年,《农业协定》开始实施之后，在9年“和平条款”存续期间内，对农产品启动反补贴调查的案件并不多。有人认为，实施期内，在启动反补贴调查上的克制是由于“该方法效用的局限性”。[1] 局限性表现之一是对于出口在第三国受到另一成员补贴出口产品取代的成员来说，无法通过征收反补贴税获得救济。虽然第13条(a)(i)豁免了绿箱国内支持措施不受反补贴税调查，但对于黄箱、蓝箱国内支持措施和出口补贴来说，只要求成员在发起反补贴调查方面保持“适当克制”，并且在征收反补贴税时，根据GATT 1994第6条和《SCM协定》第5部分确定存在损害或损害威胁。由于第13条(b)、(c)两款项要求在征收反补贴税前，必须先证明存在损害或损害威胁，“和平条款”的限制似乎没有多大意义。在发起反补贴调查时，行使“适当克制”的义务也缺乏明确规定，似乎可以是稍稍改变程序，如减少程序的自动性或不采用快速程序，但不限制成员采取反补贴税行动的权利。[2] 有人甚至认为，“和平条款”只是某些谈判成员用来挽回面子的一个工具。按照某些国家的法律，一旦国内产业提出适当的申请，就必须发起反补贴调查，政府根本没有行使“适当克制”的自由裁量权。在此种情形下，“适当克制”可能只是指成员同意不主动发起调查。但如果是这样的话，该让步几乎没有多大意义，因为政府很少主动发起反补贴调查。[3] 除了“适当克制”之外，还要求证明对国内产业的损害，而发展中成员农民分散，缺乏组织。因此，在和平期限内，发展中成员发起的反补贴调查比较少。

---

① Richard Steinberg and Timothy Josling, “*When the Peace Ends: Vulnerability of EC and US Agricultural Subsidies to WTO Legal Challenge*”, Journal of International Economic Law (2003) 6(2), p. 382.

② Didier Chambovey, “*How the Expiry of the Peace Clause (Article 13 of the WTO Agreement on Agriculture) Might Alter Discipline on Agricultural Subsidies in the WTO Framework*”, Journal of World Trade (2002), 36(2).

③ Joseph A. McMahon, “*Chapter Six: The Agreement on Agriculture*” in *The World Trade Organization: Legal Economic and Political Analysis*, Patrick F. J. Macrory, Arthur E. Appleton, Micheal G (eds.), Plummer, Springer, 2005, footnote 122, p. 214.

“和平条款”的终止并未导致农业补贴争端或贸易救济案件的迅速增多。从条文上看,“和平条款”的终止对绿箱国内支持措施的影响比较大。在实施期内,就反补贴税而言,绿箱国内支持属于不可诉补贴。在实施期之后,WTO 成员可援引 GATT 1994 第 6 条和《SCM 协定》相关条款,启动反补贴调查程序。但分析家们认为,即便是“和平条款”终止后,对绿箱补贴也难以启动反补贴调查。其原因在于,当对进口产品采取反补贴措施时,寻求救济的成员必须满足《SCM 协定》规定的一系列实体和程序要求。首先,补贴必须满足《SCM 协定》第 1 条的“补贴定义”,并具有《SCM 协定》第 2 条所指的“专向性”;其次,只有当有充分证据证明存在补贴,对另一成员国内产业造成损害,以及在补贴进口和损害之前存在因果关系时,才能采取反补贴措施。绿箱补贴是对贸易扭曲最小的农业补贴,很多绿箱补贴由于不具有专向性,从而是不可诉的。另外,还有一些绿箱补贴被认为是合法正当的,国家反补贴税法排除对其采取反补贴行动,如自然灾害救济支持。然而,对于《农业协定》附件 2 中列举的计划来说,则要具体分析。具体绿箱补贴的实际设计和执行决定了可否对该措施在进口国造成的影响征收反补贴税。

本案是争端方对 USITC 的反倾销、反补贴调查、最终裁定及征税发生争议,从而诉诸 WTO 争端解决的案件。本案开始审理时,“和平条款”尚未终止适用。可见,“和平条款”并未阻止争端的发生,事实上也无法阻止成员向 WTO 起诉。即便在实施期内,绿箱国内支持豁免征收反补贴税,但成员间仍然可能因某一措施是否真正符合《农业协定》附件 2 的条件发生争议,从而诉诸 WTO 争端解决。因此,“和平条款”终止适用对农业补贴的影响,并不似表面上看上去的那么重大。

欧共体:影响大型民用飞机贸易的措施（WT/DS316）*

申诉方(被上诉方/上诉方):美国

被申诉方(上诉方/被上诉方):欧共体

第三方(第三参与方):澳大利亚、巴西、加拿大、中国、日本、韩国

2004年10月6日,美国要求与欧共体磋商,以解决欧共体和某些成员国影响大型民用飞机贸易措施的问题。由于双方磋商未果,2005年5月31日,美国请求成立专家组。2005年7月20日,DSB决定设立专家组。2005年10月17日,副总干事 Alejandro Jara 代表总干事(总干事要求就此案回避)指定了专家组成员组成专家组。专家组通知 DSB 无法在指定的时间内完成工作,后双方同意不再遵从原来设定的时间表而将专家组工作期限无限延长。澳大利亚、巴西、加拿大、中国、日本和韩国保留作为第三方介入本案的权利。2010年6月30日,专家组作出最终报告。欧共体和美国分别提出上诉。2011年5月18日,上诉机构作出了报告。2011年6月1日,DSB通过了上诉机构报告和经过修改的专家组报告。

美国在本案中提出了欧共体和某些成员国跨越40年超过300项单独的补贴,这些补贴提供给欧共体生产

---

* 本案初稿由华东政法大学国际法专业研究生孙书玲撰写。

的大型飞机——空客(A300 至 A380)。美国认为欧共体及其成员国为空客的开发、生产和销售提供了补贴,这些补贴违反了欧共体在《SCM 协定》和 GATT 下的义务。美国指控的措施包括:(1)“启动援助”或“成员国融资”;(2)欧洲投资银行的贷款;(3)基础设施和基础设施相关的资助;(4)企业重组措施;(5)研究和技术开发经费。美国认为,争议措施已经造成并将继续造成美国所享有利益的丧失或减损。

20 世纪 70 年代初,法国和德国的飞机制造公司组成了一个合伙组织——空客 GIE,后来西班牙和英国的飞机制造公司先后加入。通过合伙形式,法、德、西、英各自生产空客大飞机的不同部分,然后在法国组装。空客 GIE 本身不进行任何生产,它负责协调空客的生产,分配收入和利润,并负责营销、销售、交付和客户服务。2000 年,空客合伙将大飞机项目里的经营合并在欧洲航空防务和航天公司(European Aeronautic Defense and Space Company,EADS)下,每个合伙人将与空客有关的设计、工程、制造和生产相关的资产和业务(包括在空客 GIE 下的合伙人利益)并入新成立的 EADS 下的子公司,换取 EADS 的相应股份。2001 年,英国的 BAE 系统有限公司将其与空客大飞机有关的业务投入英国空客有限公司,换取了空客 SAS20% 的股份。2001 年,EADS 和 BAE 体系将与空客有关的资产和业务以及在 GIE 的合伙权利投入了新成立的控股公司空客 SAS。2006 年,EADS 购买了 BAE 体系在空客 SAS20% 的利益,空客 SAS 成了 EADS 的全资子公司。这一个过程涉及了法、德、西、英 4 国政府的投入以及公司合并、转移过程中所有权的变化。

【专家组的分析和结论】

专家组分析了美国指控的措施是否构成《SCM 协定》第 1 条和第 2 条所称的补贴,其中有一部分是不是出口补贴;对于其中被确认为专项性的补贴,是不是给美国造成不利影响。

一、是否存在补贴和出口补贴

根据《SCM 协定》第 1.1 条，判断补贴是否存在必须满足两个条件：(1)存在由政府或任何公共机构提供的财政资助，或在 GATT 1994 第 16 条意义上的任何形式的收入或价格支持；(2)该“财政资助”或“收入或价格支持”、“授予一项利益”。

欧共体认为美国未能证明空客 SAS 作为 2001 年以来对空客发展和生产负责的法律实体，从美国所指控的补贴中获益或者持续获益。首先，美国未证明 2001 年前空客 SAS 以外的实体和附属机构获得的利益“传递”给了空客 SAS。其次，欧共体认为涉及空客 SAS 伙伴公司、空客 SAS 母公司、EADS 和空客 SAS 的某些交易消灭了空客 SAS 及其附属公司接受补贴而获得的利益。最后，欧共体主张，两笔特别的交易“剥离”出了相应的利益，因此“消灭”了空客 SAS 可享受的补贴。欧共体据此认为不存在《反补贴协定》第 1 条、第 2 条所称的补贴。

1.“利益传递”分析

在过去几十年的时间里，欧共体成员国政府给予空客大飞机的补贴使得此前的空客 GIE 及其合伙人得益。欧共体的逻辑是，美国必须证明这些利益已经传递给了空客 SAS，否则就是没有利益，也就不存在补贴。专家组指出，美国依据《SCM 协定》第 5 条、第 6 条提出申诉，即欧共体的补贴对美国同类产品的国内产业造成了不利影响。《SCM 协定》在确定这一点时并不要求进行“利益传递”分析。另外，在财政资助的直接接受者就是补贴产品的生产者的情况下，“传递”分析是没有必要的。专家组引用了美国针叶木材Ⅳ案来说明这个问题。在美国针叶木材案Ⅳ中，上诉机构支持了专家组的观点：《SCM 协定》第 10 条以及 GATT 1994 第 6.3 条要求美国商务部进行“利益传递”分析，因为补贴的接受者是上游产品的生产者，而接受反补贴调查的进口产品是由不相关的生产者生产的下游产品。也就是说,在接受补贴的产品生产者与受到申诉的产品生产者是不相关的上下游产品生产者时才有必要进行“利益传递”分析。专家组又引用了美国陆地棉案,强调在分析《SCM 协定》第 5 部分时要求分析“利益传递”的原则并不直接适用于专家组依据该协定第 3 部分对严重侵害的分析。在美国陆地棉案中,上诉机构认为,GATT 1994 第 6.3 条和《SCM 协定》第 19.4 条要求对产品征收的反补贴税仅限于给予该产品的补贴。在依据《SCM 协定》第 3 部分第 6.3 条(c)评估重大的价格抑制时,第 5 部分的“利益传递”分析并不那么重要。

据此专家组认为,空客 LCA 生产者的公司结构的改变并不要求美国证明提供给空客 SAS 前身的财政资助产生的利益“传递”给了空客 SAS。

2. 利益持续存在

欧共体认为,通过一系列的公平交易,涉案的补贴大多已经不存在。欧共体认为,依据《SCM 协定》第 5 条,利益目前仍存在是确认一成员国通过补贴对另一成员国利益造成不利影响决定的先决条件。专家组不同意这种观点。专家组认为,为了使主张成立,申诉方必须证明一成员方通过使用《SCM 协定》第 1.1 条和第 1.2 条规定的补贴,即同时存在两个构成要素:政府或公共机构给予财政资助的行为和给予了利益,对另一成员方的利益造成了不利影响。在加拿大飞机案中上诉机构阐明,调查存在“利益”的重点是财政资助是否使接受者处在了比没有财政资助更优势的位置。本案中专家组认为,欧共体提出的“持续利益”概念与补贴效果的分析相关,是依据第 5 条、第 6 条进行因果分析的一个方面,也是对补贴“效果”评估的一部分。欧共体的“持续利益”概念合并了“利益”和补贴“效果”的概念。在美国陆地棉案中,专家组指出了这种理解上的错误,认为依据《SCM 协定》第 1.1 条(b)“利益”的概念是补贴的一个定义因素,并不是“不利影响”/“严重侵害”的同义词。专家组认为,将补贴与特定产品链接起来以证明一成员方通过补贴对另一成员方的利益造成了不利影响是必要的。然而,这并不意味着申诉方必须证明“利益”

是"现时的"或"持续存在的"。

专家组认为,如果美国依据《SCM 协定》第 1.1 条(a)(1)、第 1.1 条(b)和第 2 条证明了存在财政资助、利益和专项性,依据《SCM 协定》第 3 部分可诉的该项补贴就被视为存在,如果美国能够证明欧共体和某些成员国通过补贴对美国的利益造成不利影响,美国就可以依据第 5 条提出主张。《SCM 协定》第 5 条并不要求美国额外地证明全部或者部分"利益"持续存在或者现时地存在。因此专家组驳回了欧共体的主张,认为欧共体提出的某些涉案补贴由于一系列的公平市场交易已经消失的观点是站不住脚的。

专家组假设欧共体的观点可以成立,接着来分析空客合伙、EADS 和空客 SAS 所有权的几次变化是不是"消灭"了原先的补贴给予空客 SAS 及其子公司之外其他接受者获得的利益。欧共体提出,此前的案件中确立了一条原则:只要所有权转变是按市场价格的公平交易,原先的利益就不复存在。专家组仔细回顾了欧共体所引用的欧共体和美国之间的铅铋钢反补贴案(WT/DS138)和对欧共体产品的反补贴措施案(WT/DS212),认为并不存在所谓的原则;利益是不是继续存在,要根据具体事实来分析和决定。经过分析,专家组认为没有证据证明欧共体此前给予其他公司的利益被消灭或减少。

3. 利益的剥离和补贴的撤销

欧共体指出,在组建 EADS 中的两笔交易至少剥离了德国和西班牙政府补贴所给予的利益。欧共体所说的两笔交易指这样的安排:为了使德国和西班牙公司的股东在 EADS 中所有权比例符合实现达成的协议,戴姆勒—奔驰公司和 SEPI 作为德国公司和西班牙公司的股东拿到了现金和现金等值物。欧共体似乎是说,由于现金的"抽出",以前的利益就不存在了,专家组认为,这又回到了前面说的"持续利益",专家组已经驳回了这个观点。为了法律上的完整性,专家组决定分析这个问题,即现金的"抽出"是不是会消灭以前不同给予的利益。

欧共体也承认,在有些情况下,现金的抽出并不一定移除补贴给予的利益,因为在没有补贴的情况下资金也要流动。专家组理解欧共体的观点,即要确认偿还资金会减少先前财政资助给予公司的利益,需要满足:(1)现金"抽出"与补贴有某种因果关系;(2)现金必须"抽出"到"公司—股东单位"之外。专家组很难同意欧共体的这一观点,退一步说,即使承认满足欧共体所述情形的现金"抽出"可以减少或者消除先前财政资助给予的利益,Dasa 和 CASA 的现金"抽出"也不符合上述情形:欧共体没有证明抽出的现金就是补贴的部分,而不是其他来源的现金,而戴姆勒—奔驰公司和 SEPI 得到的现金也没有"抽出"到"公司—股东单位"之外。根据上述分析,专家组驳回了欧共体的主张。专家组认为没有必要再去分析欧共体的更一般的主张,即现金"抽出"是否可被视为减少或者消除利益。

欧共体认为,戴姆勒—奔驰公司和 SEPI"抽出"的现金等同于撤销补贴,专家组注意到,资金及资金等价物仍由 DaimlerChrysler 持有,并没有转移给德国政府。欧共体认为在一些情况下补贴的接受者向给予补贴政府之外的实体转移资金或者其他资产构成《SCM 协定》中的"撤销"补贴。欧共体认为这些情形包括,之前接受补贴的公司将资金分配给它的所有者,如果这种转移构成移除"给予补贴接受者的增加价值"。美国认为"撤销"补贴要求提供补贴的成员方积极行动移除或者拿走补贴。美国注意到尽管专家组在澳大利亚车用皮革(第 21.5 条)案中认为接受者偿还补贴是"补贴成员方取消补贴"的一种方式,但这种"偿还"是还给补贴政府,补贴政府无须提供对价。美国同时注意到,依据《SCM 协定》第 4.7 条和第 7.8 条的"撤销"不排除成员方采取遵守《SCM 协定》的其他方式。例如,接受补贴的实体以公平市场价格销售实体的全部或者实质全部能够导致补贴的终止,从而"排除成员方采取进一步行动遵守《SCM 协定》义务的需要"。

专家组认为,没有依据认定给予 Dasa 和 Airbus Industrie"增加的价值"通过现金的"抽出"已经移除。欧共体提出,如果:(1)补贴当局提供了等价的东西以换取补贴接受者的资金或者其他财产;(2)补贴当局拥有补贴实体并且没有“脱离公司—股东单位”，则补贴接受者转移给补贴当局的资金不应被视为“偿还”或者撤销补贴。专家组认为，事实表明所谓的现金“抽出”显然属于欧共体自己指出的不导致撤销补贴的两种情形。首先，SEPI 从 CASA“抽出”3.4 亿欧元，西班牙政府提供了“等价的东西”，即减少在其附属公司 CASA 的资产以交换 CASA 的资金。其次，基于法国、德国、西班牙组成的空客合伙在 EADS 下的合并，SEPI 通过合伙关系继续行使对于 EDAS 的控制，就像其此前合伙人关系控制通过空客 GIE 一样，专家组并不认为在经济意义上“抽出”的现金“脱离了公司—股东单位”。

专家组的结论是：美国根据《SCM 协定》第 5 条和第 6 条提出的诉请不需要证明“利益传递”，也不需要证明存在“持续利益”；驳回欧共体关于公平交易消灭了此前的补贴给予的利益，现金的“抽出”等于撤销补贴的观点。

二、对具体补贴项目的审查

1. 应该根据《SCM 协定》还是东京回合反补贴守则来评估欧共体的措施

专家组遇到的第一个问题是应该按照哪个协议来审查“启动援助”或“成员国融资”的问题。欧共体认为根据国际法的跨时空性规则，A320、A330/A340LA/MSF 合同不应依据《SCM 协定》进行评估，而应该根据东京回合反补贴守则进行评估，因为东京回合反补贴守则是涉案措施被采取时有效的国际法律框架。欧共体认为“启动援助”或“成员国融资”合同缔结时完全符合欧共体及相关成员国的义务。美国则认为，DSU 明确规定专家组只能根据 WTO 涵盖协定的规定来衡量涉案措施的相符性，东京回合反补贴守则不是 WTO 涵盖协定，依据东京回合反补贴守则的规定评估“启动援助”或“成员国融资”措施的相符性没有法律依据。

专家组认为，国际常设仲裁院 1928 年仲裁的 Island of Palmas 案确立的国际法的跨时空性规则有两个因素:(1)行为应依据其发生时的法律进行判断;(2)如果权利没有根据国际法的变化得到维持,根据产生时的法律有效获得的权利可能丢失。虽然第二个因素作为国际法原则的地位受到质疑,但第一个因素获得了广泛的接受。然而就本案来说,专家组认为欧共体对于第一个因素的依赖是误导的。

专家组在之前已经确认,《SCM 协定》第 5 条施加给成员方的义务是不通过使用补贴对其他成员方的利益产生不利影响。因此专家组驳回了欧共体的观点,即《SCM 协定》第 5 条不适用于 1995 年 1 月 1 日以前给予的补贴。第 5 条强调不得用补贴给其他成员造成不利影响,这种补贴也包括 1995 年 1 月 1 日以前给予的补贴,因此欧共体的措施属于《SCM 协定》的范围,应根据协定的规定进行评估。

欧共体认为东京回合反补贴守则与评估美国的主张有关,即使它不属于 WTO 涵盖协定,它也属于 DSU 第 7.2 条所指的"协定"的范围。专家组否定了这种观点。首先,东京回合反补贴守则在《SCM 协定》生效一年后就终止了;其次,第 7.2 条的措辞表明,这个"协定"不指向 WTO 不包含的国际协议;最后,第 7.2 条并不授予专家组决定非涵盖协定缔约方权利和义务的管辖权。

2. 对具体补贴项目的评估

专家组一一分析了各种不同的项目是不是补贴,其中一部分是不是禁止的补贴,这些项目包括:(1)"启动援助"或"成员国融资";(2)欧洲投资银行的贷款;(3)成员国政府对基础设施的资助;(4)德国和法国政府的资助;(5)研究和技术开发经费。

美国所指控的"启动援助"或"成员国融资"并没有成文的规定,经过对美国提供证据的认真审查,专家组认为未能证明存在美国所指控的"启动援助"或"成员国融资"补贴项目。尽管空客大飞机项目中四国政府确实有过资助,但是补贴国家的政府在不同的时间推出不同的项目,因此,专家组的结论是,综合考虑美国的证据,美国未能证明存在"启动援助"或"成员国融资"补贴项目。至于对所谓的"启动援助"或"成员国融资"补贴项目下对 A380、A340-500/600 和

A330-200 的补贴，专家组确认，德国、西班牙和英国的空客 A380 合同事实上取决于出口，是《SCM 协定》第 3.1 条所称的禁止的补贴，美国未能证明其他合同事实上取决于出口。专家组还确认，美国也未能证明具体的补贴是法律上取决于出口的补贴。

美国提出了欧洲投资银行对空客大飞机的 12 个贷款构成专项性补贴。专家组在审查了证据之后确认，美国未能就主张提供充分的证据。

美国还指控德、法、西、英 4 国政府对基础设施的投入是专项性补贴。专家组审查了所有证据，确认米尔博格湖工业区项目、不莱梅机场跑道延伸项目、ZAC 航空星城和 EIG 设施、德国政府在诺登哈姆提供的地区援助、西班牙政府在塞维利亚、拉林科纳达、托莱多和王港市提供的地区援助构成对空客的专项性补贴，而法国政府对道路设施的改进、西班牙安达卢西亚当局 2001 年 7 月对圣玛利亚港空客的援助以及对英国空客在威尔士布劳顿的 1950 万英镑的赠款不是专项性补贴。

关于德国政府提供的援助，专家组确认：(1)1989 年，德国政府通过复兴开发银行获得德国空客 20% 的股权构成了对空客的补贴，根据《SCM 协定》第 1.1 条(a)(1)(i)，这是直接的资金转移，因此构成财政资助，其投资决策与德国市场上私人投资者决策考虑不符，因此给予了德国空客利益；这一补贴也是专项性的。(2)1992 年，德国政府通过复兴开发银行将其在德国空客的 20% 股权转让给 MBB 公司构成对空客的补贴，根据《SCM 协定》第 1.1 条(a)(1)(i)，这是直接的资金转移，因此构成财政资助，转让的对价低于股份在市场的价值，因此给予了 MBB 公司利益；这一补贴也是专项性的。(3)1998 年德国政府接受空客以 17.5 亿马克结清对德国政府的所有还款义务，是以“直接资金转移”的形式给予了财政资助；但专家组不认为这笔交易给予德国空客利益，因此驳回了美国对这笔交易是专项性补贴的主张。

关于法国政府提供的援助，1998 年法国政府向航天航空公司转让其在达索航空45.76%的股权,以换取后者向法国政府发售股票,这相当于资产注入形式的"直接资金转移",因此构成《SCM协定》第1.1条(a)(1)(i)意义上的财政资助,其投资决策与法国市场上私人投资者决策考虑不符,因此给予了航天航空公司利益;这一补贴也是专项性的。

关于研究和技术开发经费,专家组确认下列项目构成专项性补贴:第2、3、4、5、6次欧共体框架项目下的资助;西班牙PROFIT项目给予空客的贷款;法国政府给空客的资助;德国联邦政府给空客的资助;德国一些州政府给空客的资助;西班牙PTA项目给予空客的贷款;英国CARAD项目给空客的资助。但英国技术项目的资助不构成专项性补贴。

三、补贴造成的不利影响

美国认为,欧共体及其4个成员国的补贴造成了下列不利影响:对美国大飞机制造业造成严重损害;取代或阻碍了美国大飞机向欧共体出口,取代或阻碍了美国大飞机向第三国出口;在同一个市场造成美国大飞机的价格削减、价格抑制和减少销售。

专家组首先确定,本案涉及的产品是空客大飞机和波音大飞机,不管其型号有什么区别,它们都是同类产品。在这个问题上,专家组首先考虑了大飞机的市场竞争情况。由于大飞机的设计、测试、批准、生产、销售和售后服务非常复杂和昂贵,据称在一个项目的新机型售出600架之前,不可能收回投资。这一产业需要的规模效应也造成了其初始投资非常巨大,进入这一市场很难。目前市场上大飞机制造商只有空客和波音两家,美国的洛克希德和麦道公司已经先后于1981年和1997年退出了大飞机市场。美国认为在还有两个卖家的市场上,两者之间的竞争是"零和"——你多卖一架我就一定少卖一架,但欧共体提出,客户购买哪家的飞机有许多考虑因素。

在考察了2001年至2006年的数据之后,专家组得出结论:美国已经证明,如果不是欧共体及其4个成员国提供的专项性补贴,空客大飞机不可能像今天这样进入市场,取代了美国大飞机向欧共体的出口和向澳大利亚、中国、巴西、中国台湾地区、韩国、墨西哥、新加坡等第三国和地区的出口,并造成取代美国大飞机向印度出口的威胁;也造成了美国大飞机的销售减少。据此,专家组认为,欧共体及其4个成员国的补贴对美国的利益造成不利影响。但是专家组认为,美国未能证明欧共体及其4个成员国的补贴阻碍了美国大飞机向欧共体出口和向第三国或地区出口;也未能证明在同一个市场造成美国大飞机的价格削减或价格抑制。

至于对美国大飞机制造业的损害,基于对美国波音公司经营状况的分析,专家组认为并不存在严重损害的情况,在调查阶段的后期,数据还显示经营状况上升,而且专家组相信这一趋势还会延续;没有证据表明空客近期向美国的出口会增加,据此专家组认为美国也没有证明存在损害威胁。

【上诉机构的分析和结论】

欧共体和美国都提出了上诉。上诉涉及专家组报告几乎所有法律结论,包括对专家组管辖范围等程序问题的上诉。除了下列问题外,上诉机构维持了专家组的许多结论,有些修改了理由。

一、"启动援助"或"成员国融资"项目下授予利益的问题

专家组认为综合考虑美国的证据,美国未能证明存在"启动援助"或"成员国融资"补贴项目。美国对此提出上诉。上诉机构分析了美国成立专家组的请求,认为美国的请求中并不包括对"启动援助"或"成员国融资"补贴项目整体的诉请,因此这个问题不属于专家组的职权范围。专家组的这一结论没有法律效果。

1. 1992年美欧协议的相关性

专家组确认"启动援助"或"成员国融资"项目下的具体措施给

予了利益。欧共体就此提出上诉。专家组在分析中曾经将这些项目确认为“贷款”,双方对这一说法没有提出异议。上诉机构指出,如果接受者得到的是比它可以从市场上贷款更加优越的条件,那就存在利益。作为投资者,其投资决策是根据投资时可以得到信息的判断,因此,要根据当时的情况来判断投资决策是否合理,而不应当根据项目后来的实施情况。欧共体提出,在确认涉案措施是不是给予了利益时,美国和欧共体之间签订的1992年协议可以作为参考,因为协议第4条规定了政府支持的最高数额和最低利率。这一观点在专家组阶段没有被接受。欧共体对这一点也提出了上诉。上诉机构认为,1992年协议的客体与本争议中的问题密切相关,这个协议因美欧在大飞机支持问题上的不同做法而引发,经过双方谈判,试图规范双方政府在大飞机方面的支持。比较一下1992年协议第4条和《SCM协定》就可以发现,第4条要限制政府可以资助的最高额,而《SCM协定》并不限制政府给予财政资助的数量,而只规范使接受者“得益”的财政资助;接受者可以从市场获得相似条件的政府支持。因此,1992年协定第4条规定的政府可以提供的最大发展支持、最低利率和偿还的最长时限,不能够说明《SCM协定》第1.1条(b)市场基准“利益”的概念和《SCM协定》第14条(b)市场基准。上诉机构认为,1992年协定第4条与依据《SCM协定》第1.1条衡量利益是否存在没有关系。

2.确定利益的存在

美国和欧共体各自提出了用以衡量是不是存在利益时的“市场标尺”——一个投资回报率公式,如果政府的贷款得到的回报低于市场的一般回报率,可以认为接受者得到了比市场优惠的贷款,换句话说,接受者得到了利益。美国的公式是:市场期待的回报率=政府借款利率+一般商业风险(公司债券利率与政府借款利率之差)+与项目相关的风险。根据这一公式,美国专家计算出的市场回报率是16.7%～57.5%。欧共体的专家对公式本身没有意见,但对于美国专家第三个因素的计算有不同意见。专家组认为双方对项目风险的评估都未反映风险的实际情况,欧共体低估了而美国高估了项目风险。此外,双方都使用了固定的比率,而专家组认为变量更合适。欧共体对第三个因素本身没有异议,但指出专家组计算第三因素有错误:专家组认为每一个项目的风险是变数,但在计算时只是把项目分成三组,对每一组用了同一个风险系数;专家组已经看到了影响项目风险的因素,在计算时没有考虑在内;在评估不同项目时考虑的因素不同;A330-2 和 A340-500/600 的开发费用低于 A320 和 A330/A340,但专家组使用了相同的风险水平;对 A300、A310 和 A380 使用了美国提出的项目风险,尽管明知美国的数据是根据风险投资计算的。上诉机构注意到,专家组将空客大飞机分成了 3 组:A300-310 为第一组,A380 为第三组,其余是第二组。上诉机构认为,专家组这样做没有问题,但专家组在指出了美国提出的风险费率有诸多问题的情况下,却把美国计算的费率当做"边界",在第一组作为下限,第二、三组作为上限。而美国提交的材料中有另一位专家提出了不同的算法,专家组完全未予考虑。总之,专家组的分析逻辑有问题,上诉机构认为这有悖于专家组根据 DSU 第 11 条的义务,也据此推翻了专家组计算的"市场标准"。但是上诉机构肯定了专家组对欧共体提出数据的结论,即欧共体的数据低估了项目风险。上诉机构注意到,专家组裁决中曾经用欧共体提供的数据计算,也确认存在利益。因此,尽管上诉机构认为专家组违背了 DSU 第 11 条的义务,上诉机构还是维持了专家组关于欧共体的具体补贴项目给予了利益的结论。

二、所有权转移导致的利益消灭问题

欧共体坚持在专家组阶段的观点:此前的案件已经确立了一条原则,只要所有权转变是按市场价格的公平交易,原先的利益就不复存在。欧共体认为在空客发展过程中数次涉及股份销售的交易是公平交易并且遵循公平市场价值,因此全部或者部分"消灭"存在的涉案补贴。上诉机构指出,在美国铅铋钢Ⅱ案和美国某些欧共体产品反补贴措施案中,上诉机构明确了:通过公平交易和公平市场价格国有公司所有权和控制完全转移给私人,调查机构可以认为提供给国有公司的利益终止了,因此没有传递给新的私人所有者;但不可以认为在所有的私有化案件中,私有化当然地消灭了私有化前的财政资助给予的利益。上诉机构认为需要进行个案分析。本案并不存在国有公司完全私有化的情形,本争议是私人实体间的股权交易和部分私有化背景中的销售。在部分私有化以及私人间交易中,完全私有化的所有因素并不都存在。因此,为了决定先前的补贴是否已经终止,围绕所有权变化情形的事实调查是必要的。

专家组根据上诉机构在此前私有化案中的分析思路:受补贴的生产者所有权的改变引起一个可反驳的推定,即只有在:(1)来自一次性财政资助的利益;(2)给予国有企业;(3)随后发生公平交易和公平市场价值交易的私有化;(4)政府转移全部或者实质全部的财产并且不再对私有化了的生产者享有控制利益的情况下,先前补贴给予的利益消灭。专家组认为,欧共体并未争辩说交易满足所有这些标准,专家组认为本争议中的交易没有"消灭"了先前的利益。对于专家组采取的方法上诉机构不认同。上诉机构认为,首先,与专家组的陈述不同,欧共体事实上主张其每一笔交易都是公平交易,其中一些交易还是"公平市场价值"交易。其次,在认定某些交易,即"EAD股份的股票交易"是公平交易时,专家组未能解释或者提供足够的引证哪些交易是股票交易。因此,那些交易是否公平交易、是否按公平市场价值交易是不明确的。同时,上诉机构认为专家组没有充分审查部分私有化和私人间交易在法律上的影响。为了恰当分析交易的相关性以评估美国依据《SCM 协定》第5条的不利影响主张,专家组本应评估每一交易是否公平交易和公平市场价值交易,并且它们在多大程度上转移所有权和控制给新的所有者。因此,上诉机构推翻了专家组就该问题的推理和认定。

上诉机构认为,专家组没有就本争议中所有的交易是不是公平交易和公平市场价值交易作出足够的事实认定,也没有就所有权的变化和改变控制作出足够的认定。在这种情况下,考虑到部分私有化和私人间交易的复杂性,上诉机构不对销售交易是否或者在多大程度上"消灭"了空客公司部分过去补贴,以及这与依据《SCM 协定》第3部分评估不利影响如何相关作进一步分析。基于上述理由,上诉机构推翻了专家组关于这些交易没有部分消除过去补贴的认定。因为没有足够专家组的事实认定,专家组记录中也没有足够没有争议的事实,上诉机构没有就这些交易是否"消除"部分过去补贴完成法律分析。

三、补贴的不利影响——严重侵害

在补贴造成的严重侵害方面,专家组的结论是:欧共体的补贴使空客大飞机取代了美国大飞机向欧共体以及向澳大利亚、中国、巴西、中国台湾地区、韩国、墨西哥、新加坡等第三国和地区的出口,并造成取代美国大飞机向印度出口的威胁;造成美国大飞机的销售减少;但美国未能证明补贴阻碍了美国大飞机向欧共体及第三国和地区出口;也未能证明价格削减或价格抑制。

欧共体主张专家组在单一产品和单一市场基础上评估不利影响是错误的,并要求上诉机构推翻空客和波音在"单一市场"上竞争的认定。上诉机构指出,《SCM 协定》第6.3条(c)列举了严重侵害的各种表现,从中可以看出,市场是与"同类产品"密切相关的。为了分析一个市场上某一产品是否取代了另一产品,必须分析产品之间的竞争关系。因此,"市场"也是一个需要根据具体事实个案决定的问题。上诉机构认为,专家组认为自己无权决定"涉案的受补贴产品",因此接受了美国对"受补贴产品"定义并据此决定了"类似产品",这是错误的。上诉机构认为关于"补贴产品"的范围,就申诉方如何选择和组织其主张没有限制,申诉方可以按照其认为最符合自己的需要来组织。但专家组有义务确定相关产品市场或者申诉方和被申诉方产品竞争的市场。分析"补贴产品"和"类似产品"的定义,是专家组客观评估严重侵害特定主张的义务和依据第6.3条(a)和第6.3条(b)评估相关市场的义务的一部分。

上诉机构认为,专家组对于《SCM协定》第6.3条(a)和第6.3条(b)"市场"的理解错误,其行为不符合DSU第11条的规定。专家组未能客观评估"相关涵盖协定的可适用性和符合性",特别是认定其没有义务"就'补贴产品'作出独立评估",相反依赖申诉方的产品定义。基于上述理由,上诉机构推翻了专家组的"单一产品、单一市场"的认定。据此也推翻了专家组关于空客取代了美国波音的结论。

根据专家组程序记录中双方没有异议的事实,上诉机构确认:在2001年至2006年,空客取代了美国单通道大飞机向澳大利亚的出口,取代了美国单通道和双通道大飞机向中国和韩国的出口;没有取代美国大飞机向巴西、墨西哥和新加坡的出口,也没有威胁要取代美国大飞机向印度的出口。

四、对基础设施的补贴措施

《SCM协定》第1.1条(a)(1)(iii)规定如果政府提供了不是一般基础设施的商品或者服务就存在财政资助。欧共体认为专家组忽视了其主张,即"应当区分基础设施的建设和将基础设施提供给接受者"。欧共体认为专家组错误地理解和适用了第1.1条(a)(1)(iii),没有认识到相关交易是以基础设施的形式向德国空客和法国空客提供服务,而不是建设基础设施。上诉机构认同欧共体的观点,如果商品或者服务不是由政府提供,就不构成第1.1条(a)(1)(iii)的财政资助。然而,上诉机构不认为强调政府提供商品或者服务必然排除建设行为。建设基础设施是提供基础设施的前提,是必要的。因此上诉机构认为第1.1条(a)(1)(iii)中使用"提供"的措辞,不能排除这样的可能性:建设基础设施情况与正确描述提供的标的有关。

在这种理解的基础上,上诉机构不同意专家组对于财政资助的描述,比如将米尔博格湖工业区的租赁说成是建立和提供工业区。上诉机构修正了专家组对于构成财政资助的基础设施措施的描述。

上诉机构认为,有关当局的投资成本不足以证明销售或者租赁基础设施的市场价值,专家组只依赖成本证明利益的存在和数量是错误的。专家组认为利益存在,因为政府没有收回提供基础设施的成本。这种方法不符合判断"利益"是否存在的标准:财政资助是否以比市场更有利的条件提供给接受者。因此,推翻专家组关于基础措施构成给予空客利益的认定。上诉机构认为,满足特定商业消费者特定需求的土地租赁,在一般的市场条件下,比该区域其他土地的租赁对于使用者成本更高。上诉机构认为,租赁给空客的价格应该反映汉堡可比较的工业用地出租的市场价值和因为邻近、提供给空客的客制化服务的额外价值。上诉机构认为,在米尔博格湖工业区提供的土地租赁构成给予空客的依据《SCM 协定》第 1.1 条(b)的利益。因为专家组记录中没有足够的依据来比较特别目的设施的市场价值和实际支付的数额,就设施的租赁是否构成给予空客利益上诉机构不能完成分析。

就空客使用不莱梅机场跑道延伸段的权利,根据欧共体的主张和提供的证据,专家组认为,"没有事实基础可以得出结论空客为使用跑道延伸段比其他使用者使用跑道支付了更高的费用"。在专家组认定空客没有为使用跑道延伸段支付额外费用的基础上,上诉机构认为,空客对于跑道延伸段享有排他使用权并且没有支付额外的报酬,提供机场跑道延伸段的排他使用权构成《SCM 协定》第 1.1 条(b)的利益。

就航空星城项目来看,专家组认为空客购买土地和租用 EIG 设施支付的数额显然并不"为法国政府投资该地点包括 EIG 设施提供市场投资回报率"。然而,因为欧共体并不质疑空客支付的数额不够让法国政府收回开发该地点的投资,专家组没有就支付的数额进行认定。上诉机构已经否定了专家组依赖政府投资成本和回报决定利益的存在,但由于专家组记录中没有足够的依据比较空客的支付和购买土地和租赁设施的市场价格,上诉机构无法就航空星城提供给空客的基础设施完成分析。

【案例评析】

认定一项措施是WTO框架下禁止性补贴或者可诉性补贴,从而让专家组和上诉机构支持己方观点的前提是,该项措施构成一项补贴。根据《SCM协定》第1.1条,认定补贴存在必须满足两个条件:(1)政府或公共机构的财政资助,或任何形式的收入或价格支持;(2)该财政资助或收入或价格支持授予一项利益。因此,如果利益不存在,则补贴不存在,禁止性补贴或可诉性补贴更无从谈起。

有时候政府或公共机构给予接受者的利益因为某些原因发生传递,利益从最初的接受者转移给第三方,第三方成为最终受益者。根据利益是否发生传递,可把补贴中的利益分为静态利益和动态利益。静态利益是指一成员方政府或者任何公共机构的一项补贴给予特定接受者的利益仅为该接受者获得,未发生任何动态转移。补贴中的动态利益指一项利益并没有固定于接受企业、行业或地区,而是通过某种渠道全部或部分地转移给第三方,即补贴的接受者与最终受益者并非同一实体,补贴所承载的利益发生了动态传递。本案就涉及了利益的传递分析。

本案中欧共体成员国政府曾给予空客大飞机补贴,使得空客GIE及其合伙人得益。欧共体认为,美国必须证明这些提供给空客SAS前身的利益已经传递给了空客SAS本身,否则空客SAS就没有得到利益,也就不存在补贴。但是,专家组和上诉机构都认为美国不承担这样的证明义务,本案也无须进行“传递”分析。专家组和上诉机构都引用了美国针叶木材Ⅳ案。美国针叶木材Ⅳ案给我们的启示是:就上游补贴的利益传递进行分析时,首先应判断上游产品生产者和遭受反补贴调查产品生产者是不是补贴的同一接受者。如果是同一接受者,则推定最终产品生产者享受到了补贴利益,不需要进行利益传递的分析;如果不是,则继续分析上游产品生产者和遭受反补贴调查产品生产者有没有进行公平市场交易。如果没有进行公平市场交易,推定存在利益传递;如果进行了公平市场交易,需要进行利益传递分析。也就是说,进行传递分析的前提是上游产品生产者和遭受反补贴调查产品生产者不是“同一人”。本案中,尽管空客 GIE 进行重组,但空客 GIE 和空客 SAS 其实是生产大型民用飞机同一的生产者,并不是上下游产品生产者的关系。在财政资助的直接接受者(空客 GIE/空客 SAS)就是遭受反补贴调查产品(空客大飞机)的生产者的情况下,“利益传递”分析是没有必要的。利益传递分析在 DSB 实践中已经不是第一次被提出了,虽然专家组和上诉机构在具体个案中给出了解释和意见,但遗憾的是 WTO 框架中目前还缺少相关的条文规定。

专家组和上诉机构还讨论了利益的剥离和补贴的撤销问题。专家组在这个问题的一开始就表明态度,其并不支持欧共体的主张,即戴姆勒—奔驰公司和 SEPI 作为德国公司和西班牙公司的股东拿到现金和现金等价物的事实剥离了德国和西班牙政府给予的利益。但又提出,为了法律上的完整性,专家组还是分析了现金的“抽出”是不是会消除以前给予的利益。专家组并没有就这个题目积极提出自己的判断标准或认定原则,其仅是依据欧共体自己提出的确认抽出资金会减少先前财政资助给予利益的标准,以及抽出资金不导致撤销补贴的两种情形,再次否定了欧共体的该项主张。上诉机构认为,其并不先验排除现金和现金等价物的抽出导致补贴的撤销,但强调欧共体未能证明抽出资金与补贴之间的关系(这种关系是欧共体提出的确认抽出资金减少先前财政资助给予利益的两个条件之一),因此上诉机构支持专家组的认定,即抽出资金并不撤销补贴。

美国:影响大型民用飞机贸易的措施(第二次申诉)(WT/DS353)*

申诉方(上诉方/被上诉方):欧共体

被申诉方(上诉方/被上诉方):美国

第三方(第三参与方):澳大利亚、巴西、加拿大、中国、日本、韩国

2005年6月27日,欧共体请求与美国磋商,解决美国影响大型民用飞机贸易的措施问题。磋商未取得满意结果。2006年1月20日,欧共体请求成立专家组。2006年11月22日,专家组组成。澳大利亚、巴西、加拿大、中国、日本和韩国保留作为第三方参与专家组程序的权利。2010年9月15日,专家组向当事方提交了中期报告。2011年1月31日,专家组向当事方提交了最终报告。2011年3月31日,专家组报告散发。欧共体和美国提出上诉。2012年3月12日,上诉机构报告散发。2012年3月23日,DSB通过了上诉机构报告和经修改的专家组报告。

本案中,欧共体指控美国向其大型民用飞机制造商("美国大飞机产业"),尤其是波音公司(The Boeing

* 本案初稿由中国青年政治学院李晓玲副教授撰写。

Company)和麦道公司(McDonnell Douglas Corporation,与波音公司合并前),提供了各种禁止性补贴和可诉补贴并使其获得利益。这包括:(1)州和地方当局提供的补贴。欧共体指控美国大飞机产业研发、生产和总部所在州和地方当局,以各种方式向美国大飞机产业转移经济资源。在此,欧共体指控了美国华盛顿州、堪萨斯州和伊利诺伊州,以及它们市当局的措施。(2)联邦政府提供的补贴。美国联邦政府被指控通过美国航空航天局、国防部、商务部、劳动部的某些措施和其他联邦税收优惠,以优于市场上可获得的条件或未进行公平交易,向美国大飞机产业转移经济资源。欧共体认为,华盛顿州的税收鼓励政策和美国联邦政府的减税政策构成《SCM 协定》第 3.1 条(a)和第 3.2 条下的禁止性补贴;同时,所有补贴在《SCM 协定》下均是可诉的,通过使用这些补贴,美国已经并继续对欧共体利益造成不利影响,尤其是第 5 条(c)意义上的"严重侵害"。

【专家组的分析和结论】

一、《SCM 协定》附件 5:"搜集关于严重侵害的信息的程序"

在成立专家组的请求中,欧共体请求 DSB 发起《SCM 协定》附件 5"搜集关于严重侵害的信息的程序",并指定马特奥·迭戈—费尔南德斯(Mateo Diego-Fernández)先生作为 DSB 代表。但美国不同意发起附件 5 程序。由于当事方存有争议,DSB 主席提议 DSB 记录当事方的陈述并暂缓考虑这一问题,以使磋商得以继续。2006 年 11 月,欧共体请求专家组先行裁定附件 5 程序已经发起,美国有义务合作并回答向其提出的问题。欧共体认为,附件 5 程序的发起,不属于需一致同意方能采取的 DSB"决定",而是一项"应请求"自动采取,或除非存在不得采取行动的反向一致,否则即应采取的 DSB"行动"。美国则认为,专家组无权对 DSB 的行为、职责和程序作出决定,欧共体的主张缺乏依据。

对于附件5程序的发起,专家组提及附件5第2段。该段规定,在根据第7.4条将有关事项提交DSB和需要证明严重侵害时,DSB应当"应请求"发起附件5程序。专家组认为,从DSB会议纪要中,可以很清楚地看到,DSB未采取任何发起附件5程序的行动,或根据附件5第4段指定DSB的代表。附件5第2段中"发起"("initiate")一词的上下文是以主动语态规定的一项积极义务,即DSB"应"("shall")开始有关程序。这表明就DSB而言,被要求采取某种形式的行动。因此,即便附件5程序的发起无须协商一致,也不能在DSB未采取任何行动发起程序时,就"应请求"而自动发起。为此,专家组发布的先行裁决未支持欧共体的请求。

二、华盛顿州和市采取的措施是否构成专向性补贴

1. 华盛顿州众议院第2294号法案的税收鼓励

根据州众议院第2294号法案及波音公司与华盛顿州签署的Olympus项目协议(MSA),第2294号法案下的税收鼓励措施适用于波音公司,包括减免营业及开业许可税(B & Q)、销售和使用税、租赁税和物业税。欧共体认为,上述每一种税收措施都构成《SCM协定》第1.1条(a)(ii)所指的财政资助,即放弃本应征收的政府税收。专家组援引了美国外国销售公司案专家组和上诉机构的分析,依此标准,专家组认为,"若不是"减免税措施,适用于商用飞机及其零部件制造商的B & Q税率将更高,有些税也不能抵免。基于此,专家组裁定上述三种税收措施均构成《反补贴协定》第1.1条(a)(ii)下的财政资助。减税优惠实质上相当于政府的礼物,而市场不会提供此等礼物,这些措施显然授予了利益。专家组裁定,上述三种类型的税收措施构成《SCM协定》第1条下的补贴。

对于建筑服务及设备的销售和使用税免税,美国提出波音公司从未并且将来也不会利用该免税政策,故而不构成财政资助。专家

组在审查证据基础上，接受了美国的立场，裁定波音公司从未请求过上述三种免税措施，并且将来也不会请求，故该三种税收措施不构成《SCM 协定》第 1.1 条（a）（1）（ii）下的财政资助。

关于专向性，第 2.1 条（a）规定，“如授予机关或其运作所根据的立法将补贴的获得明确限于某些企业，则此种补贴应属专向性补贴”。专家组考虑了第 2294 号法案的标题“航空产业——税收鼓励”及第 1 节的条文。法案第 1 节规定：本州人民已从航空产业在华盛顿州的存在中获益……通过税收激励来鼓励该产业的持续存在符合公共利益。专家组认为，第 2294 号法案在表面上将税收补贴明确和毫无含糊地限于制造商用飞机或飞机零部件的企业，构成第 2 条下有关补贴限于“某些企业”。但专家组认为，判断涉案补贴是明确限于某些企业还是可广泛获得，还有必要审查 B & Q 税收体制本身，尤其是授予机关发布的立法和文件。由于美国未能证明对不同产业的减税是更广泛、普遍获得和明确的减税计划的一部分。最终，专家组裁定构成补贴的三类税收措施，均具有专向性。

2. 埃佛雷特市 B & Q 税减税

埃佛雷特市的 B & Q 税适用于在该市发生的所有商业活动，根据该市法典，税率为 0.1%。2004 年 2759 - 04 法令规定了 2006 年至 2023 年减税政策，对于 2006 年至 2023 年年度产值在一定数额以内的部分，适用 0.1% 的税率，超过部分适用税率仅为 0.025%。专家组认为，“若不是”2759 - 04 法令的规定，所有的制造业收入都将适用 0.1% 的标准税率。在此基础上，专家组裁定存在《SCM 协定》第 1.1 条（a）（1）（ii）所指的财政资助，即放弃在其他情况下应征收的政府税收，并授予了一项利益。关于专向性，专家组认为由于只有波音才能满足减税的门槛，获得补贴，故减税措施明显属于《SCM 协定》第 2.1 条（c）所指的“有限数量的某些企业使用补贴计划”，具有事实专向性。

专家组的结论是，埃佛雷特市 B & Q 税减税措施构成《SCM 协定》第 1 条和第 2 条下的专向性补贴。

3. 根据“波音鼓励计划”提供的Olympus项目协议(MSA)补贴

MSA于2003年12月19日签署,规定了波音就Olympus项目在该州设立工厂并经营的条款和条件,以及有关的约定、承诺和保证。欧共体认为,MSA下的多项措施构成补贴。

MSA下有一项员工培训计划。欧共体认为,MSA规定的员工发展计划和就业资源中心(ERC),构成支付提供除一般基础设施外的货物或服务,或潜在的资金直接转移。美国未作抗辩。专家组裁定这构成第1.1条(a)(1)(iii)形式下的财政资助。关于利益,专家组认为,没有证据表明波音曾对华盛顿州提供的货物或服务支付任何报酬,故其获得了利益。专家组认为,员工发展计划旨在满足波音、供应商和波音指定方的需求,并非在整个经济中可广泛获得的;对于ERC,MSA规定波音拥有5年设施排他使用权,该排他使用是对补贴获得的明确限制。为此,专家组裁定员工发展计划和ERC均具有专向性。

对于欧共体提出的其他措施,如道路改善、铁路驳船转运设施的建设、港口南终点站,免除降落费,提供协调人等,专家组裁定,欧共体未能证明其构成补贴。

三、堪萨斯州、市的减税政策和债券

堪萨斯州市或县代表私营实体发行工业收入债券(IRB),出售给一般公众。在IRB期限内,市政府对资产拥有所有权,并将财产租赁给私营实体,租金用于向公众债券持有人支付本金和利息。在IRB期限内,私营实体从免除某些利息、物业和销售税中获益。在IRB到期时,所有权转移给所涉私营实体。但对于波音公司和后来的Spirit公司,[①]IRB的运行有所不同。这两家公司自己购买了IRB,可见波音公司和Spirit公司利用IRB,不是为了融资,而是利用IRB

① 2005年6月,Spirit公司购买了波音公司在威奇托(Wichita)的工厂。

的物业和销售税免税。自 1979 年以来,每年均向波音公司和 Spirit 公司发行 IRB。

专家组认为,IRB 立法对使用 IRB 资金购买的资产减税,构成堪萨斯州征税一般规则的例外,故裁定 IRB 计划构成第 1.1 条(a)(1)(ii)之政府放弃税收,并授予了利益。

关于专向性,专家组分析了第 2.1 条(c)列举的有关因素。其一,关于"主要使用"(predominant use),专家组认为"主要使用"是指对某一补贴计划的主要使用。因此,应统计波音公司和 Spirit 公司对争议补贴计划的使用状况。根据相关统计,波音公司和 Spirit 公司共获得了 69% 的相关 IRB。专家组在评估波音公司和 Spirit 公司是否被授予了"不成比例的大量补贴"时,比较了波音公司和 Spirit 公司获得的补贴比率与其在经济中所占比率,结论肯定了事实专向性的存在。其二,关于不成比例的大量补贴,专家组决定比较波音公司在制造业部门的就业比率。波音公司和 Spirit 公司获得的 IRB 比率,与其在制造业部门的地位相比,存在显著悬殊,构成"不成比例"的初步证据。鉴于美国没有提供令人信服的反驳,专家组裁定波音公司和 Spirit 公司获得了不成比例的大量的补贴,减税对"某些企业"具有事实上的专向性。综上,专家组认为鉴于不成比例地给予了波音公司和 Spirit 公司减税,补贴具有《SCM 协定》第 2.1 条(c)下的专向性。在此基础上,堪萨斯州和市发行 IRB 导致的减税,构成《SCM 协定》下的专向性补贴。

四、伊利诺伊州和市的鼓励措施

欧共体认为,伊利诺伊州和市为 2001 年波音公司将其总部搬迁到芝加哥提供了 4 项鼓励措施,包括:补偿 50% 的搬迁费用、15 年税收抵免、20 年地方财产税减税或退税,以及芝加哥市支付 100 万美金以令波音公司新总部建筑的前租户退约。这构成有专向性的补贴。前 3 项措施来自伊利诺伊州《公司总部再选址法》(CHRA)。

专家组认定存在财政资助和利益,构成补贴。在专向性问题上,首先,由于租赁终止协议仅适用于波音公司,故退租支付具有法律上的专向性。其次,由于下列原因,另三项措施具有事实上的专向性:波音公司是符合“适格企业”定义、具有“合格项目”的唯一一家公司,也是曾获得此等补贴的唯一一家公司;由于申请补贴的法定期限已经截止,波音公司之外的其他公司将不能获得该等补贴;根据各种政府出版物、州议会议员的发言、报道等,波音公司是曾获得和将会获得这些补贴的唯一一家公司,并无巧合。CHRA 是为波音公司量身定做的。基于此,专家组认定具有专向性。综上,专家组裁定伊利诺伊州和市提供给波音公司的上述 4 项鼓励构成《SCM 协定》下的专向性补贴。

五、美国国家航空航天局(NASA)的航空研发

欧共体认为,NASA 根据 8 项研发计划,为波音公司航空研发提供了资金和支持,构成《SCM 协定》第 1.1 条(a)(1)(i)“直接资金转移”或第 1.1 条(a)(1)(iii)“提供货物和服务”形式的财政资助,是专向性补贴。欧共体指控的措施包括在根据若干航空研发计划与波音公司签订的研发合同和协议中,NASA 向波音公司提供了付款,并让波音公司自由使用 NASA 的设施、设备和人员。

关于向波音公司提供支付和 NASA 的设施、设备和人员等是否构成财政资助,专家组先后审查了两个问题:其一,购买服务的交易是否在《SCM 协定》第 1.1 条(a)(1)定义的财政资助范围内;其二,NASA 与波音公司签署的研发合同是否属于“购买服务”。对于第一个问题,专家组认为,结合上下文考虑第 1.1 条(a)(1)(i),可以知道当事方意图将购买服务排除在第 1.1 条(a)(1)(i)范围之外。从《SCM 协定》的目的与宗旨,以及协定的准备工作和缔约情况来看,也支持相同结论。专家组接下来审查了 NASA 与波音公司签署的研发合同是否属于“购买服务”。专家组认为,这些合同能否被认定为

“购买服务”,取决于波音公司在合同项下工作的性质。由于波音公司在研发合同下开展的工作,主要是为了自己的利益和使用,而非为政府的利益或使用,故交易不构成“购买服务”。因此,专家组认为,在这些合同下向波音公司提供的付款属于资金直接转移;且使波音公司可使用 NASA 的设施、设备和人员,构成政府提供货物或服务。

专家组认为,在商业交易中,如果一实体主要为自身的利益和使用进行研发活动,其他实体不会向该实体提供付款(或设施与人员)。为此,专家组认定授予了利益,并因此,NASA 通过研发计划向波音公司提供付款和 NASA 的设施、设备及人员,构成补贴。

美国没有质疑航空研发补贴计划具有第 2.1 条(a)法律上的专向性,仅提出很多美国产业都使用 NASA 的风洞服务,但专家组在审查证据后认为,NASA 风洞的主要使用者是航空航天产业,仍属对“某一企业或产业,或一组企业或产业”具有专向性。综上,专家组裁定,NASA 的航空研发补贴构成《SCM 协定》下的专向性补贴。

六、美国国防部(DOD)和美国商务部(DOC)的航空研发

欧共体认为,DOD 向波音公司付款并准许波音公司进入其设施,进行可用于军事和商业飞机的两用技术的研发,构成具有专向性的补贴。关于财政资助,专家组适用了有关上述 NASA 航空研发是否构成财政资助的推理,认为《SCM 协定》第 1.1 条(a)(1)排除了购买服务,而 DOD 研发合同主要是为了 DOD 的利益和使用,属于购买服务,故不构成财政资助,也无必要裁定其是否授予了利益;但研发的协助协议主要是为了波音公司的利益和使用,不属于购买服务,根据这些协议向波音公司的付款,构成资金直接转移;准许波音公司获得其设施,构成政府提供货物或服务。专家组适用了上述 NASA 航空研发是否授予利益的推理,认为在协助协议下向波音公司提供的财政资助,授予了利益。最终,专家组裁定,DOD 根据研发计划向波音公司提供的某些付款和准入设施,构成《SCM 协定》下的补贴,

并具有第2.1条(a)法律上的专向性。

欧共体认为,DOC对波音公司提供付款,实施"先进技术项目"(ATP)下的研发,构成专向性补贴。美国认可DOC向波音公司提供的研发资金构成补贴,但认为该补贴不具有专向性。专家组认为,补贴提供给相当有限的一"组"(group)企业或产业,才具有第2条所指的专向性。分析表明,存在一个临界点,在这个临界点上,补贴的获得将不再被视为限于"某些企业",而是在整个经济范围内可"相当广泛地获得",不再具有专向性。这个临界点依个案而有所不同。在本案中,专家组不认为"从事高风险、高回报、新兴技术研发的美国企业或产业",构成第2条所指的相当有限的一组企业或产业。有关ATP资金开支的证据也表明,从事"高风险、高回报、新兴技术"研究的美国企业并非有限的一组企业或产业。并且,专家组发现ATP法令对目的的表述更宽泛,即ATP的目的是协助美国商业创造和采用通用技术和研究成果,以使重要的科学新发现和技术迅速商业化,并改善制造技术。专家组同时驳回了欧共体关于专向性的另两项论据,最终认定欧共体未能证明补贴专向性。综上,专家组裁定DOC通过ATP,向波音公司参与的合资企业或财团提供付款,构成补贴,但欧共体未能证明这些补贴具有第2条所指的专向性。

七、FSC/ETI措施是否构成禁止性补贴

欧共体认为,FSC/ETI和后续立法以出口实绩为条件,违反了《SCM协定》第3.1条(a)和第3.2条,请求专家组建议美国立即撤销禁止性补贴。欧共体将争议措施概括为"FSC/ETI和后续立法补贴",涉及美国国内税收法关于外国销售公司(FSC)[①]的原规定、2000年FSC废除和域外收入排除法(ETI)、2004年《美国就业创造法》和2005年《税收增加防范与和解法》(TIPRA)。欧共体的请求涉及波

① 欧共体与美国就这一法律在WTO的DSB处理过,美国败诉。见DS108。

音公司在关于FSC的原立法和ETI法案下享受的税收优惠,以及根据ETI法和AJCA过渡期和祖父条款继续享受的税收优惠;TIPRA则是根据ETI法和AJCA“有约束力合同”祖父条款提供的补贴尚未完全废除的证据。美国不否认违反《SCM协定》第3.1条(a)和第3.2条,但认为鉴于先前FSC/ETI案专家组和上诉机构已经裁定涉案补贴为禁止性补贴,欧共体的诉请是多余的,再次作出裁决不会增加先前裁决或建议的效力或效果。

专家组认为,在本案专家组成立之前,原FSC/ETI立法已不适用;但根据AJCA,ETI的税收优惠在特定情况下仍可获得。因此,在专家组成立之时,在波音公司利用AJCA和ETI过渡期和祖父条款的范围内,FSC/ETI措施仍然存在。专家组最终裁定,在专家组成立之时,波音公司根据ETA法和AJCA过渡期和祖父条款获得的税收优惠,构成法律上以出口实绩为条件的补贴,美国违反了《SCM协定》第3.1条(a)和第3.2条。

对于欧共体提出的其他项目,专家组一一驳回,理由是欧共体未证明其具有《SCM协定》第2条规定的专向性。

八、不利影响

欧共体认为,美国通过向波音公司提供补贴,对欧共体的利益造成《SCM协定》第5条(c)所指的“不利影响”,即“严重侵害”。具体而言,包括在世界市场上造成“大幅价格抑制”、“大幅销售损失”及威胁,以及在美国和第三国市场上的“取代或阻碍”及威胁。[①] 当事方同意大型飞机市场是个全球市场。欧共体试图通过2004~2006年的数据,证明补贴在三个大飞机产品市场上对其造成严重侵害:100~200座单通道大飞机市场、200~300座宽体客机大飞机市场和300~400座宽体大飞机市场。对于每一个市场,欧共体都指明了波

---

① 欧共体还提出美国违反了《关于GATT民用飞机贸易协定适用于大型民用飞机贸易的1992年协定》,对其利益造成严重侵害。专家组对此请求遵循了司法节制原则。

音公司受补贴的飞机,以及空客相对应的、在同一大飞机产品市场上进行竞争的“同类”飞机,①以及每一大飞机产品市场上具体的严重侵害形式。

欧共体认为,对波音公司提供的补贴造成的严重侵害表现为“技术影响”和“价格影响”。前者指航空研发补贴在某些关键技术领域向波音公司提供了有价值的技术、知识、经验和信心,使波音公司能够提早若干年生产并出售技术创新的787系列飞机,这对在200~300座宽体客机产品市场上进行竞争的空客大飞机产生不利影响;后者指补贴产生的额外现金流提高了波音公司在与空客的竞争性推销活动中降低大飞机价格的能力。专家组分别分析了技术影响和价格影响。在进行具体分析前,专家组指出,尽管《SCM协定》第6.3条没有使用“导致”(cause)一词,但仍需要证明在补贴和特定形式的严重侵害之间存在因果关系,即在争议补贴与取代或阻碍、大幅销售损失或大幅价格抑制等之间存在真实和实质性的因果关系。

(一)航空研发补贴对波音公司开发787飞机技术的影响

欧共体认为,总的来说,若没有航空研发补贴,波音公司不会在2004年4月首飞787系列大飞机,并相对于A330和Original A350获得商业成功,波音公司也不能签署合同,自2008年起交付大量的787飞机。

专家组支持了欧共体的立场,并认为美国联邦航空补贴的核心目标是提高美国产业,尤其是波音公司相对于国际竞争对手的竞争力和扩大市场份额。专家组考虑了与这些补贴有关的多种因素。专家组认为NASA研发补贴是具有重要和广泛商业影响的战略性研发计划,与美国产业合作,通过为私人不太可能自己投资的高风险和高回报研究提供资金,提高美国产业的竞争优势。而通过RD T & E项目下Mantech和DU S & T计划供资的DOD航空研发补贴,侧重于通过与美国产业的合作发展两用技术。专家组的结论是:航空研发

---

① 即波音737NG系列与空客A320系列;波音787系列与空客A330/Original A350/A350XWB-800系列,以及波音777系列与空客A340/A350XWB-900/100系列。

补贴对波音公司开发 787 技术作出了真正和实质性的贡献,根据大飞机产业的竞争环境,这些补贴使波音公司获得了竞争性优势。

专家组接下来审查了在 2004~2006 年,航空研发补贴产生的竞争性优势,是否对空客 200~300 座宽体大飞机产品的销售和价格产生了影响。根据有关证据,专家组裁定,航空研发补贴的影响是在 200~300 座宽体大飞机产品市场上,造成《SCM 协定》第 6.3 条(b)所指的威胁取代或阻碍欧共体向第三国出口,以及第 6.3 条(c)所指的大幅销售损失、大幅价格抑制,对欧共体利益构成第 5 条(c)所指的严重侵害。

(二)争议补贴对波音公司 737NG、777 和 787 飞机价格行为的影响

欧共体主张,涉案补贴或者降低了波音的边际单位成本,或者增加了波音公司的非营业现金流,从而影响到波音公司的价格行为。关于非营业现金流,专家组认为,鉴于已根据研发补贴的技术影响认定其在 200~300 座宽体大飞机产品市场上对欧共体造成严重侵害,若再从其增加波音公司现金流的价格影响角度分析其影响,将导致多重计算,故应排除研发补贴。剩余的金额相对较小,且与波音公司生产或销售大飞机无直接联系。专家组认为,基于此等补贴的性质和金额,其对波音公司价格的影响不会对欧共体利益造成严重侵害。

关于降低波音公司边际单位成本对波音公司定价的影响,涉及两项补贴,即 FSC/ETI 免税和课税豁免,以及华盛顿州和埃佛雷特市 B & Q 税减税。专家组认为,FSC/ETI 补贴是旨在增强波音公司竞争力的出口补贴,其与 B & Q 税补贴一起使波音公司的价格低于具有商业合理性的价格,以保障原本不能获得的销售,或者在其他情况下,使空客只能降低价格以获得销售。并且,由于这些补贴使波音公司在过去从空客手中赢得了销售,它们将牢固确立波音为现任供应商,未来向相同客户销售同一系列的飞机时,在转换成本上对空客具有优势。因此,专家组认定:这两项补贴产生的影响是大幅抑制与波音公司进行竞争的空客销售价格,导致空客大幅销售损失,以及取

代或阻碍欧共体向第三国的出口。

基于上述分析,专家组裁定,补贴造成了第5条(c)和第6.3条所指的严重侵害,美国有义务采取适当措施消除补贴的不利影响或撤销补贴。

专家组的最终结论是:(1)对于禁止性补贴,裁定在本专家组成立时仍然有效的FSC/ETI措施违反《SCM协定》第3.1条(a)和第3.2条;但欧共体未能证明华盛顿第2294号法案下的税收措施违反上述条款。(2)关于可诉补贴,认定NASA和DOD研发补贴、FSC/ETI补贴和华盛顿州第2294号法案提供的B&Q税补贴,以及埃佛雷特市提供的B&Q税补贴,分别造成200～300座宽体客机大飞机市场、100～200座单通道大飞机市场和300～400座宽体大飞机市场上的大幅价格抑制、大幅销售损失和取代或阻碍(或威胁取代或阻碍)向第三国市场的出口,故美国对欧共体的利益造成严重侵害。对于禁止性补贴,基于前文说明的原因,专家组未根据第4.7条作出建议,美国外国销售公司案专家组的建议依然有效;对于可诉补贴,专家组建议,对于给欧共体利益造成不利影响的所有补贴,美国采取适当措施消除不利影响或撤销补贴。

【上诉机构的分析和结论】

一、《SCM协定》附件5:"搜集关于严重侵害的信息的程序"

在上诉中,欧盟[①]请求上诉机构裁定附件5程序的发起是"应请求"经反向一致和/或自动发起,还是经协商一致的DSB决定发起。上诉机构推翻了专家组的裁定,认为附件5第2段使用了"强制性语言"规定DSB发起信息搜集程序的责任。很明确,DSB发起程序的

① 在上诉时,欧共体在WTO成员的名称已经正式改为欧盟。

两个条件是:(1)一成员提出了发起程序的请求;(2)DSB成立专家组。一旦某一成员提出了发起附件5程序的请求且专家组成立,DSB就应履行发起附件5程序的义务。上诉机构认为,假若适用美国主张的协商一致原则,只要一个WTO成员正式反对,附件5程序就无法发起。上诉机构尤其强调了附件5程序在严重侵害争端中的重要性。

此外,上诉机构还裁定专家组错误地拒绝了欧盟有关附件5程序的请求,但认为在申诉阶段已没有必要裁定本案是否已具备发起附件5程序的条件,并且上诉机构未裁定美国是否违反附件5第1段义务、欧盟是否有权根据可获得的证据提出严重侵害之诉、专家组是否有权依靠最佳可获得信息或作出不利推论。

二、NASA采购合同和DOD协助协议

(一)财政资助问题

上诉中,欧盟请求推翻或修改专家组关于购买服务不属于《SCM协定》第1.1条(a)(1)范围的解释;美国没有对专家组的解释提起上诉,而是质疑专家组对购买服务标准的适用。上诉机构认为,专家组分析财政资助的思路古怪,即先假定涉案措施的性质是购买服务,在分析完购买服务是否属于《SCM协定》第1.1条(a)(1)范围之后,再返回来分析涉案措施的适当定性。上诉机构认为,符合逻辑的思路是:先确定争议措施的适当定性,再审查该类措施是否属于《SCM协定》第1.1条(a)(1)范围。

1. NASA/DOD措施的适当定性

被提起上诉的措施是NASA采购合同和DOD协助协议。上诉机构认为,国内法对某一交易的定性不具有决定性,需要评估措施的特征。上诉机构首先分析了NASA与波音的交易,认为NASA向波音公司提供付款、设施、设备和人员从事研究,而波音公司也提供了自己雇员的劳动力并使用了自己的设施,双方之间的交易集合了非

金钱资源和人员。而且,研究课题也是由NASA与美国航空产业的合作协议确定的。NASA和波音公司分享研究成果,对联合研究结果的使用享有不同的权利。对研究结果的分享不对称这一事实,并不改变研究是合作协议的结果。概括而言,上诉机构认为本交易在投入方面,由NASA提供资金,双方集合非金钱资源;在产出方面,分享研究成果。因此,交易属于合作协议,类似于某种类型的合资。DOD与波音公司的交易,与NASA与波音公司的交易类似。在此基础上,上诉机构认为NASA采购合同和DOD协助协议下的交易,类似于某种类型的合资。

2.《SCM协定》第1.1条(a)(1)涵盖的财政资助类型

第1.1条(a)(1)(i)规定,资金直接转移是财政资助的形式之一。此处的"资金",不仅包括金钱,还包括财政资源和其他一般性财政请求。第1.1条(a)(1)(iii)规定了两种类型的交易:政府"提供除一般基础设施外的货物或服务",以及政府向企业"购买货物"。对于第1.1条(a)(1)(iii)提及政府"购买货物",而没有"购买服务",专家组的解释是《SCM协定》起草者并不想让"购买服务"构成第1.1条(a)(1)下的财政资助。上诉机构认为就解决本案而言,无须解释这一问题。为此,上诉机构宣布专家组有关"购买服务"措施不属于第1.1条(a)(1)财政资助范围的解释"没有实际意义和没有法律效力"。上诉机构还宣布专家组关于DOD采购合同属于"购买服务"并因此不属于财政资助的裁定"无实际意义"。但上诉机构没有完成对这一问题的分析。

3. NASA和DOD措施是否构成第1.1条(a)(1)下的财政资助

上诉机构认为,在NASA/DOD措施与第1.1条(a)(1)(i)列举的投股之间存在若干相似性。比如,NASA和DOD提供资金并期望获得某种形式的回报,在承诺提供资金时研究不确定能否成功,风险限于提供的资金和机会成本,为项目提供了设施、设备和人员。基于这种共同性,上诉机构认为,NASA/DOD措施属于第1.1条(a)(1)(i)"资金的直接转移"范围。另外,波音公司可获得NASA的设施、设备和人员,以及 DOD 的设施,构成第 1.1 条(a)(1)(iii)所指的提供货物或服务。

在此基础上,上诉机构认为,在 NASA 采购合同下向波音提供的付款,准许获得 NASA 的设施、设备和人员,以及在 DOD 协助协议下向波音公司提供付款和准许其获得 DOD 的设施,构成第 1.1 条(a)(1)所指的财政资助。

(二)利益问题

美国对专家组关于 NASA 和 DOD 措施构成财政资助并对波音公司授予了利益的裁定提出上诉。上诉机构在以往争端中澄清,市场为判断是否授予了"利益"提供了适当的比较基础。评估是否授予了利益,需比较涉案交易的条款和条件与当时市场上提供的条款和条件。上诉机构不赞同本案专家组确定利益之存在的市场基准,即一商业实体不会向另一商业实体付款,条件是该另一商业实体履行主要为了它自身利益和使用的研发活动。上诉机构指出,专家组没有指出哪些在案证据支持其观点。上诉机构认为,不能先验地排除两个市场参与者之间不会进行回报分配不均的交易。一般而言,成本和收入如何划分,除了其他因素之外,将取决于当事方的协商能力等。基于上述,上诉机构不支持专家组关于 NASA 采购合同和 DOD 协助协议向波音公司授予了利益的论证。

鉴于当事方向专家组提供了相关证据,并已交换了对适当的市场基准的观点,上诉机构继续完成了分析。上诉机构认为,与 NASA 采购合同和 DOD 协助协议相比,在案的市场交易举例中知识产权的分配对委托方更有利,而对受委托方较为不利。这证明,与在市场上可获得的相比,波音公司获得了更多;而 NASA 和 DOD 低于市场上可获得的。

在此基础上,上诉机构裁定,NASA 采购合同和 DOD 协助协议提供的资金和其他支持,对波音公司授予了第 1.1 条(b)所指的利益。

三、NASA/DOD 专利权分配的专向性

在专家组阶段,对于由 NASA/DOD 提供资金取得的技术之专利权的分配问题,专家组认为欧盟没有提供证据证明其观点。欧盟提出上诉。

欧盟上诉提出,专家组错误地认为美国政府"作为一个整体"可构成第 2.1 条所指的"授予机关"。欧盟认为授予机关是 DOD 和 NASA。上诉机构指出,存在一个或多个授予机关,对补贴的专向性不具有决定性。在审查补贴的专向性时,尤其是在补贴是由不同的授予机关根据一个更高的国内机关制定的综合计划提供时,不是或者审查授予机关,或者审查授予机关运作所依据的立法有没有对补贴的获得设定限制,而是应审查两者。在此基础上,上诉机构认为,专家组在授予机关运行依据的美国分配政府研发合同和协议项下专利权的法律体系下,评估 NASA 和 DOD 被指控提供的补贴,不存在第 2.1 条解释错误,故驳回了欧盟的上诉。

欧盟认为,由于只有航空公司有资格获得 NASA 和 DOD 资金,NASA/DOD 研发合同和协议可能产生的专利具有专向性。但上诉机构指出,NASA/DOD 合同和协议下专利权的分配,是有关美国政府研发合同和协议项下专利权分配的更广泛立法和管理体系的具体适用。根据分配研发合同和协议项下专利权的立法体系,很明显,有资格获得被诉补贴的不限于进行航空研发的一些企业。基于上述,上诉机构认为,假定 NASA/DOD 合同和协议下专利权的分配可被视作一项独立的补贴,其不认为该补贴被明确限于某些企业,从而具有第 2.1 条(a)所指的专向性。

欧盟在上诉中指控专家组未对其根据第 2.1 条(c)提出的事实专向性问题作出裁定,获得了上诉机构的支持。上诉机构认为,第 2.1条的各项原则必须予以同时适用。在字面上,第 2.1 条(c)认可一项根据第 2.1 条(a)、第 2.1 条(b)两项规定"表现为非专向性"的

补贴,可能具有专向性。在认定根据第2.1条(a)、第2.1条(b)两项不具有专向性后,专家组仍需审查欧盟根据第2.1条(c)提出的诉请。

上诉机构接下来完成了有关第2.1条(c)的分析。上诉机构认为,在分析事实专向性时,专家组应客观评估当事方提供的理由和论据。若专家组认定当事方提供的论据和证据不足以证明存在事实专向性,就不需要更透彻地分析该条列举的专向性因素。在本案中,欧盟认为NASA和DOD在分配专利权时有自由决定权。但上诉机构认为,欧盟没有为此提供证据或援引专家组在案证据予以证明。欧盟未质疑DOD从未行使自由决定权,阻止特定承包人保留权利;欧盟也没有主张NASA曾拒绝某一项弃权请求。欧盟的依据是波音公司所获NASA合同和DOD资金的份额。上诉机构认为,既然已假定分配专利权是独立于研发合同与协议项下付款和其他支持的补贴,那么专家组对付款和其他支持专向性的裁定,不能用于证明专利权分配的专向性。因此,上诉机构认为欧盟未能证明分配专利权构成第2.1条(c)所指的"事实"专向性。

四、华盛顿州B & Q税减税

专家组裁定,根据第2294号法案,适用于商业飞机和零部件制造商的B & Q税率降低,构成第1.1条(a)(1)(ii)所指的财政资助。美国提起上诉,认为专家组未能适当地确定比较基准。

上诉机构再次提及第2294号法案给予商业飞机和零部件制造商两个阶段的税收优惠:一是2005年10月1日,将税率从0.484%或0.471%降至0.4235%,二是自2007年7月1日或"超高效飞机"的最终装配始(较晚者为准),将税率再次降至0.2904%。本案中,专家组已经认定,如果第2294号法案未调整航空制造业税率,近80%的制造业活动适用0.484%的税率。为此,上诉机构认为,专家组将华盛顿州一般适用于制造业和批发活动(0.484%)和零售活动

(0.471%)的税收待遇作为比较基准是适当的,将该一般税率与适用于商业飞机和零部件制造商的更低税率(0.2904)相比较,证明放弃了政府税收。在此基础上,上诉机构维持了专家组的裁定。

美国对有关华盛顿B&Q税减税措施的专向性认定提起上诉,认为专家组未能考虑补贴整体。本案专家组认定华盛顿州第2294号法案下适用于商业飞机及其零部件制造商的B&Q税减税构成补贴,那么就审查第2.1条专向性而言,需审查的补贴就是该减税措施。专家组从第2294号法案的条款着手分析专向性,上诉机构认为这符合第2.1条和上诉机构对该条款下审查范围的理解。上诉机构注意到,专家组没有将分析范围局限于第2294号法案下的减税,而是审查了华盛顿州B&Q税制整体。上诉机构认为,专家组正确地指出发生争议的减税措施可能是某一更广泛的补贴计划的组成部分,并正确地将分析的范围扩展到B&Q税体制,并试图确定根据这一广泛的法律框架,其他企业或产业是否也可获得相同的补贴。经分析后,专家组不认为华盛顿州税法中不同的B&Q税率,构成同一补贴计划(即B&Q税减税)的部分。上诉机构赞同专家组的观点。为专向性审查之目的,一系列不同的税率规定在税法典的同一节,对它们能否构成同一补贴计划的部分,并不具有决定性意义。第2294号法案也没有表明,其是更广泛补贴计划的一部分,相反,其表明立法旨在保持和吸引航空产业。在此基础上,上诉机构维持了专家组有关华盛顿州B&Q税减税具有专向性的裁定。

五、威奇托市发行的IRB——专向性

专家组以不成比例地给予了波音公司和Spirit公司IRB减税为由,认定补贴具有专向性。美国提起上诉,尤其是专家组以波音公司和Spirit公司相对于威奇托市制造业总就业的就业水平,作为分析"不成比例"的基础,没有考虑到该市经济活动的多样化程度。

上诉机构注意到,如何确定某些企业被给予了不成比例的大量

补贴,第2.1条(c)没有提供清晰指引。上诉机构不认同当事方和专家组的方法,即在是否不成比例问题上,侧重于分析波音公司和Spirit公司在威奇托经济领域所占的就业份额。上诉机构认为,根据该条的语言,应首先确定给予的"补贴金额";其次,必须评估补贴金额是否不成比例。这要求专家组确定某些企业实际得到的"补贴金额"与按照资格条件分配的补贴相比,是否相对过大;如果差距悬殊,专家组应审查悬殊的原因,以最终确定是否给予了某些企业不成比例的大量补贴。上诉机构注意到,美国并未质疑波音公司和Spirit公司获得了威奇托市在1979~2005年发行的所有IRB的69%。上诉机构认为,这令人有理由相信给予了某些企业不成比例的大量IRB补贴。美国提出威奇托市经济多样化程度低,主要集中于飞机生产。上诉机构认为,即便考虑到这一点,美国没有提供证据证明波音公司和Spirit公司应获得超过2/3的IRB补贴。在此基础上,上诉机构以不同的理由维持了专家组关于专向性的裁定。

六、不利影响

1. 技术影响

上诉机构逐一分析了美国提出的理由后,未接受美国的观点,并认定专家组有关研发补贴影响的事实分析无误。

关于补贴对空客的影响,专家组裁定航空研发补贴的影响是在200~300座宽体大飞机市场上,威胁取代或阻碍欧盟向第三国市场出口,并造成大幅销售损失和大幅价格抑制。每一种影响都对欧盟利益造成《SCM协定》第5条(c)所指的严重侵害。上诉机构分析了上述三种严重侵害问题:大幅销售损失、取代和阻碍威胁,以及严重价格抑制。上诉机构指出,从专家组认定存在取代威胁的四个市场数据来看,证据只证明在澳大利亚波音公司取代了空客市场份额。在其他三个第三国市场上,在提供了数据的所有年份中,波音公司都是唯一的供应商。没有证据表明,在参考期之前、期间和此后,空客将向上述第三国市场交付飞机。这意味着,在这些第三国市场上,波音公司没有取代或替代空客200～300座宽体大飞机的市场份额。关于阻碍威胁,上诉机构认为数据不足以证明波音公司在任何有关第三国市场上存在"明显趋势",而且专家组没有解释或推理其是如何认定阻碍威胁的。在此基础上,上诉机构推翻了专家组关于在冰岛、肯尼亚和埃塞俄比亚第三国市场上存在替代或阻碍威胁的裁定。此外,上诉机构驳回了美国有关大幅销售损失和大幅价格抑制的上诉。

在此基础上,上诉机构修改并维持了专家组的整体结论,即对于200～300座宽体大飞机市场,航空研发补贴通过其技术影响,对欧盟利益造成《SCM协定》第5条(c)和第6.3条(b)、第6.3条(c)所指的严重侵害。

2. 价格影响

(1)专家组的因果关系分析是否适当

上诉机构从四个方面分析了专家组的因果分析是否适当。其一,税收补贴的性质。上诉机构认为专家组没有将"贸易扭曲影响",等同于第5条(c)和第6.3条所指的"严重侵害"或"不利影响"。其二,税收补贴的重要性。上诉机构认为,分析补贴的价格影响时,补贴的绝对和相对重要性都可能是相关的,都可反映补贴对价格的影响。专家组的分析主要侧重于税收补贴的绝对数量,在驳回有关补贴相对重要性的证据时,未给予解释。但专家组注意到专家组在分析其他问题时分析了其他因素,也提出了其他理由。其三,专家组与事实对应的分析。上诉机构认为,专家组认为税收补贴使波音公司能够将价格降至具有经济合理性的水平以下,但却未解释在何种情况下会发生此等降价,故不能一般性地认定这些补贴使得波音公司降价,导致空客的销售损失或只能减价确保销售。其四,其他因素的影响。上诉机构认为,当不利影响可能由多种因素导致时,尽管专家组不需要证明补贴是唯一或实质性原因,仍须证明其他因素不会冲淡补贴与不利影响之间的因果联系,满足"真正和实质性"因果关系标准。

(2)专家组对大幅价格抑制、大幅销售损失和市场取代和阻碍的分析是否适当

专家组认定税收补贴使波音公司将价格降低至经济合理的水平之下,但认为由于FSC/ETI计划在2000年前有效,不可能通过观察2000~2006年的市场份额和定价趋势数据,分析FSC/ETI补贴的影响。上诉机构认为,即便专家组认为以定量的方式评估补贴影响效果可能不佳,也不能不去评估欧盟提出的余下论据和证据是否支持作出严重侵害裁定。当专家组的结论是通过推论得出时,专家组不仅应说明其作出了推论,还应明确写明其依赖的相关结论,在这些结论基础上作出的事实或法律性推论,为何这些推论是合理或必要的,以及这些推论是如何支持最终认定的。因此,尽管专家组根据证据作出推论和结论并不罕见,但它仍需要对证据进行论证,以支持其推论和结论。上诉机构认为,专家组对大幅价格抑制、大幅销售损失和市场取代和阻碍的分析均存在问题,如未能分析证据、未能区分市场取代和阻碍的分析、未分析特定第三国市场上存在市场取代和阻碍,等等。

考虑到以上原因,上诉机构裁定专家组推理中的缺点构成法律错误,并推翻了专家组有关美国的补贴造成大幅价格抑制、大幅销售损失、市场取代和阻碍的裁定。上诉机构依据在案的证据完成了分析,认为FSC/ETI补贴和华盛顿州B & Q税减税在100~200座大飞机市场上造成严重侵害。

3. 补贴及其影响的集合评估

欧盟在上诉中提出,专家组拒绝集合评估不同组补贴的影响,错误地解释和适用了《SCM协定》第5条(c)和第6.3条。专家组总的方法是集合分析航空研发补贴的技术影响、集合分析税收措施的价格影响以及剩余其他补贴的共同价格影响。上诉机构提及了先前欧盟大飞机案和美国棉花案集合评估补贴的做法,认为有两种集合评估法。第一种方法是合并法(aggregation),将在设计、结构和运作上

非常类似的补贴措施组合起来,在合并的因果分析中判断它们的合并影响,确定这些补贴与第6.3条所指的市场现象之间是否存在真正和实质性联系。此时,专家组不需要认定每一个独立的补贴计划与相关市场现象之间存在真正和实质性的因果关系,或评估每一补贴在整组补贴中对影响的贡献程度。第二种方法是累积的方法(cumulation),专家组先分析某一补贴或一组补贴的影响,确定其是否是构成不利影响的真正和实质性原因。在得出结论后,专家组再评估其他单个补贴或一组补贴,是否是导致相同影响的真实原因,并补充了前一类补贴的影响。

(1)专家组拒绝集合评估航空研发补贴和B & Q税减税的影响是否有错误

上诉机构认为,累积不同类型补贴的影响是否可能或合适,必须根据特定案件的特定事实和情况回答,包括争议补贴和它们与受补贴产品的联系、产生的影响,以及它们与第6.3条市场现象之间的关系。在本案中,专家组本应考虑B & Q税减税的影响是否补充了航空研发补贴的影响,或换言之,累积它们的影响是否合适。就累积而言,当其他补贴与构成第6.3条市场现象之真正和实质性原因的补贴,并未根据相同的因果路径运作时,只要该等补贴对后一类补贴导致的相同市场现象有贡献,也能证明真正的因果联系。如是,该等补贴的影响,补充了构成市场现象真正和实质性原因的补贴的影响,并可以累积起来。为此,上诉机构认为专家组未能充分考虑累积评估两类补贴的可能性,未能考虑在造成大幅销售损失、大幅价格抑制、取代和阻碍威胁方面,B & Q税减税的价格影响,是否补充了航空研发补贴的技术影响。

(2)专家组拒绝集合评估税收措施和其余补贴的影响是否有错误

由于专家组已经解释税收措施和其余补贴在运作上不同等,上诉机构认为专家组未事先合并分析这两组补贴及其影响并无错误。但上诉机构认为,在已经裁定税收措施是导致100～200座和300～

400 座大飞机市场上出口取代和阻碍、大幅销售损失和大幅价格抑制的真正和实质性原因后，专家组未能累积评估其余补贴是否以类似于关联性税收补贴的方式影响着波音的价格，并补充关联性税收补贴的影响。上诉机构认为，专家组不应局限于分析其余补贴自身是否是构成严重侵害的真正和实质性原因。在此基础上，上诉机构认为专家组未能累积分析其余补贴的价格影响，存在错误。欧盟请求上诉机构完成分析。在经过累积分析后，上诉机构认为，在其余补贴中，威奇托 IRB 的影响补充了 FSC/ETI 补贴和华盛顿州 B & Q 税减税的价格影响，并在 100～200 座大飞机市场上造成《SCM 协定》第 5 条(c)和第 6.3 条(c)所指的大幅销售损失形式的严重侵害。

综上，上诉机构推翻了专家组的下列裁定：(1)关于附件 5 信息收集程序，专家组错误地拒绝了欧盟有关附件 5 程序的请求，上诉机构裁定当提出发起程序的请求且 DSB 设立专家组后，DSB 自动发起附件 5 信息收集程序。(2)关于专家组的不利影响裁定，①推翻了专家组关于价格影响的裁定，即在 100～200 座和 300～400 座大飞机市场上，FSC/ETI 补贴和 B & Q 税减税对欧盟利益造成了严重侵害；上诉机构完成了分析和认定在 100～200 座大飞机市场上，FSC/ETI 补贴和 B & Q 税减税对欧盟利益造成了严重侵害。②认定在评估 DOD RDT & E 计划的影响时，专家组违反了 DSU 第 11 条客观评估义务。③关于补贴及其影响的合并评估，认定专家组未累积评估航空研发补贴的影响与 B & Q 税减税的影响存在错误；推翻了专家组的裁定，上诉机构完成分析并认定威奇托 IRB 在 100～200 座大飞机市场上造成大幅销售损失形式的严重侵害。上诉机构维持了专家组的其他结论。为此，上诉机构建议 DSB 要求美国使其措施符合《SCM 协定》下的义务，并建议美国采取适当措施消除不利影响或撤销补贴。

【案例评析】

美国波音公司和欧盟空客公司是世界两大飞机制造商。继 2004

年美国向 WTO 起诉欧盟向空客公司提供补贴之后(案件编号为 DS316),欧盟也向 WTO 起诉美国向波音公司提供了补贴,即本案涉及税收措施、基础设施建设、研发项目、员工培训等各种产业扶持与发展政策。本案上千页的专家组和上诉机构报告在财政资助("潜在的资金转移"、一般基础设施等)、专向性、严重侵害等重要法律点上,进一步总结和发展了有关《SCM 协定》的规则解释,并阐释了以往未曾提出的一些新问题,如《SCM 协定》附件 5 程序的启动等。

本案是首个因《SCM 协定》附件 5 程序的发起引发争议的案件。争议的发生与 DS317 案和本案的牵连关系有关。2004 年,欧盟起诉美国给予其大飞机制造商禁止性补贴和可诉补贴,即 WT/DS317 案,并启动和进行了《SCM 协定》附件 5 程序。美国坚持欧盟成立专家组的请求中不适当地囊括了原磋商请求中不存在的 13 项措施,故在附件 5 程序中拒绝回应有关这 13 项措施的信息。为解决这一问题,欧盟重新提交了磋商请求和成立专家组请求,以涵盖这些措施(即本案)。欧盟要求在本案中启动附件 5 程序,遭到美国拒绝,理由是美国已经在前一个附件 5 程序(WT/DS317 案)中给予了广泛合作,欧盟不能单方面寻求再次进行该烦琐程序等。欧盟请求专家组作出先行裁决,裁定附件 5 程序已经启动,但未获得专家组的支持。专家组裁定 DSB 未曾采取任何行动,以发起附件 5 程序。这实际上是一种事实判定。对于其中牵扯的法律问题,即发起附件 5 程序的条件应该是反向协商一致(欧盟主张),还是肯定的协商一致(美国主张),专家组未予澄清。上诉机构批评专家组拒绝处理法律问题的做法,认为专家组的裁定仅部分地解决了争议问题,是一种法律错误。上诉机构进而明确了 DSB 发起附件 5 程序的两项条件,即一成员提出了发起程序的请求和 DSB 成立专家组。鉴于上诉当事方和第三参与方对附件 5 程序的发起条件认识不同,上诉机构的澄清对未来 WTO 可诉补贴之诉的进行有建设性意义,并可促进多边贸易体制的安全性和可预见性。但若考虑到 WTO 争端解决机制的其他方面,专家组的观点并非没有道理。WTO 争端实践中,专家组和上诉机构报告的建议是针对违反协定的成员方。上诉机构也承认其自身及专家组不能在特定争端中审查 DSB 的行动,或指示 DSB 应采取何种行动。但本案上诉机构对附件 5 程序发起条件的解释,将直接涉及 DSB 的行动。对于此类事项和相关规定,由 WTO 部长级会议或总理事会作出权威解释,似更为适当。

本案对可诉补贴之诉的另一重要发展是关于补贴影响的评估方法。如上文所述,本案在以往争端裁决的基础上,总结和发展出了两种不同的集合评估方法,即合并法和累积法。本案争议的主要是后者。比如,专家组以航空研发补贴和 B & Q 税减税补贴的运作和因果机制不同为由,拒绝合并评估两者的影响。在上诉中,上诉机构认定专家组未能充分考虑累积(而非合并)评估两类补贴影响的可能性。进行累积评估的条件是焦点问题。美国认为,仅当不同的补贴以相同的方式产生影响时,才能累积评估不同补贴的影响。但欧盟认为,美国诉欧盟和某些成员国大飞机案(WT/DS316)上诉机构报告并未对累积评估施加该条件,只要已证明一组补贴是不利影响的真实和实质性原因,而其他补贴与相同的受补贴产品存在直接联系时,就应进行累积评估,无论这些补贴以何种方式产生影响。上诉机构强调,当涉及多个补贴措施时,专家组应避免不适当地逐一分析单个补贴的影响,从而认定没有一项补贴是相关不利影响的实质性原因。但上诉机构不愿就何时应累积评估不同补贴的影响提出严格的标准,认为应依特定争端的事实和情况而定,不存在任何先验的理由(包括因果机制不同)可径直排除累积法。基于此,在设计、结构和运作等方面不相同的多个补贴项目,虽不满足合并评估影响的条件,仍可进行累积评估。

另需关注的是,在若干颇有争议的问题上,上诉机构虽推翻了专家组的裁定,但却未作出明确的认定,比如,知识产权的分配和购买服务是否构成《SCM 协定》第 1.1 条下的财政资助。对于前一个问题,专家组使用了"假设成立"(*arguendo* assumption)的方法,即假定知识产权的分配构成补贴,径直分析其专向性;最终以不具有专向性为由拒绝支持欧盟的指控，回避了知识产权分配是否构成财政资助的问题。上诉机构虽不赞同专家组在本案中使用“假设成立”方法，但也仅审查了专向性问题，未正面分析是否构成财政资助。对于后一个问题，专家组裁定购买服务不属于《SCM 协定》第 1.1 条(a)(1)所指的财政资助。在上诉中，欧盟请求上诉机构推翻或修改专家组的上述解释。但上诉机构未将争端方的上诉请求作为分析的出发点，审查购买服务究竟是否属于财政资助，而是在批评专家组的分析思路“古怪”后(即先审查购买服务是否属于《SCM 协定》第 1.1 条(a)(1)范围，再分析涉案措施是否为购买服务)，先分析争议措施的适当定性。上诉机构裁定争议措施的性质并非购买服务，而是类似于第 1.1 条(a)(1)(i)列举的投股。由此，上诉机构认为就本案而言，已不需要解释购买服务究竟是否属于财政资助，并宣布专家组的有关解释没有法律效力。WTO 成员形式多样的政策措施，对《SCM 协定》第 1.1 条(a)(1)之“财政资助”的解释带来挑战。本案回避的这些解释难题，或许会在将来的争端中得以澄清。

美国:对来自中国的产品的反倾销和反补贴措施
(WT/DS379)

申诉方(上诉方):中国

被申诉方(被上诉方):美国

第三方(第三参与方):阿根廷、澳大利亚、巴林、巴西、加拿大、欧盟、印度、日本、科威特、墨西哥、挪威、沙特阿拉伯、中国台北、土耳其

2008 年 9 月 19 日,中国提出与美国就其对中国产品征收最终反倾销税和反补贴税的问题进行磋商。由于磋商未果,中国请求成立专家组。专家组 2009 年 3 月 4 日组成,专家组报告于 2010 年 10 月 22 日公布,中国提出上诉,上诉机构报告 2011 年 3 月 11 日公布。2011 年 3 月 25 日,DSB 通过上诉机构和专家组报告。双方协商执行期为 11 个月,至 2012 年 2 月 25 日。

本案争议涉及美国商务部对从中国进口的产品征收的反倾销税和反补贴税。2007 年 7 月、8 月美国商务部对标准钢管(CWP)、矩形钢管(LWR)、复合编织袋(LWS)以及非道路用轮胎(OTR)四种产品分别展开了反倾销和反补贴调查。在四起反倾销调查中,美国商务部把中国视为非市场经济国家以计算倾销幅度。针对每种涉案产品,美国商务部在同一天发布了反倾销和反补

贴终裁裁决,决定征收反倾销税和反补贴税。

【专家组的分析和结论】

中国共提出了14项诉请,专家组将其概括为:美国商务部在反补贴调查中对“公共机构”的确定、对补贴专项性的确定、衡量利益的基准、抵消未受到补贴的出口、私人贸易企业提供的国有企业产品的问题、双重救济问题、双反调查中的程序缺陷。

一、美国商务部在反补贴调查中对“公共机构”的确定

中国认为,美国商务部将一些国有企业以及国有商业银行认定为公共机构,而公共机构应该是得到政府授权、行使政府职能的机构。美国的认定不符合《SCM协定》第10条、第32.1条和GATT 1994第6条。专家组指出,根据《SCM协定》第1.1条,有三种类型的实体可以提供财政资助:政府、公共机构和私人机构。

专家组从词典含义开始分析“政府”和“公共机构”,又参考了《SCM协定》的法语和西班牙语文本。接着,专家组从上下文和条约的宗旨来分析。协定第1.1条在“政府”和“任何公共机构”之间用了“或”这个连接词,表明“政府”和“任何公共机构”是两个概念,而不是一个概念或同义词;在公共机构的前面用了“任何”,表明其范围很广。专家组又提出,协定第1.1条规定了私人机构也可以是给予财政资助的实体,这表明协定没有排除任何实体可能属于协定适用范围的可能性。专家组还将第1.1条(a)列举的公共机构可以从事的行为作为决定公共机构含义的上下文。至于协定的宗旨,上诉机构早在美国针叶木材案IV中就指出:它是要“在承认成员有权在一定条件下实施补贴和反补贴措施的同时,加强和改善GATT 1994在补贴和反补贴方面的纪律”。专家组指出,上诉机构和很多专家组都强调了应避免对协定作过于狭义的解释,以免成员利用漏洞逃避义务。专家组认为,对协定第1.1条的解释不能将一整类由政府控制

的实体从事的、政府的非商业行为完全排除在协定的纪律约束之外。经过分析,专家组不同意中国认为公共机构是政府机构或行使政府职能的机构的观点,认为把“任何公共机构”解释为由政府控制的任何实体最符合《SCM 协定》的目的和宗旨。这样的解释可以保证,不管实体采取什么形式,控制这些实体的政府对其与《SCM 协定》相关的行为直接负责。按中国的理解会严重损害《SCM 协定》的作用,也不符合协定的目的和宗旨。

中国认为美国商务部推定国有企业为公共机构,而没有分析相关数据,因此是错误的。中国提到了商务部在以往调查中对 5 个要素的分析。专家组注意到,这并不是《SCM 协定》的要求,专家组要审查美国的分析是否有依据。专家组审查了美国商务部的调查资料,认为美国并没有简单地按国有所有权确定公共机构,而是审查和分析了许多数据和事实。专家组得出结论说,中国未能证明美国在确定公共机构问题上的做法不符合《SCM 协定》。

二、对补贴专项性的确定

在 OTR 调查方面,中国认为,美国把商业银行向轮胎企业的贷款认定为具有法律上专项性,不符合协定第 2.1 条。专家组认为,这个问题实际上涉及法律上的专项性需要证明哪些要素的存在。如果补贴获得者的范围是受到限制的,补贴就是专项性的;如果补贴的获得是自动的,其标准是中性的、经济方面的条件,那就不是专项性的。专项性的补贴可以是法律上的,也可以是事实上的。中国认为,专项性指补贴只授予某些企业,美国商务部所引用的中国法规鼓励的活动范围太宽,不足以认定专项性。专家组认为,协定并没有要求接受补贴的企业之间有同质性,补贴接受者经济活动的多样性,这一点本身不足以否定补贴的专项性。由于协定没有具体规定,这个问题需要个案决定。美国商务部在调查过程中审查了中国中央和地方政府的各种文件,包括“十一五”规划,认为从这些文件可以得出“轮胎产业是受鼓励或支持的产业”的结论。专家组审查了这些文件后确认，一个合理和客观的调查机构根据已有的证据能够认定中国中央和地方政府的各项文件明确地指出了“某些企业”是受鼓励或支持的。美国商务部在轮胎调查中的结论没有错误。据此专家组确认，中国未能证明美国商务部的结论违反了协定第2.1条(a)。

在LWS调查中，美国商务部将给予新世纪产业园内艾福迪公司的土地使用权确认为具有区域专项性。中国认为这违反协定第2条。中国认为，第2.2条所说的区域专项性指给予某个地区的某些企业，且区域应该指一定的行政区划或者有经济同质性，中国的依据是协定第8.2条。专家组注意到两个条款的措辞不同，此外，第8条是关于不可诉补贴的。专家组确认，特定区域可以指任何区域。专家组注意到，中国土地都是公有，农用地转为工业用地需得到政府批准；涉案的工业园是由原农用地转化的，后来才得到省政府的批准，艾福迪公司支付了土地使用费。对此双方并无异议。专家组不同意美国商务部确认区域专项性的理由之一，即允许艾福迪公司使用的土地在一个特定区域，因此就具有区域专项性。专家组认为，这是循环证明，因为土地本身就是区域。中国的土地最终都是国有，按照美国的理论，在中国任何地方给予土地使用权都满足区域专项性的要求。从证据看，除了将农用地转为工业园，这块土地并没有特别的政策，而是要遵守工业用地的规定。美国并没有提供任何证据表明，工业园的土地使用与园区外有任何区别，所以无法证明政府给予了财政资助。专家组确认，在确认中国政府提供土地使用权问题上美国的做法不符合协定第2条。

三、衡量利益的基准

美国以中国政府对经济的介入程度为由，拒绝采用中国提供的数据(包括私有企业销售价格和银行利率)作为衡量利益存在与否及利益额的基准，而采用了其他数据。中国认为这违反了协定第14条

(d)。专家组注意到,这个问题第一次提出是在美国针叶木材案 IV,该案专家组认为协定第 14 条(d)不允许调查机构拒绝使用私人价格作为衡量利益额的基准。美国提出上诉后,上诉机构推翻了这一认定。上诉机构认为,第 14 条(d)并没有要求在任何情况下必须使用私人价格作为比较基准,而是要求使用的基准必须与受调查国市场主导条件"有关联"。只有证明私人价格受到扭曲,才可以使用其他国家的价格;如果政府是某个产品唯一的供应者,可以使用其他国家的价格。但这一问题需要个案分析,使用其他基准,必须保证该基准与受调查国的市场主导条件有关。

那么,仅凭政府对经济的控制这一因素是否足以认定市场扭曲?专家组拒绝作抽象的结论,而要审查美国的调查结论。中国认为,美国是推定市场扭曲。专家组注意到,美国不采用私人价格和进口价格,其理由是中国热轧钢 96.1% 由国有企业生产,且进口量很小。在 LWS 和 OTR 调查中,美国拒绝使用中国提供的土地使用价格。专家组指出,在美国针叶木材案 IV 中,上诉机构曾经提出,如果政府作为某种产品的唯一供应商,调查机构就可以使用外部价格。何况本案中美国并没有简单地以此作为拒绝的唯一理由,美国还分析了中国的市场情况。因此,专家组认为中国没有证明美国的做法违反了协定第 14 条(d)。

在 CWS、LWS 和 OTR 调查中,美国拒绝使用中国的银行利率,理由是中国的贷款利率严重扭曲,中国认为这违反了协定第 14 条(b)。专家组认为,作为衡量的基准,应该是商业的、可比的、借款人从市场上可得的利率。如果某个市场上由于政府的介入导致不存在可比的商业利率,那么第 14 条(b)并没有禁止使用其他利率作为基准。美国这样做的主要理由是其在铜版纸调查时作结论的理由,即中国的银行系统仍然是政府控制;银行根据政府的发展规划运行;政府管理利率;外国银行受到同样的限制且其贷款所占份额很小。在本次调查中,美国认为受调查方没有证明情况发生了变化,因此仍然依据原来的结论。专家组审查了美国调查中证据,听取了中国的意见,认为美国政府的结论没有问题。专家组确认中国没有证明美国的做法违反了协定第14条(b)。在选择替代贷款利率作为基准时,中国并没有提出应该做哪些调整。专家组认为,美国选择替代基准的方法是合理的,据此,专家组认为中国未能证明美国选择替代基准的做法违反了协定第14条(b)。但是在确定贵州轮胎公司的美元贷款是否存在利益时,美国用LIBOR作为基准。双方对基准的选择并无异议,但专家组认为,在一年的时间内LIBOR是变化的,美国没有根据实际贷款日期作相应的调整,未能充分保证受调查利率与基准利率的可比性,不符合协定第14条(b)。

美国在调查中实际使用了泰国曼谷及周边省份的土地使用价格作为衡量基准。中国提出,土地没有跨境交易,不能用他国的信息代替。专家组不同意这种说法。一来第14条(d)并没有禁止,二来按照中国的逻辑,等于说只要涉及土地使用费,就不可能用替代信息,这显然与第14条(d)的规定不一致。中国还认为。第14条(d)要求对替代数据作调整,不调整就不符合这一条的规定。专家组指出,第14条(d)的关键是数据的可比性,而可比性可以通过调整或选择合适的替代基准来做到。专家组审查了美国的做法,认为一个合理的调查机构可能作出同样的结论。据此,专家组认为,中国未能证明美国选择替代基准的做法违反了协定第14条(d)。

四、抵消未受到补贴的出口

在计算轮胎企业的利益时,美国用从国有企业购买各种橡胶的价格与该月的基准价相比,基准价是同一个生产商购买进口产品或私有企业产品的价格。如果前者低于后者,就有利益,反之则无利益。将有利益的相加,忽略无利益的结果,得到总的利益。中国认为应当先行在内部计算时抵消,否则不符合协定第14条(d)的要求。专家组认为第14条(d)没有要求对整个调查期间的结果进行抵消。专家组也承认数据需要调整,但认为美国的做法没有超越可以允许的灵活度。专家组的结论是中国未能证明美国的做法违反了协定第14条(d)。

五、通过私人企业提供的国有企业产品的问题

中国提出,如果受调查企业是通过私人企业买到国有企业的产品,美国在确认存在补贴时没有证明私人企业受到政府指示,违反了协定的规定;如果不考虑这一点,美国则是推定而没有确认存在利益传递,这也不符合协定的规定。专家组认为,中国的这一诉求不清楚,没有指出违反了哪些条款,但专家组还是决定进行分析。在所有的调查中,如果涉及私人企业从国有企业处购得产品,再销售给受调查企业,美国商务部确定补贴全部或部分转移到了受调查企业。专家组认为,利益与企业受政府指令是两个问题,协定并没有要求在确定存在利益时必须证明存在政府指令。专家组据此认为,中国未能证明美国的做法违法了协定第1.1条。

至于利益传递的问题,专家组注意到,受调查的企业提供了详细的供货商名单及生产企业名单,从实际情况看,私人企业作为供应商,起了中介的作用。但美国调查中对这一点没有任何提及或分析。专家组认为,鉴于本案的事实,美国应该对此作详细的分析,以确保在计算利益时不要超过政府给予国有企业的利益。美国既没有提出这方面的问题,也没有这方面的结论,据此,专家组认为美国在这一点上不符合协定第1.1条和第14条。

六、双重救济问题

对来自非市场经济国家的产品,美国在反倾销调查时会使用替代国的生产要素成本计算正常价值。中国指出,美国的做法使得补贴受到两次抵消:一次是征收反补贴税,另一次是由于计算倾销幅度时使用替代国的方法计算,其中已经包括了补贴的利益,再征收反倾

销税,就是重复计算。中国政府和受调查企业在美国国内的调查中曾经提出这个问题,但美国相关机构以法律没有规定,国会没有授权等理由拒绝作调整。中国针对美国的法律本身及法律的实施提出诉请,认为美国违反了协定第10条、第19条和第32条。根据美国的请求,专家组首先确认,中国成立专家组的请求中没有明确提出对法律本身的诉请,因此这一诉请不属于专家组的职权范围。专家组仅就法律的实施作出分析和结论。

专家组首先讨论了这个问题:按照美国适用于非市场经济的计算方法,同时征收反倾销税和反补贴税是否有可能造成双重救济。专家组认为,美国对非市场经济国家进口产品适用的计算方法从理论上说有可能造成一次补贴被双重征税。由于使用了替代国的数据,倾销幅度不仅反映了受调查企业国内市场和出口市场的价格差,而且反映了生产者在生产成本方面市场扭曲的影响。具体来说,给予国内生产者的补贴是扭曲因素之一。专家组接着审查了中国依据的具体条款。第19.4条规定反补贴税不得超过认定存在的补贴额。专家组认为,以非市场经济方法计算的税额已经抵消了补贴,这一问题与第19.4条所说的存在的补贴额没有关系。在分析了第19.4条的上下文之后,专家组得出结论,中国未能证明美国适用非市场经济的计算方法同时征收反倾销税和反补贴税违反了协定第19.4条。专家组认为第19.3条同样与双重救济无关。

专家组以几乎同样论证思路认定,中国未能证明美国双重征税违反了GATT 1994第6.3条、协定第12.1条和12.8条。

中国还提出美国没有要求中国提供存在双重救济的信息,而在对市场经济国家的调查中要求提供这样的信息,违反了GATT 1994第1.1条的最惠国待遇。中国提出了一些案例作为证据。专家组在审查了中国提交的证据之后指出,中国援引的美国案例都不能说明美国在对市场经济国家的调查中采取一切步骤避免双重征税。据此,专家组确认中国未能证明美国违反了GATT 1994第1.1条。

七、双反调查中的程序缺陷

中国指出美国对补充问卷和新指控问卷没有给予30天答复期，违反了协定第12.1条。专家组注意到双方提到了三种问卷：初始问卷，指调查发起后调查机构发出的全面问卷；补充问卷，指针对初始问卷的答复提出追加问题的问卷；新指控问卷，指对调查过程中提出的新的补贴项目发出的第一份全面问卷。协定第12条是关于证据的规定。第12.1.1条要求给予收到调查中所使用问卷的出口商、外国生产商和利害关系方至少30天的时间答复。中国认为，这一规定适用于各种问卷，而美国认为只适用于初始问卷。专家组从"问卷"的普通含义、第12条的上下文、协定的目的与宗旨进行了分析，认为第12.1.1条中使用的"问卷"一词仅指初始问卷。据此专家组确认中国未能证明美国违反了协定第12.1.1条。

美国在调查中使用了"可得事实"，中国认为这违反了协定第12.1条和第12.7条。美国争辩说这是由于受调查方直到调查末期才提供了一些相关信息。第12.7条允许调查机构在受调查方"不允许使用或未在合理期间内提供必要的信息，或严重阻碍调查"时使用"可得事实"。专家组审查了美国的证据后发现，美国调查机构从来没有要求生产商提供某些证据，因此，就不存在受调查者不配合或严重阻碍调查的问题。专家组指出，第12.7条限制了调查机构可以使用"可得事实"的情况，美国的做法不符合第12.7条。有了这一结论，专家组认为没有必要分析中国关于第12.1条的诉请。

综合以上分析，专家组认定美国的做法不符合协定的有下列几点：在LWR调查中确定土地使用权补贴的专项性，不符合第2条；在OTR调查中确定利益的存在和利益额时，未能确保计算的补贴不超过政府提供的补贴，不符合第1.1条和第14条；对贵州轮胎公司的美元贷款用LIBOR年平均利率作为替代基准计算利益，不符合第14条(b)；在LRW和LWS调查中使用"可得事实"，违反了第12.7条。

对于中国的其他诉请,专家组均认为中国未能证明。

【上诉机构的分析和结论】

中国就专家组报告对公共机构和专项性的认定、确定利益时对衡量基准的选择、对双重救济的认定提出了上诉。上诉机构一一作了分析和结论。

一、协定第1.1条(a)(1)中"公共机构"的含义及美国商务部的相关裁定

美国商务部在针对不同产品的反补贴调查中认定,国有企业和国有商业银行为公共机构,这一结论主要是基于政府拥有国有企业多数股权的事实。专家组把协定第1.1条(a)(1)中的"公共机构"解读为"任何被政府控制的实体",认为政府所有权是与政府控制高度相关并具有潜在决定性意义的证据。在此基础上,专家组认为,中国未能证明其主张,并支持美国商务部在调查中作出的国有企业和国有商业银行构成公共机构的裁定。中国对此提起上诉。

上诉机构注意到协定第1.1条提出了补贴的两个主要要素——财政资助和利益。关于第一个要素,第1.1条(a)(1)既列出了相关的行为,又指出了实施行为的实体。该条区分了两个主要类别的实体:具有"政府性质"的实体和"私营机构"。如果一个实体具有政府性质,且其行为属于第1.1条(a)(1)(i)～(iii)或者(iv)第1句的范围,那么便存在财政资助。而当实体是私营机构且其行为落入第1.1条(a)(1)(i)～(iii)的范围时,只有在政府和该行为之间存在委托或指示的必要联系时才存在财政资助。

专家组把集合词"政府"视为"仅仅是方便条约行文的工具"。上诉机构注意到,协定第1.1条(a)(1)把狭义的"政府"和"公共机构"统称为"政府"。相反,第1条明确列出了"政府"(包括"公共机构")和"私营机构"两个概念。上诉机构认为,把"政府"与"私营机

构”并列的同时又在协定第1.1条(a)(1)下把狭义“政府”与“公共机构”统称为“政府”,意味两者具有某种程度的共性或其核心特性有重叠,即涉案实体可被恰当认定为具有政府性质。因此,上诉机构不赞成专家组关于使用集合词“政府”仅为行文方便而无其他意义的说法。

一个实体需要具备哪些与狭义政府共有的核心特点才能被称为公共机构,进而成为广义政府的一部分呢?上诉机构注意到,政府的核心是有权通过实施法律授予的权力调节、控制或监督个体或限制其行为,这包括政府要有职能及实施这些职能的权力。这些要素可协助解释“公共机构”的含义,即“行使政府职能或被授权行使政府职能”是政府和公共机构之间的核心共同点。

这引出了一个问题:在协定项下,一个实体需要实施或被授予什么样的权力才能算是公共机构。上诉机构认为,在任何情况下,哪类实体更经常使用某种特定的财政资助手段,与协定第1.1条(a)(1)上下文中的公共机构的构成要素既无直接关系也无推定关系。相反,放弃或不收取政府财政收入则构成天然的行使政府权力的行为。

根据第1.1条(a)(1),被授权并行使授权以行使政府职能是“公共机构”的一个核心特点。在确定某些行为是否属于公共机构的行为时,专家组或调查机构只有对相关实体的核心特点及其与狭义政府的关系进行恰当评估后才能回答这个问题。专家组并未考察各方所依赖的标准之外是否存在可能与该问题相关的其他标准,鉴于上述原因,上诉机构认为专家组对“公共机构”的解读缺乏恰当的法律基础,因此推翻了专家组的相关结论。

上诉机构已认定专家组对协定第1.1条(a)(1)中的“公共机构”的解读是错误的。专家组关于中国未能证明美国商务部的行为与美国在协定下的义务不一致的认定是基于前述的错误解读的结果,因此,上诉机构必须推翻这一认定。

涉案国有企业并非狭义政府,那它们是公共机构还是私营机构?上诉机构指出,要判断特定行为是不是公共机构的行为,必须评估该实体的核心特点及其与狭义政府的关系,还要关注该实体是否被授予或行使政府职权。美国商务部"主要"依赖了所有权的相关信息。上诉机构认为,政府所有权本身不足以证明政府对实体的有意义的控制,也无法证明该实体被授权行使政府职能。因此,美国商务部的方法不符合对"公共机构"的恰当理解,其在调查中关于国有企业的裁定也不符合第1.1条(a)(1)。

上诉机构注意到,虽然美国商务部在调查中关于国有商业银行构成公共机构的分析主要基于早期铜版纸调查中的详细阐述,但其分析比对国有企业的分析更广泛。上诉机构考察美国商务部是否对调查中认定国有商业银行为公共机构的裁决提供了合理和充分的解释,并确认美国商务部基于国有商业银行代表中国政府行使政府职能的证据作出国有商业银行构成公共机构的裁决是有据可依的。因此,上诉机构认为,中国未能证明美国商务部在调查中有关国有商业银行构成公共机构的裁定与协定第1.1条(a)(1)不一致。

二、协定第14条:利益的计算

美国商务部在CWP和LWR调查中拒绝以中国国内市场价格作为基准计算被调查公司获得利益;拒绝使用中国国内利率作为基准,而使用外部替代基准来确定国有商业银行人民币贷款是否授予了协定第14条(b)下利益。专家组认为,中国未能证明美国商务部的做法与其在协定第14条(d)、第14条(b)项下的义务不一致。中国对这些结论提出上诉,要求上诉机构完成对中国附带主张的分析并认定涉案措施与协定第10条和第32.1条不一致。

上诉机构首先认为专家组的解释没有错误,即第14条(d)要求逐案分析国内市场价格是否扭曲进而导致其不能作为衡量基准,分析时需要考虑其他相关因素,即使政府是市场主导供货商时亦是如此;第14条(b)本身就具有充分的灵活度以允许在被调查国家没有可比"商业"基准时使用替代基准。上诉机构认为专家组解释不存在法律错误,其适用也没有问题。据此,上诉机构维持专家组的结论,同时认为没有必要对中国的附带主张进行分析。

在CWP、LWS和OTR调查中,美国商务部还参考纳入了铜版纸调查中的部分认定,以构造替代基准来计算与国有商业银行人民币贷款相关的利益。这一替代基准是美国商务部基于收入水平与贷款利率之间“广泛的反比关系”对33个低到中等收入国家通货膨胀调整后的利率数据进行回归分析后得出的。专家组认为美国商务部在调查中实际使用的替代基准是协定第14条(b)项下的“公司可实际从市场上获得的可比商业贷款”,中国认为认定有误。中国还认为,在评估美国商务部替代基准与协定第14条(b)的一致性时,专家组未能客观评估涉案问题,其行为与DSU第11条的规定不一致。

上诉机构首先审查了中国关于DSU第11条的主张。上诉机构在以往的案件中已多次指出,在审查某个国家调查机构的认定时,专家组不得进行重新审查也不得仅听从这些机关的结论。相反,调查机构应在考虑证据和其他合理的替代解释的基础上审查调查机构的结论是否合理充分。本案中专家组注意到,在评估美国商务部实际使用的替代基准时,“恰当的方法是考虑美国商务部所使用的方法是不是一个合理客观的调查机构基于调查的事实可能采用的方法”。但是,专家组随后认为其审查美国商务部替代基准的任务限于“评估所使用方法的内部逻辑及美国商务部使用替代基准时所依赖的数据是否可靠和恰当”。上诉机构认为,专家组不能仅仅通过评估“所使用方法的内部逻辑及美国商务部使用替代基准时所依赖的数据的可靠性和恰当性”就履行其在DSU第11条项下的义务。相反,为客观评估涉案问题,专家组还应审查所使用的方法是否合理,包括考虑合理的其他替代解释。专家组还应核实美国商务部是否根据协定第14条(b)合理解释了替代基准是如何与“公司可实际从市场上获得的可比商业贷款”近似的。

上诉机构在两方面不同意专家组的陈述。首先,专家组应在考虑了其他可能性的条件下全面审查美国商务部的理由是否构成其选择的基准的正当理由。即使由于中国缺乏可以使用的基准利率导致在案证据中没有参照点可用于判断,该标准仍旧适用。例如,专家组可按中国向美国商务部所主张的,根据国民储蓄率而非国民总收入或根据第三方、替代国家利率基准来考察美国商务部使用的替代基准。其次,专家组报告本身多次提到了中国对美国商务部具体做法的异议,但却认定中国"未主张美国商务部方法中存在可以且应被纠正的具体缺陷"。上诉机构认为,中国在专家组程序中提出的这些主张足以要求专家组就美国商务部回归模型与协定第14条(b)的一致性进行认真的审查。专家组似乎接受了美国商务部的认定和相关支持性证据,而未开展严谨彻底的分析,或在考虑其他可能性的基础上考察美国商务部结论的适当性和合理性。因此,上诉机构认为,专家组未就美国商务部确立的替代基准开展足够严格的审查,被动接受了美国商务部就其裁决提出的理由,而未开展严谨彻底的分析,也未根据其他可能的替代解释考虑美国商务部的结论。基于上述情况,上诉机构认定专家组未能根据DSU第11条客观评估所审议问题。因此,上诉机构推翻专家组的下列结论:中国未证明美国商务部在调查中计算国有商业银行人民币贷款利益所实际使用的基准与协定第14条(b)不一致。

专家组未就美国商务部替代基准作出相关事实认定;此外,对专家组记录的分析显示中国不仅质疑了使用外部基准的合法性,还质疑了美国商务部确立替代基准的特定要素。因此,上诉机构认定,专家组对事实的认定不足以帮助上诉机构完成法律分析并确定美国商务部的替代基准是否符合协定第14条(b)。

三、关于"双重救济"

中国就美国在四起涉案调查中对同一产品同时征收反补贴税和按非市场经济方法计算的反倾销税而导致"双重救济"提出了"本身"和"适用"之诉。专家组裁定:中国未能证明美国商务部做法与协定第10条、第19.3条、第19.4条以及第32.1条和GATT 1994第6.3条规定的义务不一致。中国对该认定提起上诉。

在讨论具体上诉事宜之前，上诉机构认为有必要厘清"双重救济"的概念。"双重救济"并不简单指对同一产品同时征收反补贴税和反倾销税。"双重救济"或"重复计算"是指对同一产品同时征收反补贴税和反倾销税时，至少在一定程度上两次抵消了同一补贴。使用非市场经济方法计算倾销幅度时"有可能"发生"双重救济"。如专家组所解释的，按照非市场经济方法计算的倾销幅度"不仅反映了被调查生产商国内和出口市场间的价格差（'倾销'）"，也反映了"影响生产者生产成本的经济扭曲"，包括对某产品的具体补贴。因此，按非市场经济方法计算的反倾销税可能"救济"或"抵消"国内补贴，其额度相当于该补贴导致的出口价格下降额。换句话说，补贴已被"计算"在整体倾销幅度中。当对同一进口产品征收反补贴税时，同一国内补贴在计算补贴率时又被"算"入其中，由此得出的反补贴税便第二次抵消了同一补贴。因此，同时征收反补贴税和按非市场经济方法计算的反倾销税可能导致同一补贴被抵消不止一次，这就造成了双重救济。

中国指出，专家组推理称，由于协定和GATT 1994的相关条款未明确禁止成员通过征收两种不同的税抵消同一国内补贴，因此起草者的意图是授权这种行为。上诉机构首先分析了协定第19.3条。该条规定：如对任何产品征收反补贴税，则应对已被认定接受补贴和造成损害的所有来源的此种进口产品根据每一案件的情况在非歧视基础上收取适当金额的反补贴税。上诉机构解释了协定第19.3条中"每一案件的适当金额"的含义，分析了在该条款定义范围内，征收导致或可能导致双重救济的反补贴税是不是适当。

协定第19.3条第1句要求根据每一案件的情况征收适当金额的反补贴税，同时要在非歧视基础上收取反补贴税。上诉机构认为，这两项要求彼此呼应。同样，征收"适当金额"反补贴税的要求包含了根据情况调整金额的意思，不应以过于形式或死板的方式解读非歧视征收反补贴税的要求。专家组裁定,如果反补贴税"不超过认定存在的补贴金额"就是"适当金额"。该裁定援引第19.4条作为确定"适当"金额的主要依据。上诉机构同意专家组将第19.4条作为解释第19.3条的上下文,但是无法认同专家组关于仅依靠第19.4条就足以定义反补贴税"适当"金额的观点。事实上,如果任何不超过补贴金额的反补贴税都构成第19.3条项下的"适当"金额,那么第19.3条的规定就成为多余,因为第19.4条已经规定了不得征收超过认定存在的补贴金额的反补贴税。对此,上诉机构认为协定第19.2条更为相关。该条明确了应由进口成员的调查机构决定征收的反补贴税应等于或小于补贴总额,但同时表示,"如反补贴税小于补贴总额即足以消除对国内产业的损害",则"宜收取该小于补贴总额的反补贴税"。可见,第19.2条鼓励调查机构将实际征收的反补贴税与需要消除的损害相联系。

上诉机构继续考察协定其他条款。协定第10条规定,各成员应采取所有必要步骤以保证征收反补贴税符合GATT 1994第6条的规定和本协定的规定。上诉机构认为,协定第10条中主要有三点与上诉机构需要解释的内容相关:第10条规定,协定第5部分与GATT 1994第6条的适用相关,反补贴税必须符合GATT 1994第6条和协定的规定;第35脚注规定,针对补贴影响"仅可采取一种形式的补救",明确了至少在协定范围内不能对同一补贴使用"双重救济";脚注36将"反补贴税"定义为"为'抵消'补贴而征收的特别税"。上诉机构认为协定第10条、第19.1条、第19.2条、第19.4条、第21.1条和第32.1条都为第19.3条的解释提供了有关背景。上述条款明确了禁止进口成员对同一补贴采用两种救济措施的两种情况。进口成员必须在接受价格承诺和征收反补贴税中作出选择,必须在根据协定第2部分、第3部分采取反制措施和根据协定第5部分采取反补贴措施中作出选择。上述条款还表明,反补贴税的宗旨包括:抵消损害性补贴及消除对国内产业造成的损害。此外,GATT 1994第6条也为协定第19.3条提供了相关背景。第6.3条明确征收反补贴税是“为抵消任何津贴或补贴”;第 6.5 条规定,在任何缔约方领土的产品进口至任何其他缔约方领土时,不得同时征收反倾销税和反补贴税以补偿倾销或出口补贴所造成的相同情况。因此,恰当理解协定第 19.3 条中反补贴税“适当金额”就必须充分考虑《反倾销协定》的相关条款并了解这两个协定项下的法律机制及其授权成员使用的救济是如何运作的。在使用双重救济时,只有孤立地看待这些条款,才能说这些条款各自关于征税的规定得到了遵守。相反,将这两个协定联系起来解读表明,使用双重救济会规避两个协定关于不同救济所分别规定的恰当性标准。如果认可两个协定分别规定了可征收的反倾销税和反补贴税金额,却认为可以征收加起来为不适当或超过认定存在的倾销和补贴总额的全额反倾销税和反补贴税,这是违反常规的。

上诉机构随后指出,协定的目标和宗旨在很大程度上将反补贴税的适用与其目的——抵消损害性补贴联系起来,这支持了对第 19.3 条的如下解释:如果同时征收反补贴税和反倾销税超过了补贴的全部金额,那么这是“不适当”的。

综上所述,上诉机构认为专家组错误地解释了协定第 19.3 条。根据协定第 19.3 条,认定反补税的适当金额必须考虑为抵消同一补贴对同一产品征收的反倾销税。如果反补贴税体现了补贴的全部金额,同时为消除对国内产业造成的同一损害又征收了在一定程度上基于同一补贴计算的反倾销税,在这种情况下,反补贴税的金额不可能“适当”。据此,上诉机构推翻专家组对第 19.3 条的解释,并认定,通过同时征收反补贴税和基于非市场经济方法计算的反倾销税两次抵消同一补贴的双重救济与协定第 19.3 条不一致。

专家组认定,协定第 19.4 条中的狭义纪律未讨论“双重救济”的情况,中国未证明美国违反第 19.4 条,也未证明美国在涉案调查中征收超过“认定存在”的补贴的税额与 GATT 1994 第 6.3 条不一致。中国对此提出上诉。由于上诉机构已认定使用双重救济与协定第 19.3 条不一致,上诉机构认为无须再分析中国的这一上诉。

在推翻上述裁定后,上诉机构必须考察中国提出的完成分析的请求,并考察美国商务部的做法是否与协定第19.3条不一致。上诉机构注意到,专家组对中国是否"切实证明在涉案调查中由于同时征收反补贴税和按非市场经济方法计算的反倾销税导致双重救济"未作认定。基于相同原因,专家组拒绝"审查中国提交的来自这些调查的具体实例"。上诉机构在以往纠纷中表示,如果专家组的事实裁定和专家组记录中无争议的事实为上诉机构自身的分析提供了充分的基础,上诉机构可以从促进纠纷解决的角度出发完成分析。

中国主张,推翻了专家组对协定第19.3条的解释必然得出涉案措施的不一致性认定。上诉机构对此并不认同。上诉机构已经表明,就法律问题而言,该条款禁止双重救济,但是,上诉机构不认为任何同时征收的情况必然导致双重救济。这取决于国内补贴是否以及在何种程度上降低了产品的出口价格,以及调查机构是否采取了必要的调整。中国在上诉中主张,"调查机构有义务进行调查,并确定自己是否两次抵消了同一补贴",而美国主张"应由中国负责证明存在双重救济"。

上诉机构注意到,由于调查机构负有确定补贴准确金额的义务,其也负有根据第19.3条确立适当金额的义务。该义务包括对相关事实进行充分尽职的"调查",并收集相关事实,以明确证据作为认定的基础。如前所述,"美国商务部将利害关系方在涉案调查中提出的'双重救济'主张均予以驳回,美国商务部在按照各被调查生产者认定获得的补贴的全部金额征收反补贴税时未考虑对同一产品征收的反倾销税",各方对这一事实没有异议。上诉机构注意到,在涉案调查中,美国商务部驳回中国关于双重救济的主张,理由之一是其没有法定权力在反补贴调查的情况下作出调整。可见,美国商务部未审查在涉案四起调查中是否会发生双重救济,并完全拒绝考虑该问题及与该问题相关的主张。上诉机构认为,这违反了协定第19.3条要求认定反补贴税"适当"金额的义务。据此,上诉机构认定,在涉案四起反倾销和反补贴调查中,美国商务部对同一产品同时征收反补贴税和基于非市场经济方法计算的反倾销税而未评估同时征收是否会导致双重救济的行为与协定第19.3条规定的义务不一致。

中国提请上诉机构认定，美国对涉案四起调查中的同一进口产品征收反补贴税和基于非市场经济方法计算的反倾销税的行为与协定第10条和第32.1条不一致。上诉机构已指出，当成员的措施不能满足协定相关条款中规定的征收反补贴税的明确条件时，其没有征收反补贴税的权利，因此这些措施也不符合协定第10条和第32.1条。由此，上诉机构认为，中国无须提供更多证据附带证明美国违反第10条和第32.1条的行为。由于上诉机构已认定，美国在涉案四起反补贴调查中对同一产品同时征收反补贴税和基于非市场经济方法计算的反倾销税的行为不符合协定第19.3条，该行为同样不符合协定第10条和第32.1条。

上诉机构的结论综合如下：

1. 专家组将协定第1.1条(a)(1)中"公共机构"解释为"由一政府控制的任何实体"，上诉机构推翻这一认定；因而进一步推翻专家组关于中国未能证明美国在涉案调查中将国有企业和国有商业银行认定为"公共机构"的做法违反了美国所应履行的义务的认定；美国商务部在涉案四起反补贴税调查就国有企业原材料供货商构成"公共机构"的裁定与第1.1条(a)(1)不一致，与美国在协定第10条和第32.1条下所应履行的义务不一致。同时认定，中国未能证明美国商务部在OTR调查中就国有商业银行构成"公共机构"的裁定与协定第1.1条(a)(1)不一致。

2. 维持专家组关于"专向性"的认定。

3. 维持专家组关于中国未能证明美国商务部在计算利益时所使用的基准违反其义务的结论；但同时认定，在评估美国商务部依据协定第14条(b)所使用的替代基准的一致性问题时，专家组没能按照DSU第11条要求对其所审议的事项作出客观评估，因此推翻专家组关于中国没能证明美国商务部在调查中拒绝使用中国国内利率作为计算国有商业银行所提供的人民币贷款的基准的做法与美国义务不一致的认定。但是,上诉机构无法完成对中国根据该条款所提出诉请的法律分析。

4. 通过同时征收按照非市场经济方法计算的反倾销税和反补贴税进而对同一补贴行为进行了二次救济的做法与协定第19.3条不一致;推翻专家组关于中国未能证明美国商务部做法与协定第19.3条不一致的结论,并认定美国这种做法与其在协定第19.3条下所应履行的义务不一致,进而也与其于第10条和第32.1条下所应履行的义务不一致。

【案例评析】

GATT 1994 第6.5条规定"在任何缔约方领土的产品进口至任何其他缔约方领土时,不得同时征收反倾销税和反补贴税以补偿倾销或出口补贴所造成的相同情况"。有人认为,这一规定是不允许同时征收反倾销税和反补贴税,其实这样的理解是不正确的。正如本案专家组和上诉机构都指出的,WTO所不允许的只是在对同一产品同时征收反补贴税和反倾销税时对同一补贴行为进行两次抵消。举个简单的例子,假设A是进口国,B和C都是出口国,其中B是市场经济国家,C是非市场经济国家;A对从B和C进口的同一种产品展开反倾销和反补贴调查;B和C出口到A的产品出口价格都是5美元一个单位,而其国内市场销售价也都是6美元一个单位;B国和C国政府都对每一单位产品给予了1美元的补贴。由于B和C的不同情况,结果会很不一样。对从市场经济国家进口的产品,调查机构通常以出口国国内市场销售价格作为正常价值,这样一来,由于B的出口价格低于正常价值,其产品存在倾销,计算出的倾销幅度是20%。由于采用出口国国内市场销售价格作为正常价值,根据计算出的倾销幅度征收的反倾销税就只"抵消"了倾销行为造成的影响。此时再计算出补贴为每单位产品1美元,征收1美元反补贴税,理论上说,被征收了反倾销和反补贴税之后,这个产品在国外市场的价格就成了7美元。而对C国,由于其是非市场经济国家,其产品的国内销售价格不被用作正常价值，调查机构会采用替代国的价格作为正常价值。假定经过计算，正常价值被确定为7美元，则根据替代国数据计算的倾销幅度为40%。采用替代国数据，实际上已经把政府补贴之后价格较低的因素考虑在内了，此时再征收1美元的反补贴税，这个产品就被征收了3美元的反倾销税和反补贴税，价格变成了8元。这就是所谓的两次抵消了同一个补贴行为。只要A国不改变对非市场经济国家进口产品的歧视做法，即使由于任何原因C国的国内销售价格低于出口价格，也不会影响以上计算的结果。这显然与《SCM协定》订立的初衷相悖。

WTO争端解决机制是第一次面对所谓的"双反"和"双重救济"的问题，更是第一次要解决对非市场经济国家的双反调查问题。尽管中国这个具体诉请没有得到支持，但专家组和上诉机构在"双重救济"问题上，确认美国违反了《SCM协定》对中国还是有益的。

2012年3月6日，继美国参议院通过了"对非市场经济国家实施1930年关税法的反补贴税规定"的法案之后，众议院也通过了这一法案。这个法案非常简短，规定了两项内容：可以对非市场经济国家进口的产品实施反补贴税，如果行政机构不能明确辨别或衡量非市场经济国家提供的补贴，则不要求征收反补贴税；对涉及非市场经济国家的某些调查，需要调整反倾销税。其中第二点就是执行本案的上诉机构/专家组报告的结果。

2012年7月31日，美国商务部根据新的法律，重新计算了本案四种产品的反补贴税和反倾销税，绝大多数参与调查的出口商的反倾销税都有所降低（减低的幅度为标准钢管17.31~23.85个百分点、矩形钢管1.22~9.57个百分点、复合编织袋44.09个百分点、非道路用轮胎0.06~0.15个百分点）而反补贴税有所提高（提高的幅度为标准钢管0.2~3.25个百分点、矩形钢管有一个企业提高了0.03个百分点、复合编织袋53.8个百分点、非道路用轮胎0.03~0.08个百分点）。

中国:对来自美国的取向电工钢的反倾销反补贴措施(WT/DS414)*

申诉方(被上诉方):美国

被申诉方(上诉方):中国

第三方(第三参与方):阿根廷、欧盟、洪都拉斯、印度、日本、韩国、沙特阿拉伯和越南

2010年9月15日,美国要求与中国磋商,解决中国对从美国进口的电工钢征收反补贴税和反倾销税的问题。由于双方磋商未果,经美国请求,2011年3月25日DSB成立了专家组。2012年6月15日,专家组作出最终报告。中国提出上诉。2012年10月18日上诉机构作出了报告。2012年11月16日,DSB通过了上诉机构和专家组报告。

2009年4月29日,武汉钢铁集团公司和宝钢集团申请发起反补贴和反倾销调查。2009年6月1日,商务部决定发起双反调查。12月10日,商务部公布初裁结论,AK钢铁公司的补贴率为11.7%,ATI公司的补贴率为12%,其他所有公司的补贴率为12%;AK钢铁公司的倾销幅度为10.7%,ATI公司的倾销幅度为19.9%,其他所

* 本案初稿由华东政法大学国际法专业博士研究生王琢撰写。

有公司的倾销幅度为25%。2010年4月10日，商务部公布终裁结果：AK钢铁公司的补贴率为11.7%，ATI公司的补贴率为12%，其他所有公司的补贴率44.6%；AK钢铁公司的倾销幅度为7.8%，ATI公司的倾销幅度为19.9%，其他所有公司的倾销幅度为64.8%。

美国认为，中国调查机关的做法和措施违反了《SCM协定》和《反倾销协定》的相关条款。

【专家组的分析和结论】

一、中国发起反补贴调查是否违反了《SCM协定》第11.2条和第11.3条

中国针对美国的一系列法规展开了反补贴调查，这些法规包括：2003年《处方药医保、改进和现代化法》、1981年《经济恢复税法》、1986年《税制改革法》、1984年《钢铁进口稳定法》；印第安纳州钢铁资讯服务；对达到《清洁空气法》标准的宽限期；为钢铁工业提供低价电、燃气、煤；2003年《宾夕法尼亚经济刺激计划》，以及宾夕法尼亚替代能源资助项目。美国认为，中国发起对11个项目的反补贴调查，违反了《SCM协定》第11.2条和第11.3条。

《SCM协定》第11条规定了发起反补贴调查的条件，其中规定调查机关必须确认有充分的证据支持发起调查。双方对证据须证明的事项没有异议，即证据应当证明存在政府提供的、使接受者得益的财政资助，但双方对多少证据可以算"充分证据"有不同意见。专家组分析后认为，证据是否充分，与要证明的事项没有关系，不管要证明的是存在补贴、存在利益，还是补贴的专项性，证据是否"充分"的标准是相同的。专家组接着审查了中国对11个项目的调查，通过详细审查中国发布的文件，专家组认为，一个无偏见和客观的调查机构不会认为存在充分证据以支持发起调查。据此，专家组认为中国发起反补贴调查违反了《SCM协定》第11.3条。

二、商务部没有要求提供保密材料的充分的概要,是否违反《反倾销协定》第12.4.1条和《SCM协定》第6.5.1条

武汉钢铁集团和宝钢集团(以下简称“申请人”)申请将某些信息作保密处理,得到商务部批准,于是公布的文件中许多信息缺失。美国认为申请人没有就其提交的保密信息提供充分的非保密概要。双方的分歧在于申请人提交的非保密概要是不是符合《SCM协定》第2.4.1条和《反倾销协定》第6.5.1条。两个协定的相关条款都规定,如果申请人提交了保密材料,必须提供这些材料的非保密概要;如果不能提供,则必须说明理由。双方争议的第一个问题是,提交非保密概要的义务是什么时候产生的。中国提出,申请人的非保密概要可以由调查机构在后来的决定中予以补充,也可以由双方在其辩论中完善。专家组不同意这个说法。专家组指出,在调查机构决定调查时,就应当存在非保密概要了,不可能等到调查机构在经过调查后来补充。双方争议的第二个问题是,受调查方是不是必须在调查程序中对此问题提出异议。中国说美国在接受调查时并没有对这个问题提出强烈反对。专家组指出,受调查方在国内程序中是不是提出过异议,不影响调查机构提供非保密概要的义务,也不影响衡量非保密概要是否充分的标准。也就是说,在中国国内调查程序中受调查方是不是提出过这个问题不影响专家组对这个问题的审查。由于中国没有提出特殊情况不允许提供非保密概要的抗辩,专家组只审查中国提供的非保密概要是不是符合协定的相关标准。

专家组审查了申请人的申请材料第二部分。第二部分的标题是“非保密概要”。但这一部分只是介绍了哪些材料作为保密处理,并没有提供任何实际信息。因此,专家组确认,根据《SCM协定》第12.4.2条和《反倾销协定》第6.5.1条,中国提供的非保密概要是不充分的。中国提出,如果从申请人申请的第一部分可以总结出保密材料中要提供的那些信息,就符合两个协定的相关规定。专家组不

同意中国的这种说法。专家组选择了几个因素的资料作了审查,包括申请人的产量、中国相关产品的总产量,可见消费量、对中国国内产业的影响、美国进口产品的倾销幅度。结论是:至少在这些问题上,中国提供的非保密概要达不到两个协定的要求。因此,中国的做法不符合《SCM 协定》第 12.4.2 条和《反倾销协定》第 6.5.1 条。

三、在计算补贴率时使用“可得事实”,是否违反了《SCM 协定》第 12.7 条

商务部以两家受调查的美国企业不配合为由,在计算补贴率时对其适用了“可得事实”。专家组审查了两个方面的问题:中国是否要求受调查方提供国内销售的全部资料;中国确认美国受调查方不配合的决定是否正确。商务部起初的问卷仅要求受调查方提供向美国政府销售产品的资料,后来又发出补充问卷,专家组确认,两次问卷综合考虑,中国提出了提供全部销售资料的要求。两家受调查的美国企业中,ATI 公司没有提交任何补充材料;AK 钢铁公司虽然提交了补充资料,但是提交的时间很晚,而且是在对商务部的初裁决定的评论中,而不是在对补充问卷的答复中提交的,专家组认为,商务部据此确认两家企业不配合调查是正确的。

中国商务部提出,根据可得事实,受调查方 100% 的产品卖给美国政府机构或跟政府有合同关系的企业。专家组指出,所谓依据可得事实作出决定,也不是没有限制的,首先要有“事实”可依。中国提出其最终决定中有 11 页解释了这个问题,但专家组在审阅了这些材料之后指出,他们看不出中国是如何依据这些因素得出结论的。利用可得事实作出结论,不是说可以在没有事实依据的情况下得出结论。其实,中国在裁决中也承认,取向电工钢使用在一些特殊的行业,既然如此,说 100% 的产品都卖给了政府或政府的合同对方,显然没有事实依据。专家组的最后结论是:中国有权利用可得事实作出结论,但其结论不符合《SCM 协定》第 12.7 条。

四、中国未披露确定倾销幅度的资料及其计算,是否违反了《反倾销协定》第12.2.2条

《反倾销协定》第12.2.2条要求调查机构在公告或单独报告中“包含决定实施最终措施的所有事实和法律问题”。商务部在公告中简单介绍了确定倾销时使用的计算方法,专家组要确定协定第12条是不是要求公告必须公布资料的计算过程。第12.2.1条规定了要求公布的信息,经过对条款的解读,专家组认为,根据第12.2条,调查机构没有义务公布所有资料和计算过程。据此专家组驳回了美国的这一诉请。

五、中国在确定存在利益时没有充分披露信息,是否违反《SCM协定》第22.3条

美国关于政府采购的法律规定,竞争性投标时排除外国供应商的投标资格,中国据此认为,这样的投标中的价格不能作为衡量利益是否存在的“市场价格”。美国提出,中国没有对这一结论给出充分解释,违反了《SCM协定》第22.3条。专家组指出,协定第22.3条要求调查机构需要就其初步或最终结果发布公开的通知或独立报告,内容包括调查机构认为与结果具有决定性因果联系的相关事实和法律。这只是一项程序上的规则,经过对条款的解读和事实的查明,专家组认为,依照第22.3条的规定,中国商务部有权决定其应公开的信息的内容和标准,即便美国对中国商务部的公开解释或对逻辑完整性存有异议,中国商务部在初裁和最后决定中对相关事实和法律的解释,已经符合第22.3条的要求。

六、中国确定未知出口商的“其他幅度”的过程，是否违反《反倾销协定》第6条和第12条

美国提出中国在对未知出口商确定“统一税率”的过程中违反《反倾销协定》。专家组从三个方面对这个问题进行审查：中国计算未知出口商的倾销幅度适用“可得事实”是否违反《反倾销协定》第6.8条；中国是否依据《反倾销协定》第6.9条通知了所有利害关系方；中国就其最后决定发出的公告是否符合《反倾销协定》第12条的要求。

就第一个方面，专家组认为中国适用“可得事实”的前提条件未得到满足：中国商务部的公告中仅要求利益各方提供自2008年3月到2009年2月向中国出口产品的数量和价值，就已经不满足在公告中列明“详细信息”的要求，因此专家组无法进一步判断利益各方是否拒绝提供或未及时提供相关信息，从而使中国调查机构可以利用“可得事实”。就第二个方面，专家组指出，协定第6.9条要求调查公开与其最后结果和反倾销税相关的事实和相关必要因素。在本案中，存在一个特殊事实，那就是美国仅两家企业向中国出口电工钢，且这两家企业都已经向中国提供了相关信息，中国不能证明其他出口商拒绝提供信息或不及时提供信息。除此之外，即便有部分信息属于保密内容，商务部也应公开AK钢铁公司和ATI公司提供的非保密资料或非保密概要。就第三个方面，专家组认定商务部不仅没有证明就未知出口商（实际上不存在未知出口商）拒绝提供资料或阻碍调查提供足够的信息，而且就确定未知出口商64.8%的倾销幅度也未提供全部事实。

专家组最后的结论是：中国商务部在确定未知出口商的倾销幅度的过程中，适用“可得事实”的前提条件未得到满足，且在最后报告中没有公开所有信息，违反《反倾销协定》第6条和第12条的规定。

七、中国对未知出口商适用“统一税率”,是否违反《SCM 协定》第 12 条和第 22 条

1. 中国适用“可得事实”是否违反《SCM 协定》第 12.7 条

专家组审查了两个方面的问题:计算未知出口商补贴率时适用“可得事实”的前提条件是否满足;“可得事实”的适用方式是否符合《SCM 协定》第 12.7 条的规定。商务部在计算补贴率时通知利益各方的方式与反倾销调查中的方式是一样的。尽管《SCM 协定》没有相关的附件予以补充,但是《SCM 协定》第 12.1 条有关通知的内容与《反倾销协定》的要求是相似的。因此专家组得出的结论与前面讨论中国的调查过程是否符合《反倾销协定》的结论相似,即适用“可得事实”的前提条件未得到满足。而且,中国适用“可得事实”的方式也与《SCM 协定》第 12.7 条不符。基于上述理由,专家组认为,中国在计算补贴率时仅考量部分未提供补贴的项目,而忽略已确证事实的行为不符合《SCM 协定》第 12.7 条。

2. 计算其他公司补贴率时,中国通知利益相关方的行为是否符合《SCM 协定》第 12.8 条

美国提出中国在初裁决定中裁定其他公司的补贴率为 12%,在终裁中确定其他公司的补贴率为 44.6%。而中国对这二者之间巨大差异给出的解释就是计算过程中的“可得事实”。商务部公开的信息不足以让美国和各利益相关方采取措施维护自己的利益。

专家组认为,中国商务部在知道仅存在两家出口企业的情况下,应公布适用“可得事实”的具体理由,同时鉴于初裁和最后公告中补贴率的巨大差异,后者计算过程中所适用的“可得事实”也应公布。因此,中国未公布计算其他公司补贴率的某些必要信息不符合《SCM 协定》第 12.8 条。

八、价格影响分析

1. 价格影响的分析

美国对商务部最后决定中的大幅度“削减价格、压低价格、抑制价格”三方面的内容提出异议，认为上述内容缺乏证据支撑，没有建立在对证据的客观审查和适用积极证据的基础之上，不符合《反倾销协定》第 3.1 条、第 3.2 条和《SCM 协定》第 15.1 条、第 15.2 条。

专家组按照商务部最后裁定的内容，决定按照大幅度压低价格、大幅度抑制价格增长和大幅度削减价格的顺序来审查价格影响部分的争议。在压低价格方面，首先，专家组肯定了中国有关 2009 年第一季度产品国内价格大幅度下降和该大幅度下降与进口货物的大量进口相关性的判断。但是专家组认为中国就有关进口商品价格使得国内价格大幅度压低的结论存在瑕疵。因为商务部适用不恰当的比较数据，包括没有比较不同成品价格，仅比较时间点而非时间段价格，在证据缺乏的情况下主张进口货物的大幅度削减的存在，证据所涉合同主要履行期限都在 2009 年第一季度，且进口价格均高于国内价格，等等。而一个客观和公正的调查机构基于商务部提供的材料无法得出进口产品的价格低于国内价格的结论。其次，尽管专家组注意到中国提出货物进口数量的大量增加才是支持大幅度压低价格的主要理由，但是由于中国的最后决定中是以“进口商品的价格”为子项，且没有其他证据显示商务部的决定更依赖对进口商品数量的分析，专家组最终认定商务部作出的因相关产品进口造成大幅度压低价格的判断缺乏积极证据，未经客观审查。

在抑制价格方面，尽管专家组认同中国采用成本差的计算方法来证明自 2008 年到 2009 年第一季度存在大幅度抑制价格的现象，但是对中国得出的大幅度抑制价格都归结于大量进口的分析不予支持。主要理由有两方面：一方面是因为中国在得出该结论的过程中没有将 2007 年宝钢集团和武汉钢铁集团扩张生产力的成本考虑进去;另一方面是在得出最后结论的过程中,没有考量生产力、全球供应和国内需求的关系,以僵化的成本差为基础来证明价格大幅度被抑制归结于大量的商品进口。于是,专家组认定商务部作出的因相关产品进口造成大幅度抑制价格的判断缺乏积极证据,未经客观审查。

在削减价格方面,尽管美国在申请中主张中国有关削减价格的内容不符合《反倾销协定》第3.2条和《SCM协定》第15.2条,但是专家组认为中国的最终决定中并没有直接体现削减价格的内容,该主张缺乏证据。

基于对价格影响三方面的分析,专家组认定商务部有关进口货物所产生的价格影响的分析不符合《反倾销协定》第3.1条、第3.2条和《SCM协定》第15.1条、第15.2条。

2. 分析价格影响的过程未将足够的信息通知利益方

美国认为在分析价格影响的过程中,中国没有充分披露必要信息。专家组认为该问题的重点在于中国是否将比较国产品和进口产品的价格的信息通知了各利益相关方。尽管中国以削减价格不是最后结论为由,否定披露比较价格的必要性,但专家组认为中国有关损害分析以价格比较为基础,而中国仅提出"低价"的存在,没有公布支持该存在的证据。中国商务部认为,在其公开的文件中包含对进口数量、价格政策以及进口货物均价等内容,这些内容与证明"低价"的存在相关,并在专家组审查过程中提供了部分非保密概要的文件。专家组肯定了中国披露的内容和提供非保密概要的能力,也因此认定商务部仅公开"低价"、"费用"等内容涉及的证据但未提供详细的非保密概要不符合《反倾销协定》第6.9条和《SCM协定》第12.8条。

九、因果关系分析

美国主张中国商务部分析因果关系中存在三方面问题:证明进口与国内产业损害的因果关系不符合《反倾销协定》第3.1条、第3.5条和《SCM 协定》第 15.1、第 15.2 条；没有依《反倾销协定》第 6.9 条和《SCM 协定》第 12.8 条披露有关因果关系的信息；没有依《反倾销协定》第 12.2.2 条和《SCM 协定》第 22.5 条对因果分析进行公告。

针对第一个方面，专家组认为，上诉机构在此前案件中指出，调查机关必须区分和辨别倾销之外其他因素造成的损害。

专家组首先指出，商务部有关产品进口与国内产业实质性损害因果联系的分析存在不足。商务部在分析价格影响的问题上，不能合理地证明进口价格大幅度压低或抑制国内产品价格。鉴于价格影响是中国证明进口对国内产业造成重大损失的重要基础，专家组支持了美国的相关主张。

专家组认为只有美国满足"初步证据"的要求，才能证明中国有关国内产能和产量与国内产业损害不存在因果联系的判断是错误的。中国在最后决定中明确指出：在 2008 年和 2009 年第一季度，相关产品进口的增长速度分别高于国内需求速度 42.55% 和 11.11%，高于同类产品销售增长速度 55.60% 和 8.74%，使得进口产品的市场份额增长了 5.56%，国产品的库存不断增加。专家组认同这一分析，但是其他数据也显示 2008 年度国内产品的库存数量超过了进口产品的增长量，且 2007 年到 2008 年国内产量与货物进口量存在一定的量差，这证明国内产业损害至少有部分应归咎于国内产量的增加。而 2009 年第一季度库存量大于进口总量的事实也有助于证明对 2008 年到 2009 年第一季度国内库存的积累，中国国内产量和产能的增加至少应承担部分责任。专家组认为，根据《反倾销协定》第 3.5 条和《SCM 协定》第 15.5 条，期待受调查方提供有关公共信息是不合理的，而调查机构一旦知道其他因素的存在，就有义务客观审查该因素。基于上述审查，专家组认定中国对产品进口与国内损害的因果关系判断不符合《反倾销协定》第 3.1 条、第 3.5 条和《SCM 协定》第 15.1 条、第 15.5 条。

针对第二个和第三个问题，专家组的分析逻辑与前述"中国对计算未知出口商适用'统一税率'是否违反《SCM 协定》第 12 条和第

22条"的分析相似,认定中国履行披露"因果关系分析"义务,不符合《反倾销协定》第6.9条和《SCM协定》第12.8条;中国履行对"因果关系分析"的公告内容,也不符合《反倾销协定》第12.2.2条和《SCM协定》第22.5条的规定。

综合上述分析,专家组认定:中国商务部没有足够的证据便发起对11个项目的反补贴调查,违反《SCM协定》第11.2条;没有要求申请人提供充分体现保密材料内容的非保密概要,违反《反倾销协定》第12.4.1条和《SCM协定》第6.5.1条;适用100%的产品利用率计算已知企业的补贴率,违反《SCM协定》第12.7条的规定;适用可得事实计算"其他"未知出口商的倾销幅度和补贴率,且在披露、公告和解释必要事实方面存在瑕疵,违反《反倾销协定》第6.8条、第6.9条、第12.2条、第12.2.条和附件1第1款,以及《SCM协定》第12.7条、第12.8条、第22.3条、第22.5条;对相关进口价格影响的分析,披露、公告和解释必要事实方面存在瑕疵,违反《SCM协定》第15.1条、第15.2条、第12.8条、第22.5条,以及《反倾销协定》第3.1条、第3.2条、第6.9条;在相关进口与国内产业损害的因果关系分析、披露、公告和解释必要事实方面存在瑕疵,违反《SCM协定》第15.1条、第15.5条、第12.8条、第22.5条,以及《反倾销协定》第3.1条、第3.2条、第6.9条;基于上述理由,中国商务部违反《反倾销协定》第1条和《SCM协定》第10条。

根据DSU第3.8条,专家组认定中国不符合《反倾销协定》和《SCM协定》的行为剥夺或损害了美国在这些协议下的利益。中国应修改其措施,使它们符合《反倾销协定》和《SCM协定》的内容。

【上诉机构的分析和结论】

一、关于价格影响条款的解释

中国在上诉中提出,专家组错误地解释了《反倾销协定》第3.2

条和《SCM 协定》第 15.2 条。因为上述规定仅要求调查机构“考虑”压低价格、抑制价格与倾销产品进口之间的因果关系，而专家组却认为调查机构负有“证明”责任。

首先，上诉机构对《反倾销协定》第 3 条和《SCM 协定》第 15 条的规范结构进行分析。这两条规定作为“判断损害存在”的条款，规定了调查机构在倾销和补贴调查中的各方面责任。其中《反倾销协定》第 3.1 条和《SCM 协定》第 15.1 条明确了调查机构调查的范围：倾销（补贴）进口的数量，倾销（补贴）进口数量对价格的影响，倾销（补贴）进口对国内生产商的影响；《反倾销协定》第 3.2 条和《SCM 协定》第 15.2 条对倾销（补贴）进口的数量、倾销（补贴）进口数量对价格的影响作了详细规定；《反倾销协定》第 3.4 条和《SCM 协定》第 15.4 条涉及倾销（补贴）进口对国内生产商的影响应考量的各种经济因素。上述条款构成一个严密的因果联系，是《反倾销协定》第3.5 条和《SCM 协定》第 15.5 条中确定倾销（补贴）进口和国内产业损害之间因果关系分析的基础。因此，在解释《反倾销协定》第 3.2 条和《SCM 协定》第 15.2 条时，专家组应从具体条款在整个规则中的地位出发。

中国在上诉中提出，“考虑”的义务仅包含“审查、认真核实、仔细考量”价格影响的内容。上诉机构接受了中国的观点，认为“考虑”的义务是指调查机构为得出结论应参考某些特定因素，所以依照《反倾销协定》第 3.2 条和《SCM 协定》第 15.2 条，调查机构无须对倾销（补贴）进口数量和价格影响作出一个明确的决定。但是上诉机构也指出，即便是履行“考虑”的义务，也应建立在积极证据和客观审查的基础之上，并反映在最后决定等类似的相关文件之中。

接着，上诉机构从文义、语境和目的三方面对因相关进口“影响”，即压低价格或抑制价格的审查义务进行了深入解释，得出了如下结论：从文义出发，“压低价格”和“抑制价格”的本意上都有某种价格因某种因素降低或得不到提升的内涵。因此专家组提出的“两步论”，即先考虑调查机构应确定压低价格或抑制价格的存在，再确定相关进口与之的因果关系,不属于法律错误;从语境出发,认可专家组提出的调查机构应在积极证据和客观审查的基础之上分析相关进口和国内产品价格变化之间的关系;从目的出发,《反倾销协定》第3.2条和《SCM协定》第15.2条的目的在于确立调查机构审查相关进口和国内价格因果关系的义务,确保分析过程和最后的结果的可靠性。因此,上诉机构没有接受中国提出的"协定目的在于明确中国在价格影响方面享有自由裁量权"的主张。上诉机构明确提出,依《反倾销协定》第3.2条和《SCM协定》第15.2条,调查机构应着重对相关进口和国内产品价格之间的因果关系进行审查,特别是引起重大价格压低和价格抑制的因果关系审查,而无须审查所有的可能性因素。

中国提出,专家组存在三方面的错误:用"证明"(demonstrate/show)义务替代"考虑"(consider)义务;错误理解判例,不当否定中国引用判例;在价格压低和价格抑制方面认定中国没有适用积极证据和客观审查。

对第一个法律错误,上诉机构接受了中国的主张,但是也指出专家组对调查机构依照协定应在积极证据和客观审查的基础上履行审查义务的解释是正确的。

对第二个法律错误,中国主张,"欧共体DRAMS反补贴案"(WT/DS299)的专家组报告明确指出,"调查机构在《SCM协定》第15.2条下不承担履行审查所有可能因素的责任,那是《SCM协定》第15.5条的要求"。本案的专家组却试图将二者混同,否定中国的主张。上诉机构指出,在WT/DS299案中,专家组作出的解释仅针对国内市场存在价格削减的情况,着重于补贴进口对价格的影响;而本案中,专家组无须对价格削减审查义务范围和内容进行解释,而是在考虑存在其他因素的情况下,履行相关进口引起压低和抑制国内价格时调查机构的审查义务。所以专家组认为前述案件的解释在本案不适用是正确的。

针对第三个法律错误,中国主张"专家组认定中国应证明相关进口是价格抑制的唯一因素，属于错误解释协定，强加义务于中国”。上诉机构指出，在明确2008年中国宝钢集团产能增加的情况下，中国商务部应客观审查成本结构的变化，确保数据的可比性，因此对商务部仅提出“价格与成本非同比例增长和非同比例增长的唯一因素是相关进口”的最终裁决，专家组认定其违反适用积极证据和客观审查的义务是正确的。

二、专家组审查中国商务部对价格影响的判断

上诉机构将中国的上诉概括成两个问题：专家组错误理解中国的“低价”主张，认定中国适用“低价”来得出最后的审查结果；专家组错误适用《反倾销协定》第3.1条和《SCM协定》第15.1条，认定中国的审查结果没有建立在积极证据和客观审查的基础上。上诉机构从专家组报告的五个方面进行评估，并对中国的上诉请求作出综合判断。

中国提出，专家组认定本案中的“低价”是相关进口价格低于国内产品价格的意思，且商务部以此为基础证明压低价格和抑制价格的存在，专家组是错误的。上诉机构对商务部的终裁和解释“低价”的补充说明进行审查，认为中国在专家组审查阶段提交的证据和解释，特别是商务部“承认”在审查过程中适用了2006~2008年价格削减的证据，“注意到价格削减作为证据”支持大幅度压低价格和抑制价格的结论，都构成专家组作出判断的依据。而在上诉阶段，中国对专家组适用依据提出异议却没有进行解释。因此，上诉机构认为在这种情况下，维持专家组报告中商务部适用“低价”支持终裁的主张。

中国提出，依照调查过程中的信息决定调查和审查内容属于调查机构的自由裁量权范围，专家组认为商务部没有对平均价值的问题进行反驳，且没有比较不同水平和关税分类下的产品价格是错误的。上诉机构接受了上述主张。同时指出，上述主张的重心是专家组是否依照DSU第11条履行审查义务，而不是专家组对商务部终

裁的判断,不属于中国适用诉请的一部分。

中国认为,专家组将“价格政策”和“削减价格”混为一谈,以2009年第一季度进口价格高于国内产品价格为由,不适用中国有关价格政策的主张是错误的。上诉机构支持了中国的主张。因为旨在获取市场的“价格政策”的存在,与其最终结果是否产生削减价格、压低价格或抑制价格是不同的概念。专家组仅认定“价格政策”没能造成削减价格,没有审查其是否造成压低价格和抑制价格的结果,是片面的。所以,专家组否定中国有关价格政策的主张是错误的。

中国提出,专家组仅讨论2009年第一季度相关进口价格降低,而没有讨论相关进口产品和国内产品价格同期增长和下降的趋势作为“商务部决定的重要基础”,是错误的。对于上述主张,上诉机构不认同。因为即便进口价格和国内价格的同期变化可以用来证明压低价格和抑制价格的存在,但在本案中,商务部没有为同期变化提供详细的数据支持,也没有详细解释该变化对最后决定的影响。更重要的是,无论是在专家组还是上诉阶段,除了重申该主张,中国没有进一步解释其之所以是“重要基础”的原因。因此,专家组没有认可两种价格同期变化在商务部审查过程中的重要性不存在错误。

中国提出,专家组否定商务部报告中“有关相关进口数量是造成压低价格和抑制价格的主要原因”的主张,是错误适用协定的表现。上诉机构不支持中国的上述主张。因为中国在终裁中仅披露了进口数量和进口价格的变化趋势,而没有解释二者如何对重大压低价格和抑制价格产生共同或独立影响。在调查机构没有对价格或数量的影响作出判断的情况下,专家组只能作出是或否的判断,因为分析具体的内容超越了专家组仅能审查调查机构最后决定的权力限制。

三、通知各方必要事实的义务:《反倾销协定》第6.9条和《SCM协定》第12.8条

上诉机构指出,依照《反倾销协定》第6.9条和《SCM协定》第

12.8条，调查机关履行通知义务时应满足以下几个条件：(1)通知的内容限于正在考虑中的事实，即以书面形式存在的、调查机构可能会用来支撑最后决定的事实，不包括法律和具体分析内容；(2)必要的事实，而“必要”的判断标准是该事实是否构成调查机构最后采取具体措施或不采取具体措施决定的基础，该事实是否能保证利益各方为其利益进行辩护；(3)通知的时间必须在最后决定作出之前。基于上述解释，上诉机构认可了专家组提出的“为了确定是否对补贴和倾销采取最终措施，调查机构应该确定补贴或倾销、损害、因果联系三者的存在”，指出调查机构就价格影响分析的必要事实，作为调查机构整个分析过程的一部分和利益方为自己辩论的重要依据，也肯定属于通知的范围之列。

在上诉中，中国提出在商务部的初裁和损害报告中，包含有2006～2009年相关进口的加权平均价格、国内产品价格和国内产品成本差价的比较，符合通知必要事实的义务内容，再进一步的披露就会涉及具体的商业秘密。除此之外，专家组认为商务部没有披露2006～2008年待售总额、有关价格政策的细节信息和忽略有关相关进口重大价格降低和进口数量大幅度增加的披露内容都是错误的。

就中国的上诉内容，上诉机构首先认可了专家组提出的“低价”是商务部得出大幅度压低价格和抑制价格的基础。因此对相关进口产品和国内产品的平均价格进行比较的数据、与利益当事人相关的价格政策的事实，以及上述事实中商业机密的非保密性摘要都属于通知的范围，仅通知“平均价格下降”与“成本的不同程度下降”的存在不符合“必要事实”的标准。上诉机构维持了专家组在通知必要事实这一方面的决定。

四、公告相关事实的义务：《反倾销协定》第12.2.2条和《SCM协定》第22.5条

专家组认为，在本案中，相关进口产品的“低价”和保密材料的

非保密摘要属于协定规定的“所有相关事实”,而商务部的公告中没有相关进口价格和国内价格进行比较的内容,缺少“低价”结论的相关事实,不符合《反倾销协定》第12.2.2条和《SCM协定》第22.5条。

上诉机构认为,《反倾销协定》第12.2.2条和《SCM协定》第22.5条要求调查机构披露的内容包括所有支撑最后结果的相关事实证据,且该披露义务属于后续义务,仅在确定最后义务后,而非审查过程之中履行。而“所有相关事实”的具体内容,则体现在《反倾销协定》第3.1条、第3.2条、第3.4条、第3.5条、第12.2.1条和《SCM协定》第15.1条、第15.2条、第15.4条、第15.5条、第22.4条中,以事实、法律、逻辑分析的方式体现。而协定中有关保护保密信息的规定,也表明针对保密信息详细的非保密摘要也属于披露的范围之内。专家组对协定的解释是,在倾销和补贴案件中,调查机构依《反倾销协定》第12.2.2条和《SCM协定》第22.5条公布的“所有相关事实”应包括得出最后措施所依赖的有关价格审查的内容。上诉机构认为专家组的结论没有错误,维持了专家组在公告相关事实方面的决定。

【案例评析】

本案主要是涉及反倾销和反补贴过程中的三个重要方面:适用可得事实、证明价格影响、适当的披露义务。

适用“可得事实”确定未知出口商倾销幅度和补贴率是符合WTO相关协定的,且为各国广泛使用。但是依照《反倾销协定》第6.8条和《SCM协定》第12.7条的规定,唯有出现被调查方拒绝提供资料、提供资料超过规定时间或者严重阻碍调查程序这三种情况中的一种时,调查机构才能够使用“可得事实”来确定相关进口的倾销幅度或补贴率。而在本案中,中国商务部在没有对具体进口情况进行了解,而事实上仅存在两家出口商的情况下,适用武汉钢铁集团公司和宝钢集团提供的“可得事实”,计算未知出口商的倾销幅度和补贴率，显然缺乏依据。

价格分析是反倾销和反补贴中的重要环节，一般包括证明大幅度削减价格、压低价格、抑制价格的存在。而无论是哪一种价格影响，都有可能包含“低价”的分析。这种“低价”可以通过产品出口国国内价格与产品出口价格、产品出口到第三国价格与产品出口到调查国价格、产品出口价格与调查国产品价格等多种比较方式得出最后结论，而且在调查机构的相关裁决或者报告中应充分地说明这一比较过程，以保证数据的可比性。在本案中比较特殊的是，调查机构没有依赖大幅度削减价格，但是在证明压低价格和抑制价格的存在时频繁使用“低价”的主张，从而在逻辑分析中建立起了削减价格和压低价格与抑制价格的因果分析。除此之外，中国对于价格之外的进口数量和定价政策的分析缺乏数据支持，无力证明中国使用积极证据和客观程序的主张。在这种情况下，又存在明显的相反证据（相关产品出口价格明显高于国内产品价格），中国有关价格分析的整个内容的瑕疵显而易见。

反倾销和反补贴程序中的披露义务，包括终裁之前的通知义务和终裁时的公示义务两个方面，体现了 WTO 透明度原则。一般而言，在讨论相关机构是否履行披露义务时都集中在未披露或不完全披露，以有关机构的主观过失为考察对象。而本案中，却主要集中于调查机构客观上不能够适当地履行披露义务。因为调查机构在价格分析和因果关系分析上的缺漏，披露的信息中没有包含所有必要或相关的事实，以至于专家组和上诉机构多次提到，由于商务部在具体的审查过程中的瑕疵，引致其在披露上的瑕疵，是专家组和上诉机构判断商务部没有恰当履行披露义务的首要理由。

从上诉机构裁定中，不难发现中国在本案中的主张不是存在错误，而是数据不足。因为上诉机构对中国商务部提到的主张，例如进口数量影响、价格政策影响等，都予以了肯定。但是由于商务部在最终裁决或者相关报告中没有提供相关证据进行进一步说明或者是补充，所以上诉机构也只能肯定专家组不予接纳或者直接否定这些主张的正确性。这也反映出另一个问题,尽管上诉机构、专家组和各方当事人提出了大量的协定解释,但是随着中国参与到DSU程序的广度和深度增加,具体案件于中国的实践意义大大增加了。

中国:涉及风能设备的措施
（WT/DS419）

2010 年 12 月 22 日,美国提出就中国对其国内风能设备生产企业的补贴与中国磋商。美国认为,中国的措施违反了《SCM 协定》和 GATT 1994 第 16 条的相关规定,也不符合《中国入世议定书》和《工作组报告》的承诺。据悉本案已经和解,但双方均未通知 DSB。

美国:对中国产品的反补贴措施
(WT/DS437)

2010年5月25日,中国提出就美国对中国产品的反补贴措施与美国磋商。中国认为,美国的措施违反了《SCM协定》和GATT 1994第6条的相关规定,也不符合《中国入世议定书》第15条。2012年9月28日,DSB决定成立专家组。11月26日,专家组组成。到2012年年底,专家组仍在工作。

美国：反补贴反倾销措施
（WT/DS449）

2012 年 9 月 17 日，中国提出就美国对中国产品的反补贴和反倾销措施与美国磋商。中国认为，美国的措施违反了《SCM 协定》和 GATT 1994 第 6 条的相关规定，也不符合《中国入世议定书》第 15 条。2012 年 12 月 17 日，DSB 决定成立专家组。到 2012 年年底，专家组仍未组成。

中国:对汽车产业的补贴
(WT/DS450)

2012年9月17日,美国提出就中国对其汽车产业的补贴与中国磋商。美国认为,中国对其汽车产业,特别是通过“出口基地”提供的补贴违反了《SCM协定》第3条的相关规定,也不符合《中国入世议定书》的承诺。到2012年年底,本案仍在磋商。

中国:支持纺织品、服装生产和出口的措施

(WT/DS451)

2012 年 10 月 15 日,墨西哥提出就中国支持纺织品、服装生产和出口的措施与中国磋商。墨西哥认为,中国的措施违反了《SCM 协定》和 GATT 1994 第 6 条的相关规定,也不符合《中国入世议定书》的承诺。到 2012 年年底,本案仍在磋商。

………保障措施协定

美国:影响从中国进口的特定客车轮胎和轻型货车轮胎的措施(WT/DS399)*

申诉方(上诉方):中国

被申诉方(被上诉方):美国

第三方(第三参与方):欧盟、日本、中国台北、土耳其、越南

2009年9月14日,中国要求与美国磋商,解决美国影响从中国进口的特定客车和轻型货车轮胎措施的问题。由于双方磋商未果,经中国请求成立了专家组。2010年12月13日,专家组作出最终报告。中国提出上诉。2011年9月5日,上诉机构作出了报告。2011年10月5日,DSB通过了上诉机构和专家组报告。

《中国入世议定书》(以下简称"议定书")第16条规定了特定产品过渡性保障措施(特保措施),美国1974年贸易法案421节有相关规定。2009年4月20日,美国钢铁、造纸、林业、橡胶、制造业、能源及联合工业和服务劳工国际联盟(United Steel, Paper and Forestry, Rubber, Manufacturing, Energy, Allied Industrial and Service Workers International Union, USW)请求美国国际贸易委

* 本案初稿由华东政法大学国际法专业研究生郑琳撰写。

员会(United States International Trade Commission,USITC)依该条规定启动调查程序,对中国进口的客车及轻型货车轮胎数量是否激增和是否对国内市场造成负面影响进行调查。经过调查,USITC 认定中国进口轮胎的数量激增是对国内产业造成实质损害的重要原因,构成市场扰乱。随后,依总统命令,决定对上述轮胎课征为期 3 年的附加从价税,第一年额外课征 35%,第二年为 30%,第三年为 25%。

对此,中国主张美国违反了议定书第 16 条和 GATT 1994 第 1.1 条、第 2.1 条(b)的规定。

【专家组的分析和结论】

本案争议的焦点集中在美国是否违反议定书第 16 条的规定。专家组指出,对于美国的特保措施是否有违 GATT 1994 第 1.1 条和第 2.1 条(b)的分析也是建立在对该问题最终认定的基础上的。专家组除了着重分析下列法律问题外,还分析了判定标准、举证责任和条约解释等内容。

一、议定书第 16.1 条和第 16.4 条的关系

第 16.1 条规定了 WTO 成员可以适用特保措施的情形,即原产于中国的产品在进口至任何 WTO 成员领土时,其增长的数量或出现的情况对生产同类产品或直接竞争产品的国内生产者造成或威胁造成市场扰乱(同样的规定也出现在《保障措施协定》第 2.1 条中);第 16.4 条进一步对“市场扰乱”的存在情形作出了解释,即一项产品的进口快速增长,无论是绝对增长还是相对增长,构成对生产同类产品或直接竞争产品的国内产业造成实质损害或实质损害威胁的一个重要原因。对此,中国主张这两个条文是互相联系的,第 16.1 条是整个第 16 条的基石,同时也是与第 16.4 条互为理解的基础,因此两个条文必须结合起来理解。由此,中国得出两点结论:一是进口数量增长在满足足够突然、足够大幅、足够重大以致造成损害的实质要件的

前提下，还须进一步满足第16.4条对快速增长的认定标准。二是美国国内产业所遭受的实质损害必须同快速增长之间形成一个重大的、真实的和实质的因果联系。

专家组同意这两个条文是相互联系的、须结合起来理解，第16.4条澄清了第16.1条所列的实质要件，即中国进口轮胎的数量增长要构成市场扰乱的条件是这些进口快速增长并且是造成实质损害的重要原因。专家组还进一步强调了对特保措施的合规性的审查，决定依据议定书第16.4条的规定审查美国的措施。

二、进口“快速增长”的认定

中国认为由于2008年的进口增长率出现下降，因而不符合第16.4条规定的进口“快速增长”（increasing rapidly）。

首先，中国主张第16.1条和第16.4条的用词均为“正在增长”（increasing），因而无论是从语法上还是根据上诉机构对于《保障措施协定》第4.2条的解释，调查机构均应当将调查的重点放在“最近”的时间段上。其次，中国进一步分析到，“快速”（rapidly）意味着增加必须呈现巨大、剧烈增长或激增的趋势，因而为了满足“快速”增长的要求，必须考量增长率的变化情况，进口增长必须呈现加速增长或者后期增长率比前期高的态势。根据中国提供的一张对比表显示，无论是在轮胎数量、绝对增长率还是市场份额的增加上，2008年的年增长数据相对2007年的数据均有明显的下降。① 由此，中国认为，USITC仅粗略分析了2004年至2009年的增长情况，对于2008年的下降情况却没有突出强调，根据上述分析，2008年的下滑数据已经表明中国进口轮胎不存在“快速增长”的事实。对此，美国辩称根据议定书的规定，没有证据显示调查机构有义务必须考虑最近期的进口

① 2008年中国进口轮胎数量为450万个，少于2007年的1450万个；2008年中国进口轮胎的绝对增长率为10.8%，远小于2007年的53.7%；2008年中国进口轮胎的市场份额增长率为2.7%，也低于2007年的4.7%。

数据,同时也不因为最后一段时间的增长率出现下滑,就排除调查机构认定进口是快速增长的事实。而在“快速”一词含义的认定上,美国认为中国认定的标准高于第16条规定的标准。此外,美国称中国得出的2008年进口数量下降的结论也是错误的。实际上,就绝对项而言,2008年的进口额达到了最高值。此外,美国对中国强调进口增长率的做法也表示反对,认为应当将焦点放在进口轮胎的实际数量或者市场份额上,同时提出,在绝对数量上,中国进口轮胎仍呈现出快速增长的趋势。①

专家组认定USITC依据绝对进口数据作出的进口快速“增长”的结论是正确的,因为无论是对绝对增长还是相对增长而言,2008年的进口数据均达到最高值,从2004年到2008年的增长是大幅的、迅速的并且是持续的。其次,对于增长是否是“快速”的认定上,专家组援引了上诉机构对《保障措施协定》第2.1条中“正在进口”(is being imported)的解释,指出进口的增长必须是迅速和近期的,但不要求必须发生在最近时间段内。并且,专家组认定该条中的“正在进口”一词同议定书第16.1条中出现的“正在进口”(are being increased)具有相同的含义。专家组最终认定第16.1条和第16.4条不要求调查机构着眼于最近的时间段或者离调查决定作出前最接近的时间段上。此外,专家组进一步指明,2008年进口增长率的降低并不意味着2008年的进口就不是快速增长的。因为从整个涉案时间段来看,在绝对数量上,每个年度的增长率均是建立在其先前年度的基础上再增长的结果,因而2008年度的增长率绝非缓慢,仍然是快速增长。

中国还指出,议定书提到的“相对数据”指的是市场份额,即进口占总消费量的比重,而非进口占国内产量的比重。专家组采相对分析的方法,认为既可以考虑市场份额,也可以考虑国内产量。通过对数据的分析,专家组认定从2004年到2008年,中国进口轮胎的数量无论是在市场份额还是在国内产量上的比例均大幅增加,因而

---

① 2008年的进口绝对数额比2007年高10.7%、比2006年高70%、比2005年高121%、比2004年高215.5%。

USITC 在绝对数据和相对项上的认定都是正确的。

此外,中国指出 USITC 的认定还存在如下错误:

第一,美国的分析过于注重运用“终点到终点”的分析方法(end-point-to-end-point analysis),这一方法着眼于整个争议时间段,很可能忽视最近时间段内发生的数据变动,因而对于认定涉及议定书第 16 条的诉请是极不合适的。专家组指出在阿根廷鞋案中,上诉机构并没有完全禁止适用该分析方法。并且,在本案中,USITC 也并未完全依赖这一分析方法,只是在某些比较中加以运用,再加上本案呈现的是一条显著的进口数量上升的趋势,因而 USITC 的认定结果不会受到该分析方法的影响。

第二,中国主张议定书第 16 条的条文内容重点在于进口的“数量”上,而非 USITC 重点分析的进口“价值”。对此,专家组首先明确,议定书并不禁止对进口轮胎价值的分析。专家组随后指出,只有当数量以外的因素对价值造成影响而导致价值增长和数量增长存在巨大差异时,才会摒弃对价值的分析;但是中国却没能提供充分的证据证明价值受到了除进口数量以外其他因素的影响。

第三,中国称 USITC 从未提及起算时间点是建立在一个低起点的基础上这一事实,因为这将“不可避免地导致其后的增长呈现大幅的表象”。专家组则认为占市场份额 5%、价值为 450 万美元的起点,居所有相关数据第四,绝不可能被称为低起点。

第四,中国还主张 USITC 理应将 2009 年第一季度的相关临时数据包含在调查对象内,因为在这一时间段内中国进口轮胎数额呈现急剧下降的走势。专家组分析道,判断的关键在于所选取的调查时间段是否是合理、适当的,就 USITC 的做法而言,专家组认为他们的做法满足该条件。

三、因果关系标准的认定

中国主张美国贸易法 421 节对因果关系认定的标准不符合议定

书第16.4条的规定,原因有二:第一,421节将“重要原因”重新定义为“很大程度上促成”(contribute significantly),实则降低了第16.4条的认定标准;第二,421节允许进口增长是一个比其他原因(无论该原因多么微小)在重要程度上更小的原因,进一步降低了第16.4条的标准。

对于第一点,专家组不认同中国基于词典解释和通常解释得出的“造成”(cause)和“促成”(contribute)在含义上大相径庭的结论,相反,采上下文解释的方法,专家组指出进口的快速增长只要是形成市场扰乱的“一个”重要原因即可,而不要求其为唯一的原因;但是,中国的结论却排除了多种原因的可能性。因此,成员国可以将该条理解为多种原因各自“促成”了市场扰乱的结果。此外,基于本案双方当事人对“原因”(cause)和“因果联系”(causal link)为同义词的共识和上诉机构在美国面筋案中对“因果联系”作出的解释,专家组认为“促成”表示进口及其造成的损害之间的“联系”或者“纽带”;而“联系”一词又表明进口增长促成、带来了严重损害或者在其中起了作用,即进口与造成的损害之间具有联系,据此得出第16.4条中造成市场扰乱可能由多种原因形成的理解是正确的。最后,在决定421节的因果关系标准是否同WTO的义务相一致的问题上,专家组指出有必要理解因果关系标准的真实含义,即应当审视美国适用该贸易法案的一贯实践。根据美国提供的证据显示,USITC一贯要求进口快速增长和市场扰乱之间具有“直接和重大的因果联系”,专家组认为这足以表明美国遵循了“重要原因”这一要件,也足以证实421节下的“很大程度上促成”的因果关系标准并没有降低第16.4条的标准。

而关于中国提出的第二点,专家组否认了中国认为“重要”(significant)须包含“与其他因素相比更具有重要性”的含义,中国对此也没有提供足够的证据加以证明,因而即使某一因素的重要性不如其他因素,但其仍可被视为构成市场扰乱的重要原因。

四、快速增长的进口是否是造成实质损害的重要原因的认定

中国主张 USITC 未能依据第 16.1 条和第 16.4 条的规定证明快速增长的进口是造成实质损害的重要原因，理由有三：第一，USITC 不能证明中国进口轮胎和国产轮胎之间的竞争关系表明有因果关系的存在；第二，USITC 未能证明中国进口轮胎的快速增长和国内产业遭受的实质损害之间存在任何时间上的关联性；第三，USITC 也未能排除其他因素导致的损害被不合理地转嫁给中国进口的可能性。

对此，专家组首先明确，根据第 16 条的规定，上述第三点是判断进口快速增长和实质损害之间是否具有因果关系的前提之一，调查机构有义务证明其他因素所造成的损害不能被归因于快速增长的进口，从而证实进口快速增长和实质损害之间存在第 16.4 条规定的因果关系。而在前两点的判定上，调查机关可以自行选择证明因果关系存在的方法，只要该证明方法在证明过程中分析到第 16.4 条中出现的客观因素，并且该方法足以证明快速增长的进口是造成实质损害的一个“重要原因”。

1. 中国进口轮胎和美国国产轮胎之间的竞争关系

关于两者在替换轮胎市场上的目标分布不同的问题，中国主张替换轮胎市场可细分为三类，即一类轮胎市场、二类轮胎市场和三类轮胎市场，国产轮胎主要集中于一类轮胎市场，而中国进口轮胎则主要集中于二、三类轮胎市场，而且一类市场同二、三类市场之间又是存在明显界限的，因而两者在不同类型市场内的竞争规模实则是很有限的。美国表示反对，认为这三类市场之间并不存在明确的界限，两类轮胎在这些市场中均存在竞争。专家组同意美国的观点，鉴于有的市场参与者主张依品牌划分，有的则认为按价格划分，因而业界对于市场界限的认定实则并未达成共识。此外，还有受调查的中国商家称一、二类市场同三类市场之间是存在明显界限的。鉴于这一

争议尚未盖棺定论,没有理由要求 USITC 得出“一类市场同二、三类市场之间存在明显界限”的结论。专家组进一步指出,假设将一类市场与二、三类市场分离,中国进口轮胎和国产轮胎在二、三类市场中的竞争也仍是激烈的。

关于美国生产商集中于原装设备制造商(Original Equipment Manufacturers,OEM)市场的问题,专家组明确,尽管相对中国进口商而言,OEM 市场对于美国生产商更为重要,但实际上美国生产商进入 OEM 市场的比重正在不断降低,而中国进口商的比重却在不断上升。这一趋势反映在 OEM 市场的轮胎数量、市场份额、表观消费量等各方面。据此,中国进口轮胎和国产轮胎在 OEM 市场的竞争关系并非“可以忽略”的。

关于依据问卷来认定中国进口轮胎和国产轮胎间是否具有可替代性的问题, USITC 的做法是先发出一份有关两类轮胎间竞争关系的初始问卷,随后再发出一份更为详尽的补充问卷,专家组对此表示认可。鉴于业界对一类、二类和三类市场的划分尚无共识,USITC 因此也没有义务在其初始问卷中列出有关两者可替代性的更为详细的问题,USITC 也无须对这三类市场作出划分。

2. 进口增长和实质损害之间的关联性

专家组明确,议定书第 16 条中的进口增长和实质损害之间的关联性是调查机构证明两者存在因果关系的证明工具之一,而非必须加以证实的一项义务。

中国主张调查机构必须证明两者在时间上和程度上均具有一致对应的关系。专家组对此不予认同,专家组指出对进口和受损因素关联性的认定绝不要求精确到两者上下变动程度完全一致,进口增长是“重要原因”的认定也不会因为只证明了进口的上升和受损因素的下降之间具有大体的一致联系而被推翻。更值得一提的是,有必要考虑到本案中还有其他因素在同时起作用。据此,基于在进口增长的同时,国内产业的市场份额、生产量、生产能力、净销售额、与就业相关的因素、营业毛利、营业收入等受损因素却纷纷下降的事实,美国认定该两者具有大体上的一致对应关系。专家组对此表示认可。

此外,美国提出中国进口轮胎增长引发成本价格压制(cost-price squeeze)的现象,对此,中国从已售货物成本对销售额的比率和低价抛售两个方面进行反驳,但是均未被专家组认定成立。在已售货物成本对销售额比率的问题上,专家组称中国的论证基础是进口增长和受损因素下降之间存在一个精确的对应关系,而该点经前文分析已被证实是不成立的;对于低价抛售的问题,中国提出了五点论据,分别是 USITC 进行价格比较的数据不准确、美国生产商占 OEM 市场销售额过半数、美国生产商和中国进口商在替换轮胎市场的不同分布、低价抛售和赢利能力间不存在对应关系和导致价格压制最可能的始作俑者是中国以外其他国家或地区进口的轮胎,但均被专家组一一驳回。

3. 其他因素的不归因性分析

(1)国内产业的产业策略

关于工厂倒闭现象,专家组指出,认定的关键在于工厂倒闭同进口增长发生先后的问题,究竟是工厂关闭在先还是工厂因为进口增长而被迫关闭?为回答该问题,专家组着重分析了大陆公司夏洛特工厂、普利司通公司俄克拉荷马工厂和固特异公司泰勒工厂关闭的原因。对于大陆公司夏洛特工厂的倒闭,专家组认定其与中国进口轮胎数量增长无关;而对于后两者,专家组认为中国进口轮胎的数量增长带来了“激烈竞争”,因而进口增长是工厂倒闭的原因之一。并且,该三家工厂均在 2006 年就宣布关闭,而中国进口轮胎数量在 2006 年以前就已经大幅增长了。中国对于生产商自愿关厂的论断也未能提供强有力的证据,据此,专家组认定进口增长是工厂倒闭的原因之一。

关于美国生产商从中国进口轮胎的现状,专家组认可了 USITC 对美国生产商在进口中国轮胎中所占比重的考量,并且肯定了美国生产商并未主动停止生产低端轮胎的结论。

关于中国生产商购买轮胎制造设备的事实,USITC 基于一篇有关"中国潮"的报道和预言,得出了中国进口已经成为市场中不可避免的一部分并将继续大幅增长的结论,并建议美国生产商采取相应产业策略,专家组对此给予认可。

关于2006年预言中国进口将要增长的文章,专家组认为尽管文章本身不能解释工厂关闭的原因,但却足以显示中国进口增长已经对国内产业带来了深远的影响,并且业界普遍存在增长将进一步加剧的共识,因而也可以证明国内产业在调整产业策略时受到了中国进口的影响。

(2)需求变化

首先,中国提出在调查期间市场需求经历了"持续的紧缩",该趋势与国内市场的数量指标呈现对应关系。专家组则认为需求"持续的紧缩"的说法不成立,相反,正如USITC所认定的,呈现的是波动的态势;同时,专家组指出即使需求与损害之间存在对应关系,需求的上涨对应的也应是数量参数的上浮,但实际数据却并未显示这一趋势,并且当2008年市场需求大幅下跌时,中国进口轮胎数量仍在大幅上涨。这些均足以表明进口增长对国内产业造成实质损害的事实并没有受到需求下降的影响。

其次,中国指出OEM市场的需求变化情况应当同替换轮胎市场分开分析。专家组则分析道,鉴于OEM市场的需求下降情况不如替换轮胎市场显著、OEM市场对国内产业也没有替换市场重要,因而对中国的这一主张不予支持。在2008年经济衰退的问题上,专家组注意到,即使处于这一阶段,中国进口仍在大幅增长,因而肯定了USITC作出的国内产业受损不完全归因于2008年经济衰退导致的需求紧缩的结论。

最后,中国还主张,国内产业受损的另一原因是顾客更倾向于购买大型轮胎。但是专家组认为没有任何受访美国生产商或者进口商提及了偏好购买大型轮胎影响了需求的走势。

(3)其他因素

关于非中国进口轮胎是否也对国内产业造成了负面影响,专家组认为尽管这些轮胎数量远大于中国进口轮胎、价格也比美国国产轮胎便宜,但对美国市场造成支配性影响的因素仍是中国进口轮胎的增长。

中国进一步提出其他因素,诸如原材料成本激增、原材料短缺、高汽油价格造成的汽车使用率减少等,对美国国内产业造成的影响,专家组指出中国作为申诉方仅仅指出这些因素而不加以充分举证的做法是不能得到支持的。

最后,中国还主张上述提及的其他因素各自或者综合在一起均足以打破进口增长和市场扰乱间的因果关系链,USITC 对此有义务证明这些因素不足以打破关系链,专家组指出中国未能对 USITC 必须完成这一证明义务的主张提供足够的证据。

五、特保措施及其适用期限是否均在合理限度范围内的认定

中国主张美国所采用的特保措施违反了议定书第 16.3 条的规定,因为它针对的不是由中国进口的快速增长所导致的市场扰乱,相反则是针对整个市场扰乱,包括由其他因素引起的部分,这已经远远超出为阻止或者纠正由中国进口引起的市场扰乱所“必要”的限度。对此,专家组首先肯定,第 16 条规定的救济措施必须针对中国进口引起的实质损害或者市场扰乱。其次,专家组指出,初步证明该特保措施超过必要限度的责任在中国一方,但是中方却未能提供有力的证据。最后,专家组认为该措施的目的在于改善国内产业的现状,同时也是为了减少中国进口轮胎的数量、提高这些轮胎在美国市场内的价格,因而这一特保措施并未超出合理的限度。

关于 3 年的特保期限是否超出合理时间限度的问题,专家组认定美国没有义务解释将特保措施定为 3 年的原因,也没有义务量化中国进口增长导致的损害或者将其同其他损害因素相分离。因而,同认定特保措施是否合理的问题一样,中国在此也未能尽到初步证

明的义务。

最后,关于中国提出的涉案特保措施违反GATT 1994第1.1条和第2.1条(b)之规定的诉请,专家组认为该问题须建立在对议定书第16条的最终认定的基础上。鉴于第16条的几条诉请已经被专家组一一驳回,这一诉请最终也没有获得支持。

【上诉机构的分析和结论】

中国提出上诉,上诉机构分析了以下两点。

一、中国进口是否构成"快速增长"

上诉机构首先给出了"快速增长"一词的解释,"增长"是指在体积、数量、持续时间或者程度上变大,而议定书第16条中使用英语现在进行时的形式表明这一进口目前仍处于增长的状态,并且相对此前的增长,这一进口仍继续呈现上升的态势;"快速"表明在短时间内这一增长的发生速度。因而,结合起来,"快速增长"是指进口目前在短时间内、在数量上和程度上正迅速增长。上诉机构进一步指出,快速增长有两种表现形式:一种是绝对意义上的快速增长,即进口轮胎数量在短时间内迅速、大幅度地增长;另一种是相对意义上的快速增长,即中国进口轮胎在消费和其他相关指标上所占份额在短时间内大幅增长。此外,上诉机构强调第16.4条必须同第16.1条结合起来理解。因而,根据第16.1条的用词,第16.4条中的"快速增长"表明进口须继续增长,并且要达到市场扰乱的程度,中国的进口须较此前大幅增长。同时,第16.4条"快速增长"的标准还必须和议定书第16条所承载的条约目的相一致。

基于上述解释,上诉机构对于中国的上诉请求分析如下:

首先,中国认为,专家组认定USITC的分析无须着眼于"最近"时间段(本案中即2008年)是错误的,同时对2004年到2008年这5年的调查时间段选取也有误。美国反驳道,第16.4条并未规定明确的调查时间段，调查机构因此在时间段的选取上具有自由裁量权利。上诉机构和第三参与方欧盟、日本均否认了中国的主张，上诉机构认为第16.1条和第16.4条指的是进口目前仍呈现上升趋势，但鉴于调查机构通常无法获得即时的数据，因而调查机构可以选择足够近期的调查时间段来充分显示近期进口的变动趋势，而不要求这一时间段必须是最近的那段期间。

其次，对于中国提出的USITC有必要分析中国进口的增长率但未给予充分分析的主张，上诉机构和第三参与方欧盟、日本均未支持。上诉机构赞同专家组的看法，认为第16条中使用"快速"一词并没有强调中国进口的增长率，第16.4条规定的是"进口"的快速增长，而不是进口"增长率"的快速增长，对于增长率的分析仅具有辅助作用。进口的绝对或者相对快速增长就足以证明中国进口是快速增长的。同时，上诉机构也同意专家组对2008年中国进口增长率下降情况的分析，表明这一下降并不影响中国进口是快速增长的认定。

最后，中国还指出USITC必须对最近时间段内中国进口增长率与此前的增长率之间的关系进行分析，因为在先的增长率为决定在后增长率是否满足"快速"的标准提供了"衡量基准"。上诉机构基于前述分析，再次强调第16.4条仅要求调查机构在一段足够近期的时间段内分析进口走势，并从绝对数据或者相对数据上判定进口在短时间内是否大幅增长，从而否定了中国的这一主张。

二、中国进口的快速增长是否是对美国国内产业造成实质损害的"一个重要原因"

上诉机构给出了对"一个重要原因"的解释，其中，"重要"一词表明进口快速增长是重大的、显著的；而"原因"一词则表示至少两个因素之间的关系，即一个因素以某种方式导致、造成或者诱发另一因素的产生，因而该词在第16.4条的含义为"进口的快速增长必须是导致、造成或者诱发国内产业实质损害的一个重大的、显著的因素"，中国进口的快速增长可以是导致国内产业实质损害的众多因素之一。上诉机构进一步分析道,第 16.4 条规定的因果关系标准并没有比其他 WTO 协定更为严格。因而,上诉机构推翻了中国对“一个重要原因”的解释。①

此外,在对第 16.4 条因果关系分析方法的选择上,上诉机构也认同专家组的结论,调查机构对此有一定的自由裁量权。而对于下文有关竞争关系和进口与受损因素之间关联性的分析仅是决定进口增长是否构成一个重要原因的“分析工具”之一。

1. 美国市场内的竞争关系

中国主张专家组和 USITC 均未能充分分析美国替换轮胎市场上中国进口轮胎和国产轮胎间竞争减弱的现象。中国强调进口轮胎在替换市场的一类轮胎市场中所占比重小于 1%,而美国制造商却将 51% 的轮胎投入这一市场,因而在替换市场上美国制造商实则没有面临任何来自中国进口的竞争压力。美国辩驳称,在 2008 年有大量的美国轮胎和中国轮胎涌入二类和三类轮胎市场,因而在这些轮胎市场中竞争是十分激烈的。此外,鉴于美国替换轮胎市场内划界不明的事实,中国提出的不同市场间不会相互影响的主张也不能成立。对此,上诉机构首先明确市场划分不明的事实是很重要的,这表明市场间竞争重叠的现象更显著。上诉机构随后指出,专家组依据 USITC 反对委员的观点来判定 USITC 的结论是否充分合理的做法是错误的,专家组应当自主判定 USITC 的认定是否成立。但是,上诉机构也指出,专家组得出的国产轮胎和中国进口轮胎在替换轮胎市场上存在激烈竞争的结论是无可指摘的,因为尽管在不同的细分市场内的竞争程度各有不同,但是国产轮胎和中国进口轮胎在二类和三类轮胎市场内的激烈竞争足以证明两者在整个替换轮胎市场上的竞争也是激烈的。

在对 OEM 市场的分析上,中国指出专家组本该着眼于该市场的

---

① 中国认为“一个重要原因”是指在进口快速增长和对国内产业造成实质损害之间的一个尤其显著、实质和重要的原因。

竞争是否激烈，但是却错误地对中国进口到这一市场的增长趋势进行了分析。美国强调，OEM 市场内的增长趋势恰同整个市场的变化趋势相一致，因而这印证了 USITC 的结论。上诉机构认为专家组在这点的分析上存在不足，其本该对 OEM 市场内的竞争状况进行更透彻的分析，尤其应当详细分析为何 OEM 市场的"竞争规模加剧"可以证明其最终结论。上诉机构紧接着对整个美国市场内的竞争关系进行了分析，其中，替换轮胎市场的比重在整个市场中高达 80%，而 OEM 市场的比重则不足 20%，因而即使假设中国提出的 OEM 市场内的竞争情况是无足轻重的主张是正确的，在替换轮胎市场内的激烈竞争也足以证明两者在整个美国市场内的竞争是激烈的。

2. 中国进口的快速增长和实质损害之间的关联性

在因果关系的认定上，USITC 将中国进口上升趋势和受损因素下降趋势之间的"大体一致"作为论据，专家组对此予以认可，中国对此表示反对。因为，一方面，专家组应当要求 USITC 对进口增长和受损因素数据下降之间的关联性提供更详尽的分析，包括两者每一年的变动关系，尤其应对 2007 年到 2008 年这一关联性"脱节"(disconnect)的现象作出解释；另一方面，专家组在认定中国进口对国内轮胎价格和利润具有不利影响上的分析也是错误的。

上诉机构着重对 2007 年到 2008 年间关联性的脱节和进口增长同国内轮胎价格和利润之间的关系进行了分析。于前者，上诉机构注意到中国的主张建立在对第 16.4 条的解释上，即 USITC 必须证明进口轮胎上升量和国产轮胎相关指标下降量之间在每个年度均存在精确的对应关系。但是，第 16.4 条并未规定调查机构在此问题上担负着如此严格的证明责任。同时，关联性的分析对于证明因果关系的存在仅具有旁证的作用，并不具有决定性。此外，上诉机构也同意两者的关联性并不是严谨的科学问题，因而对其进行严格的变化量上的分析也是"不切实际的"。USITC 也无须证明在调查期间中国进口的增长与受损因素的下降完全一致，两者在时间上的对应关系就足以达到分析所需的目的。在进口增长同国内轮胎价格和利润间关系的问题上,中国主张2007年已售货物成本对销售额的比率和国内产业利润增长的事实推翻了国内制造商遭受“成本价格压制”的结论。上诉机构则指出已售货物成本对销售额比率的增长现象本身并没有否认上述结论。同样,上诉机构认为国内产业利润的增长也不能决定中国进口增长同受损因素下降之间是否存在因果关系,因为其他诸如国内产业能力、产量、销售等因素在每个受调查年度仍在下降。

3. 其他因素造成的损害对认定中国进口的影响

专家组在其报告中指出,某些不归因性的分析对于认定因果关系是否成立是固有的要件,调查机构须证明其他已知因素的存在不影响中国进口增长仍为实质损害的一个重要原因的认定结论,因而对中国进口的分析必须结合其他已知因素,上诉机构对此表示赞同。但在专家组的具体分析方法上,中国对专家组采取的“全有或者全无”(all or nothing)的分析方法提出了反对,即不能因为其他因素不能构成全部的致损原因,就将部分残留影响归因于中国进口,就视中国的进口为实质损害的一个“重要原因”。对此,专家组的解释是在经济衰退期间中国进口仍在增长的事实表明中国进口本身就对国内产业有一个负面的影响,而不是与需求下降共同作用的结果,因而美国的这一分析方法并不存在任何不妥。上诉机构认为,尽管专家组的措辞存在歧义,但是其分析不存在错误。

关于美国国内产业策略,中国主张美国本土制造商自愿退出低端轮胎市场,包括关闭制造低端轮胎的工厂,而将其生产中心转移到高端轮胎上,因而导致了美国市场上供给缺口的出现,中国和其他进口资源只是填补了这一缺口。但专家组注意到,USITC的解释是采用这一产业策略出于应对已经发生的中国进口增长的目的,证据包括:(1)中国进口增长的发生早于工厂关闭;(2)来自中国的进口竞争压力是关厂的重要原因;(3)贸易刊物中关于中国制造商大量购买轮胎生产设备的报道;(4)2006年预计中国进口将要增长的文章。中国在上诉时对第一点提出了质疑。

其中,对于大陆公司夏洛特工厂的关闭,中国指出专家组只认定其不归因于中国进口,但没有进一步分析这一结论是否对认定普利司通公司俄克拉荷马工厂和固特异公司泰勒工厂的倒闭有影响;上诉机构认为并无不妥,因为没有证据显示这三家工厂的倒闭原因是相同的。而对于另外两个工厂的关闭原因,中国主张鉴于明确性的缺乏和更多非中国进口轮胎的存在,专家组将其归因于中国进口的结论有误。上诉机构认为这一主张实则针对的是事实基础和证据基础的客观性的判定,属于 DSU 第 11 条的范畴,因而将在后文再行分析。最后,上诉机构还肯定了专家组根据中国提供的其他可能性分析 USITC 的结论是否合理充分的做法;并且 USITC 也没有将工厂倒闭全部归因于中国进口。

关于需求变动,中国主张需求的紧缩,尤其是 2008 年经济衰退导致的需求剧减是造成实质损害的一个重要的原因。在上诉阶段,中国强调对消费量下降这一情况应当进行更为详尽的分析。上诉机构认为,专家组对需求呈现出波动态势的分析是恰当的,因为,一方面中国进口对美国表观消费量的比率在整个调查期间是不断增长的,并且另一方面即使在美国 2008 年遭受经济衰退、面临需求剧减的环境下,中国进口轮胎数量仍在增加。此外,在美国表观消费量的变动上,在 2007 年之前有轻微下降,但到 2006 年至 2007 年实际上已处于上升趋势。这进一步证明了需求是波动的。

对于非中国进口的轮胎,上诉机构指出,尽管这类进口轮胎持续占据比中国进口更大的市场份额,其价格也比美国国产轮胎要低廉,但是这些轮胎的平均单位值仍比中国进口轮胎高出 22% ~25%。这其中,仅在 2006 年印度尼西亚进口的轮胎比中国进口轮胎价格低,但印尼轮胎的进口比重仅为 3.4%,远比中国的 21.2% 要低。因而,专家组的认定不存在错误。

此外,中国还强调了除中国进口以外的因素之间的相互影响,但上诉机构认定专家组对中国未充分举证的认定是正确的,中国未能证明本案中其他因素的共同作用可以推翻中国进口是重要因素的结论。退一步讲,即使承认非中国进口、需求下降以及国内产业策略的调整对导致国内产业的实质损害起到了重要的作用,上诉机构仍然认为中国进口是造成实质损害的重要因素。中国还指出,专家组没有采用"综合分析"(integrated analysis)的方法,没有将关联性、产业策略调整、非中国进口等因素结合起来分析,上诉机构对此也没有予以支持。

4. DSU 第 11 条的义务

中国主张专家组在认定 USITC 得出的中国进口是造成国内产业实质损害的一个重要因素的过程中未能依据 DSU 第 11 条的规定采取客观的分析方法,对此中国提供了专家组未能对涉及因果关系的证据进行整体考量、未能遵循平衡的证据分析方法、未能以其他因素的综合影响为基础对中国的主张进行考量和未按照 USITC 提供的依据而以美国事后提供的解释或者专家组的自行分析来支持 USITC 的决定四点作为证据。

对此,上诉机构指出适用 DSU 第 11 条的条件为该主张必须能够单独成立并通过具体的论据加以证实,而不能单纯作为对专家组未能解释或未能正确适用 WTO 相关协议下某一条款的主张的补充。据此,上诉机构一一驳回了中国提出的上述四点论据。

综上,上诉机构维持了专家组的所有结论和裁决。

【案例评析】

本案是中国针对美国对其进口轮胎适用特定产品过渡性保障措施提出的申请,这一特保措施规定于《中国入世议定书》第 16 条中,而该条也正是本案争议的焦点所在。所谓的特定产品保障措施,是指仅针对某个国家进口的产品采取的保障措施。根据 WTO《保障措施协定》的规定,实施保障措施应针对产品而不区分其来源。但特保措施却允许 WTO 成员在符合一定条件的前提下针对某个成员的产品实施保障措施。据笔者了解,截至 2012 年 8 月底仅有中国是这一特保措施的实施对象,这也是中国入世时作出的让步。

根据该条的规定,启动特保措施的要件有三:第一,存在进口快速增长的事实;第二,构成对生产同类产品或直接竞争产品的国内产业造成实质损害或实质损害威胁;第三,进口快速增长是该实质损害或实质损害威胁的一个重要原因,即两者存在因果关系。其中,第一和第三点是双方争议的关键。

关于第一点进口是否是快速增长的争论,尽管中国分别从条文用词、调查时间段选取、分析方法等方面印证自己的主张,尤其强调了2008年进口增长率下降的事实,但均未得到专家组和上诉机构的支持,原因主要有二:一是因为第16.4条明文规定,无论是进口的绝对增长还是相对增长均足以证实进口快速增长的事实,因此,中国片面强调增长率下降的情况是无法得到支持的。并且,正如专家组所分析的,尽管2008年的增长率相对2007年的数据而言有所降低,但并不能就此认定2008年的中国进口就不是快速增长的,因为每个年度的增长率都是建立在其之前年度的基础上再增长的结果。二是鉴于第16条并未对调查时间段的选取作出明确的规定,这实则属于调查机构自由裁量的范围,因而中国紧抓时间段选取不放的做法也是不恰当的。

而在因果关系的分析上,中国重点从进口轮胎和国产轮胎的竞争关系、进口增长同实质损害之间的关联性以及其他因素的不归因性三点出发,提出进口增长和实质损害之间不存在因果关系的主张,但也均被专家组和上诉机构驳回。专家组作出这一认定的原因主要有三:第一,专家组明确了在替换轮胎市场中细分的三类市场(一类轮胎市场、二类轮胎市场和三类轮胎市场)之间的划界是不清的,各市场间具有相互重叠的现象,因而也就否认了中国提出的进口轮胎与国产轮胎各自占据不同市场、两者之间不存在相互竞争的主张,进而证实了替代轮胎市场上两类轮胎存在激烈的竞争关系。第二,专家组强调议定书第16条规定的是进口增长是造成实质损害的"一个"重要原因,而并非唯一的原因,从而认定美国贸易法案421节没有降低第16条的判定标准,同时也确认调查机构只要证明进口增长与实质损害之间具有大体上的一致对应关系,而无须证明该两者具有精确的对应关系。第三,在其他诸如产业策略、需求变化和非中国进口等其他因素的不归因性问题上,专家组基于实际存在的中国进口增长的事实,认定这些其他因素的存在并不影响对于中国进口是一个重要原因的认定。对此,上诉机构表示认同,并在此基础上进一步作出补充,例如,对于OEM市场内竞争关系的认定,上诉机构指出只要证实占总市场80%的替换轮胎市场内存在激烈竞争,就足以证明美国市场内的轮胎竞争是激烈的。

记得在中国入世之初的一次国际研讨会上,笔者曾经问当时的WTO副总干事Francisco Thompson-Flores先生,对中国的特保措施,除了可以只针对来自中国的产品,在其他方面是不是也必须遵守WTO《保障措施协定》的各项规定。笔者得到了一个非常肯定的答复:不是。从本案可以看出对中国的特保措施与其他保障措施的不同。笔者认为,专家组和上诉机构更多地把举证责任放到了申诉人中国一边,而在其他案件中,专家组通常会要求实施保障措施的成员证明其已经满足了《保障措施协定》规定的条件。值得注意的问题是,在整个申诉过程中,中国对于初步证明责任的完成显有不足。具体表现在,在提出其他诸如原材料成本激增、原材料短缺等因素对美国国内产业造成的影响时并未提供充分的证据加以证明,这一缺陷同样出现在中国主张特保措施及其适用期限均超出合理的限度范围和因果关系认定标准等方面。这些都直接导致了中国的多个请求无法获得专家组和上诉机构的支持。幸好特保措施可以实施的时间只有12年,在本书出版的时候,离特保措施到期的日子已经不远了。

多米尼加:对进口聚丙烯袋和筒状织物的保障措施 (WT/DS415、WT/DS416、WT/DS417、WT/DS418)*

申诉方:哥斯达黎加、洪都拉斯、危地马拉、萨尔瓦多

被诉方:多米尼加

第三方:中国、哥伦比亚、欧盟、尼加拉瓜、巴拿马、土耳其和美国(哥斯达黎加、萨尔瓦多、洪都拉斯、危地马拉各自在其他成员的申诉中作为第三方)

哥斯达黎加、危地马拉、洪都拉斯和萨尔瓦多等四国(“申诉方”)分别于2010年10月15日、18日、19日就多米尼加对聚丙烯袋和筒状织物采取的保障措施提起了磋商请求。由于磋商未果,2010年12月15日和12月20日,申诉方先后提起成立专家组的请求。2011年2月7日, DSB决定成立专家组。2011年3月11日,专家组组成。2012年1月31日,专家组公布了最终报告。2012年2月22日,DSB通过专家组报告。

2009年12月15日,多米尼加不公平贸易和保障措施委员会(以下简称委员会)根据 Fertilizantes Santo Domingo, C. por A.(以下简称FERSAN公司)的申请决

---

* 本案初稿由华东政法大学国际法专业研究生余鸿撰写。

定对来自所有产地的聚丙烯袋和筒状织物进行保障措施调查。2010年10月5日,多米尼加决定对聚丙烯袋和筒状织物采取保障措施,从价征收38%关税,实施期限为从2010年10月18日起18个月。但多米尼加排除了哥伦比亚、印度尼西亚、墨西哥和巴拿马,理由是这些国家是发展中国家,且来自这些国家的产品数量合计只占进口的1.21%,没有达到《保障措施协定》第9条规定的最低数量标准。

【专家组的分析和结论】

申诉方称,被诉方所实施的措施选择性地将来自特定国家(即哥伦比亚、印度尼西亚、墨西哥和巴拿马)的进口产品排除在外。这些利益、优待、特权和豁免并未立即、无条件地给予其他WTO成员国的同类产品,违反了GATT 1994第1条、第2.1条(b)、第19条以及《保障措施协定》的规定。

一、GATT 1994第19条与《保障措施协定》的适用性问题

多米尼加认为,GATT 1994第19条和《保障措施协定》对本案并不适用,因为争议措施并不在这些规定的范围内。GATT 1994第19.1条(a)规定:"如因意外情况的发展或因某一缔约方承担本协定义务(包括关税减让在内)而产生的影响,使某一产品输入到这一缔约国领土的数量大为增加,对这一领土内相同产品或与它直接竞争产品的国内生产者造成重大的损害或产生重大的威胁时,这一缔约方……可以对上述产品全部或部分地暂停实施其所承担的义务,或者撤销或修改减让。"多米尼加认为这一款分为两个部分:前面部分规定了可以采取后面部分所说措施的条件,而后面部分所指的"义务"应当包含关税减让义务及相关义务和根据GATT 1994第11条的规定取消一般数量限制的义务。多米尼加没有采取后面所说的措施,因此GATT 1994第19条不适用。

本案中有几个不同于以往保障措施案件之处:申诉方认为

GATT 1994 第 19 条可以适用的理由是多米尼加的措施相当于中止了其在 GATT 1994 第 1 条和第 2 条下的义务;尽管被申诉方向 WTO 通知了其保障措施,但在本案中拒绝承认其实施的是保障措施;多米尼加保障措施所实施的关税最高为 38%,仍低于其关税约束义务所承诺的 40%,而其平时的关税是 14%,远远低于其 40% 的约束关税水平。因此专家组要首先分析这些问题。

本案中,多米尼加将来自哥伦比亚、印度尼西亚、墨西哥和巴拿马四国的产品排除在保障措施之外,在这一点上不存在争议。这种做法显然没有遵从“不区分来源国”的要求。多米尼加自身也不得不承认这些措施“可能存在问题”,因而放弃了对 GATT 1994 第 1.1 条的抗辩。专家组确认多米尼加的措施相当于中止了 GATT 1994 第 1.1 条规定的最惠国待遇。

GATT 1994 第 2.1 条(b)禁止征收超过进口成员减让表所设定上限的普通关税,也禁止征收超过协定签订之日对进出口产品所征收的任何其他税费。专家组经过调查后认为,争议措施并不属于普通关税,而属于与进口相关的其他税费,并且,该措施并未在多米尼加关税减让表内列明,也不符合《WTO 协定》对多米尼加生效时所实施的税费和规费。因此,争议措施相当于中止了第 2.1 条(b)规定的义务。

专家组经过上述分析后认为,申诉方已经证明,被诉方所采取的措施造成了中止其相关义务的效果。因此,GATT 1994 和《保障措施协定》的相关条款对于本案是适用的。

二、争议措施与 GATT 1994、《保障措施协定》的相符性

1. 关于“未预见的情况”

申诉方诉称,多米尼加并未就由进口所产生的严重影响以及未预见的情况作出正确的评价,其所实施的临时措施和最终措施违反了 GATT 1994 第 19.1 条(a)和《保障措施协定》第 3.1 条、第 4.2 条

(c)、第11.2条(a)的规定。同样,与进口增加、严重损害相关的一系列决定也违反了上述规定。

关于证明存在“未预见的情况”的义务,WTO上诉机构认为,GATT 1994第19.1条(a)必须与《保障措施协定》叠加适用,因为“未预见的情况”作为采取保障措施的重要前提事实,其实施必须符合GATT 1994第19.1条(a)的规定。“未预见的情况”必须在采取保障措施之前就被证明存在,并且需要在官方公布的报告中予以详细说明,验证该因素被认定为“未预见的情况”的原因并给出解释。另外,公开报告还必须指出该“未预见的情况”如何导致进口增加并造成损害。专家组注意到,不论是委员会的初步结论还是最终结论,都没有涉及或提供关于“未预见的情况”的任何调查或解释。并且,在主管部门的结论和报告中也没有提及中国加入WTO及其对国际贸易产生的影响是如何导致聚丙烯袋和筒状织物进口数量增加的。

基于以上的调查结果,专家组认定,委员会所公开的报告没有对GATT 1994规定的“未预见的情况”作出任何解释。因此,主管机构的做法不符合《保障措施协定》第3.1条、第4.2条(c)的规定。另外,多米尼加在实施保障措施时没有给出任何关于存在“未预见的情况”的解释,违反了GATT 1994第19.1条(a)的规定,也违反了《保障措施协定》第11.1条(a)规定的义务。

2. 关于“国内产业”的界定

申诉方认为,委员会对于“国内产业”的定义违反了《保障措施协定》第4.1条(c)、第3.1条和第4.2条(c)的规定。因而进一步认为,多米尼加在实施临时措施和最终措施时对“严重损害”和“因果关系”的认定违反了《保障措施协定》第2.1条、第4条以及GATT 1994第19.1条(a)的规定。申诉方强调,在对“国内产业”进行界定时,委员会犯了以下两个基本错误:其一,没有充分合理地证明进口产品同国内产品是同类还是具有直接的竞争关系;其二,不恰当地排除了与被调查产品具有竞争关系的国内产品的生产者。

就第一方面的主张,申诉方指出以下两点:首先,委员会对被调查产品的界定方式违反了《保障措施协定》第3.1条和第4.2条(c)。多个利益关联方均提出聚丙烯袋和筒状织物是不同的产品,但委员会却对此视而不见,仍然在调查中将二者作为一项产品进行调查。其次,申诉方认为委员会并未证明进口产品与其国内产品具有直接的竞争关系。申诉方认为,界定"国内产品"的目的在于同类性和直接竞争性,这种界定必须以"产品"为基础,而不应当以产品的"生产工序"为基础。专家组指出,协定第3.1条和第4.2条(c)涉及调查和确定损害的程序性问题,申诉方没有能够证明多米尼加将聚丙烯袋和筒状织物作为受调查产品违反了上述条款。

就第二方面的主张,申诉方认为委员会错误地将某些生产者从"国内产业"的定义中排除了出去。更确切地讲,委员会以生产工序为基础对生产者进行考量,将从最初树脂生产工序作为同类产品的衡量标准,排除了由筒状织物制作成的聚丙烯袋。申诉方认为,界定"生产者"的唯一标准就是该个人或企业"生产同类的或者直接竞争的国内产品","生产工序"与"生产者"的含义没有任何关系。《保障措施协定》第4.1条(c)及其前后文本已经明确指出同类产品或者直接竞争产品的生产者不能被排除在"国内产业"之外。多米尼加则声称,在《反倾销协定》项下的类似诉请在以往的专家组程序中已经被否定,因为协定并没有对如何界定被调查产品作出指引。委员会对被调查产品的解释是充分合理的,申诉方在这方面的问题也得到了及时的解答。多个利益关联方提出的条款解释没有被委员会所接受,但这并不影响委员会解释的合法性。

《保障措施协定》第4.1条(c)规定:"在确定损害或其威胁时,'国内产业'应理解为是指某一成员领域内生产同类产品或直接竞争产品的生产者全体,或者这些同类产品或直接竞争产品的总产量构成这些产品的国内总产量主要部分的生产者。"

专家组仔细审查了证据,发现委员会将筒状织物做成的聚丙烯袋从同类产品中排除,因而将一部分的生产者从同类产品国内产业中排除。专家组认为,被诉方的行为违反了《保障措施协定》第4.1

条(c)的规定,在此基础上实施的保障措施自然也违反了《保障措施协定》第2.1条以及GATT 1994第19.1条(a)。而对于《保障措施协定》第3.1条、第4.1条(a)、第4.2条(a)、第4.2条(b)和第4.2条(c),申诉方没有证据证明被诉方在国内产业的界定上违反了这些规定,因而专家组认为没有必要再对此进行评判。

3. 关于进口的绝对增长与相对增长

申诉方认为,委员会调查进口的绝对增长与相对增长的方式违反了GATT 1994第19.1条(a)、《保障措施协定》第2.1条、第3.1条以及第4.2条(c)的规定。以上认定在整个调查过程中处于核心地位,因此,申诉方认为,被诉方对严重损害和因果关系的调查违反了GATT 1994第19.1条(a)、《保障措施协定》第2.1条、第4.1条(a)、第4.2条(a)和第4.2条(b)。另外,在绝对增长的认定上,申诉方坚持认为被诉方没有对增长率进行正确的分析,违反了《保障措施协定》第4.2条(a)。

《保障措施协定》第2.1条规定:"只有在某一成员根据下列条款确定正在进口至其领土的一产品数量与国内生产相比绝对或相对增加,以致对国内生产同类或直接竞争产品的产业造成严重损害或严重损害威胁时,该成员方可适用保障措施。"申诉方认为,委员会在没有确定"显著增加"的情况下就认定存在进口数量增加,并且没有提供充分合理的解释。多米尼加坚称,委员会所认定的进口增加是足够迫切、突然、剧烈、显著的,足以成为实施保障措施的条件。2009年的进口减少并不能改变进口整体增加的趋势,因为根据委员会的调查,进口的减少是短期的、偶然的,并且在整个调查期内表现得也并不明显。

关于调查期间末期进口下降的问题,专家组认为不排除这种可能性——对某些产品的需求仍能保持稳定并且不会受到整体进口下降的影响。虽然被诉方没有明确证明在调查期末期进口下降是暂时的,但申诉方也没有提供相反的证据证明进口下降是一种永久的或者长期的改变。

经过调查，专家组认定，就进口的绝对增长而言，申诉方所认为的“委员会没有在报告中给出充分合理”的解释这一说法不成立，因而专家组拒绝了申诉方要求认定多米尼加在进口绝对增加的调查上违反《保障措施协定》第2.1条和GATT 1994第19.1条(a)以及其他相关规定的请求。同样，申诉方认为多米尼加没有对进口增长率进行分析，违反了《保障措施协定》第4.2条(a)的规定，专家组对此也予以否定。

进口的绝对增长与相对增长是实施保障措施的两项必不可少的条件，专家组认为，既然已经对进口的绝对增长作出了认定，那么对相对增长就无须再行调查，因为这项调查并不会影响申诉方在这个问题上证据不足的认定。

4. 关于国内产业的严重损害

申诉方认为，根据多米尼加的临时措施和最终措施，其关于国内产业严重损害的认定违反了《保障措施协定》第2.1条、第3.1条、第4.1条(a)、第4.2条(a)、第4.2条(c)和GATT 1994第19.1条(a)。申诉方对此提出以下四点：第一，在进行国内产业损害的认定时，对于国内产业的分类并没有出具详细而完整的分析；第二，在初步决定中没有对《保障措施协定》第4.2条(a)所列明的严重损害的相关因素进行全面的考察；第三，尽管事实表明存在与严重损害相反的情况，但委员会在初步结论和最终结论中仍然认定存在国内产业的严重损害；第四，采取临时保障措施违反了相关规定。多米尼加辩称，不论是《保障措施协定》还是先前的专家组或上诉机构的决定，都没有要求调查机构在调查产业损害时对不同类别的国内产业进行划分。在初步决定中，委员会对于生产性因素的考量也是充分的。

《保障措施协定》第4.1条(a)规定：“‘严重损害’应理解为是对一国内产业状况的重大全面损害。”第4.2条(a)则规定，在确定进口增加是否对一国内产业已经或正在威胁造成严重损害时，“主管机关应评估影响该产业状况的所有有关的客观和可量化的因素，特别是有关产品按绝对值和相对值计算的进口增加的比率和数量，增加的进口所占国内市场的份额,以及销售水平、产量、生产率、设备利用率、利润和亏损及就业的变化”。

上诉机构曾经指出,在《保障措施协定》第4.2条(a)的含义下,专家组所作的客观评价原则上应当包含两个方面的内容:形式要件和实质要件。形式要件是,主管机构在其采取的措施中是否包含了所有应当予以考虑的相关因素;实质要件是,主管机构应当充分合理地解释前述因素如何作为其决定的佐证。

委员会和DEI的调查报告对国内产业的生产、储量、经济损失、市场份额、现金流等作出了相应的结论,专家组也针对以上几点依据相关规定进行了审查。专家组认为,被诉方主管机构的初步决定和最终决定中的证据都难以支撑起国内产业存在重大全面损害的结论,所以,委员会的认定结论不成立,多米尼加所采取的措施违反了《保障措施协定》的相关条款和GATT 1994第19.1条(a)。

5. 关于进口增加与严重损害的因果联系

申诉方认为,委员会在初步结论和最终结论中都错误地认定了进口增加与严重损害之间的因果联系,其没有证明以下几点:运用关联分析法对国内产业中进口增加和严重损害的联系进行分析;调查结果显示,损害的产生并非由进口导致,因而,初步结论和最终结论中涉及因果联系的部分均不符合《保障措施协定》第2.1条、第3.1条、第4.1条(a)、第4.2条以及GATT 1994第19.1条(a)的规定。此外,申诉方指出,由于多米尼加的措施违反了《保障措施协定》第4.2条(b)第2句,因而其临时措施和最终措施也违反了《保障措施协定》第5.1条。

就第一个方面,申诉方认为委员会对起因没有采取关联分析法进行分析。委员会分析的局限在于:最终措施的两段;初步和最终技术报告中关于严重损害的分析。申诉方认为,委员会仅仅只是根据报告中所说的“进口导致严重损害”的说法就认定该二者存在因果联系,这不符合《保障措施协定》第4.2条(b)中所设定的前提。最终措施中关于因果联系的调查也令人颇为不解。就第二个方面,申诉方称，不论是DEI的报告还是委员会的结论，均没有对进口以外的因素进行分析，这不符合《保障措施协定》第4.2条（b）、第3.1条和第4.2条（c）。此外，多米尼加没有对经济损失、存量增长和现金流减少进行分析。

专家组注意到，在被诉方提供的报告和结论中，委员会在认定进口增加与严重损害之间存在因果关系时没有对相关因素进行分析。尤其是，FERSAN公司认为库存增长、现金流减少和产量急剧压缩已经足以证明其遭受了经济损失，委员会对此也予以认可。但是，在初步结论和最终结论中，委员会均未对此作出解释，没能充分证明严重损害的产生应当归因于进口的增加。

三、主管部门的行为与其程序义务的相符性问题

1. 并行原则与《保障措施协定》第9.1条

申诉方认为，在对待墨西哥、巴拿马、哥伦比亚和印度尼西亚的进口产品问题上，多米尼加违背了《保障措施协定》中的并行原则：在分析进口增加、严重损害和因果联系时，将2006年至2009年来自该四国的产品纳入了考虑范围；但在临时措施和最终措施中，却排除了对此四国的适用；多米尼加没有对来自该四国的进口增加、严重损害和因果联系作出新的分析。多米尼加则提出，并行原则是WTO在判例中确立起来的，[①]对于《保障措施协定》第9.1条的排除对象不能适用。本案中，来自哥伦比亚、墨西哥、印度尼西亚和巴拿马的进口量没有达到规定的标准，因而将其排除在保障措施之外是合理的。

《保障措施协定》第9.1条规定："对于来自某个发展中国家成员的产品，只要其有关产品的进口份额在进口成员中不超过3%，且占份额不足3%的所有发展中国家成员的份额总计不超过有关产品进口的9%，不得对该产品适用保障措施。"

① 上诉机构在"美国：钢铁保障措施案"中指出，"并行原则"来自于《保障措施协定》第2.1条和第2.2条的文本用语。

该条设定了两项将来自某些发展中成员国的产品排除在保障措施之外的基本条件:其一,来自单个发展中国家的进口份额不超过3%;其二,来自前述所有国家的份额总计不超过9%。专家组经过调查后发现,在调查期内,来自哥伦比亚、印度尼西亚、墨西哥和巴拿马四国的进口各自均未超过3%,这满足《保障措施协定》第9.1条的规定。另外,来自以上四国的进口总额为1.21%,远远低于9%的上限,也满足第9.1条的规定。因此,专家组认定多米尼加将来自哥伦比亚等四国的进口产品排除在保障措施之外是合理的,也没有违反并行原则。

2. 某些程序性义务

申诉方指出,多米尼加在实施保障措施的过程中没有履行以下三项程序性义务:在实施最终措施时,没有根据GATT 1994第19.2条的规定及时公告;没有根据GATT 1994第19.2条以及《保障措施协定》第12.3条的规定给予被调查的实质利益关联方协商的机会;没有根据GATT 1994第19.2条和《保障措施协定》第8.1条的规定给予申诉方获得贸易补偿的机会。

GATT 1994第19.2条规定,缔约方在采取行动以前,应尽可能提前用书面通知缔约方全体,以便缔约方全体及与这项产品的出口有实质利害关系的缔约方,有机会与它就拟采取的行动进行协商。《保障措施协定》第12条也规定了通知义务以及时间限制,并且也要求措施实施者提供与进口增加、损害或损害威胁等相关的诸多信息。本案中,多米尼加采取最终保障措施的时间是2010年10月5日,通知WTO保障措施委员会的时间是10月8日。最终保障措施正式生效的时间是2010年10月18日,也就是说,保障措施委员会在此10日之前收到多米尼加的通知。

据此,专家组得出结论,申诉方的请求不能成立,多米尼加在通知与公告的问题上没有违反相关规定及义务。专家组进一步认为,既然多米尼加没有违反相关的通知义务,那么也就不能认定其没有给予申诉方协商和寻求补偿的机会了。

【案例评析】

《保障措施协定》中涉及国内产业界定的条款主要是第4.1条(c),但就具体理解而言,该条显然还具有很大的弹性。

本案中,双方对于国内产业界定的主要争议在于其认定标准是生产者、生产工序还是产品。通常来说,不同的产品依其自身属性进行分类基本上不存在问题。但是,如果某种相同的终端产品,经过不同的生产工序,那么是不是可以人为地划分加工工序,而把相同的终端产品作为不同类产品呢?比如在本案中,多米尼加的调查机构将从制造最初的聚酯纤维到制成的聚丙烯袋算成一类产品,而将用管状织物缝制的聚丙烯袋作为另一种产品,这样就把生产后者的生产者排除在受调查的范围之外。多米尼加以生产工序为标准的做法遭到了专家组的否定。笔者的看法与专家组一致。首先,从交易的内容来看,任何一种产品都可能成为交易的对象。也就是说,不论是原材料、初级产品还是终端产品,其本身都具有独立的交易价值和使用功能,因而不应当将其认定为同一种产品。仅仅因为某个生产者没有参加所有的生产工序,就将完全相同的最终产品作为不同产品对待,显然是没有理由的。第4.1条(c)中的"作为一个整体生产同类产品或者直接竞争产品的生产商"也应当以产品的功能属性来划分。产品种类的划分对于界定国内产业是基础性的,因而应当具有严格的界线和标准,如果允许以生产工序为基础进行划分,将会造成国内产业界定的模糊和混乱,此种标准实不足取。

土耳其:对进口棉纱的保障措施
(WT/DS428)

2012年2月13日,印度要求就土耳其对印度棉纱的保障措施与土耳其磋商。印度指出,土耳其的措施不符合《保障措施协定》的规定。到2012年年底,双方仍在磋商。

·········与贸易有关的知识产权协定
（《TRIPS 协定》）

欧盟:扣押过境的一般药品
(WT/DS408)

2010 年 5 月 11 日,印度要求就欧盟和荷兰以侵犯专利权为由扣押源自印度的过境药物一事与欧盟磋商。印度认为欧盟的措施违反了 GATT 1994 第 5 条和第 10 条,也违反了《TRIPS 协定》第 28 条。据悉本案已经和解,但双方没有通知 DSB。

欧盟:扣押过境的一般药品
(WT/DS 409)

2010年5月12日,巴西要求就欧盟和荷兰以侵犯专利权为由扣押源自巴西的过境药物一事与欧盟磋商。巴西认为欧盟的措施违反了GATT 1994第5条和第10条,也违反了《TRIPS协定》第28条。据悉本案已经和解,但双方没有通知DSB。

澳大利亚:对香烟产品及包装的商标和包装要求(WT/DS434)

2012 年 3 月 13 日,乌克兰要求就澳大利亚关于香烟包装和商标的法律与澳大利亚磋商。乌克兰认为澳大利亚的法律违反了《TRIPS 协定》第 1 条、第 2 条、第 3 条、第 15 条、第 16 条、第 20 条和第 27 条,也不符合《TBT 协定》第 2 条和 GATT 1994 第 3.4 条。2012 年 9 月 28 日,DSB 决定成立专家组。到 2012 年年底,专家组仍未组成。

澳大利亚:对香烟产品及包装的商标和包装要求(WT/DS435)

2012年4月4日,洪都拉斯要求就澳大利亚关于香烟包装和商标的法律与澳大利亚磋商。洪都拉斯认为澳大利亚的法律违反了《TRIPS协定》第1条、第2条、第3条、第15条、第16条、第20条和第27条,也不符合《TBT协定》第2条和GATT 1994第3.4条。到2012年年底,双方仍在磋商。

澳大利亚：对香烟产品及包装的商标和包装要求（WT/DS441）

2012 年 7 月 18 日，多米尼加要求就澳大利亚关于香烟包装和商标的法律与澳大利亚磋商。多米尼加认为澳大利亚的法律违反了《TRIPS 协定》第 1 条、第 2 条、第 3 条、第 15 条、第 16 条、第 20 条和第 27 条，也不符合《TBT 协定》第 2 条和 GATT 1994 第 3.4 条。到 2012 年年底，双方仍在磋商。

………服务贸易总协定(GATS)

中国:影响电子支付服务的若干措施 (WT/DS413)*

申诉方:美国

被申诉方:中国

第三方:澳大利亚、厄瓜多尔、欧盟、危地马拉、印度、日本、韩国

2010 年 9 月 15 日,美国要求与中国磋商,解决中国影响电子支付服务的措施问题。① 由于双方磋商未果,2011 年 2 月 11 日,美国请求成立专家组,3 月 25 日,DSB 决定成立专家组。2012 年 7 月 16 日,专家组作出最终报告。8 月 31 日,DSB 通过了专家组报告。

---

* 本案的专家组报告是商务部条法司杨国华副司长的“详解中国电子支付服务案专家组裁决的思路”一文。经他同意用于本书。笔者有少许改动。

① 美国的申诉提出的中国法规有:中国人民银行公告[2004]第 8 号《关于为在澳门办理个人人民币存款、兑换、银行卡和汇款业务的有关银行提供清算安排的公告》;中国人民银行公告[2003]第 16 号《关于为在香港办理个人人民币存款、兑换、银行卡和汇款业务的有关银行提供清算安排的公告》;《银行卡业务管理办法》(银发[1999]第 17 号);《关于银发〈2001 年银行卡联网联合工作实施意见〉的通知》(银发[2001]第 37 号);中国银监会《关于外商独资银行、中外合资银行开办银行卡业务有关问题的通知》(银监发[2007]第 49 号);《关于规范银行外币卡管理的通知》(汇发[2010]第 53 号);《关于统一启用“银联”标识及其全息防伪标志的通知》(银发[2001]第 57 号);《关于规范银行外币卡管理的通知》(汇发[2004]第 66 号);《关于印发〈银行卡联网联合业务规范〉的通知》(银发[2001]第 76 号);《关于 2002 年银行卡联网通用工作的意见》(银发[2002]第 94 号);

美国提出,“电子支付服务”是指处理涉及支付卡的交易及处理并促进交易参与机构之间资金转移的服务。电子支付服务提供者通常直接或间接提供包括下列内容的系统:处理设备、网络以及促进、处理和实现交易信息和支付款项流动并提供系统完整、稳定和降低金融风险的规则和程序;批准或拒绝某项交易的流程和协调,核准后通常都会允许完成某项购买或现金的支付或兑换;在参与机构间传递交易信息;计算、测定并报告相关机构所有被授权交易的净资金头寸,以及促进、处理和/或其他参与交易机构间的净支付款项转移。“支付卡”包括信用卡、赊账卡、[①]借记卡、支票卡、自动柜员机(ATM)卡、预付卡以及其他类似卡或支付或资金转移产品或接入设备,以及该卡或产品或接入设备所特有的账号。美国认为,中国加入 WTO 时,就“电子支付服务”作出了市场准入和国民待遇承诺,但中国却通过采取一系列措施,限制了市场准入,并且没有提供国民待遇。具体而言,美国认为,在《中国入世议定书》《服务贸易具体承诺减让表》(以下简称减让表)金融服务部门下,中国在 GATS 第 16 条和第 17 条项下对下列内容作出了承诺:“银行服务列表如下:……所有支付和汇划服务,包括信用卡、赊账卡和借记卡、旅行支票和银行汇票(包括进出口结算)”;“其他金融服务如下:……提供和传送金融信息、金融

中国人民银行、发展改革委、公安部、财政部、信息产业部、商务部、税务总局、银监会和外汇局《关于促进银行卡产业发展的若干意见》(银发[2005]第 103 号);《关于进一步做好银行卡联网通用工作的通知》(银发[2003]第 129 号);《关于加强银行卡安全管理预防和打击银行卡犯罪的通知》(银发[2009]第 142 号);《关于贯彻落实四部委有关加强银行卡安全管理预防和打击银行卡犯罪的意见》(银办发[2009]第 149 号);《关于规范和促进银行卡受理市场发展的指导意见》(银发[2005]第 153 号);《关于边境地区受理和使用人民币银行卡有关问题的通知》(银发[2004]第 219 号);《关于内地银行与香港、澳门银行办理个人人民币业务有关问题的通知》(银发[2004]第 254 号);《关于当前银行卡联网通用有关问题的通知》(银发[2002]第 272 号);《关于加强银行卡境外受理业务管理有关问题的通知》(银发[2007]第 273 号)。

① 即 Charge card,银行提供一定信贷的支付卡,与信用卡不同的是欠款须每个月全部支付。据了解中国目前没有这种卡。

数据处理以及其他金融服务提供者有关的软件”，以及“就(a)至(k)项[①]所列所有活动进行咨询、中介和其他附属服务，包括资信调查和分析、投资和证券研究和建议、关于收购的建议和关于公司重组和战略的意义”。尽管作出了上述承诺，但中国对其他成员中试图向中国提供电子支付服务的提供者设立了市场准入限制和要求。通过这些规定及其他相关要求和限制，中国给予其他成员的电子支付服务提供者的待遇要低于其给予中国的此类服务提供者的待遇。美国具体指控了中国的下列措施：(1)中国银联(以下简称银联)是一家中国实体，是中国允许在其境内为以人民币计价并以人民币支付的支付卡交易提供电子支付服务的唯一实体。中国还要求由银联来处理所有中国大陆发行的支付卡发生于澳门或香港的人民币交易，以及任何发生于中国大陆且使用中国香港或中国澳门发行的人民币支付卡的人民币交易。(2)中国还要求，中国境内所有商户的支付卡处理设备、所有的自动柜员机(ATMs)及所有的销售点(POS)终端与中国银联系统相兼容并且能够受理银联支付卡。中国还要求，所有的收单机构[②]标注银联标识并且能够受理所有带有银联标识的支付卡。中国进一步要求，所有在中国境内发行的以人民币计价并支付的支付卡(包括“双币种”卡)标注银联标识。这就意味着发卡行必须接入银联系统，并且必须为此向银联支付费用。这些措施并没有对非银联支付卡或使用非银联支付卡进行的交易作出相似的要求。(3)中国还

---

① 《中国入世议定书》附件9：《服务贸易具体承诺减让表》，7B：“银行及其他金融服务”：银行服务如下所列：a. 接收公众存款和其他应付公众资金；b. 所有类型的贷款，包括消费信贷、抵押信贷、商业交易的代理和融资；c. 金融租赁；d. 所有支付和汇划服务，包括信用卡、赊账卡和借记卡、旅行支票和银行汇票(包括进出口结算)；e. 担保和承诺；f. 自行或代客外汇交易。其他金融服务如下：k. 由其他金融服务提供者提供和传送金融信息、金融数据处理以及有关软件；l. 就(a)至(k)项所列所有活动进行咨询、中介和其他附属服务，包括资信调查和分析、投资和证券研究和建议、关于收购的建议和关于公司重组和战略的建议。

② “收单机构”向商户提供销售点(POS)设备以使之能够处理支付卡，管理商户的账户，处理与商户有关的事务，并保证支付能被适当地划拨给商户。

要求,所有涉及支付卡的跨行或行内交易应通过银联进行。中国禁止使用非银联支付卡进行异地、跨行或行内交易。美国认为,这些措施与中国在GATS第16.1条下的义务不一致,即对于任何其他成员的服务和服务提供者应给予不低于中国减让表所规定的待遇,且中国正在维持和采取GATS第16.2条所明确指出的措施。美国还认为,这些措施与中国在GATS第17条项下的义务不一致,即对任何其他成员的服务和服务提供者给予的待遇不得低于其给予本国同类服务和服务提供者的待遇的承诺。

【专家组的分析和结论】

本案专家组组成后,中国向专家组递交了请求,请专家组对美国的诉请是否符合DSU第6.2条作出先期裁决(preliminary ruling),专家组的先期裁决没有支持中国的观点,确认美国的诉请符合DSU第6.2条。专家组认为诉请指明了中国违反GATS第16.1条、第16.2条和第17条,诉请没有必要详细解释这些措施如何违反了中国的承诺。

在减让表中,中国的确作出了一些承诺,但这些承诺,是不是美国所说的“电子支付服务”?中国的确对电子支付有一系列规定,但这些规定,是否属于美国所界定的措施?因此,中国是否就“电子支付服务”作出了承诺,以及中国是否采取了美国所说的措施,成为本案的两个先决问题。如果中国没有就“电子支付服务”作出承诺,那么就不存在违反GATS条款的问题;而如果中国没有采取美国所说的措施,即使中国作出了承诺,也同样不存在违反GATS条款的问题。对于这两个问题,中美双方发生了很大的争议,专家组也用了很大的篇幅进行分析。通过使用条约解释的方法,专家组认定,中国就“电子支付服务”作出了承诺,但对于所谓中国所采取的措施,专家组则作出了分别认定,即美国证明了一些措施,但另外一些措施,则美国没有证明。这样,专家组所审查的是否违反市场准入和国民待遇承诺的措施,仅仅是那些美国所证明的措施。

如上所述,本案争议的焦点是:中国所采取的措施,是否违反了GATS的市场准入和国民待遇条款。专家组对这两个问题,进行了详细的分析。

一、中国的措施是否违反了市场准入条款

GATS第16条“市场准入”规定如下:(1)对于通过第1条确认的服务提供方式实现的市场准入,每一成员对任何其他成员的服务和服务提供者给予的待遇,不得低于其在具体承诺减让表中同意和列明的条款、限制和条件。(2)在作出市场准入承诺的部门,除非在其减让表中另有列明,否则一成员不得在其一地区或在其全部领土内维持或采取按如下定义的措施:(a)无论以数量配额、垄断者、专营服务提供者的形式,还是以经济需求测试要求的形式,限制服务提供者的数量;(b)以数量配额或经济需求测试要求的形式限制服务交易或资产总值;(c)以配额或经济需求测试要求的形式,限制服务业务总数或以指定数量单位表示的服务产出总量;(d)以数量配额或经济需求测试要求的形式,限制特定服务部门或服务提供者可雇用的、提供具体服务所必需且直接有关的自然人总数;(e)限制或要求服务提供者通过特定类型法律实体或合营企业提供服务的措施;(f)以限制外国股权最高百分比或限制单个或总体外国投资总额的方式限制外国资本的参与。

服务贸易减让表将服务分为四种模式:1. 跨境交付;2. 境外消费;3. 商业存在;4. 自然人流动。本案中,美国认为中国就模式1和3,即“跨境交付”和“商业存在”作出了承诺。跨境交付(Cross-border Supply)是指一成员服务提供者在其境内向在任何其他成员境内的服务消费者提供服务,以获取报酬。这种方式是典型的“跨国界贸易型服务”。它的特点是服务的提供者和消费者分处不同国家,在提供服务的过程中,就服务内容本身而言已跨越了国境。它可以没有人员、物资和资本的流动,而是通过电信、计算机的联网实现,如一国咨

询公司在本国向另一成员客户提供法律、管理、信息等专业性服务,以及国际金融服务、国际电信服务、视听服务等。也可以有人员或物资或资金的流动,如一国租赁公司向另一国用户提供租赁服务以及金融、运输服务等。商业存在(Commercial Presence),是指一成员的服务提供者在任何其他成员境内建立商业机构(附属企业或分支机构),为所在国和其他成员的服务消费者提供服务,以获取报酬,包括通过设立分支机构或代理,提供服务等。如一国电信公司在国外设立电信经营机构,参与所在国电信服务市场的竞争就属于"商业存在"。它的特点是服务提供者(个人、企业或经济实体)到国外开业,如投资设立合资、合作或独资的服务性企业(银行分行、饭店、零售商店、会计事务所、律师事务所等)。

专家组决定根据先例所确定的两步法,先确定中国是否就模式1和模式3作出了承诺,然后审查其是否违反了GATS第16条。

(一)中国是否就模式1和模式3作出了承诺

1. 模式1——跨境交付

中国减让表中的相关内容为:"部门或分部门"栏目描述为:银行及其他金融服务:d. 所有支付和汇划服务,包括信用卡、赊账卡和借记卡、旅行支票和银行汇票(包括进出口结算);"市场准入限制"栏目描述为:(1)除下列内容外,不作承诺(unbound):—由其他金融服务提供者提供和转移金融信息、金融数据处理以及有关软件;—就(a)至(k)项所列所有活动进行咨询、中介和其他附属服务,包括资信调查和分析、投资和证券的研究和建议、关于收购的建议和关于公司重组和战略制定的建议。美国认为,就"电子支付服务",中国作出了模式1的承诺。

专家组认为,从措辞看,中国仅就两个连字符"-"后面所描述的服务作出了承诺。专家组发现,此处的措辞与(k)和(l)几乎完全相同,唯一的区别仅为,此处的服务提供者"suppliers"为英语复数,而(k)为英语单数"supplier"。(k)和(l)的模式1承诺为:"没有限制"(none)。专家组研究了第一个连字符后面的"其他"(other)和第二个连字符后面的“附属”(auxiliary)两个词的含义,认为这两类服务是指(a)至(f)之外的服务。也就是说,此处的承诺不包括(d),即本案所涉及的“电子支付服务”。专家组进一步指出,(k)和(l)属于条款解释的上下文,其措辞与模式1承诺的措辞相同,印证了模式1承诺所指向的是(k)和(l)的服务。此外,由于(k)和(l)与(d)并列,根据服务部门相互排斥的原则,也不能将这三种服务理解为相同的部门。因此,专家组认定,对于(d),中国没有作出模式1的市场准入承诺。也就是说,中国没有就“电子支付服务”作出“跨境交付”的承诺。

2. 模式3——商业存在

“市场准入限制”栏目描述为:(3)A. 地域限制:对于外汇业务,自加入时起,无地域限制。对于本币业务,地域限制将按下列时间表逐步取消:自加入时起,开放上海、深圳、天津和大连;加入后1年内,开放广州、珠海、青岛、南京和武汉;加入后2年内,开放济南、福州、成都和重庆;加入后3年内,开放昆明、北京和厦门;加入后4年内,开放汕头、宁波、沈阳和西安;加入后5年内,将取消所有地域限制。B. 客户:对于外汇业务:允许外国金融机构自加入时起在中国提供服务,无客户限制。对于本币业务,加入后2年内,允许外国金融机构向中国企业提供服务。加入后5年内,允许外国金融机构向所有中国客户提供服务。获得在中国一地区从事本币业务营业许可的外国金融机构可向位于已开放此类业务的任何其他地区的客户提供服务。C. 营业许可:中国金融服务部门进行经营的批准标准仅为审慎性的(不含经济需求测试或营业许可的数量限制)。加入后5年内,应取消现在的限制所有权、经营及外国金融机构法律形式的任何非审慎性措施,包括关于内部分支机构和营业许可的措施。满足下列条件的外国金融机构允许在中国设立外国独资银行或外国独资财务公司:—提出申请前一年年末总资产超过100亿美元。满足下列条件的外国金融机构允许在中国设立外国银行的分行:—提出申请前一年年末总资产超过200亿美元。满足下列条件的外国金融机构允许在中国设立中外合资银行或中外合资财务公司:—提出申请前一年年末总资产超过100亿美元。从事本币业务的外国金融机构的资格如下:—在中国营业3年,且在申请前连续2年赢利。其他,没有限制。美国认为,从2006年开始,就"电子支付服务",中国就已经没有模式3的市场准入限制。

专家组注意到,中国在适用于外国金融机构的(d)和模式3方面作出了市场准入承诺,这一点中美双方意见一致。但在这些承诺是否限于外国金融机构,以及电子支付服务提供者是否属于外国金融机构方面,双方存在分歧。专家组通过研究"外国金融机构"的含义以及减让表的上下文,认定中国承诺中的"外国金融机构",在银行业务方面,包含提供(a)至(f)金融服务的外国公司。因此,"外国金融机构"包含外国银行、外国金融公司以及其他外国非金融机构,包括电子支付服务提供者。专家组认为,认定了其他成员的电子支付服务提供者属于"外国金融机构",就没有必要继续审查中国是否作出了适用于非外国金融机构的外国服务提供者的(d)和模式3的承诺。随后,专家组决定审查中国现有的关于外国金融机构通过模式3提供服务的市场准入承诺。

本案中,美国所提出的问题是在中国为国内人民币支付卡交易提供电子支付服务。因此,对于模式3承诺,其他成员的电子支付服务提供者的相关业务,指当地货币(人民币)业务。模式3承诺明确提到了本币业务,即在一段时间的过渡期后,外国金融机构可以向所有中国企业和自然人提供服务,而没有地域限制和限制所有权、经营及外国金融机构法律形式的任何非审慎性措施。电子支付服务提供者所服务的企业和自然人包括发卡机构、收单机构、商户、个人或公司持卡人。重要的是,模式3没有通过专营或独家服务提供者的形式限制服务提供者的数量,但具体提到了市场准入承诺关于外国金融机构从事本币业务的资质要求。

基于上述分析,专家组认定,对于包括其他成员电子支付服务提供者的外国金融机构所提供的(d)项下的服务,中国作出了模式3承诺。该承诺没有服务提供者数量方面的限制,但有资质限制。因此,中国应当让其他成员的电子支付服务提供者以商业存在形式进入其市场,以便在满足资质要求的条件下在中国从事本币业务。

(二)中国有关措施是否违反了 GATS 第 16 条

专家组首先对已经审查得出结论的涉案措施进行了回顾总结。专家组认为,中国的法律文件要求在中国发行的银行卡标注银联标识,并进一步要求发卡机构成为银联网络的成员,且在中国所发银行卡达到统一的商业要求和技术标准。中国要求作为全国银行卡银行间处理网络成员的所有终端(ATM 机、商户处理设备和 POS 机)都能够接受标注银联标识的所有银行卡。中国要求收单机构标注银联标识,成为银联网络的成员,并且能够接受标注银联标识的所有银行卡。此外,中国的某些文件授权银联而不是其他的电子支付服务提供者处理某些人民币银行卡交易的结算,这些交易涉及在中国发行、在中国香港或澳门地区使用的人民币银行卡,或者在香港或澳门地区发行而在此两地或内地使用的人民币银行卡。但专家组认定,对于在中国国内发生的所有人民币银行卡交易,不存在一项普遍的规定,即要求必须使用银联或者将银联作为电子支付服务的唯一提供者。类似地,专家组还认定,对于跨地区或跨行的交易没有禁止使用非银联卡。专家组称,在美国所提出的六种措施中,由于专家组没有认定中国采取了"唯一提供者要求"和"跨地区/银行要求",因此就不再审查这两种措施是否违反 GATS 第 16 条。但由于中国采取了"发卡机构要求"、"终端要求"和"收单机构要求",并且存在"香港/澳门要求",以下就审查这四种要求是否违反了第 16 条。

此外,专家组指出,由于已经认定中国没有作出模式 1 承诺,所以在这个方面,四种要求都没有违反第 16 条。由于中国作出了模式 3 承诺,所以专家组将审查四种要求是否违反了第 16 条。具体而言,美国认为,这四种措施通过第 16.2 条(a)项所指的以"垄断"和"专营服务提供者"的形式,限制了服务提供者的数量,因此专家组就根据该项进行审查。

专家组首先解释了"垄断"(monopoly)、"专营服务提供者"

(exclusive service supplier)的含义及两者之间的关系;而且解释了“以……形式”的含义。对于“发卡机构要求”、“终端要求”和“收单机构要求”,专家组称,虽然认定了这些措施的存在,但还存在进一步的情况。具体而言,对于“发卡机构要求”,专家组认为,法律文件并未表明作为银联成员的发卡机构不能在中国加入其他的网络,或者满足银联统一商业要求和技术标准的银行卡不得同时满足其他网络的要求。对于“终端要求”,法律文件并未表明这种终端不能同时接受标注其他电子支付服务提供者标识的银行卡,也就是这一要求并未阻碍接受非银联的通过银行间网络处理的银行卡。对于“收单机构要求”,法律文件并未表明收单机构不能接受非银联的通过银行间网络处理的银行卡。总之,专家组认为,从性质上看,这些要求并没有对电子支付服务的提供实施数量限制,即没有将银联设定为“垄断”或“专营服务提供者”。此外,法律文件并未表明这些要求对电子支付服务提供者实施了明确的限制,不管是以“垄断”还是“专营服务提供者”形式出现的。因此,专家组无法认定这些措施违反了第16.2条(a)项。

但对于“香港/澳门要求”,专家组却得出了不同结论。专家组经过详细分析后认为,这些要求以银联垄断的形式,限制了服务提供者的数量。甚至对于达到了模式3条件的其他WTO成员的电子支付服务提供者,也有此项限制。因此,专家组认定,此项措施违反了第16.2条(a)项。

二、中国的措施是否违反了国民待遇条款

GATS第17条“国民待遇”规定如下:(1)对于列入减让表的部门,在遵守其中所列任何条件和限制的前提下,每一成员在影响服务提供的所有措施方面给予任何其他成员的服务和服务提供者的待遇,不得低于其给予本国同类服务和服务提供者的待遇。(2)一成员可通过对任何其他成员的服务或服务提供者给予与其本国同类服务

或服务提供者的待遇形式上相同或不同的待遇，满足第1款的要求。(3)如形式上相同或不同的待遇改变竞争条件，与任何其他成员的同类服务或服务提供者相比，有利于该成员的服务或服务提供者，则此类待遇应被视为较为不利的待遇。

根据先例所确定的三步法，专家组认为，要证明违反第17条，美国必须证明以下三个方面：其一，在相关服务部门和服务提供方式方面，中国作出了国民待遇承诺。其二，中国的措施是“影响服务提供的措施”。其三，这些措施对其他成员的服务或服务提供者所给予的待遇，与给予中国同类服务和服务提供者的待遇相比较为不利。专家组按照这三个方面进行分析。专家组指出，其审查仅涉及“发卡机构要求”、“终端要求”和“收单机构要求”。对于美国所提出的六种措施中的其他措施，由于专家组没有认定中国采取了“唯一提供者要求”和“跨地区/银行要求”，因此就不再审查这两种措施是否违反GATS第17条。对于“香港/澳门要求”，以上已经认定在模式3方面违反了第16条，因此对于该措施在模式3方面是否违反第17条，专家组决定行使司法节制不予审查。但专家组会审查该措施是否违反了模式1的国民待遇承诺。

中国减让表中的相关内容与“市场准入”部分相同，即“部门或分部门”栏目描述为：银行及其他金融服务：d. 所有支付和汇划服务，包括信用卡、赊账卡和贷记卡、旅行支票和银行汇票(包括进出口结算)。“国民待遇限制”栏目描述为：(1)没有限制；(2)除关于本币业务的地域限制和客户限制(列在市场准入栏中)外，外国金融机构可以同外商投资企业、非中国自然人、中国自然人和中国企业进行业务往来，无个案批准的限制或需要。其他，没有限制。美国的主张就是关于以上承诺的。专家组经过详细分析，对于“三步法”中的前两个步骤都作出了肯定回答，即在相关服务部门和服务提供方式方面，中国作出了国民待遇承诺，且中国的措施是“影响服务提供的措施”。此外，专家组还顺便在这一分析部分认定，“香港/澳门要求”并未违反模式1的国民待遇承诺。专家组随后重点分析了在“发卡机构要求”、“终端要求”和“收单机构要求”这三项措施方面,中国是否向外国同类服务或服务提供者提供了较为不利的待遇。

对于“发卡机构要求”,专家组分析了两个具体因素:银联标识和联网通用(interoperability)。(1)银联标志。如前所述,中国要求,商业银行在中国发行并能够在跨行人民币交易中使用的人民币银行卡和双币卡,必须在卡的正面标注银联标识,但并未禁止所发的银行卡能够通过非银联的网络进行处理。其结果是,对于其他WTO成员的任何电子支付服务提供者来说,要想让中国的商业银行在其网络内发行银行卡,就不得不在银行卡的显著位置标注银联标识。持卡人时刻都会被提醒银联及其网络的存在,而银联正是其他电子支付服务提供者的竞争对手。银联就进一步从中国的这一要求中获益了。结果,发卡机构必须在所有卡上标注银联标识且免费,而其他成员的服务提供者则无权要求将其标识标注在银联品牌的卡上。以这样的方式带来的关注提高了银联的知名度。专家组认为,标注银联标识的要求改变了竞争条件,有利于银联,而根据第17.3条,这就是对其他成员的服务提供者给予了较为不利的待遇。(2)联网通用。中国的发卡机构必须接入银联网络,标注银联标识的银行卡也必须与银联联网通用,其结果是确保所有发卡用于国内跨行人民币交易的商业银行都是银联的成员,并且确保商业银行的所有银行卡,不论是银联卡还是非银联卡,都能够在银联网络中处理。相比之下,其他成员的服务提供者不得不劝说发卡机构加入他们的网络,可能不会成功,或者至少无法达到相同的会员水平。而且,即使能够达到相同的会员水平,这些提供者也要花费时间和精力。不仅如此,发卡机构的银行卡要想与其他成员服务提供者的网络联网通用,还必须与银联网络联网通用,而银联品牌的银行卡则不必与其他服务提供者的网络联网通用。专家组认为,联网通用要求改变了竞争条件,有利于银联,而根据第17.3条,这就是对其他成员的服务提供者给予了较为不利的待遇。

对于“终端要求”,中国要求作为全国银行卡银行间处理网络成员的所有终端(ATM 机、商户处理设备和 POS 机)都能够接受标注银联标识的所有银行卡,这就保证所有标注银联标识的银行卡能够被商业银行和商业终端设备接受,并通过银联网络处理;但这一要求并未排除这种终端同时接受标注其他电子支付服务提供者标识的银行卡,也就是并未阻碍接受非银联的通过银行间网络处理的银行卡。其结果是,其他成员的服务提供者可以进入必须接受标注银联标识银行卡的终端。这些终端随后也通过他们的网络处理交易。然而,这些服务提供者可能无法进入所有终端,因为与银联标识卡不同的是,商业银行、收单机构和商户可以拒绝其进入。此外,即使达到同等进入水平,这些服务提供者也必须花费比银联更多的时间和精力,而进入银行和商户终端的水平,恰恰是对发卡机构和银行卡使用者吸引力及其竞争地位的重要决定性因素。专家组认为,终端要求改变了竞争条件,有利于银联,而根据第 17.3 条,这就是对其他成员的服务提供者给予了较为不利的待遇。

对于"收单机构要求",中国要求收单机构标注银联标识,成为银联网络的成员,并且能够接受标注银联标识的所有银行卡,但并未要求收单机构不能接受非银联的通过银行间网络处理的银行卡。专家组依据上述"终端要求"的分析思路认定,收单机构要求改变了竞争条件,有利于银联,而根据第 17.3 条,这就是对其他成员的服务提供者给予了较为不利的待遇。

专家组报告对中国是否在某个具体模式上作出承诺,以及各项措施是否违反 GATS 的市场准入和国民待遇的结论,可以用表格综合表示如下:

措施	市场准入		国民待遇	
	模式(1):跨境交付	模式(3):商业存在	模式(1):跨境交付	模式(3):商业存在
发卡机构要求	未承诺	未违反	违反	违反
终端要求	未承诺	未违反	违反	违反

续表

措施	市场准入		国民待遇	
	模式(1):跨境交付	模式(3):商业存在	模式(1):跨境交付	模式(3):商业存在
收单机构要求	未承诺	未违反	违反	违反
香港/澳门要求	未承诺	违反	未违反	不分析
唯一提供者要求	美国未能证明中国采取了这一措施			
跨地区/银行要求	美国未能证明中国采取了这一措施			

【案例评析】

WTO 争端解决机构处理的服务贸易案件并不多,经过专家组程序处理的只有 4 个案件,而其中两件是中国近 5 年经历的。这 4 个案件无一例外都涉及对某个成员入世时在服务贸易领域所作的承诺。

在 GATS《关于金融服务的附件》中并不存在“电子支付”这样一个术语。根据附件的定义,金融服务分为“保险及其相关服务”和“银行和其他金融服务(保险除外)”两大分支,在银行服务这个分支下,有 12 个大类,其中与本案关系最密切的是其中的第 4 类:所有支付和货币转移服务,包括信用卡、赊账卡、借记卡、旅行支票和银行汇票。中国在 DSB 通过本案专家组报告的会议上指出专家组把“数据处理服务”和“结算服务”笼统地看做一类服务——“支付和货币转移”。专家组接受了美国提出的观点:“如果某类服务是提供另一类服务所必需的,应当被认为是该另一类服务”。中国认为,将这种方法用到其他案件上,将减弱服务分部门的区别和分类,而这种分类恰恰是服务贸易谈判时各成员作出承诺的基础。许多服务贸易涉及不同的服务,而又相互关联,其提供者往往不同。如果按专家组提出的标准,就可能造成不加区别的服务群。这不是 WTO 成员在谈判 GATS 时所能同意的。

纵观 WTO 通过专家组处理的 4 个服务贸易案件，分别涉及对服务模式和服务类型的界定。比如，从美国电话公司为墨西哥的客户提供的国际长途电话服务，有一段实际上是通过有合作关系的墨西哥电话公司提供，这还是不是 GATS 所规定的"跨境交付"（模式 1）？如果不是，墨西哥就无须承担义务；如果是，则要进一步分析墨西哥有没有违反其承诺。美国的服务贸易承诺中对娱乐服务（除体育外）没有限制，网上赌博这种娱乐活动属于体育吗？那其中的赌马呢？如果认为网上赌博是体育活动，那美国就没有作出承诺；反之，美国就没有任何限制。在网上销售录音制品（不是通过网购购买有形实物，而是网上销售无形的电子文档）属于零售吗？如果是，中国就应该给提供同类服务的外国企业国民待遇，如果不是，中国就无须承担任何义务。

使问题变得更复杂的是，当发生纠纷需要专家组对承诺作出解释时，往往是条约签订多年之后，此时人们的认识与签订条约时人们的认识显然是不同的，科技的进步，市场的变化都会造成对某一个概念的理解发生变化。就拿中国来说，十几年前，可能很少有人听说过网购，但今天人们通过网络购物已经成了很普遍的事情。美国知名咨询研究公司贝恩公司最新公布的调查报告显示，中国网购市场 2010 年销售总值达到了 4600 亿人民币，整体销量增速达 102%，远超传统的零售销量。① 事过境迁，专家组是应该根据签订条约时的理解还是纠纷发生时的理解来决定案件呢？这个问题看来简单，实际上非常复杂。按签订条约时的理解，应该是符合各成员方的意图，但如果是条约签订之后十几年甚至更长时间发生的纠纷，死板地按条约签订时的含义来理解某一个术语，有时也并不合适。对被申诉方来说，不能死抱着条约签订时自己的理解，也需要用更令人信服的理由让专家组接受自己的观点。

---

① 参见"34% 中国网民网购　未来中国在线购物每年增长 48%"，载《新文化报》2011 年 11 月 24 日版。

阿根廷:影响货物和服务贸易的措施
(WT/DS453)

2012年12月12日,巴拿马提出就阿根廷影响货物和服务贸易的措施与阿根廷磋商。巴拿马认为,阿根廷的措施违反了GATS第2、11、16和17条,以及GATT 1994第1、3条和第11条的相关规定。到2012年年底,本案仍在磋商。

后　记

这已经是我编写的 WTO 案例评析的第五本了。

2001 年年底中国加入 WTO,至今已经 11 年了。中国在加入 WTO 的第二年就参与了 WTO8 个成员对美国钢铁保障措施的申诉,并首战告捷。中国入世两年多时,遭遇了第一次被诉,美国对我集成电路退税提出指控,我们很快与申诉方美国达成了和解。此后,中国也成了 WTO 争端解决机构的“常客”,从 2003 年 7 月到 2007 年 1 月的 3 年半时间里,中国作为第三方参与了这一期间成立的所有专家组,努力通过参加实践熟悉 WTO 争端解决程序。2009 年,涉及中国的案件有 9 起,占了当年 18 起案件的一半,因此 2009 年也被一些学者称为“WTO DSB 的中国年”。2012 年,中国参与 WTO 争端解决案件的数量达到中国入世以来的最高值——10 起。

从美国钢铁保障措施案到中国取向电工钢反补贴反倾销税案,WTO 争端解决机构已经通过了 13 个涉及中国的专家组/上诉机构报告,本书就收录了 8 个报告。这一方面反映了中国在世界经济舞台上扮演越来越重要的角色;另一方面也可以看出我们运用 WTO 争端解决机制越来越熟练。

国际经济法学界研究 WTO 的学者都认识到,WTO 争端解决机构通过的专家组/上诉机构报告是理解 WTO

各项规定的最好“教材”。一个个案件的报告就像一本本教科书,向人们阐释着 WTO 各个协定项下不同规定的具体含义。

随着各国经济的发展和相互联系的加强,世界变得越来越像一个“地球村”,各国经济的相互依存度也越来越高。在这样的大背景下,研究 WTO 的案例,更深入、准确地了解 WTO 的法律制度,就显得愈发重要。

2013 年年初于上海

图书在版编目(CIP)数据

世界贸易组织国际贸易纠纷案例评析. 2010～2012 / 朱榄叶编著. —北京:法律出版社, 2013.4

ISBN 978-7-5118-4644-0

Ⅰ. ①世… Ⅱ. ①朱… Ⅲ. ①世界贸易组织—国际贸易—经济纠纷—案例—2010～2012 Ⅳ. ①D996.1

中国版本图书馆 CIP 数据核字(2013)第 037995 号

世界贸易组织国际贸易纠纷案例评析 2010～2012 | 朱榄叶 编著 | 责任编辑 周丽君 何 敏 装帧设计 贾丹丹

开本 A5　　**印张** 14.375　　**字数** 378 千
版本 2013 年 4 月第 1 版　　**印次** 2013 年 4 月第 1 次印刷
出版 法律出版社　　**编辑统筹** 独立项目策划部
总发行 中国法律图书有限公司　　**经销** 新华书店
印刷 永恒印刷有限公司　　**责任印制** 张建伟

法律出版社/北京市丰台区莲花池西里 7 号(100073)
电子邮件/info@lawpress.com.cn　　销售热线/010-63939792/9779
网址/www.lawpress.com.cn　　咨询电话/010-63939796

中国法律图书有限公司/北京市丰台区莲花池西里 7 号(100073)
全国各地中法图分、子公司电话:
第一法律书店/010-63939781/9782　　西安分公司/029-85388843
重庆公司/023-65382816/2908　　上海公司/021-62071010/1636
北京分公司/010-62534456　　深圳公司/0755-83072995

书号:ISBN 978-7-5118-4644-0　　**定价**:38.00 元
(如有缺页或倒装,中国法律图书有限公司负责退换)